"十三五"普通高等教育本科规划教材

高等院校经济管理类专业"互联网+"创新规划教材

货币银行学

主　编　刘升阳　方永丽
副主编　宋金璐　王　飞　李　伟
参　编　刘合群　曹　娜　夏元燕　汪　萍

内 容 简 介

本书从初学者的角度出发，循序渐进、系统严密地介绍了货币银行学的理论框架，在介绍货币与货币制度、信用、金融市场、金融机构、商业银行、中央银行等货币银行学基本范畴的基础上，对货币供求、通货膨胀与通货紧缩等货币银行学的主要理论作了难易适度的介绍；同时，紧密结合实践领域的最新发展，对货币政策调控、金融危机与金融监管等方面的知识体系进行了介绍与分析。

为了方便教学，本书配有教学大纲、授课计划、电子教案、习题参考答案等教学资源包。

本书体系严密、结构科学、行文流畅、内容新颖、信息量大、应用性强，适合金融管理专业学生或其他对金融方面感兴趣的人士使用。

图书在版编目(CIP)数据

货币银行学/刘升阳，方永丽主编. —北京：北京大学出版社，2017.7
（高等院校经济管理类专业"互联网+"创新规划教材）
ISBN 978-7-301-28493-3

Ⅰ. ①货… Ⅱ. ①刘…②方… Ⅲ. ①货币银行学—高等学校—教材 Ⅳ. ①F820

中国版本图书馆 CIP 数据核字（2017）第 157580 号

书　　　名	货币银行学 HUOBI YINHANGXUE
著作责任者	刘升阳　方永丽　主编
策划编辑	王显超
责任编辑	翟　源
数字编辑	陈颖颖
标准书号	ISBN 978-7-301-28493-3
出版发行	北京大学出版社
地　　　址	北京市海淀区成府路 205 号　100871
网　　　址	http://www.pup.cn　新浪微博：@北京大学出版社
电子信箱	pup_6@163.com
电　　　话	邮购部 62752015　发行部 62750672　编辑部 62750667
印刷者	北京市科星印刷有限责任公司
经销者	新华书店
	787 毫米×1092 毫米　16 开本　17.75 印张　416 千字
	2017 年 7 月第 1 版　2019 年 1 月第 2 次印刷
定　　　价	42.00 元

未经许可，不得以任何方式复制或抄袭本书之部分或全部内容。
版权所有，侵权必究
举报电话：010-62752024　电子信箱：fd@pup.pku.edu.cn
图书如有印装质量问题，请与出版部联系，电话：010-62756370

前　言

货币银行学是金融学专业的入门课程，也是其他经济类、管理类专业的必修课程，随着金融业的发展与创新，相关教材也在不断推陈出新。本书是作者在不断学习及教学实践过程中积累而成的。在编写过程中，作者力图将金融基础理论与基本知识系统、完整地传授给学生，方便初涉金融领域的学生理解；将金融理论与实践结合起来，尽量贴近金融领域实践。

本书共分为 10 章，以货币—信用—金融市场—金融机构—货币供求理论—金融宏观调控为主线，分析阐述了有关货币、金融运行和金融调控的基本原理和现实问题。全书内容衔接紧密，由浅入深，层层推进，具有很强的逻辑性。具体如下：首先，货币是金融的本源性要素、基本要素，学好本门课程首先要解决货币质和量的规定性，以及货币制度的演变问题，因此，本书第 1 章介绍了货币与货币制度的内容。其次，货币资金的运动要求"时间上继起，空间上并存"，需要信用作依托，要以金融市场和金融中介机构为依托，这样金融活动才能正常运转，因此，本书第 2～6 章对商业银行等金融机构，以及社会公众在金融市场上如何运用各类信用工具进行投资、融资活动做了由浅入深的论述。再次，促使货币的供给与客观的货币需求保持均衡，对经济运行中出现的通货膨胀与通货紧缩问题采取适当的货币政策加以调控，是促进宏观经济均衡发展的关键，因此，本书第 7～9 章对货币供求、通货膨胀与通货紧缩、货币政策等问题，做了系统的论述。最后，金融业本质上是一个经营风险的行业，在金融全球化背景下，金融创新层出不穷，金融风险不断加大，金融危机频繁爆发，加强金融监管、防范和化解金融风险问题日益重要，由此，本书第 10 章介绍了这方面的内容，并以此为结束点。

本书的编写主要有以下特点：

(1) 注重知识体系的系统性，力图使学生对该课程有一个全面系统的了解。在本书体系设计和内容编排上，既系统地介绍了货币银行学的基础理论、制度和政策的演进，又大量涉及了金融市场和金融机构的实务操作。这样既能使学生对货币银行学的理论体系和内容有完整的理解和把握，同时也为不同专业教学中进行材料取舍留下一定的余地。

(2) 注重理论与实践的结合。本书在传统货币银行学基础上，融入了现代金融学理论，比如对金融创新、金融危机、金融监管等体现时代特色的有关内容进行介绍，并尽可能结合世界金融业发展状况，以便增强学生的感性认识，培养其理论联系实际的能力。

(3) 深浅适度，可接受性强。本书主要针对的是普通应用型本科层次的学生，为更好地符合学生的认知特点，我们对本书的内容进行了精心设置，有精简、有扩展，在表述方式上尽量增加可接受性。

本书由刘升阳、方永丽担任主编，宋金璐、王飞、李伟担任副主编。王飞负责编写第 1、第 2 章；李伟负责第 3、第 4 章；宋金璐负责编写第 5、第 6 章；方永丽负责编写第 7、第 8 章；刘升阳负责编写第 9、第 10 章。刘合群、曹娜、夏元燕、汪萍负责相关材料的整理和校对工作。

作者在编写本书的过程中参考了国内外许多专家学者的著作与论文,在此,谨向这些作者致以衷心的感谢!

本书的编写得到了学校领导、出版社领导的帮助与鼓励,在此一并表示感谢。

尽管我们致力于圆满,但囿于作者水平,加之金融理论和金融实践不断发展创新,书中疏漏之处在所难免,敬请专家和读者批评指正,以便不断完善和提高。

刘升阳
2017 年 3 月

【资源索引】

目 录

第1章 货币与货币制度 1
  1.1 货币的起源与货币本质 2
    1.1.1 货币的起源学说 2
    1.1.2 货币的本质 4
  1.2 货币职能 5
    1.2.1 货币基本职能的不同学说 5
    1.2.2 货币职能的内容 6
  1.3 货币形态 9
    1.3.1 货币形态的演进 9
    1.3.2 货币形态数字化与虚拟化 13
  1.4 货币层次的划分 14
    1.4.1 货币层次及其划分的原则 14
    1.4.2 货币层次划分的内容 15
    1.4.3 货币层次划分的意义 16
  1.5 货币制度及货币制度的演进 16
    1.5.1 货币制度的构成要素 16
    1.5.2 货币制度的类型 19
    1.5.3 货币制度的演进 19
    1.5.4 国际货币制度 24
    1.5.5 中国货币制度的发展 27
  本章小结 29
  复习思考题 30

第2章 信用 31
  2.1 信用概述 32
    2.1.1 信用的概念 32
    2.1.2 信用的产生 33
    2.1.3 信用形态的发展 33
  2.2 现代信用的形式 36
    2.2.1 信用形式的划分标准 36
    2.2.2 商业信用 37
    2.2.3 银行信用 39
    2.2.4 国家信用 40
    2.2.5 消费信用 42

    2.2.6 直接信用与间接信用 43
  2.3 信用工具 44
    2.3.1 信用工具的特征 44
    2.3.2 信用工具的种类 45
    2.3.3 传统信用工具 46
    2.3.4 衍生金融工具 50
  2.4 利息和利率 51
    2.4.1 利息 51
    2.4.2 利率 52
    2.4.3 利息的计算 54
    2.4.4 利率的种类 56
    2.4.5 利率在经济活动中的作用 57
  本章小结 60
  复习思考题 60

第3章 金融市场 61
  3.1 金融市场概述 62
    3.1.1 金融市场的概念与特征 62
    3.1.2 金融市场的分类 62
    3.1.3 金融市场的参与主体 64
    3.1.4 金融市场的功能 66
  3.2 货币市场 68
    3.2.1 同业拆借市场 68
    3.2.2 商业票据市场 71
    3.2.3 短期债券市场 72
    3.2.4 回购市场 73
    3.2.5 大额可转让定期存单市场 74
  3.3 资本市场 75
    3.3.1 股票市场 75
    3.3.2 债券市场 81
  3.4 外汇市场 83
    3.4.1 外汇与汇率 83
    3.4.2 外汇市场的含义 84
    3.4.3 外汇市场的参与者 84

3.4.4 外汇市场的交易方式 85
  3.4.5 汇率的决定与变动 87
  3.4.6 外汇市场的作用 89
 3.5 金融衍生品市场 90
  3.5.1 金融期货市场 90
  3.5.2 金融期权市场 91
 3.6 保险市场 92
  3.6.1 保险的概念 92
  3.6.2 保险的产生和发展 93
  3.6.3 保险的一般分类 94
  3.6.4 保险公司的资金运用 95
 3.7 其他金融市场 96
  3.7.1 黄金市场 96
  3.7.2 证券投资基金市场 97
  3.7.3 国际金融市场 100
 本章小结 104
 复习思考题 105

第4章 金融机构 106

 4.1 金融机构概述 107
  4.1.1 金融机构及其功能和类型 .. 107
  4.1.2 西方国家金融机构体系 108
  4.1.3 新中国金融机构体系演变 .. 111
  4.1.4 我国现行的金融机构体系 .. 112
 4.2 国际金融机构 114
  4.2.1 国际金融机构的形成和
     发展 114
  4.2.2 国际货币基金组织 115
  4.2.3 世界银行 117
  4.2.4 国际开发协会 117
 4.3 区域金融机构 118
  4.3.1 亚洲开发银行 118
  4.3.2 非洲开发银行 118
  4.3.3 亚洲基础设施投资银行 118
 本章小结 119
 复习思考题 120

第5章 商业银行 121

 5.1 商业银行概述 122

  5.1.1 现代商业银行的产生与
     发展 122
  5.1.2 商业银行的性质与职能 123
  5.1.3 商业银行的组织制度 126
 5.2 商业银行业务 127
  5.2.1 负债业务 127
  5.2.2 资产业务 132
  5.2.3 中间业务 134
  5.2.4 商业银行的国际化 137
 5.3 商业银行经营管理 137
  5.3.1 商业银行的经营原则 137
  5.3.2 商业银行经营管理理论 139
  5.3.3 巴塞尔协议与商业银行
     监管 142
 5.4 商业银行的金融创新 146
  5.4.1 金融创新的含义 146
  5.4.2 金融创新的动因 146
  5.4.3 商业银行金融创新的主要
     内容 148
 本章小结 150
 复习思考题 151

第6章 中央银行 152

 6.1 中央银行的产生、发展及其类型 153
  6.1.1 中央银行产生的经济背景和
     客观要求 153
  6.1.2 中央银行的产生与发展 154
  6.1.3 我国中央银行的产生及
     发展 155
  6.1.4 中央银行的类型 156
  6.1.5 中央银行的资本类型 157
 6.2 中央银行的性质、职能和
  独立性问题 158
  6.2.1 中央银行的性质 158
  6.2.2 中央银行的职能 159
  6.2.3 中央银行的独立性 162
 6.3 中央银行的业务 166
  6.3.1 中央银行的资产负债表 167
  6.3.2 中央银行的负债业务 167

6.3.3　中央银行的资产业务............169
　　6.3.4　中央银行的中间业务............170
本章小结...172
复习思考题...172

第7章　货币供求理论............173

7.1　货币需求..174
　　7.1.1　货币需求概述....................174
　　7.1.2　货币需求理论....................174
　　7.1.3　货币需求量的测算............184
7.2　货币供给..185
　　7.2.1　货币供给的含义................185
　　7.2.2　货币供给的层次划分........185
　　7.2.3　货币供给的形成机制........186
　　7.2.4　货币供给的外生性与
　　　　　内生性....................................192
7.3　货币均衡与货币失衡....................193
　　7.3.1　货币均衡的含义................193
　　7.3.2　货币均衡与社会总供求
　　　　　平衡..194
　　7.3.3　货币均衡的理论模型........195
　　7.3.4　货币失衡的表现及形成
　　　　　原因..196
　　7.3.5　货币失衡的调整................197
本章小结...198
复习思考题...198

第8章　通货膨胀与通货紧缩............200

8.1　通货膨胀的定义与度量................201
　　8.1.1　通货膨胀的定义................201
　　8.1.2　通货膨胀的度量................201
8.2　通货膨胀的类型与成因................203
　　8.2.1　通货膨胀的类型................203
　　8.2.2　通货膨胀的成因................205
　　8.2.3　我国通货膨胀的成因........208
8.3　通货膨胀的效应............................209
　　8.3.1　通货膨胀的收入再
　　　　　分配效应................................210
　　8.3.2　通货膨胀的经济效应........210

8.4　通货膨胀的治理............................213
8.5　通货紧缩..216
　　8.5.1　通货紧缩的含义与标志....217
　　8.5.2　通货紧缩的成因................217
　　8.5.3　通货紧缩的危害................219
　　8.5.4　通货紧缩的治理................220
本章小结...221
复习思考题...222

第9章　货币政策调控............223

9.1　货币政策及其目标体系................224
　　9.1.1　货币政策的含义、类型及
　　　　　构成要素................................224
　　9.1.2　货币政策最终目标............224
　　9.1.3　货币政策的中介目标........228
9.2　货币政策工具................................231
　　9.2.1　一般性货币政策工具........231
　　9.2.2　选择性货币政策工具........233
　　9.2.3　直接信用控制工具............234
　　9.2.4　间接信用指导....................235
9.3　货币政策传导机制和效应............235
　　9.3.1　货币政策传导机制及其
　　　　　主要环节................................235
　　9.3.2　西方学者关于传导机制的
　　　　　理论及效应............................236
9.4　货币政策有效性............................239
　　9.4.1　货币政策的时滞问题........239
　　9.4.2　合理预期对货币政策有效性的
　　　　　影响..241
　　9.4.3　金融改革与金融创新对货币
　　　　　政策有效性的影响................242
　　9.4.4　政治性因素对货币政策有效性的
　　　　　影响..243
9.5　货币政策与其他宏观经济政策的
　　　协调与配合....................................243
　　9.5.1　货币政策与财政政策的
　　　　　协调配合................................243
　　9.5.2　货币政策与产业政策的
　　　　　协调配合................................244

9.5.3　货币政策与收入政策的
　　　　协调配合 245
9.6　我国货币政策的实践 246
　9.6.1　计划经济体制下货币政策的
　　　　实践 246
　9.6.2　改革开放以来货币政策的
　　　　实践 246
　9.6.3　进一步增进货币政策有效性的
　　　　路径 250
本章小结 251
复习思考题 252

第10章　金融发展、金融危机与
　　　　　金融监管 253

10.1　金融发展与经济增长 254
　10.1.1　"金融发展-经济增长"
　　　　　关系 254
　10.1.2　金融抑制和金融深化 255
10.2　金融风险 257
　10.2.1　金融风险的含义 257
　10.2.2　金融风险的特性 257
　10.2.3　金融风险的测量 258
　10.2.4　金融风险的分类 259
　10.2.5　金融风险对经济的影响 261
10.3　金融危机 262
　10.3.1　金融危机的定义 262
　10.3.2　金融危机的类型 263
　10.3.3　金融危机的危害 264
　10.3.4　金融危机的成因 265
　10.3.5　金融危机的防范及治理 267
10.4　金融监管 268
　10.4.1　金融监管理论 268
　10.4.2　金融监管的必要性 269
　10.4.3　金融监管的目标和原则 271
　10.4.4　金融监管体制和监管职能 ... 272
　10.4.5　金融监管手段和形式 274
本章小结 274
复习思考题 275

参考文献 276

货币与货币制度

学习目标

本章是"货币银行学"课程的基础内容,主要介绍本课程的研究对象,也是金融活动的对象——货币,目的在于全面了解"货币"这一范畴,为进一步学习打下基础。通过本章的学习,要求大家了解货币的起源、货币的种类、货币形式的发展与未来趋势、货币制度的发展历史及现状,掌握货币的职能、货币的本质及货币制度的基本内容,尤其要深刻理解货币的概念。

1.1 货币的起源与货币本质

货币起源于何时？最早的货币形态是什么？这一直是令人关注的问题。"随着劳动产品转化为商品，商品就在同一程度上转化为货币。"显然，货币的产生是商品经济发展的结果。远古时期，人类的生产仅能维持自身的生存繁衍，随着生产力提高，剩余产品出现，部落内部或部落之间的交换成为可能，当然这种交换只能是物物交换。距今五六千年的仰韶文化和马家窑文化遗址中出土的大量精美的彩陶及一些原始装饰品，其中包括海贝，表明以商品交换为目的的商品生产已经出现。在商品交易中，一些受人欢迎、普遍需求的商品起着价值尺度及交换媒介的职能作用并最终从商品范畴中分化出来，成为正式的货币。

1.1.1 货币的起源学说

1. 我国古代的货币起源说

中国古代的货币起源学说主要从两个角度解释了货币的产生，一个是先王制币说："玉起于禹氏，金起于汝汉，珠起于赤野，东西南北距周七千八百里，水绝壤断，舟车不能通。先王为其从远，其至之难，故托用于其重，以珠玉为上币，黄金为中币，刀布为下币。三币握之则非有补于暖也，食之则非有补于饱也，先王以守财物，以御民事，而平天下也。"这一观点产生以后影响巨大、几成定论，成为货币起源说上的主流认识。另一个是司马迁的交换需要说。

2. 马克思的货币起源说

货币是商品经济发展到一定历史阶段的产物。当人类社会出现社会分工时，便有商品交换和商品生产，商品生产形式发展到一定阶段便产生了货币。

在原始社会早期相当长时间里，生产工具简陋，生产力水平低下，人类从自然界获取的物质太少，只能群居在一起与自然界做斗争，为生存共同劳动，共同消费，没有剩余产品，因而没有产品的交换。随着人类社会的进步，生产工具的改进，生产力的发展，产品略有剩余，部落内部各氏族之间出现了偶然的物物交换。这种交换的价值表现形式是很简单和直接的，不是经常发生的，而且在交换的机遇、时间、对象和数量比例上，都具有偶然性。不过随着生产力的不断进步，到原始社会后期，社会经历了第一次大分工，农业与畜牧业的分工使交换成为必然，虽然这时商品的交换仍然是物物交换，但是交换的范围和对象扩大了，一种商品经常与许多商品相交换。但是，这时商品交接的直接性质是很不稳定的。随着社会分工和商品交换关系的发展，出现了作为"一般等价物"的商品，就是所有商品的价值，在交换之前，必须和它相比较，才能确定其价值的大小。这个"一般等价物"出现以后，商品交换的性质发生了质的变化，由直接的物物交换发展为通过一般等价物媒介的间接交换。因此马克思从货币发展的四个阶段概括了货币的起源。

1) 简单的、偶然的价值形式

这种价值形式可用如下的等式来表示：

$$2 \text{ 只羊} = 1 \text{ 把斧子}$$

或   1 担谷=1 头牛

  这是商品交换处于萌芽阶段的价值表现形式。商品交换最初是在原始公社之间发生的。原始部落都处于自给自足的自然经济阶段，由于自然环境不同，生产条件不同，偶尔会发生互相交换余缺产品的行为。例如，内陆的原始人拿粮食同沿海的原始人交换食盐，平原地区的原始人拿牲畜同山区的原始人交换石刀石斧。由于原始部落自给有余的产品不多，原始部落之间的这种商品交换，只是偶然现象。所以，一种商品的价值通过交换从另一种商品上表现出来，也只是偶然发生的。

  2) 扩大的价值形式

  扩大的价值形式可用如下的等式来表示：

         2 只羊=1 把斧子

或   =1 担谷

或   =1 包盐

  这一价值形式反映了生产力和社会分工有了发展的情况下日益扩大的商品交换关系。农业和畜牧业的分离以后，尽管畜牧部落和农业部落基本上仍然是自给自足的自然经济，但由于劳动生产率的提高，自给以后可以用来交换的产品已较前增多。因此，交换成为比较经常发生的事情，交换的范围也扩大了。一种产品已经不是只能偶然地同另一种产品相交换，而是可以同多种产品相交换了。因此，商品的价值表现扩大了交换的范围。

  3) 一般的价值形式

  前两个阶段的商品交换，都是直接的物物交换，是一种商品同另一种商品交换，不借助于任何中介物。而到了第三阶段，一般等价物成了商品交换的中介。一切商品都首先同作为一般等价物的商品发生价值关系，然后借助于一般等价物，完成交换过程。例如，在羊成为一般等价物的情况下，谷物与牛的交换便是通过"1 担谷=2 只羊=1 头牛"的形式来实现的。一般等价物出现以后，一切商品的价值都通过它来表现。

  从等式看一般价值形式似乎只是扩大的价值形式的颠倒，但是这一颠倒却反映了价值形式发展过程中的一个飞跃。在扩大的相对价值形式中，羊处于相对价值形式的位置上，一系列其他商品成为它的特殊等价形式；而在一般价值形式中羊处于等价形式的位置上，其他一切商品的价值都用羊来表现。在这里，羊不是某一商品的偶然的等价物，也不是某一商品的一系列特殊等价物中的一种，而是一切商品的共同的等价物。这许许多多的商品从使用价值看是千差万别的，但是它们的价值表现却是一样的，都通过羊表现出来，因而都具有一般的相对价值形式。而在等式右端同它们相对立的羊，则成了一般等价物。作为一般等价物的羊，以它的自然形态成为一切商品共同的价值形式，成为一般人类劳动的化身。

  4) 货币形式

  充当一般等价物的商品往往带有地域性和时间性。在各国历史上，羊、布、贝壳、兽皮、公牛等都曾充当过一般等价物。一般等价物的地域性和不稳定性，限制了商品交换的发展。商品生产和商品交换的发展，必然要突破一般价值形式的这种局限性。在一个很长的历史过程中，随着商品数量的增加和商品交换的发展，一般等价物的职能逐渐固定在贵金属金、银上。这种稳定地充当一般等价物的金(或银)，便是货币。自从出现了货币，一切商品首先同货币相交换，用货币表现自己的价值，从而就出现了价值的货币形式。它是价值形式发展的最高阶段。

1.1.2 货币的本质

什么是货币？对货币的性质如何界定，人们存在严重分歧。有关货币本质或性质的学说，可追溯到古希腊哲学家亚里士多德。他认为，流通是利润的来源，货币天然是财富，是贵金属。也有人认为，货币就是实物。

1. 实物货币说

中国古代曾有实物货币的主张。早在西汉中叶，就有取消金属货币，主张以谷帛等实物取代货币的思想。实物货币说，是在社会生产力发展水平低下，自然经济占统治地位这一历史背景下的一种货币主张，这种主张显然与发展商品货币经济的要求是不相适应的。

2. 金属货币说

金属货币说，也叫货币金属论。货币金属论者认为，货币就是商品，它必须有实质价值，金银天然就是货币。金属货币说在资本主义向上发展时期，特别是资本原始积累时期占重要地位，其代表人物有托马斯·孟、亚当·斯密以及大卫·李嘉图等。金属主义之所以盛行，与当时以贵金属执行货币职能为主有关，与重商主义者主张最大限度地积累货币财富以实现资本原始积累有关。货币金属主义者认为，金铸币是最理想的货币，所以极力反对用符号代替金属货币。

3. 名目货币说

名目货币说，也叫货币名目主义，是与金属货币说相对立的一种有关货币性质的理论。名目论者否定货币的商品性，否定货币必须具有实质价值，认为货币仅仅是便利交换的技术工具，是商品价值的符号，观念的计算单位，是一种票券。现代名目主义盛行于18世纪以后，与当时出现不足值货币或货币符号流通有关。其代表人物有德国的彭迪生·文思德、英国的奥克莱、法国的孟德斯鸠等。他们认为，货币不过是一个计算单位。现代著名经济学家约翰·唐纳德·凯恩斯更是货币名目主义的花样翻新者。

4. 马克思的货币本质说

马克思的货币本质说，是指由马克思创造的科学的货币学说。马克思指出：只要了解了货币的根源在于商品本身，货币上的困难就克服了。在这个前提下，问题只在于清楚地理解货币所固有的形式规定。因此，马克思提出货币的本质是起一般等价物作用的特殊商品，并揭示了货币反映生产关系的性质。

货币是从众多商品中分离出来的一种商品，具有使用价值和价值的属性。在马克思的货币理论产生之前，资产阶级古典政治经济学派已提出过货币的商品属性问题，但马克思的商品货币理论是以劳动价值论为基础的，旨在阐明作为货币商品的金银，既不是社会唯一的财富，也不等同于其他商品，更重要的是指出金银本身凝结着社会必要劳动，具有共同的价值，金银天然并非货币。

货币是起一般等价物作用的特殊商品。"一般等价物"这一概念最早是由英国的托马斯·图克提出来的。马克思借用并提出一般等价物的全新概念，是指等价形式的完成形态，即它是价值的凝结，抽象劳动的凝结，社会劳动的体现。货币是经济范畴，经济范畴只不过是生产的社会关系的理论表现，即其抽象物的货币形式，是物本身以外的东西，它只是隐藏在物后面的人的关系的表现形式而已。

1.2 货币职能

1.2.1 货币基本职能的不同学说

1. 西方经济学者的货币职能说

在西方经济学中，各学派对货币职能的认识大体一致，分歧并不明显。货币名目主义者曾认为货币只有一项职能即交换媒介，货币就是经济运行机器的"润滑油"，没有别的用处。凯恩斯在研究了20世纪30年代的大危机后认为，单就交换媒介并不能概括货币的职能，货币还应该有另外一项重要职能即贮藏财富，他在《就业、利息和货币通论》中说："货币可以作为现在交易之用，也可以作为贮藏财富之用。"现在西方经济学者们普遍认为货币有3个职能：交易媒介、计算单位、价值贮藏。其中货币最重要的职能是交易媒介，其他两个是由交易媒介职能派生出来的。

1) 交易媒介

交易媒介职能是指货币可以用于对商品和劳务的支付。货币就是完成商品交换的媒介。一个劳动者只能生产一种或有限的几种商品，而每个人的需求是多样的，所以任何人都无法自己满足自己多方面的需求，于是交换成为必然。在货币产生之前的物物交换中交易费用非常高，交换是一件非常困难的事。要使交换变得更有效率，就需要在商品中独立出一种货币商品，作为交换的媒介。也就是，出售商品的人先将自己的商品换成货币，这只是一个中间环节，却不是目的，换得货币的目的是用货币交换自己需要的商品。所以货币作为商品交换的媒介，是被广泛接受的一般等价物，要使货币被广泛接受，关键在于它能提高交换的效率，节约交换的成本。

2) 计算单位

计算单位职能是指人们用货币来计值。用货币来计算商品和劳务的价值，如同用千克来度量重量、用千米来度量距离一样。在货币产生之前的物物交换中，商品的交换需要无数的比率，如1公斤小麦＝1尺布，1只羊＝5尺布……如果商品数量庞大，则交换的比率也随之增加。设商品种类为n，那么交换比率的总数为$n(n-1)/2$。也就是说，如果有100种商品参加交换，为了都能交换，必须知道4 950个价格，而且在每一种商品的标价牌上要标出99个价格，光是要找出自己想要的价格就要花费很长时间，计算每种商品的交换比率非常麻烦，而且难以比较，交易成本极高。有了货币后，一切商品的价格均以货币表示，交换比率总数也就减至$(n-1)$个，每一种商品的标价也只有一个，就是这个商品值多少钱，货币额的大小也就是商品贵贱的标准了。因此使用货币作为计算单位，减少了需要考虑的价格数目，从而减少了经济中的交易成本，当经济日趋复杂后，货币作为计算单位的职能所提供的利益就越发明显了。

3) 价值贮藏

货币的价值贮藏职能是指货币是一种超越时间的购买力的贮藏，也可以说是一种财富

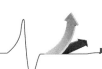

持有形式。货币出现前的物物交换时期，买卖行为是同时发生的，价值也就无法贮藏。货币出现后，商品的价值找到了可以寄存的对象，卖和买不同时发生成为可能。货币代表一定量的购买力，其贮藏职能非常明显。一般情况下，人们拿到工资后并不会一下全部花光，而是会等到有确实时间或需要时才去买东西，在花出去以前货币就是价值贮藏职能。

货币并不是唯一的价值贮藏手段，任何一种资产，不管它是货币还是股票、债券、土地、房屋、艺术品、珠宝等都可以。而且除货币外的这些东西都比货币优越，因为他们能给持有者带来收益，而货币却不能，那为什么人们还会持有货币呢？回答这个问题，要用到经济学中一个非常重要的概念——流动性。流动性是指一种资产转换为交易媒介的难易程度。流动性是每一个人都需要的。而货币是流动性最强的资产，它本身就是交易媒介，而其他资产在转换过程中会不方便，也会有转换成本发生。正是因为货币的强流动性是无可替代的，所以人们手中都会保留货币。

货币作为价值贮藏手段也是有条件的，就是币值要稳定，也可以说是物价水平不能有大幅度的变化。在物价上涨，货币贬值时，这时人们就会放弃对货币的持有，转向真实价值。我国 1988 年发生高通货膨胀时，人们纷纷从银行把存款取出抢购商品，就是这种情况的体现。

2. 马克思的货币职能说

马克思的货币功能说与其货币本质观是一脉相承的。他在揭示货币的本质之谜时，指出金的第一个功能是为商品提供表现价值的材料，使其在质的方面相同，在量的方面可以比较。因此，金执行价值尺度职能。

他在研究商品形态变化和货币的流通时指出，货币具有流通手段职能。他指出，货币是从商品中独立出来行使货币职能的，即价值尺度和流通手段的统一是货币。只要商品的形态变化系列中断，卖之后没有继之以买，货币就会停止流通，成为贮藏货币，发挥贮藏手段职能。随着商品流通的发展，商品的实物让渡商品的价值实现在时间、空间上分离开来，卖者成为债权人，买者成为债务人。由于商品形态变化或商品货币形态的发展在这里起了变化，货币取得了另一种职能，即货币成了支付手段。

1.2.2 货币职能的内容

1. 价值尺度职能

货币在表现商品的价值并衡量商品价值量的大小时，发挥价值尺度的职能，这是货币最基本的职能之一。货币执行价值尺度职能是商品交换的前提条件，它为各种商品提供价格形态，从而为交换的商品规定交换的比例。货币之所以能够执行价值尺度职能，表现和衡量其他商品的价值，是因为货币本身也有价值或代表其他商品的价值，就如同尺子一样必须自身有长度，才能衡量其他物品的长度，因为质不同的东西，量无法比较。

货币执行价值尺度必须结合价格标准来实现。货币价值表现为商品的价值叫价格。由于各种商品的价值量大小不同，因而各种商品的价格可以互相比较，所以，必须确定一定的货币量(如金量)作为货币的单位，然后，所有商品的价值都再用货币单位来表现。这个作为货币单位的货币金属重量就是价格标准。例如，美国 1934—1971 年，1 美元的含金量为 0.888 671 克纯金，这个量就是 1 美元的价格标准。现在的美元已不能兑现，但它仍执行着价值尺度职能，其理由就可以通过上述两条来解释，即美元代表一定金量或代表一定社会劳动量。我国人民币的单位"元"也可以做这种解释。

2. 流通手段职能

货币的出现使得交易由直接变得间接：交易者不再拿着自己的商品去寻找持有自己所需商品的交易对象，而是先卖出自己的商品，即用自己的商品换回货币，再用换回的货币去购买所需的商品。由此，商品的交易被分解成了卖和买两个过程，在这一过程中，货币发挥着交易媒介的作用，我们就把货币的这一职能叫作流通手段。

货币发挥流通手段职能的特点有以下几点：第一，货币作为流通手段与价值尺度不同，不能以观念上的货币解决问题，而必须以现实的货币才能购买到所需要的商品；第二，货币发挥流通手段职能虽然需要现实的货币，但并非有足值的货币本身，而可以用符号替代，因为发挥流通手段职能是转瞬即逝的事情；第三，流通中需要多少货币，受客观需要量制约，不完全以人们的主观意愿为转移。

我们应该注意的是，在货币发挥流通手段职能的条件下，不要求买和卖在时间上相一致，商品所有者卖出商品后不一定马上购买其他商品；也不要求买卖在空间上的一致性，商品生产者可能在不同市场上出售和购买商品，即在甲地卖出商品，取得货币收入，然后到乙地购买所需商品，而直接物物交换中的买方和卖方在同一市场上成交。因此货币发挥流通手段职能克服了物物交换的局限性；另一方面也说明，货币发挥流通手段职能使交换过程分裂为两个内部相互联系而外部相互独立的行为，存在买和卖脱节的可能，即存在卖不掉的可能。如果许多商品生产者不能售出自己的商品，这种情况发展到一定程度就会发生经济危机。经过经济危机，卖和买即供给和需求又重新吻合起来，这时经济发展已经受到了损失，所以，货币流通手段的职能包含着爆发危机的可能性。

3. 支付手段职能

当货币不是作为交换的媒介，而是作为价值的独立运行形式进行单方面转移时，执行的是支付手段职能。在发达的商品交换中，商品交易和信用关系同时发生。特别是在大额交易中，买者如无现金，卖者可采取赊销的办法，从而产生信用买卖和延期支付的经济关系。在延期支付中，货币已经不是交换的媒介，而是补足交换的一个环节。随着商品交换的发展，货币作为支付手段的职能也在不断扩大，即扩延到商品交换之外，广泛用于赋税、地租、工资支付等领域，尤其是在信用领域，广泛发挥支付手段职能。

(1) 货币发挥支付手段的主要特征。货币发挥支付手段的情况下，商品的出售和价格的实现相互脱离。把商品赊销出去，在约定时期才能收到货款，而不是一手交钱，一手交货，这就隐藏着到期收不回货款的风险；商品交易与信用形式或信用关系相结合，但同时隐藏着违约和支付链条中断的可能性。

(2) 支付手段与货币量变化。发挥支付手段职能的货币同发挥流通手段职能的货币一样，也是处于现实需要的货币，但货币发挥支付手段职能后，一定时期内流通界的货币量发生了变化。如有的在交换当时采取赊销的办法不需要支付现金，有的用信用工具相互抵消，也不需要现金，但赊销商品到期时仍需要支付现金。其需要量公式概括为

$$\text{流通中货币必要量}=\frac{\text{商品价格总额}-\text{赊销商品总价格}+\text{到期支付总额}-\text{相互抵消的支付总额}}{\text{同一货币单位流通速度}}$$

用符号表示为

$$M=\frac{P_\text{A}-P_\text{A赊}+P_\text{A到}-P_\text{A抵}}{V}$$

式中：M——流通中的货币必要量；

P_A——商品价格总额；

$P_\text{A赊}$——赊销商品总价格；

$P_\text{A到}$——到期支付总额；

$P_\text{A抵}$——相互抵消的支付总额；

V——同一货币单位(作为流通和支付手段)流通速度。

需要指出的是，现代市场经济中的大量交换基本上不需要现金支付，而是通过银行进行转账结算，即通过存款的转移或互相抵消进行支付的，从而可以节约大量的现金需要量，这在后面有关章节详述。

4. 贮藏手段职能与财富积累

商品出售后没有继续购买，货币从流通中退出，被保存收藏和积累起来，执行的是贮藏手段职能。货币发挥贮藏手段职能，不是想象或抽象的货币，必须是现实的货币，而且必须是具有内在价值或能够代表真实货币的通货才具有贮藏职能，因为贮藏的实质是价值形态的储存。

从历史上看，贮藏金银是货币贮藏的典型形态，因为金银本身有价值。这种贮藏不论对贮藏者个人来说，还是对社会来说，都是价值在货币形态上的实际积累。随着商品经济的发展，货币材料的变化，除足值的金属货币具有贮藏价值外，一些价值符号只要能代表或代替货币发挥一般等价物作用，也具有贮藏手段职能。在现代商品经济社会，货币贮藏方式发生了很大变化，除直接储存货币或货币符号外，更为普遍的是采取银行存款或储蓄方式。在我国，2008 年年底，仅居民的人民币储蓄存款已超过 20 万亿元，是一笔相当大的财富。

商品经济或市场经济的供求变化要求货币必须有贮藏功能，以适应市场不断变化对货币的需求。这是因为，一定时期一国的货币量是流量和存量的总和，货币作为贮藏手段是流通和支付手段的蓄水池，具有调节货币流通量，从而促进市场供求平衡的作用。以贮藏手段形式存在的积累，是潜在物资、资金的货币表现，是一国动员和扩大投资的重要手段和来源。货币贮藏的实质是价值形态的储存，是财富积累的一种形式。贮藏货币的多少说明国家、企业、个人的富裕程度，是当今世界富国和穷国的标志之一。

与古代社会不同，现代市场经济条件下，货币的贮藏或积累，其目的是扩大投资，扩大商品生产和商品交换规模。其动机主要用于：①作为流通手段的准备，即购买的需要；②作为支付手段的准备；③作为不测之需的准备；④作为投资需求的准备；⑤作为社会剩余产品的一般保存形态；⑥作为世界货币的准备。这就是说，存款和居民储蓄，从单位和个人来说是货币的储存，但从社会来说，存款和储蓄的大部分已经通过贷款运用到生产流通和其他产业中去。这和古代直接储存金银意义是完全不同的。

5. 世界货币

(1) 世界货币的含义。当商品流通扩大到世界范围,即国内市场扩大到世界市场时,货币由国内市场扩大到国际市场流通。当货币在世界市场上发挥职能时,货币就执行着世界货币职能。

世界货币职能主要包括:①作为国际的一般支付手段;②作为国际购买手段;③作为国际财富转移的一般手段;④国际投资的手段。

(2) 世界货币的特点。在古代,作为世界货币要求是具有内在价值的货币商品,主要是金银条块,黄金直接参与国际结算。这是因为,各国的货币制度不同,一国的货币在世界市场上发挥作用要脱去其国家"制服"。货币流出国内流通领域,便失去了在这一领域内获得的价格标准,如铸币、辅币和价值符号等地方形式,又恢复原来的金属块形式。目前,世界各国都不实行金本位制度而实行纸币制度,一些国家的货币,如美元、英镑、日元、欧元等在国际市场上可以自由兑换成其他国家的货币,这实际上是在一定范围内发挥着世界货币的职能。但即使如此,在当今世界,黄金仍未丧失其世界货币的作用,仍然是各个国家重要的储备资产。

(3) 新世纪人民币将发挥世界货币的职能。要发挥世界货币职能,必须可以自由兑换成其他国家的货币或外汇支付手段,即成为可自由兑换的货币。我国人民币长期以来属于有条件可兑换的货币。这是因为,我国在特定历史条件下,实行比较严格的外汇管理制度。实现人民币的可自由兑换是中国外汇改革的最终目标。人民币的可自由兑换包括经常项目和资本项目的可自由兑换,人民币和外汇资金的对外支付和转移不受限制;居民可以自由选择和持有货币资产,各种货币资产的国际、国内转移将不受限制地自由兑换。截至目前,我国已成功地实现经常项目下的可自由兑换,并正在创造条件,实现资本项目的可自由兑换。2009年7月1日,我国成功实现了跨境贸易人民币结算业务,标志着人民币向国际化方向又迈进了一步。

随着我国经济改革的深入进行,可自由兑换条件逐步成熟及国际政治经济形势的发展变化,人民币将成为21世纪可自由兑换的货币,它将在国际经济舞台上发挥其应有的世界货币的作用。

1.3 货币形态

1.3.1 货币形态的演进

货币产生的几千年中,随着商品交换和信用制度的发展,货币的形态也是一个不断演进的过程,历经了实物货币、金属货币、信用货币等几种形态。货币这种形态的变化既是不断适应交换发展的需要,也是逐步克服前一种货币缺陷的过程。

1. 实物货币

实物货币是指以自然界存在的某种物品或人们生产的某种物品来充当货币。历史上,在黄金和白银之前充当过一般等价物的物品,如贝壳、牲畜、农具、布帛等都是实物货币。从货币一词来看,古汉语中曾有两个不同的概念,货指珠、贝、金、玉等,币指皮、帛。

货在春秋战国时才取得货币的含义，"货币"一词大约出现在唐朝以后。中国民间把货币称为钱，而"钱"本来就是古代的一种农具，形如铲，这种农具在黄河流域被作为货币，因此《诗经》中说"命我众人，庤乃钱镈"。

图 1-1　出土的中国贝币

贝币(图 1-1)是中国最早的货币之一。它以产于南洋海域的海贝为材料。这种海贝原来是用作饰物的，由于它坚固耐用，价值很高，携带方便，有天然单位，而被当作货币使用。贝的货币单位为"朋"，通常十贝为一朋。中国使用贝币的时间很长，从殷商时期开始，至秦始皇统一中国货币后废除贝币，使用了千余年时间，在中国云南一带，贝币一直使用到清初。在亚洲、非洲、美洲和欧洲的许多民族和国家，也都曾使用过贝币。

谷帛也是中国历史上影响较大的实物货币。中国历史上用作货币的谷帛情况不同。谷只是用于零星交易，成匹的布帛则适于大额支付，以补铜钱之不便。即使在钱币广泛流通以后，谷帛的货币性亦未完全丧失，特别是在魏晋隋唐时期表现得尤为明显，宋代以后，银钱日益发展，谷帛杂货的货币作用亦未完全消失。

然而以实物形式存在的货币，并不能很好地满足交换对货币的要求。因为许多实物货币都形体不一，不易分割、保存，不便携带，而且价值不稳定，所以不是理想的交易媒介。

2. 金属货币

凡是用金属做成的货币均称为金属货币。历史上曾经充当过货币的金属主要有金、银、铜等，其他金属如铁、锡也曾经出现，但使用的时间很短，范围也很小，并不重要。金属作为货币材料，有实物货币无可比拟的优势：一是价值比较高，可用较少的货币完成较大量的交易；二是易于分割，即分割后不会降低单位价值；三是易于保存，在保存过程中价值不会受到损失，且不必为之付出成本；四是便于携带，有利于在更大范围内进行交易。因此金属货币是比实物货币更适合交换的货币。中国是世界上最早使用金属货币的国家，商代出现的铜贝，是历史上最早的金属货币。例如，战国时期江淮流域楚国流通的蚁鼻钱、秦半两(图 1-2)等。

图 1-2　蚁鼻钱、秦半两

金属充当货币材料采用过两种形式：一是称量货币，二是铸币。

(1) 称量货币。称量货币是指货币直接表现为没有固定形状的金属块，每一块货币的价值取决于该金属块的重量。这从货币单位名称中就可看出，如英镑的货币单位是"镑"，中国古代货币白银的单位是"两"，铜钱的单位是"文"，这都是重量单位。在金属称量货币时期，每次交换都必须经过称量重量、鉴定成色、进行分割的过程，这就非常麻烦，使商品交易的时间延长，成本增加，风险也增加，越来越难以适应商品交换的发展。在这种情况下，一些经常参加交易的商人开始在自己称量过重量、鉴定过成色的金属块上打上印记，以方便交换，从而出现了最初的铸币。

清朝中叶，为了便利商品交易，各地都建立了公估局，专门负责鉴定银元宝的成色和重量，宝银经过鉴定后，即可按批定的重量和成色流通，交易时不必再随时称重和鉴色。但是公估局的鉴定只在当地有效，到了外地，仍要铸成当地通行的宝银重新鉴定，不能从根本上改变银两制度的落后性。

(2) 铸币。当商品交换的地域范围越来越大时，单凭商人的信用并不能让异地的交易者相信金属块上的标记，于是要求更具权威的标记，而权威最大的莫过于国家，于是国家开始充当货币的管理者，对金属货币的铸造进行管理。这种由国家印记证明其重量和成色的金属块就称为铸币，所谓国家印记包括形状、花纹、文字等。铸币最初时形状各异，如中国最早的有贝壳形的、刀形的、铲形的等，不一而足。最后逐渐过渡到了圆形，因为圆形是最便于携带的，也是最不易磨损的。中国最早的圆形货币是战国中期出现的圜钱(又称环钱)，在全国流通的则是秦始皇为统一货币而铸造的"秦半两"钱，这种铸币为圆形，中间有一方孔，以便穿起携带，一直沿用至清末。西方国家的金属铸币也为圆形，但中间无孔，多在币面上铸有统治者头像。清末，受流入中国的外国银圆的影响，方孔铸币被圆形无孔铸币所取代，一直流通到1933年。

3. 纸币

纸币是纸制货币符号。中国是世界上最早使用纸币的国家，公元10世纪末在中国四川地区出现的交子是世界上最早的纸制货币。交子是由大商人为克服金属货币携带不便的缺点而联合发行的，可以兑换成金属货币，后来因为发行人破产而改为官办，流通范围也由四川地区扩大到全国。此后很长一段时期在中国流通纸币，北宋灭亡后，金仿照交子发行了金交钞，有大钞、小钞，大钞称贯，小钞称文；南宋时期发行的纸币叫作会子（图1-3）；元代也流通纸币，叫作中统元宝交钞，是元世祖忽必烈中统元年(1260年)发行的；明朝发行的纸币叫大明通行宝钞，流通了100多年。这一时期的纸币流通多伴随金属货币的流通，到明代以后，一方面由于白银流通的增多，另一方面由于宝钞滥发，导致贬值，从而结束了中国自宋代以来的纸币流通。

纸币产生的原因在于人们对货币流通规律认识的不断深入，金属货币在不断流通的过程中不可避免地会不断磨损，导致金属铸币的实际重量和铸币的标明重量产生不一致，而这种

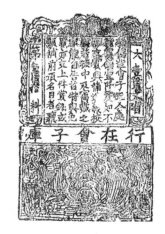

图1-3　南宋年间发行的会子

实际价值已经下降的货币却仍然可以按标明价值进行交换，于是人们认识到货币在进行交换时更关键的是标明价值，而不是其实际价值。正是对这一现象的接受，只有标明价值而几乎没有实际价值的纸币才能广泛流通起来。

目前世界各国普遍流通的货币也是纸币，但不再由政府发行，而是由中央银行发行的，被称为银行券的纸币。银行券最早出现于17世纪的欧洲，可以分为可兑现的银行券和不可兑现的银行券两个阶段。最初，银行券只是兑换金银铸币的凭证，当银行没有足够的金属货币向借款人发放贷款时，银行就开出由自己信用作担保的银行券，而且任何人拿着银行券都可以随时到银行提取金属货币，在银行的保证下银行券被普遍接受。这种最初的可以随时提取金属货币的银行券属于可兑现银行券，实际就是代表一定数量金属货币的债权凭证。一直到第一次世界大战之前的银行券都是可兑现的。在第一次世界大战期间，世界各国的银行券普遍停止了兑现，战后曾有一些国家想恢复银行券的兑现，但随着资本主义经济制度带来的巨额社会财富的增加，金属货币的数量已经远远不能满足商品交换的需要了，银行券的完全可兑现已经不可能。于是到20世纪20年代末30年代初，世界主要国家的银行券都成了不可兑现的银行券。

银行券的发行也经历了两个时期。早期的银行券是分散发行的，任何银行都有权发行以自己为债务人的银行券，由于一些小银行信誉不佳，发行的银行券不能保证兑现，尤其是危机时期，不能兑现的情况更加普遍，容易使货币流通陷于混乱；而且小银行由于规模小，活动领域小，其发行的银行券只能在很小的范围内流通，导致流通领域内货币不唯一。银行券分散发行的缺陷要求由一家大银行统一发行，中央银行出现以后，就独自承担了发行银行券的权利，这属于银行券的集中发行时期。

4. 信用货币

从历史的观点看，信用货币是金属货币制崩溃的直接后果。20世纪30年代，由于世界性的经济危机接踵而至，各主要经济国家先后被迫脱离金本位和银本位，所发行的纸币不能再兑换金属货币，因此信用货币便应运而生。

一般来说，信用货币作为一般的交换媒介要有两个条件：一是人们对此货币的信心；二是货币发行的立法保障，两者缺一不可。例如，在一国的恶性通货膨胀时期，人们往往拒绝接收纸币。但如果只有信心，没有立法保障，这种货币也会由于缺乏有效的监督管理，造成交换使用中的混乱。

一般来说，只要一国政府或金融管理机构能将货币发行量控制在适应经济发展的需要之内，仍会使公众对纸币保持信心。大体上观察一下，一般大多数采用信用货币制度的国家，虽然在中央银行的资产负债表中有黄金一项作为准备金，但那往往是名义上的。信用货币的发行，既不受黄金数量上的制约，同时也不能兑换黄金。

目前人们所熟悉的信用货币，如果更详细地加以区别的话，又可以分为以下几个主要形态。

(1) 辅币。其主要功能是担任小额或零星交易中的媒介手段。多以贱金属制造，如铜、镍、铝等，目前我国的辅币主要是以含铝等成分的金属制造的。目前在世界各国，铸币权几乎都由政府独占。我国的铸币由中国人民银行下属的铸币厂专门铸造。

(2) 现金或纸币。其主要功能亦是担任人们日常生活用品的购买手段。一般具有流通手段职能的纸币，其发行权为政府或金融机构专有。发行机构因各国的货币信用管理体制而异，多数为各国中央银行、财政部或政府专门成立的货币管理机构。

(3) 存款货币。存款货币是指能够发挥货币作用的银行存款，主要指能够签发支票办理转账结算的活期存款。现代银行的一项重要业务就是为客户开立活期存款账户，供客户开支票，并用支票支付货款。通过支票的收付，付款人在银行存款账户上的相应存款转为收款人银行账户的存款，这个过程称为转账结算。由此看出，可用于转账结算的存款与银行券一样发挥了货币的作用。而且存款货币还具有快速、安全、方便的特点，尤其在大额支付中，用银行券很难进行，必须用存款货币。

(4) 电子货币。20 世纪 50 年代，计算机技术开始在金融业得到应用，最初只是用于工资、账目方面的成批处理，随着电子计算机技术和先进的信息传输技术的飞速发展，金融业的电子化程度越来越高，同时也不可避免地带来了货币形态的变化。电子计算机在银行业务中的广泛应用，催生出了以各种银行卡为代表的电子货币，代替了一部分现金和支票的使用，成为日益广泛的支付工具。人们可以用银行卡在自动存取款机(ATM)上取款或者存款，而无须进入银行，也可以在销售点终端机(POS 机)上刷卡消费，而不必支付现金，银行卡中的信用卡还有授信功能，可以透支，相当于银行向客户提供的短期无息贷款。

银行卡的出现为人们带来了很多方便，银行卡的发卡量非常大，使用频率也越来越高，货币形态由坚硬的、叮当有声的金属铸币到可触摸的花花绿绿的纸制货币，再到无一定形状的电子货币，这无疑会引起人们对其性质，即货币性质的质疑。但它并未改变货币关系是人类社会经济关系的本质，电子货币仍然是人们生产联系的工具，货币的各种职能仍然存在并发挥着作用。

【阅读资料】

1.3.2 货币形态数字化与虚拟化

20 世纪 90 年代，伴随着计算机网络技术的发展，出现了基于网络的电子商务，在电子商务发展的初期，仍然通过信用卡或邮寄现金的方式进行结算，但电子商务的进一步发展迫切需要一种能在互联网上直接进行结算的便利工具，这就是网络货币。网络货币不是指在银行系统的网络上划转的货币，也不是我们常见的银行卡中的电子货币，而是一种专门在国际互联网上流通的货币，是只有计算机才能判读的电子信息。网络货币的基本形态表现如下：用一定金额的现金或存款从发行者处兑换并获得代表相同金额的数据，通过使用某些电子化方法将该数据直接转移给支付对象，从而能够清偿债务。这种数据就是网络货币。

换言之，网络货币是以金融电子化网络为基础，以商用电子化机具和各类交易卡为媒介，以电子计算机技术和通信技术为手段，以电子数据形式存储在银行的计算机系统中，并通过计算机网络系统以电子信息传递形式实现流通和支付功能的货币。

网络货币的萌芽出现在信用卡上，只不过信用卡基于银行的专用网，而不是广阔的互联网。在网络时代中，网络货币使货币变为一串只处于电磁信号形态的数字，货币变得越来越"轻"，越来越虚拟化了。

从 1995 年全球第一家网络银行——美国安全第一网络银行(Security First Net Bank，SFNB)成立以来，能提供网上银行服务的银行越来越多，但多数银行只能称为上网银行，而不是网上银行，是基于网络平台做传统业务，网络货币更是处于试验阶段。目前很多网站都有自己的网络货币，如腾讯的"QQ 币"等，这些网站以各种形式向网友发放自己的货币,获得货币的网友可以在电子商务网站消费,也可以兑换成真正的货币。

就目前正在实验或实施的网络货币项目而言,虽然某些项目中的网络货币蕴涵着可以执行货币职能的可能性,但基本上还不能视为通货。网络货币由于其在法律上未被赋予法律地位,只能在限定的条件下作为支付手段使用。就其性质而言,现阶段我们所说的网络货币其实是以现金、存款等既有通货为基础的二次货币。网络货币能否成为独立的货币,取决于是否能具有信誉性和普遍可接受性。若要取得公众的信誉,至少必须保证其能够与具有一定实际价值的商品进行交换,必须保证能够与社会上流通的实体货币即现金货币和存款货币等进行顺利交换,必须保证电子货币发行主体的财务状况、资产规模、经营稳健程度良好。

有人认为网络货币最终将取代现实货币,离开互联网络,参与到现实流通中来,虽然这种说法不一定正确,但网络货币给传统货币理论带来的挑战却实实在在的,伴随着货币的这种变化,一些与货币有关的传统经济概念都将发生重大变化。这种挑战表现在以下几方面。

(1) 网络货币使货币发行权分散。现实信用货币的发行权在中央银行,不论银行券还是存款货币,都来源于中央银行创造的基础货币,而网络货币的出现使货币的实物形态虚拟化,发行货币的权力也不再由中央银行独占,任何网络银行都可以自己实现货币发行,在实质上弱化了中央银行对货币的控制权。

(2) 网络货币对货币供给和货币需求产生重大影响。网络货币的发行与使用导致货币供应量在一定程度上脱离了中央银行的控制,从而使货币供应越来越多地受到经济体系内部因素的支配以及市场因素的支配。货币供应内生性的增强,对中央银行的货币政策及货币供给体系提出了进一步变革和完善的要求。在货币需求方面,网络货币的替代作用使流通中的现金减少,利用现金进行交易的次数减少,如果支付数字化现金脱离银行账目,对中央银行的货币需求量将减少。同时,网络货币的交割,可以通过互联网络高效快捷处理,使货币的流通速度大大提高,也减少了货币的需求量。网络货币的发展会逐步减弱人们对流通中通货的需求,降低通货在广义货币和金融资产中的比重,使得只盯住基础货币的货币政策效力不可避免地大打折扣,也使中央银行对于市场利率的操作变得更加复杂。

(3) 网络货币使中央银行的金融调控能力下降。由于网络货币对传统货币理论体系、对货币的结构、内涵及货币供给和货币需求均带来了冲击,作为货币当局的中央银行自然受到严重挑战。试想,如果中央银行不能控制网络货币的发行,基础货币的供给、需求无法科学有效地进行掌握、控制和根据经济运行情况进行调节,货币政策的操作也就不可能合理。那么,作为货币当局的中央银行的三大职——发行的银行、银行的银行、政府的银行也就会受到削弱甚至无效。另外网络货币是全球一体化经济的交易媒介,因此,各国货币之间的价值关系——汇率也将会无存在意义。

1.4 货币层次的划分

1.4.1 货币层次及其划分的原则

货币的本质和形态解决了什么是货币的问题,那么货币层次划分就为我们解决计量货币的数量提供了思路。因此货币供给中的货币到底包括哪些？只是指现金吗？在 19 世纪末、20 世纪初以前，人们都认为只有现金才是货币，而我国一直到 20 世纪 70 年代改革开放前一直把现金发行作为货币供给的全部。但显然货币不只是现金，经济生活中存在形形色色的货币。尤其是 20 世纪五六十年代以来，随着金融创新的风起云涌，新的金融工具不断出现，并在一定程度上具有了"货币性"，有的可以直接发挥货币的作用，有的稍加转化就能发挥流通手段或支付手段职能。货币形式的多样性给货币的计量带来了困难，人们在讨论货币数量时，所指的货币的范围可能是不同的，更重要的是对"货币"范围认识的不统一给中央银行的货币政策操作也带来了困难，中央银行并不清楚要控制的货币是什么。

在这种情况下，出现了对货币层次的划分，货币层次就是不同意义上的货币所包括的货币形式，不同层次的货币也就是货币范围的不断扩大。对货币划分层次首先出现在 20 世纪 60 年代的美国，联邦储备体系为了更好地实施货币政策，对货币供应进行了层次的划分。此后世界上其他国家的中央银行也纷纷效仿。虽然各国不同层次货币包含的内容不尽相同，但划分货币层次的原则是一致的，即按照不同形式货币的流动性，或者说不同金融工具发挥货币职能的效率高低确定货币层次。流动性是指金融资产迅速变为现实货币购买力，而且持有人不会遭受损失的能力。金融资产流动性越强，在流通中周转的便利程度越高，发挥货币职能的效率越高，对商品流通和其他经济活动产生的影响越大。

1.4.2 货币层次划分的内容

在此我们只介绍国际货币基金组织、美国和我国的货币层次划分的内容。

1. 国际货币基金组织的货币供给口径

按照流动性的强弱，国际货币基金组织把货币划分为三个层次。

(1) M0(现钞)不包括商业银行的库存现金，而是指流通于银行体系之外的现钞，即居民和企业手中持有的现金。因为这部分货币可以随时作为流通手段和支付手段，所以流动性最强，放在第一层次。

(2) M1(狭义货币)包括 M0 和银行活期存款，因为银行活期存款可以签发支票进行转账结算而直接成为支付手段，所以也具备极强的流动性。人们平时在各种统计资料上见到的"货币"，指的就是 M1。M1 作为现实的货币购买力对社会经济生活有广泛而直接的影响，所以各国都把控制货币供给量的主要措施放在这一层面上，使之成为货币政策调控的主要对象。

(3) M2(广义货币)包括 M1 和准货币。准货币一般指银行的定期存款、储蓄存款、外币存款，以及各种短期信用工具，如银行承兑汇票、国库券等。准货币本身虽然不像货币，但由于在经过一定手续后能比较容易地转化为现实购买力，加大流通中的货币量，所以也称为近似货币。M2 层次的确立，对研究货币流通总体状况有重要意义，特别是对金融制度发达国家的货币计量，以及对未来货币流通走势的预测都有重要作用。

2. 美国的货币层次划分

不同国家会有不同的货币层次划分，同一国家货币层次的划分也不是一成不变的，而是随着金融业的发展不断进行调整。美国对货币层次划分的调整甚为频繁，仅 1971 年 4 月至 1986 年 3 月就大约做了八次调整。1998 年 4 月联邦储备公报显示,美国联邦储备系统(以下简称"美联储")的货币供应层次有四个。

(1) M1=流通中的现金+旅行支票+活期存款+其他支票存款(如 NOW 账户、ATS 账户等);

(2) M2=M1+储蓄存款(含货币市场存款账户)+小额(10 万美元以下)定期存款(含零售回购协议)+零售货币市场共同基金余额(最低初始投资 5 万美元以下)+调整项(为避免重复计算);

(3) M3=M2+大额(10 万美元以上)定期存款+机构持有的货币市场共同基金余额(最低初始投资 5 万美元以上)+所有存款机构发行的回购负债(隔夜的和定期的)+调整项;

(4) L=M3+其他短期流动资产(如储蓄债券、商业票据、银行承兑汇票、短期政府债券等)。

3. 我国的货币层次划分

现阶段我国的货币层次有以下几个:

(1) M0=流通中的现金;

(2) M1=M0+企业活期存款+机关团体部队存款+农村存款+个人持有的信用卡存款;

(3) M2=M1+城乡居民储蓄存款+企业存款中具有定期性质的存款+信托类存款+其他存款;

(4) M3= M2+金融债券+商业票据+大额可转让定期存单等。

其中 M1 是狭义货币供应量,M2 是广义货币供应量,M2 减 M1 是准货币,M3 是根据金融工具的不断创新而设置的。

1.4.3 货币层次划分的意义

各国中央银行在确定货币供给的统计口径时,都以流动性的大小,亦即作为流通手段和支付手段的方便程度作为标准。流动性程度较高,即在流通中周转较便利,相应地形成购买力的能力也较强;流动性较低,即周转不方便,相应地形成购买力的能力也较弱。显然,这个标准对于考察市场均衡,实施宏观调节有重要意义。

货币层次划分有利于中央银行进行宏观经济运行监测和货币政策操作。由于从 20 世纪 70 年代开始,货币供给量逐渐取代利率而成为一些国家货币政策的中介目标,对货币供给内容的约定则是执行货币供给量政策的前提。货币当局要明确到底控制哪一层次货币以及这一层次货币与其他层次的界限何在。很明显,没有明确划分货币层次,货币政策就成为空谈。

当然,金融创新会改变一些金融工具的流动性。例如,定期存款到期前不便于流动,于是创造出易于变现的可转让大额定期存单;定期存款不能开支票,于是创造了自动转账账户;储蓄存款不能开支票,于是创造了货币市场互助基金账户,等等。这些,都使得流动性加强了,并大大突破了原有货币层次的界限。界限变得模糊起来,以致各国货币统计口径过一段时期就不得不进行调整。

1.5 货币制度及货币制度的演进

1.5.1 货币制度的构成要素

货币制度是一个国家在历史上形成的、并由国家以法律形式规定的货币流通的组织和管理形式，它是一国经济制度和市场经济体制的重要构成部分。随着生产力的发展，市场经济体制的完善和一国经济制度的变迁，货币制度也在逐步演进。

随着经济发展变化，货币制度类型及其构成要素也有所变化，但其基本要素具有共同点。

1. 货币材料

货币材料即币材，币材是指充当货币的材料或物品。一般来说，充当商品货币的材料应具备以下条件：①价值较高；②易于分割；③易于保存；④便于携带。充当货币的材料价值较高，就可以用少量的货币完成大量的交易；易于分割是指货币材料可以自由分割，且分割后不影响其价值，以便为价值量不等的商品交易服务；易于保存是指货币材料不会因保存而减少价值，不需要支付费用；便于携带可以使货币在较大区域内进行商品交换。

但对某一种货币材料来说，上述四个要求也不是在任何时期都是同等重要的。从货币的发展史来看，历史上曾经有许多种不同的物品充当过货币。大致而论，货币材料的演变从实物货币开始，发展到金属货币，再发展到货币商品的代表——纸币和信用货币形式。这个货币材料的演变过程，反映出商品生产、商品交换的发展对货币材料的要求。但是需要说明的是，虽然币材是沿着实物货币—金属货币—信用货币的历史顺序而发展演变的，但这并不说明它们之间有严格的此生彼亡的界限。如金属货币产生后，在某些历史时期，仍有实物货币同时使用，如中国唐朝的钱帛兼行，就是金属货币和实物货币同时使用的。

确定货币材料是建立一个国家货币制度的基础。确定不同的货币材料，就构成不同的货币制度。例如确定白银为货币材料，就称为银本位制；确定黄金为货币材料，就称为金本位制；确定金银同时作为货币材料，就称为金银复本位制。

因此，确立以何种金属作为货币材料，是建立一种货币制度的首要步骤。究竟选择哪一种金属作为币材，虽然是由国家确定的，但是这种选择不是以国家的意志为转移，而是受客观经济条件的制约。在资本主义发展初期，一方面由于白银生产量较大，而黄金生产量较少；另一方面由于资本主义大工业尚未得到很大发展，在商品流通中小额零星交易较多，因此广泛流通着白银，就把白银规定为货币金属。后来，随着黄金生产量的增加和资本主义大工业的发展以及批发商业的出现，黄金开始进入流通，流通中兼有白银和黄金，就把金银两种金属规定为货币金属。当黄金生产进一步发展，在流通中黄金最终独占了货币的地位，此时就把黄金规定为货币金属。

2. 货币单位

货币单位是由法律规定的单位的名称和货币单位所包含的货币金属量。例如，美国的货币单位定名为"美元"(Dollar)。在1933年年底以前，每1美元的含金量为1.504632克；根据1934年1月的法令，其含金量减为13.714格令(折含0.888671克)。英国的货币单位定名为"英镑"(Pound Sterling)，按照1870年的《铸币条例》，其含金量为123.27447格令(折含7.97克)。我国1934年的《国币条例》中规定货币单位的名称为"圆"，并规定每圆银币含纯银量为0.4648两。

3. 本位货币及其铸造与流通

本位货币是按照国家法律规定的货币单位所铸造的铸币，亦称主币，它是一个国家的基本通货,如美国的美元,英国的英镑;又如,中国在1840—1949年采用银本位制时,银圆就是本位货币。本位货币是足值的铸币,即铸币的名义价值(面值)与实际价值相一致。

在铸币自由流通时,本位币可以自由铸造,即每个公民都有权把货币金属条块送到国家造币厂请求铸成本位币,其数量不受限制,国家只收取少量费用或免费。自由铸造的意义在于:①可以使铸币价值与铸币所包含的金属价值保持一致,以便保持本位币的稳定。②保证货币流通量适应商品流通的需要。因为,自由铸币使货币金属自发地发挥流通和支付手段职能:当流通需要货币量增加时,可以随时用金属条块铸成铸币以满足流通需要;而当货币需要减少时,多的铸币退出流通成为贮藏货币。这样,可以始终保持供需量相适应。

为保持本位币的主币地位,国家法律规定其具有无限的支付能力,称为无限法偿。所谓无限法偿,即无论支付额为多少,收款者都不能拒绝接受。铸币在铸造和使用过程中可能因产生差错和磨损而使重量减轻。为保持币值稳定,各国对于铸币都规定有铸造和磨损的"公差"。"公差"是指铸造误差或磨损的最大限度。

4. 辅币材料及其铸造和流通

辅币常用贱金属铸造。辅币是本币单位以下的小额通货,供日常零星交易和找零用。辅币的名义价值高于实际价值,故铸造辅币可以得到一部分收入并归国家垄断。辅币不能自由铸造,由国家用国库的金属垄断铸造,以防止辅币排挤主币。因为如果让辅币自由铸造,那么,不足值的辅币就会充斥流通界,造成货币流通的混乱。

国家法律规定辅币只具有有限的法定支付能力,称为有限法偿,即规定在一次支付行为中的一定金额内可以用辅币支付,超过一定金额,销售者和债权人可以拒绝接收。

5. 信用货币和纸币的发行与流通

任何一个国家即便在金本位制条件下,流通中并不都由金铸币发挥流通和支付手段职能。这一方面是由于贵金属的产量远远低于其他各部门商品增长量,难以满足流通对货币的需要。另一方面,金铸币的大量流通会造成极大的社会浪费。因此,为适应商品流通的需要而出现了各种信用货币,包括商品票据、银行券和支票。另外,在非常时期,特别是战争年代,为弥补政府开支,发行大量纸币。无论信用货币还是纸币,都是真实货币的符号,执行货币的职能。在西方国家,中央银行发行的银行券与国家发行的纸币通常都被国家法律承认为法定的支付手段,不得拒绝收受。至于商业票据、支票,商业银行发行的银行券,都不是法定的支付手段。

6. 国家的准备金制度

为了稳定货币,世界各国都建立了准备金制度,这是货币制度的一项重要内容。当今世界各国都有自己的准备金,准备金一般都集中在中央银行或国库。准备金有三方面的用途:①作为国际收支的准备金,即世界货币的准备金;②作为调节国内金属货币流通的准备金;③作为支付存款和兑换银行券的准备金。从20世纪70年代起,所有国家都实行不兑现信用货币制度,各国信用货币可按其价值比例兑换。黄金的货币作用和地位削弱了,准备金主要用于国际的支付准备,因此,黄金还是重要的货币储备。

1.5.2 货币制度的类型

一国的货币制度,从其存在和发展的形式看,可以分为金属制度和不兑现的信用货币制度两大类型。金属货币制度又分为单本位制度、金银复本位制、金币本位制、金汇兑本位制。前三种是有本位金属铸币流通的货币制度。在这种货币制度下,价值符号,包括银行券和辅币,可以兑换为金属铸币;后两种是没有本位金属币流通的货币制度,但流通界的价值符号可能兑换为金块或外汇。目前,所有国家都实行不兑现的信用货币制度(图1-4)。

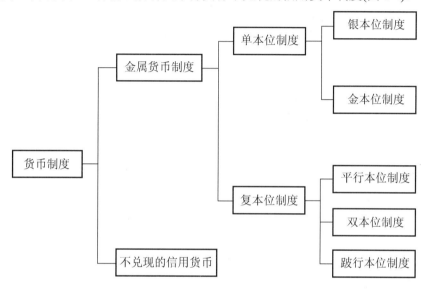

图 1-4 货币制度的构成类型

货币制度的形式是随着一国经济的发展和矛盾的激化而在不断地变化着的。

1.5.3 货币制度的演进

1. 银本位制

银本位制是以白银为本位币的一种货币制度。在银本位制条件下,银铸币可以自由铸造、自由流通,银铸币具有无限的法定支付能力,白银可以自由输出入国境。银本位制是最早的货币制度。

2. 金银复本位制

金银复本位制是金、银两种金属同时作为本位货币的货币制度。16~18 世纪新兴资本主义国家都曾广泛采用这种货币制度。复本位制又分为三种形式:一种是平行本位制,即金、银两种货币各自按其实际价值流通的制度;另一种是双本位制,即金、银两种货币各自按国家规定的比价进行流通的制度;第三种是跛行本位制,它是由复本位制向金本位制过渡的一种形式,即法律规定金币和银币都为本位币,但金币可以自由铸造,银币不能自由铸造。

复本位制是一种不稳定的货币制度,因为货币作为一般等价物,具有排他性和独占性,金银同时为货币商品与货币的本性是相矛盾的。在这种制度下,一种商品会出现两种价格,而且这种价格又必然会随着金银的市场比价的变化而变动,从而引起价格紊乱。为了克服这种混乱局面，国家以法律形式规定与价值规律的自发作用发生矛盾时，会出现"劣币驱逐良币"的规律。

"劣币驱逐良币"的规律就是在两种实际价值(即市场比价)不同，而名义价值(即法定比价)相同的通货同时流通时，实际价值较高的通货称为良币，实际价值较低的通货称为劣币，在价值规律的自发作用下，实际价值高于法定价值的铸币必然会被人们熔化或输出而退出流通领域，而实际价值较低的通货，即劣币充斥流通界，或充斥市场。这一规律又称为"格雷欣法则"。假定金银法定比价为1：15，由于生产银的劳动生产率提高，而市场金银实际比价是1：16时，人们就会把金币熔化成金块，再将金块按实际比价换成银块，将银块申请造币厂铸成银币，再将银币按法定比价换成金币，再将金币熔化成金块，如此反复进行，就会获得可观的利润，直至金币绝迹而银币充斥市场。这样，流通中实际上只有一种铸币在流通，即哪一种金属贱，这种金属铸币就充斥流通界。16世纪英国财政家汤姆斯·格雷欣在给英国女王的改铸货币的建议中针对这一现象提出了"劣币驱逐良币"一词，后被英国经济学家麦克劳德加以引用，被命名为"格雷欣法则"。实践证明，复本位制是一种不稳定的货币制度。

3. 金本位制

进入17世纪后，世界局势发生巨大变化，尤其是哥伦布发现新大陆后，世界白银产量急剧扩张，从而导致白银价格大幅波动，最终使得西方国家放弃银本位制度转而采取金本位制度；而对于我国，白银严重依赖进口同样是明清两代最为突出的问题，换句话说，明朝的覆灭和清朝的灭亡从某种角度上来说也是"兴也白银、亡也白银"。

明代中后期为了解决国内矛盾，实行的租、役、贡一律交银的"一条鞭法"，力图用货币来支配、调动一切资源，将货币确定为白银。1602年(万历三十年)，闽商从吕宋(今菲律宾马尼拉一带)发现金银矿，每年可采金10万两、银30万两，明朝廷当时正在国内四处开发金银矿，闻讯遂即加速在吕宋的白银开采与进口。白银的进口和外向型的经济，确乎极大地促进了明代的经济和生产活动向着专业化、商业化、跨国、跨区域的方向发展，特别是在江南地区，随着国内外对于丝绸、棉布的需求，越来越多的人改行从事全日制的纺织和丝绸、棉布贸易。而对外贸易的扩大造成国内生产的日益专业化、市场化，这同样也是个好坏参半的结果，特别是农产品的过度市场化，从来就蕴含着巨大的风险，在交通运输手段比较落后的时代，粮食生产的区域化和市场化更可能造成或加剧粮食危机，明代乃至清代，南方地区是主要的粮食基地，如果这些地区不种粮食，而从其他地区运粮吃，那么粮食生产的风险就是巨大的。

明朝中后期一直面临巨大的粮食风险，最终危机在17世纪40年代达到高峰，由于自然灾害造成的粮食短缺，市场化最彻底的富裕地区被证明无法抵御粮食危机，因为这些地区不生产粮食，口粮要跨区域购买，在粮价高长的灾荒时期，以富裕的江南地区遭受打击最为严重，根据黄仁宇提供的资料：17世纪40年代，苏州地区每斤大米的价格升到了100个铜钱，大批的人被饿死，许多豪宅低价出售也无人问津。这充分表明：货币经济和对外贸易促进了市场化的发展和劳动力的专业化分工，但是到了灾荒年头，市场化和货币经济——特别是"一条鞭法"的弊端，却会鲜明地表现出来。由于广大的"发达地区"为了增加国内和国际市场的需要，扩大了棉花和桑树的种植，这些当年曾经是粮食自给自足的地区，现在突然发现——它的粮食供应必须依赖跨地区的贸易。如果遇到灾荒，当银粮比价发生巨大波动的时候，而国家又救助不力，那么粮贵钱贱的巨大灾难就不可避免了。从这个意义上说，这次粮食危机，一方面是由于天灾，而另一方面是由于过度的市场化所致——是把粮食生产完全交给了市场，它表面上增加了国家的税收，实际上却加剧了农业危机。

白银开采以及大量出口同样也对西方国家带来困扰，白银一旦不再是交换的媒介，成为根据市场的供需关系波动的商品，就脱离了货币的性质，成为积累和掠夺财富的工具。明朝在吕宋的探矿之举引起西班牙当局妒忌，两方争执遂起，华侨卷入其中。后来，冲突激化，有 25 000 名华侨在冲突中被杀，更造成中国南方的对外贸易的据点由菲律宾的马尼拉撤退到本土的福建、澳门和广州。明朝廷鉴于对日海上战争刚刚结束，不愿再战，特别是考虑到需要保证西班牙白银的进口，所以不敢对自己的"主要货币供应国"动武，结果西班牙占领吕宋。哥伦布发现新大陆后白银产量急剧增加，西班牙等欧洲国家即以吕宋为据点，大量向清朝输出白银，同时大量进口对它们来说根本就无法生产的瓷器、丝绸。这样白银源源不断地从美洲通过吕宋进入中国，使得西方国内白银短缺，国内物价出现剧烈波动。在 1840 年前，中国事实上也就成了世界白银的集散地。

既然作为货币的银本身也是"商品"，银的开采生产自然也要受到供给—需求的影响而发生波动大致说来，在白银进口初期，在银短缺的情况下，银超越了它本身的价值许多倍，不但进口，运输白银也是可以获得巨额利润的。但是，随着银的大量开采、进口和转运，银的短缺现象逐渐消失了，银本身的价值越来越接近其本身，这时开采、出口和转运白银就越来越无利可图，新大陆银产量的第一次急遽下降正好发生在 17 世纪 30 年代，它毫无疑问地造成了白银供应的短缺，从而导致了中国国内严重的通货紧缩，终酿成了明帝国崩溃的经济大危机。引爆大明王朝覆灭的"17 世纪普遍的世界性危机"，当这场危机到来时在欧洲猛烈爆发了"价格革命"，西班牙通货膨胀加剧，英国、法国、意大利等国家都不同程度地遭遇了冲击，出现了通货膨胀问题。明帝国的崩溃和物价的剧烈波动当然也成了西方国家思变的主要依据，开始放弃白银作为货币的做法，转而实行金本位制。

"17 世纪普遍的世界性危机"导致了明帝国的崩溃，清军趁虚而入，入主中原。明朝末年王夫之等人其实已很痛切地看到了明朝危机的根源问题，但并没有引起明政府的警觉。全球白银源源不断地流入中国，一方面推动了晚明中国社会的重大变迁——迫使国家政策更为彻底地由重农转向重商，因此明朝中后期一直面临巨大的粮食风险；另一方面使清朝国家政策由重商转向重农，由国际市场转向国内市场闭关锁国，但并没有摆脱对白银货币的依赖。统治者忽视了白银依赖对于国家财政造成的潜在危机，而一旦白银外流，危机就会爆发，这个时候再试图重建国家主导的信用制度，已经是不可能的了。1840 年后中国白银开始源源不断地流出，最终导致以农业为主导的晚清社会体系土崩瓦解。

金本位制，就是以黄金为本位货币的制度。其形式有三种：①金币本位制；②金块本位制；③金汇兑本位制。

1) 金币本位制

金币本位制是典型的金本位制。在这种货币制度下，国家法令规定以黄金作为货币金属，以一定重量和成色的金铸币充当主币。在金币本位制条件下，金铸币具有无限法偿能力。最先从金银复本位制过渡到金币本位制的是英国。英国政府于 1816 年颁布法令，正式采用金币本位制。在欧洲大陆各国中，德国最早实行了金币本位制。继德国之后，丹麦、瑞典和挪威均于 1837 年实行金币本位制。到 19 世纪末叶，美国和其他西方国家也陆续实行了金币本位制。

(1) 金币本位制的特点主要表现在以下四个方面。①金币可以自由铸造。这就保证了黄金在货币制度中的主导地位，并克服了复本位制下金银频繁交替地执行价值尺度职能的混乱现象。同时，金币实行自由铸造，能使金币数量自发地适应商品流通的需要，使金币名义价值与实际价值保持一致。②价值符号(辅币与银行券)可以自由兑换金币。辅币和银行券可按其面额价值自由兑换金币，就能稳定地代表一定数量的黄金进行流通，从而避免了价值符号对黄金的贬值现象。③黄金可以自由输出输入。在金本位制度下各国货币单位之间按其所包含的黄金重量而有一定的比价，同时黄金又可在各国之间自由转移，这就保证了世界市场有统一的价值尺度和外汇行市的相对稳定。④国家的金属准备全部是黄金。

(2) 金币本位制的作用。从上述金币本位制的特点可见，金币本位制是一种具有相对稳定性的货币制度，它对资本主义经济发展起到了积极的作用。

第一，金币的"自由铸造"和"自由熔化"，使得金本位货币与其所含的一定量的黄金的价值保持了等值关系，从而起到了对一国的物价水平与国际收支进行自动调节的作用，维持了物价稳定和国际收支平衡。先看物价水平，在金币本位制度下，当物价水平上涨时，单位货币所能购买到的商品数量减少了，单位货币所能买到的黄金数量也就减少了，这表明币值下跌，黄金价格上涨，此时人们就会将金币熔化成为黄金而出售，于是流通中的金币数量减少，物价水平就相应地降低下来，币值回升以至与黄金平价。相反，当物价水平下跌时，币值上升，民间又会将黄金铸造成为金币，造成流通中的金币数量增加，物价上涨和币值下跌，最终达到金币与黄金平价。

再看国际收支，当一国的国际收支出现逆差时，说明该国的出口小于进口，造成金币流向国外，从而减少了国内的金币数量，造成国内物价水平下降，而物价水平的下降就会使进口减少、出口增加，从而使国际收支逆差得到调整并逐渐消失。相反，当出现国际收支顺差时，出口大于进口，金币从国外流入国内，导致国内金币数量增加，物价上涨，而物价上涨又会使出口减少、进口增加，从而使国际收支顺差得到调整并逐渐消失。总之，金币本位制具有维持物价稳定和国际收支平衡的作用。这种机制又称"物价—现金流动机制"。

第二，黄金与金币的自由输出和输入，使得金本位货币的对外汇率保持了稳定。在国际金本位制度下，汇率是以各国货币的含金量为基础的。例如 1914 年以前，1 英镑含金 113.006 格令，1 美元含金 23.22 格令，于是英镑对美元的基本汇率为：1 英镑等于 4.866 5 美元，但是实际汇率是由外汇供求决定的，不一定与基本汇率相一致。一旦实际汇率发生变动偏离了基本汇率，那么通过黄金的输出与输入，便可对汇率进行自动调节，使实际汇率偏离基本汇率的程度不会超过输出或输入黄金所需的费用，从而维持了汇率的稳定。例如在纽约与伦敦之间输送 1 英镑黄金需花费 2 美分(0.02 元)，那么在纽约英镑的实际汇率应不会超过 4.886 5 美元，因为如果汇率超过这一数字，美国债务人与其高价买入英镑用以清偿债务，不如向伦敦直接输出黄金(即把黄金从纽约运往伦敦)以清偿债务。这种汇率上涨的限度，称为黄金输出点。同时纽约的英镑汇率也不应低于 4.846 5 美元，因为如果汇率低于这一数字，美国债权人与其低价出售英镑购买美元，不如直接从伦敦输入黄金(即把黄金从伦敦运往纽约)来收回债权。这种实际下跌限度，称为黄金输入点。正是由于黄金和金币可以自由输出与输入，才使得本位货币的对外汇率得以稳定。

(3) 金币本位制的缺点。其缺点表现在以下三个方面。

第一，金币自由铸造与自由流通的基础受到削弱。在帝国主义阶段，资本主义各国发展不平衡性的加剧，引起世界黄金存量的分配极端不平衡。到 1913 年年末，美、英、法、德、俄 5 国占有世界黄金存量的 2/3。世界黄金存量的大部分既然掌握在少数几个强国手中，其他许多国家的黄金储备和流通中的金币量自然就相应减少，因而就动摇了这些国家的金本位制的基础。同时，就是在少数强大的资本主义国家中，金币流通也相对地缩减了，大量黄金集中于中央银行和国库。如在 1913 年世界黄金储备已有 60%集中于中央银行和国库。所以这些国家一方面加强对外掠夺黄金，另一方面在国内又设法从流通界吸收黄金。当黄金从主要由民间分散储存转为中央银行与国库集中储存的时候，金币自由铸造与自由流通的基础就被严重地削弱了，从而金币流通规模和范围大大缩小，金本位制的稳定性受到威胁。

第二，价值符号(主要是银行券)对金币的自由兑现受到削弱。要保证价值符号能够自由兑换黄金或金币，不仅需要有充足的黄金准备，而且价值符号的发行数量也不能过度地超过流通中对于货币的需要量。到了 19 世纪末 20 世纪初，中小国家因黄金准备不足，所发行的银行券难以自由兑换金币。少数帝国主义列强为瓜分世界、准备战争、大量增加军费开支，引起国家财政支出急剧增长，为了解决财政上的困难，这些国家都开动印钞机，大肆增加价值符号的发行，从而导致价值符号难以保持自由兑现。

第三，黄金在国际的自由转移受到很大限制。在帝国主义阶段，资本主义国家为了本国垄断资本的利益，经常通过很高的关税来限制外国商品的输入，遭受限制的国家由于难以出口商品换取外汇收入，有时就被迫输出大量黄金以支付对外债务。但是黄金大量外流又会削弱黄金准备，影响价值符号随时兑现的可能性，于是这些国家就采取措施，阻止黄金的自由输出。另外在危机时期，商品输出困难以及货币资本向国外逃避等，也会引起黄金大量流出，这也会迫使资本主义国家限制黄金自由输出，甚至完全禁止输出。

2) 金块本位制

金块本位制，亦称"生金本位制"，是国内不准铸造、不准流通金币，只发行代表一定金量的银行券(或纸币)来流通的制度。银行券是流通界的主要通货，但不能直接兑换金币，只能有限度地兑换金块。

3) 金汇兑本位制

金汇兑本位制又称"虚金本位制"。在这种制度下，国家并不铸造金铸币，也不允许公民自由铸造金铸币。流通界没有金币流通，只有银行券在流通，并允许银行券兑换外汇，银行券具有无限的法定支付能力。

最早实行于经济比较落后的殖民地国家，1877 年荷兰在爪哇首先实行了这种货币制度，其后英国在印度，美国在菲律宾也都推行金汇兑本位制，第一次世界大战后，战败国和其他一些国家为整理币制也推行了金汇兑制度。金汇兑制是指虽然宣称是金本位制，但国内没有金币流通，而是将本国货币与另一采用金币本位制或金块本位制国家的货币保持固定比价，并在该国存放外汇准备金，通过无限制供应外汇来维持本国币值的稳定，银行券在国内不能兑换黄金，只能兑换外汇。采用金汇兑制度不可避免地使本国货币依附于与之相联系的国家的货币，本质上是一种附庸的货币制度。

由于世界经济的发展，黄金的数量越来越不够用，以黄金为储备也成为不可能的事情。

金汇兑本位制和金块本位制都是一种残缺的本位制，实行的时间不长，在1929—1933年世界性经济危机的冲击下崩溃了。从此，世界各国除个别国家外，也都与金本位制告别，而实行不兑换的纸币制度。

4. 不兑现的信用货币制度

金本位制瓦解后，原来可兑换的银行券，失去了兑换的基础，成为不可兑换的信用货币了。在不兑现的信用货币制度下，货币制度的主要特征如下所述。

(1) 割断了银行券与黄金的直接联系，黄金退出流通并被宣布为普通商品，银行券不能兑现，宣称银行券的发行没有黄金和信用担保，银行券纸币化了。

(2) 银行券和纸币一样由国家法律规定强制流通，成为无限法偿的通货。

(3) 银行券通过信用渠道投入流通领域。银行通过存放款活动投放和回笼货币。

(4) 在不兑现银行券流通制度下，非现金流通成为货币流通的主体。经济周转中商品交易的货币支付绝大部分通过银行转账支付。

在不兑现的信用货币制度下，因为货币贮藏不再发挥蓄水池作用，所以信用货币的流通量不会自动地和商品流通的需要量一致，而必须依靠人为调节。如果调节得当，币值就稳定，如果调节不当则极易发生货币贬值的现象。信用货币的发行量客观上要受到国民经济发展水平的制约，如果流通中商品或劳务的总量增加，货币量也必须增加相应的幅度。

货币制度的发展和演变，由金属货币向不兑现信用制度或纸币制度转化，反映了生产力的发展，人类社会的进步。它标志着商品货币经济的发展突破了金属货币，特别是贵金属货币材料的束缚而进入货币符号的时代，但也隐伏着货币制度的稳定性日益丧失的危险。不兑现纸币制度的实施，有可能使过多的价值符号充斥流通界而使其泛滥，成为通货膨胀的条件。

1.5.4 国际货币制度

为适应国际贸易与国际支付的需要，各国政府对货币在国际范围内发挥世界货币职能所确定的原则，采取的措施和建立的组织形式，称为国际货币制度。

国际货币制度一般包括3个方面的内容：①国际储备资产的确定，即用什么货币作为国际支付的货币，是金币还是不兑现的信用货币；②汇率制度的确定，一国货币与其他货币之间的汇率应如何决定，是采用固定汇率制还是浮动汇率制；③国际收支的调节方式，当出现国际收支不平衡时应采用什么方法弥补缺口。

随着世界政治经济形势的发展，不同时期形成了不同特征的国际货币制度。大体可分为金本位制下的国际货币制度、金汇兑本位下的国际货币制度、以美元为中心的国际货币制度和当前以浮动汇率为特征的国际货币制度。

1. 金本位制下的国际货币制度

国际金本位制曾为资本主义在第一次世界大战之前的高度繁荣和迅速发展起了积极的推动作用，也为国际贸易的发展提供了一个有利的条件。在金本位制下国际货币制度有以下几个特点。

(1) 黄金充当国际货币，各国中央银行持有的国际储备资产大部分为黄金储备。虽然国际金本位的基础是黄金,但实际上英镑在很大程度上代替黄金执行国际货币的职能。当时英国依靠"世界工厂"的经济大国地位和"日不落帝国"的殖民统治政治大国的地位,以及在贸易、海上运输、金融服务等方面的优势,使英镑成为全世界广泛使用的货币。当时国际贸易中大多数用英镑记价,而用英镑做的结算则占90%。因为英镑可以自由兑换黄金,英镑的广泛使用并不否认国际金本位的地位。

(2) 由于各国货币都规定有含金量,各国货币之间的汇率由各自含金量的比例——铸币平价决定。市场实际汇率则围绕铸币平价上下波动。当一国国际收支出现顺差时,则本国外币供给增加,本币升值外币贬值;反之当出现逆差时则本国对外币的需求上升,外币升值本币贬值。但在国际金本位下,汇率波动有一个自然形成的幅度,外币升值的最上限是铸币平价加运送黄金的费用(包括运送、包装、保险费等),称为黄金输出点;外币贬值的最下限是铸币平价减运送黄金的费用,称黄金输入点。

(3) 外汇收支有自动调节机制。当外汇收支出现逆差,黄金大量外流时导致国内货币供给减少,商品用金币表示的价格不得不下降,这会使本国产品在国际市场上更受欢迎,从而出口增加,而且使从外国进口的商品显得贵,进口也会减少;货币的减少同时还会导致利率上浮,将有利于国际资本的流入。这两方面都会使本国的外汇收入增加,弥补外汇收支出现的逆差。反之如果国际收支出现顺差则是一个相反的影响过程。因此,在国际金本位制下国际收支调节较易进行,汇率在短期来看会有所波动,但长期看是相对稳定的。

2. 金汇兑本位制下的国际货币制度

第一次世界大战(以下简称"一战")时金币本位走到了尽头,战后曾经短时间内存在金汇兑本位制。金汇兑本位下的国际货币制度的特点:

(1) 各国依然维持金平价,但只是一种不完全的金平价,本币不能兑换黄金,而是通过外汇与黄金发生间接联系。

(2) 汇率实际上是一种钉住汇率制,即按照固定汇率与某特定国家货币挂钩。

(3) 政府或货币当局除持有黄金作为储备外,还持有大量外汇。这就改变了以前单一黄金储备的格局,扩大了国际储备资产的构成。

(4) 国际收支调节具有不对称性。当时,像美、英等国的外汇收支必须是逆差,而其他国家为了获得储备资产必须对美、英保持顺差。在这种情况下,美、英这些提供国际储备资产的国家无须认真对待他的逆差,其他国家则要十分注意调节外汇收支状况。

3. 以美元为中心的国际货币体系

在第二次世界大战(以下简称"二战")中,其他资本主义列强都在战争中遭到巨大破坏,唯有美国经济得到空前发展,成为世界第一强国。1945年美国的国民生产总值占全部资本主义国家国民生产总值的60%,其黄金储备相当于整个资本主义世界黄金储备的3/4。正是在这种情况下,形成了当时以美元为中心的国际货币体系。

为了重建战后国际货币制度,1944年5月在美英的组织下,召开了有44个国家参加的布雷顿森林会议,通过了《国际货币基金组织协定》。按规定,根据当时1美元的含金量是0.888671克纯金,确定1盎司黄金等于35美元,其他国家货币按其含金量与美元定出比价，形成了当时以美元为中心的"双挂钩"的国际货币制度。

以美元为中心的布雷顿森林体系有如下3个特点：

(1) 可兑换黄金的美元本位制。布雷顿森林体系也可以说是一种金汇兑制度，美元充当了国际储备货币，美元与黄金固定比价，其他国家货币和美元固定比价，其他国家也可以按1盎司黄金等于35美元的官价无限制地在美国兑换黄金。因为美元是唯一的国际储备货币，所以美国必须保证美元可以按固定比价兑换黄金，而且必须向其他国家提供足够的国际清偿力。但这两者间存在不可调解的矛盾：要保证足够的国际清偿力，美国必须保持国际收支逆差，美元贬值压力极大；为了保证美元对其他货币的币值，美国要保持国际收支平衡，又会导致国际清偿力不足。这被称为"特里芬难题"。

(2) 可调整的固定汇率。布雷顿森林体系是固定汇率制度，各国货币的含金量不能随意变动，变动超过10%必须得到国际货币基金组织的批准。各国货币汇率只能在1%的限度内波动，如超过限制，各国中央银行必须干预。

(3) 在布雷顿森林体系下，对国际收支的调节有两种方法：短期失衡由国际货币基金组织提供信贷资金解决；长期失衡通过调整汇率平价来解决。但在实际运行中意义不大，国际货币基金组织提供的贷款杯水车薪，根本解决不了什么问题，而汇率如前所述调整得很有限。所以在布雷顿森林体系存在的几十年中，国际收支大面积失衡的问题始终没有得到解决。

以美元为中心的国际货币制度，在一定时期内对稳定资本主义世界货币的汇率发挥了重要作用，促进了当时世界贸易和经济的增长，当然也为美国建立美元霸权地位提供了条件。但这种制度是建立在美国在世界经济中占绝对优势的条件上的，因而制度的盛衰与美国经济实力和地位的变化有密切的联系。20世纪60年代后随着美国经济地位的相对衰落和美元危机的不断爆发，以美元为中心的国际货币制度慢慢走向了解体。1971年美国尼克松政府被迫放弃了美元按固定比价兑换黄金的规定，后来美元又几次贬值，人们对美元的信心越来越弱，到了1973年年初，各国货币都实行浮动汇率制，布雷顿森林体系最终瓦解。

4. 当前的国际货币制度——牙买加体系

布雷顿森林体系解体后，国际金融形势更加动荡不安，国际为建立一个新的国际货币体系进行了长期的讨论和协商。在对国际货币制度进行改革，建立新制度的过程中，充满了各种矛盾和斗争，最终各方通过妥协就一些基本问题达成了共识。1976年1月国际货币基金组织的"国际货币制度临时委员会"在牙买加首都金斯顿召开会议，签署了"牙买加协议"。同年4月，国际货币基金组织理事会通过了国际货币基金组织协议的第二次修订案，从此国际货币制度进入了一个新阶段——牙买加体系。

牙买加体系对布雷顿森林体系进行了扬弃，一方面，它继承了布雷顿森林体系下的国际货币基金组织，并且加强了它的作用；另一方面，放弃了布雷顿森林体系下的"双挂钩"机制。

现行的牙买加体系具有以下特征。

(1) 黄金非货币化。黄金成为普通商品，与任何国家的货币割断必然联系。废除黄金条款，取消黄金官价，国际货币基金组织各成员国可以按市价自由进行黄金交易，取消会员国之间以及会员国与国际货币基金组织之间须用黄金清算债权债务的义务，黄金不能再用于官方间的国际清算。

(2) 储备货币多样化。虽然在国际储备资产中美元占的比重依然最大但其他货币也纷纷进入储备资产中而且呈不断上升趋势。国际货币基金组织成员国外汇储备的构成如表 1-1 所示。

表 1-1 国际货币基金组织成员国外汇储备的构成(%)

年份 币种	1973	1980	1984	1987	1991	1993	1996
美元	84.6	68.6	65.1	67.1	55.6	56.1	58.9
英镑	7.0	2.9	2.9	2.6	3.6	3.1	3.4
德国马克	5.8	14.9	12.0	14.7	18.3	14	13.6
日元	—	4.3	5.2	7.0	10.4	7.7	6.0

资料来源：姜波克. 国际金融学. 北京：高等教育出版社，1999: 276.

(3) 汇率安排多样化。根据 1978 年的国际货币基金组织协议修正案，国际货币基金组织成员国可以自行安排自己的汇率制度。从目前各国的实际汇率安排来看，发达工业化国家多采用单独浮动或联合浮动，也有采取钉住自选货币篮子，或实行某种形式的管理浮动汇率制度。发展中国家多采用钉住汇率制，钉住美元、特别提款权或自选货币篮子，实行单独浮动的很少。西方有些学者把这种多样化的汇率安排称为"无体制的体制"，也有人称其为混合体制，但一般还是认为它是浮动汇率制，因为最主要的货币都是实行单独浮动或联合浮动的，然而有时是有管理的浮动，因为各国中央银行都在频繁地干预外汇市场。

当今的国际货币制度是世界经济动荡、多变和发展不平衡的产物，它的运行机制也恰恰能适应世界经济的这种状况。牙买加体系这种"无体系"的制度安排，从产生至今经受 20 世纪 70 年代西方世界高通货膨胀率、80 年代初爆发的世界性债务危机、90 年代的英镑危机、拉美货币危机、亚洲金融危机的考验，维持了国际的正常交往。可以这样说，在世界经济相对动荡的情况下，选择相对灵活的制度安排是明智的。但我们也必须看到，在牙买加体系下，各国汇率波动剧烈，在一定程度上推动了货币危机的发生；另外，各国的国际收支账户失衡严重，牙买加体系下的国际收支调节机制仍不健全。牙买加体系存在的种种问题已经引起人们的关注，对国际货币制度改革的讨论也一直在进行中。

1.5.5 中国货币制度的发展

1. 1840—1949 年，中国的货币制度

中国自鸦片战争起，沦为半殖民地半封建国家，长期处于落后状态，所以中国从清王朝到 1935 年实行的是银本位制，且长期实行银两制。在西方国家早已放弃了银本位制，只有中国仍以白银为本位币的情况下，先由英国左右白银的价格，后因英国以提高银价的办法而使中国白银大量外流，致使国内银价暴涨，物价暴跌，商品滞销，企业纷纷倒闭。国民党政府于 1935 年 11 月 4 日宣布实行法币制度，以四大官僚资本银行发行的纸币为法定货币，持有者持有的白银、银圆都要换成法币。国民党政府将白银运往英国作为法币的准备金，实际上是以英镑作为发行准备金，对外挂牌也是根据英镑的汇价制定的，成为附属

于英镑的汇兑本位制。美国不甘心英国独占中国货币的汇兑权，采取停收白银的办法，迫使国民党政府签订了《中美白银协定》，要求中国必须将白银运到美国换成美元作为法币的准备金，从而使法币同时成为美元的汇兑本位，依附于英镑和美元。

事实上，法币的发行并未真正以美元和英镑储备为依据，国民党政府也未能统一全国的发行权，各省军阀都在滥发纸币，加上连年内战和财政严重亏空，因此，从1938年开始，内地物价上涨的速度超过法币发行量的增长速度，从1937年到1945年，法币发行量增加近390倍，同期上海物价上涨8万倍。为挽救法币，国民党政府于1948年8月20日发行了所谓的金圆券代替法币。1949年7月，国民党政府退到广州后又发行了银圆券，但都未能挽救崩溃了的货币制度。

2. 人民币制度

中华人民共和国成立后，国家采取各项重要措施，建立了统一的人民币货币制度。一是中国政府明确宣布，原国民党政府发行的一切票币，人民政府是不承担责任的。但为了对人民负责，在新解放区，首先禁止法币流通，然后用适当的比例组织商民把"法币"逐出内地市场。同时为照顾人民大众的实际困难，实行按一定比例进行收兑，使人民币迅速占领了全国市场。规定黄金、白银、银圆，由国家统一经营和管理，禁止金银私自买卖和流通，但允许私人贮藏，凡需要金银者可向当地银行申请配售；规定对外币、外汇实行国家管理。1949年，国家制定外汇管理办法，规定不准外币在市场上流通、买卖或计价结算。外汇持有者可将外汇卖给国家，或将原币储存到银行；需要外汇时可按规定向指定银行购买。

为了进一步健全和巩固我国的货币制度，从1955年3月1日起，发行新人民币以取代原面额较大的旧人民币。新人民币以"元"为单位，1元等于10角，1角等于10分。新人民币面额分为1元、2元、3元、5元、10元5种，其中，10元面额的新券于1957年12月1日才发行，并发行了1分、2分、5分、1角、2角、5角6种纸质辅币。每种券别版面均有汉、藏、蒙、维吾尔四种文字。人民币所有票版的正、背面，禁止用英文，以改变国民党政府所发行的"法币"及"金圆券"正面印中文、背面用英文并有英文签字，从正面看是中国货币，从背面看像外国货币的状况。

1962年印制和发行的第三套人民币，全部采用自行研制的设备、钞纸、油墨工艺印制而成，防伪性接近于当时的国际水准。1987年发行的第四套人民币，采用手工雕刻人像主景，固定人像水印钞票精制而成，防伪效能进一步提高。

我国除纸制辅币外，还有金属铸造的辅币。1957年12月1日发行了1分、2分、5分三种金属辅币；1980年4月15日起，又发行面额为1角、2角、5角的金属辅币，还有1元的金属主币，与同额的纸制辅币或纸制主币价值相等。为了适应商品经济发展、市场交易的需要和方便人民生活，1981年6月1日，发行三种新的金属人民币；1992年6月1日，又发行三种新的金属硬币。

目前，人民币的票面额，主要有100元、50元、20元、10元、5元、1元；辅币有5角、1角的纸辅币及1元、5角、1角、5分、2分、1分的金属辅币。

3. 人民币可自由兑换

货币的可兑换性是货币制度的内容之一。所谓可兑换性，是指一国货币可以兑换成其他国家货币的可能性。各国货币按可兑换的不同程度分为几种形式：①国内有条件的可兑换，即本国货币在国内外汇管理当局允许的范围内可兑换成外汇。这种形式一般用于外汇管理严格的国家。②国内自由兑换，即本币在国内可以不受限制地自由兑换成外汇，但本币流出境外不能自由兑换。这是外汇管理较松的国家实行的形式或办法。③国际可兑换性，就是无限制的自由兑换，即本币无论在境内还是境外，都可以自由地兑换成其他国家的货币或外汇支付手段。

我国的人民币长期以来属于国内有条件可兑换货币。我国实行严格的外汇管理制度，在国家批准的范围内，人民币可按官方规定的外汇牌价兑换外币。随着国内国际市场的发展，对内搞活、对外实行开放政策的实施，从1993年1月起，国家对外汇的管理逐渐放松，人民币可以限量出境，如到香港地区可携带6000元人民币。人民币的信誉在逐步提高，在我国的一些周边国家已大量使用人民币进行贸易。人民币甚至成为一些国家靠近边境地区的"硬通货"。为适应市场经济发展的要求，国务院决定，从1994年1月1日起，进一步改革我国的外汇管理制度，实行外汇收入结汇制，取消外汇分成；实行银行结售汇制，允许人民币在经常项目下有条件可兑换；建立银行间外汇市场，改进汇率形成机制，保持合理和相对稳定的人民币汇率。从1994年1月1日开始，实行人民币汇率并轨。并轨后的人民币汇率，实行以市场供求为基础的、单一的、有管理的浮动制，取消境内外币计价结算，禁止外币在境内流通。自1994年1月1日起，境内禁止指定金融机构以外的外汇买卖，并停止发行外汇券。自2005年7月21日起，我国开始实行以市场供求为基础、参考一篮子货币进行调节、有管理的浮动汇率制度，人民币汇率不再盯住单一美元，形成更富弹性的人民币汇率机制。这些改革都为人民币走向世界成为可兑换货币创造了条件。自1996年12月起，人民币在经常项目下已实现自由兑换。资本项目也在创造条件，逐步走向完全自由兑换。

【阅读案例】

本章小结

1. 货币是在商品交换发展的漫长历史过程中自发产生的，是商品内在矛盾发展的必然结果。

2. 货币自产生后经历了实物货币、金属货币、信用货币等形态。目前各国使用的都是信用货币。随着科技的发展，出现了电子货币、网络货币，货币形式又有了新的变化。

3. 从货币的本质来说，货币是固定的充当一般等价物的特殊商品和价值符号，本质是一般等价物。

4. 对于货币的职能，马克思和其他经济学家的认识大致相同，只是表述或证明过程有很大差异。一般讲货币有价值尺度、交易媒介、价值贮藏和支付手段四个职能。

5. 货币制度是货币职能稳定发挥的法律保障，经历了银本位、金银复本位、金本位和目前的不兑现的信用货币制度等发展阶段。

6. 国际货币制度从资本主义快速发展时期开始，也经历了国际金本位、固定汇率的布雷顿森林体系和目前的以浮动汇率为特征的国际货币制度。

货币　铸币　银行券　价值尺度　流通手段　货币制度　劣币驱逐良币　布雷顿森林体系　特里芬难题

复习思考题

1. 如何理解货币的起源?
2. 什么是价值形式?
3. 货币经历了哪些形态?
4. 如何认识货币的本质?
5. 西方学者对货币职能的论述和马克思有何不同?
6. 货币制度的构成要素有哪几个?
7. 如何理解信用货币?

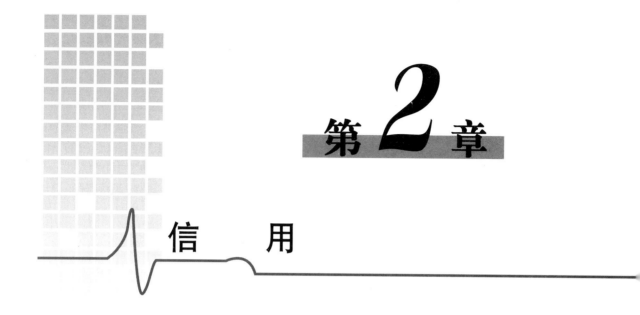

第2章 信用

学习目标

通过本章的学习，了解信用产生和发展的历史及其演变；正确理解现代信用与经济的关系，重点掌握现代信用对经济的推动作用及其可能出现的泡沫经济问题；掌握现代各种信用的形式、特点及其之间的内在联系，掌握利息的本质与利率的计算，理解信用制度建设的必要性及路径。

2.1 信用概述

2.1.1 信用的概念

西方经济学中的"信用"一词源于拉丁语"Credo",其意为"信任""声誉"等;"信用"在英语中是"Credit",其意除"信任"外,也解释为"赊账""信贷"等。汉语中的"信用"原意为能履行承诺而取信于人,近代在学习西方文明的过程中,又扩大了"信用"一词的内涵,引进了"借贷""借款"等内容。因此,汉语中的"信用"主要有两种解释:一是社会学解释;二是经济学解释。

在社会学中,信用被用来作为评价人的一个标准。例如,某人很讲信用,意即此人是可以信赖的。在经济学中,信用是一种体现特定经济关系的借贷行为。这种行为包含着两方面的内容:一是以收回为前提条件的付出即贷出,二是以保证归还为义务的获得,即借入。而且,一般来说,贷者有权取得利息。因此,借贷行为有两个基本特性:一是以偿还为前提条件,到期必须偿付;二是偿还时带有一个增加额——利息。现实经济活动中也有不支付利息的例外,那便是贷方由于某种目的而给予借方的一种优惠,但是这种优惠终究还是要通过其他方式回报的。

据此,我们得出经济学中信用的定义:所谓信用就是以偿还和付息为特征的借贷行为。具体说就是商品和货币的所有者把商品和货币让渡给需要者,并约定一定时间由借者还本付息的行为。

分析和理解信用的概念应从以下几方面着手。

(1) 信用是以偿还和付息为条件的借贷行为。信用作为一种借贷行为,贷者把一定数量的货币或商品贷给借者,借者可以在一定时期内使用这些货币和商品,到期必须偿还,并按规定支付一定的利息。所以偿还和付息是信用最基本的特征。这一特征使它区别于财政分配。财政分配基本上是无偿的,财政收进来、支出去都不需要偿还,没有直接的返还关系。例如,企业向财政交纳税金、财政对机关事业单位的拨款,都是无偿进行的。货币支出以后,分配过程就算结束,不需要偿还,也不需要支付利息。信用分配则是有偿的,它作为一种借贷行为必须有借有还,无论是存款、还是贷款,都具有直接的返还关系,贷款要归还,在偿还时,还要按规定支付一定的利息。

(2) 信用关系体现了一种债权债务关系。信用是商品货币经济中的一种借贷行为,在这种借贷行为中,商品和货币的所有者由于让渡商品和货币的使用权而取得了债权人的地位,商品和货币需要者则成为债务人,借贷双方具有各自对应的权利和义务。这种债权债务关系最初是由于商品的赊销和货币预付而产生的,但随着融资行为和信用制度的广泛建立和发展,债权债务关系渗透到了经济生活的各个角落。无论是企业生产经营活动,还是个人的消费行为或政府的社会、经济管理活动都依赖债权债务关系。对债权债务的管理和使用成为各种不同经济主体经常性的工作。所以,从本质上说,信用关系就是债权债务关系,信用行为就是放债和承债行为。

(3) 信用是价值运动的特殊形式。在单纯商品交换中,价值运动是通过一系列买卖过程实现的。在买卖过程中,卖者让渡商品取得货币,买者付出货币取得商品。这里发生了所有权的转移，卖者放弃了商品的所有权，而取得了货币的所有权，买者则相反。同时，交换过程是一种等价交换，卖者虽然放弃了商品的所有权，但没有放弃商品的价值，只是改变了价值形态，即从商品形态变成了货币形态；而买者虽然放弃了货币，但取得了与货币等价的商品。但在信用活动中，一定数量的商品或货币从贷者手中转移到借者手中，并没有同等价值的对立运动，只是商品或货币的使用权让渡，没有改变所有权。所以，信用是价值单方面的转移，是价值运动的特殊形式。

2.1.2 信用的产生

信用是商品货币经济发展到一定阶段的产物。一般认为，当商品交换出现延期支付、货币执行支付手段职能时，信用就产生了，即信用产生于货币之后。然而，从现有的资料来看，很难说明二者谁先谁后，从逻辑上也很难推导出谁成为谁的前提条件。不可否认的是信用与货币自古以来就存在紧密的联系，二者都以私有经济的存在与发展为前提。一般认为，信用的产生必须具备两个方面的条件：

首先，信用是在商品货币经济有了一定发展的基础上产生的。随着商品生产和交换的发展，在商品流通过程中便会产生出一些矛盾。商品生产过程有长短之分，销售市场有远近之别，这些都给商品价值的实现带来了困难，造成有的商品生产者出售商品时，其买者因自己的商品尚未卖出而无钱购买。为了使社会再生产能够继续进行下去，在销售商品时就不能再坚持现金交易，而必须实行赊销即延期支付，于是商品的让渡和其价值实现在时间上就分离了。这样买卖双方除了商品交换关系之外，又形成了一种债权债务关系，即信用关系。

其次，信用只有在货币的支付手段职能存在的条件下才能发生。当赊销到期、支付货款时，货币不是充当流通手段，而是充当支付手段，这种支付是价值的单方面转移。由于货币拥有支付手段职能，所以，它能够在商品早已让渡之后独立地完成商品价值的实现；否则赊销就不可能出现。

2.1.3 信用形态的发展

历史上，信用基本上表现为两种典型的形态，即高利贷信用和借贷资本信用。在商品经济发展初期，相对来讲信用经济不很发达，高利贷信用占据统治地位，但随着商品货币经济的发展，尤其是随着资本主义生产关系的确立，现代信用形态——借贷资本信用迅速发展起来，并逐渐取代了高利贷信用的统治地位。于是在自然经济占主导地位的前资本主义社会里，高利贷信用占据统治地位，只有当现代经济及其生产关系不断渗透到城乡经济生活的各个角落，高利贷信用才逐渐丧失了存在的基础。当然，在商品货币经济高度发达的现代市场经济社会，高利贷信用形态依然存在，尤其是在一些经济落后的国家和地区。但考察其债权债务关系的内容，则已经完全成为借贷资本的补充形态。

1. 高利贷信用

(1) 高利贷信用的产生和发展。

高利贷信用是高利贷资本的运动形式，是人类历史上最早产生的信用形式。高利贷信用的最突出特征是贷款利率特别高。

高利贷信用最初出现于原始公社末期。第一次社会大分工促进了生产力水平的迅速提高和商品经济的发展并使原始公社内部出现了私有制和贫富之分。穷人缺乏必要的生产资料和生活资料，不得不向富人借贷，并被迫接受支付高额利息的要求，这样就产生了高利贷。高利贷最初是部分地以实物形式出现的，随着商品货币关系的发展，货币借贷才逐渐成为高利贷的主要形式，并出现了专门从事货币借贷的高利贷者。

高利贷在奴隶社会和封建社会得到了广泛的发展。这是因为，高利贷资本作为生息资本的特殊形式，是同小生产者即自耕农和小手工业者占优势的情况相适应的。小生产者拥有少量的财产作为借款的保证，同时他们的经济基础又十分薄弱，极不稳定，遇到天灾人祸就无法维持生计。为了获得购买手段，以换取必需的生产资料，他们不得不求助于高利贷。小生产者的广泛存在是高利贷信用存在和发展的经济基础。1840—1949 年，中国的高利贷十分活跃，名目繁多，华北盛行"驴打滚"，江浙一带"印子钱"，广东则有"九扣十三归"等。

除了小生产者之外，高利贷的需求者还包括一些奴隶主和封建主。奴隶主和封建主告贷是为了满足其奢侈的生活需要，如购买昂贵的装饰品、建造豪华的宫殿等。有时，他们还出于政治上的需要而告贷，如豢养军队、进行战争等。这些大量的货币支出往往无法通过租税收入得到满足，于是便不得不向高利贷者求贷，这也促进了前资本主义社会高利贷信用的发展。

(2) 高利贷信用的本质。

高利贷者大多是商人，特别是掌握着大量货币的货币经营者；其次，各种宗教机构，如寺院、庙宇、教堂和修道院等往往也积聚着大量的货币资财，其主要来源是善男信女们的布施和富有者委托保管的财产，这些宗教组织常常通过发放高利贷敛财；此外一部分封建地主和富农也向贫苦农民发放高利贷。高利贷的年利率一般在 30%以上，100%～200%的年利率也是常见的。高利贷的利率之所以这样高，其原因有两个：一是借款人的借款大多不是用于追加资本、获取利润，而是为了取得一般的、必需的购买手段和支付手段；二是在自然经济占统治地位、商品货币经济不发达的情况下，人们不容易获得货币，而人们对货币的需求又大，这就为高利贷的形成创造了条件。

高利贷者获取的高额利息来源于农民和其他小生产者的剩余劳动，甚至包括一部分必要劳动。高利贷者贷款给奴隶主和封建主，奴隶主和封建主支付的高额利息，主要来自于他们无偿占有的农民和其他小手工业者的一部分劳动，所以在前资本主义社会，高利贷信用反映了高利贷者无偿占有小生产者劳动的剥削关系，也反映了高利贷者和奴隶主、封建主共同瓜分农民和其他小手工业者所生产的剩余产品的剥削关系。在现代市场经济中存在的高利贷信用同样反映了高利贷者剥削小生产者的剩余劳动或反映了高利贷者和其他资本所有者共同瓜分雇佣劳动提供的剩余价值的剥削关系。

(3) 高利贷信用的作用。

高利贷信用在前资本主义社会有以下两个方面的作用。

第一，在前资本主义社会中，高利贷信用是促使自然经济解体和商品经济发展的因素之一。小生产者借高利贷往往以破产而告终，从而使小农经济受到极大的破坏，加速了自然经济的解体。由于高利贷主要采取货币借贷形式，无论是奴隶主、封建主还是小生产者，为了近期支付利息和清偿债务，都不得不努力发展商品生产，并通过出售商品而换回货币，这样又促进了商品经济的发展。

第二，高利贷信用的高利盘剥破坏和阻碍了生产力的发展。自然经济中的小生产者，本来就只能勉强维持简单再生产，高利贷使小生产者在艰难的条件下难以有足够的经济实力维持简单再生产。奴隶主、封建主为了清偿债务而更加残酷地压榨奴隶、农奴及农民，使生产条件日益恶化，造成生产规模逐渐萎缩。

在封建社会瓦解并向资本主义社会过渡时期，高利贷也具有双重作用。资本主义生产方式的产生必须具备两个前提条件：一是有大量的有着人身自由的无产者；二是要有大量的为组织资本主义生产所必需的货币资本。在高利贷的压榨下大批农民和手工业者因破产而加入了劳动后备军；而高利贷者在长期的借款活动中又积累了大量的货币资本，它同商人资本一样转化为产业资本。所以高利贷对资本主义生产方式产生的前提条件的形成起了一定的促进作用。但是，与此同时高利贷又具有保守的反作用。因为小生产占优势的前资本主义生产方式是最适宜高利贷活动的基础，高利贷者当然不愿这种生产方式覆灭。因此，高利贷者必然会想方设法维持这种旧的生产方式。此外，高利贷的高利息率还妨碍着产业资本的发展。因为按资本主义生产方式的要求，需要信用的发展和扩大，这时的借贷是为生产做准备或直接用于生产的，而高利率则可能使生产变得无利可图，使产业资本的扩张受到制约，因此新兴的资产阶级坚决反对高利贷。

2. 借贷资本信用

借贷资本是现代资本的运动形式，是随着资本主义生产关系的建立而逐步发展起来的信用形态，并长期服务于现代市场经济社会。所谓借贷资本就是为了获取剩余价值而暂时贷给职能资本家使用的货币资本，它是生息资本的现代形式。贷者将闲置的货币资金作为资本贷放出去，借者借入货币资金则用以扩大资本规模，生产更多的剩余价值，贷者和借者共同瓜分剩余价值。

(1) 借贷资本的产生。资产阶级反对高利贷，但并不是一般地反对生息资本，而是要使这种生息资本服从于资本主义生产方式的要求，其中心问题是利率。新兴的资产阶级要把高利贷的利率压低到平均利润率以下，使之适合现代经济发展的需要。在资产阶级取得政权后，便利用国家机器，通过制定法律规定最高利率，限制高利贷。例如，英国政府在1545 年的法案中规定最高利率为 10%，1624 年定为 8%，1657 年定为 6%。但是，在信用业被高利贷垄断的情况下，这种降低利率的法令并没有取得令人满意的效果。这就促使新兴的资产阶级通过创办现代银行，集中大量的闲置资金，来为资本家提供所需的货币资本从而加速了适合现代经济发展所需要的信用制度——借贷资本信用制度的建立和发展。例如，1694 年在英国建立的英格兰银行，一开始就把贴现率定为 4.5%～6%，打破了高利贷者对信用的垄断。同时现代银行还发挥信用创造的功能，打破了高利贷者对货币的垄断，有效地同高利贷者进行斗争，从而使借贷资本信用在反对高利贷的斗争中产生和发展起来，并逐渐占据了主导地位。

(2) 借贷资本的来源。借贷资本首先来源于产业资本循环过程中形成的一部分暂时闲置的货币资金。

① 固定资本循环过程中的暂时闲置资本。固定资本即厂房、机械设备等固定资产的价值。在再生产过程中，固定资产价值是随着再生产的进行，一部分一部分地转移到产品中

去。再随着产品的出售,通过提取折旧基金的方式积累起来以便将来更新固定资产。在折旧提取后,到更新固定资产之前,这期间固定资本表现为闲置的货币资金。

② 流动资本循环过程中的暂时闲置。在再生产过程中,流通资本周转的特点是一次投入生产,其价值全部转移到新产品中去,并通过产品的销售一次收回。但由于种种原因,这部分价值也会出现暂时闲置。例如,商品出卖所得销售收入在没有立即购买原材料、燃料和辅助材料之前和在未支付工资之前,流动资金会出现闲置状态。

③ 以货币形式所形成的积累基金,在不足以作为资本来追加投资之前,在未支付股息和纳税之前也表现为闲置资金。

可见,在再生产过程中,资本的循环和周转,经常出现暂时游离出来的闲置货币资金,停止执行资本的职能,这与资本的本性是相矛盾的。因而,客观上产生贷放出去的必要。此外食利者阶层的货币资本、居民货币收入的消费剩余等也构成借贷资本的重要来源。和产业循环周转相适应,一部分企业在拥有暂时闲置资本的同时,另一部分企业则暂时需要介入资本,使暂时闲置的借贷资本有了使用的场所。

(3) 借贷资本的特点。借贷资本,既不同于高利贷资本,也不同于职能资本,其主要特点有以下三点。

第一,借贷资本是商品资本,它和普通商品一样具有使用价值和价值。但这是一种既有别于普通商品,又有别于货币的特殊使用价值和价值。其特殊使用价值是说它能带来价值的增值,产生利润;其特殊的价值是说它有以利息形态表现出来的"价格"。借贷资本的让渡实际上等于用利息"价格"交换了它增值的"使用价值"。

第二,借贷资本是所有权资本。借贷资本虽然是一种作为商品的资本,但其"买"(借入)"卖"(贷出)并不是真正意义上的买卖。借贷资本被"卖"出的仅仅是它的使用权,即增值价值,带来利润的能力,而借贷资本的所有权仍然在贷款人手中。贷款人正是凭借着这种所有权,以及对使用权的暂时让渡获得利息。

第三,借贷资本有特殊的运动形式。借贷资本有着与产业资本不同的运动形式。产业资本的循环周转表现为:

$$G—W—P—W'—G'$$

而借贷资本的运动则表现 $G—G'$ 即货币资本—带来增值的货币资本,借和还同为货币形态,无质的变化,只有量的增长。这种特殊的运动形式,给人以假象,似乎货币会自行增值。因此考察借贷资本运动的全过程可以看出,借贷资本具有双重支付、双重归流的特征:第一重支付是货币资本家将货币资本贷给产业资本家使用,为再生产做准备;第二重支付是产业资本家将借得的货币资本购买生产要素,投入再生产过程。第一重归流是产业资本家将商品销售出去,变为已增值的货币资本;第二重归流是产业资本家以还本付息的方式归还借贷资本。从这里可以看出,借贷资本并不是自行增值的,其价值的增长是在再生产过程中形成的。

2.2 现代信用的形式

2.2.1 信用形式的划分标准

信用形式是信用的具体表现形式,由于借贷当事人不同,借贷的目的和用途等不同,信用的具体形式也不相同。

现代信用形式很多，最主要的形式有四种：①商业信用；②银行信用；③国家信用(亦称政府信用)；④消费信用。除了以上所述之外，还有国际信用、合作信用、公司债券信用、租赁信用、信托信用、股份信用、民间信用等。

划分各种信用形式的主要标准有三个：①当事人，即债权人和债务人是谁；②经济内容，即借用货币或商品的用途是什么；③采取什么形态，主要信用形式的划分标准如表 2-1 所示。

表 2-1　主要信用形式的划分标准

信用形式	当事人		经济内容(用途)	形态
	债权人	债务人		
商业信用	工商企业	工商企业	生产、销售	商品
银行信用	银行、其他金融机构	工商企业	生产、销售	货币
国家信用	银行、工商业、团体、个人	本国中央政府、地方政府	弥补国家财政赤字	货币
消费信用	商业企业、商业银行及其他金融机构	消费者个人	购买耐用消费品、住宅、个人其他消费开支	商品或货币

2.2.2　商业信用

1. 商业信用的概念

商业信用是在商品交易过程中提供的信用，如工业企业向商业企业出售自己生产的产品，买卖成交了，但商业企业没有现款支付商品价款，这时双方就可以订立一个协议，暂时不付款，而以工业企业赊销的方式出售，协议规定 3 个月或半年以后再付。这样，在这个工业企业和这个商业企业之间除了商品买卖之外，又产生了一种商业信用关系。商业信用之所以称为商业信用，正因为它是建立在商品交易基础上的信用行为。

商业信用从形式上看是直接以商品形式提供的，但实质上仍然是价值借贷，借者并不欠贷者的某种商品，而欠贷者一定数额的商品价款。商业信用也和其他信用形式一样，也是价值单方面转移，但发生信用时是商品所有者把一部分价值(商品价款)单方面贷给商品的购买者，而到还款期时购买者把商品价款单方面转移给原商品的卖主。简单的商品交换是价值当时对等转移，这是它同信用的根本不同之处。

商业信用覆盖面很广，它不仅在工商业之间存在，而且在工、农、商各行业之间及行业内部都可能发生。

2. 商业信用存在的必要性

那么，为什么一定要有商业信用呢？主要有以下两个方面的原因。

第一，适应产业资本循环的需要所产生的。在各工业企业间，由于生产时间和流通时间不一致等各种原因，不可能每次当一个企业要销售其商品时，恰好别的企业就有现款来购买该商品。如果销货企业坚持要现款交易，那么，它就可能暂时不能把商品卖出去，在激烈竞争的条件下，错过一定的机遇很可能就卖不出去了。而商品不能销售出去，再生产也就可能受到阻碍。借助于商业信用，虽然暂时收不到货款，但商品毕竟销售出去了，那么，这个企业也就可进行再生产。如果购买原材料的资金有问题，也可以向原材料的出售者借用商业信用。可见，商业信用能加速商品销售，从而有助于社会再生产得以连续不断地、顺畅地进行。

第二，商业信用的必要性，也是由商业资本存在和发展所决定的。如果商业企业完全用自有资本来购买全部工业品，那么，工业企业生产出来的商品有多少，商业企业就要拥有多少相当于商品总值的货币资本，以便用现款来购进全部工业品。但是，商业企业实际上绝不可能拥有那么多的货币资本来购买全部工业品，因此，需要工业企业向它们提供商业信用。

3. 商业信用的特征

商业信用具有以下四个特征。

第一，商业信用所贷出的是商品资本，是处于产业资本循环过程最后一个阶段上的商品资本，它还有待于转化为货币资本。

第二，商业信用的债权人和债务人都是工商企业。

第三，在产业周期的各个阶段上，商业信用的动态(即伸缩)是和产业资本的动态相一致的。在繁荣时期，生产扩大了，生产的产品增多了，对商业信用的需要也增加了，以信用方式销售的商品也就增多。反之，在经济危机或严重不景气时期，市场商品流通渠道堵塞，生产规模缩小，对商业信用的需要也减少，以信用方式销售的商品也就减少，甚至完全停止以信用方式出售商品，因为在商业信用中以借贷资本出现的，就是处在再生产过程中的资本。

第四，商业信用中所提供的商品，一般用于生产或销售。

4. 商业信用的优点及局限性

商业信用是以商品形态提供的信用，销货企业与购货企业之间在进行商品买卖时，就同时解决了资金问题，因此，商业信用有方便和及时的优点。商业信用授予者如果在这笔信用未付款前缺少现金，还可以用商业信用凭证(汇票)到银行去贴现，将信用凭证及时变换为现金。

但是，商业信用由于它本身的特点，又存在一些缺点，具有一定的局限性。主要表现在以下两方面。

第一，商业信用规模受工商企业所拥有的资本量限制。因为商业信用是在工商企业彼此之间提供的，因此商业信用只能在企业之间再分配已有的资本，而不能在现有资本总额之外获得任何补充资本。所以商业信用的最大限度是工商业现有资本的最充分的运用。并且，从个别企业来看，能够用来提供商业信用的并不是企业的全部资本，只是处于资本循环周转最后一个阶段的商品资本。

第二，商业信用提供的方向受到严格的限制。商业信用一般只能是前一生产过程向后一生产过程提供，即上游工业向下游工业提供，生产部门向商业部门提供，而不能相反。

生产生产资料的企业只能向需要生产资料的企业进行赊销，而不能进行相反的业务。例如，纺织厂可以从纺织机械厂赊购纺织机械，可是纺织厂却不能向纺织机械厂赊销商品。商业信用这种方向上的局限性是由商品使用价值的特定用途所决定的。

5. 我国的商业信用

1929 年，当时的国民政府颁布了票据法，明确规定商业票据是法定的票据之一，这对商业信用规模和范围的扩大、发展起到了推动作用。

改革开放以后，商业信用形式重新得到恢复与发展。但是在改革初期，由于工商企业产权不够明晰，商业信用发展不够规范，造成商业信用拖欠和一般交易拖欠现象，形成一种普遍的规模巨大的"三角债"。1995 年 5 月 10 日，《中华人民共和国票据法》(以下简称《票据法》)颁布。

2.2.3 银行信用

1. 银行信用的概念

银行信用是以银行为中介的、用货币形式提供给企业或个人的信用。货币是一般等价物，可以用来购买任何商品，这就突破了商业信用以特定的商品买卖为前提的限制。银行在整个社会范围内筹集资金和分配资金，它拥有的信贷资金数量大，信誉高，可以满足生产和流通企业的任何资金需求，因此，随着资本主义经济的发展，银行信用在社会信用体系中逐渐成为占主导地位的信用形式。

2. 银行信用的特征

第一，银行信用所贷出的资本是货币资本以及社会上闲置的货币资金。

第二，银行信用的债权人是银行等金融机构，债务人是工商企业，而商业信用的债权人和债务人都是工商企业。

第三，在产业资本循环周期的各阶段上，银行信用的动态(即伸缩)和产业资本的动态是不一致的，这是由于货币资本的变动和产业资本的变动不一致所造成的，这在经济危机时期表现得尤为明显。

第四，银行信用所提供的货币贷款，一般也运用于生产和商业流通，但不仅限于工商企业。

3. 银行信用的优点

(1) 在信用数量上，银行信用不受工商企业资本量的限制。银行借贷资本的来源广泛，包括工商企业资本循环中暂时闲置的货币资本、财政性存款、社会各阶层的货币收入和储蓄等。

(2) 在使用方向上，银行信用不受商品使用价值的局限。由于银行信用是货币形态的资本，可以在任何方向上把货币资本分配到各个生产、流通等部门中去。

(3) 在期限上不受限制。银行信用可根据客户的要求，开展短、中、长期的货币资金借贷活动。

银行信用克服了商业信用的一些缺点，但它不能取代商业信用。商业信用和银行信用是两种基本的信用形式，它们构成信用制度的基石。在实际经济生活中二者往往互为补充、共同发展。例如在工商企业的批发贸易和合同贸易中，一般是由卖方或买方提供商业信用，交易双方都可凭持有的未到期的商业票据到银行申请办理贴现或票据抵押贷款，从而获得银行信用。这样商业信用的提供者在银行信用的支持下，可以突破自身闲置资金额的限制，促进商品的销售。银行信用克服了商业信用的局限性，成为现代信用的主要形式。

20世纪以来，银行信用发生了巨大的变化，得到迅速发展，表现为越来越多的借贷资本集中到少数大银行手中；银行规模越来越大；贷款数额不断增大，贷款期限不断延长；银行资本与产业资本的结合日益紧密；银行信用提供的范围不断扩大。

4. 我国的银行信用

在我国经济运行中，银行信用一直是最基本的信用形式。随着经济体制改革的进一步深化，单一银行信用逐渐转化为多种信用形式，但尽管信用形式开始多样化了，银行信用仍然是我国信用的主体。这是由下列原因决定的：

第一，国家集中一定数量的资金，支持基础设施和国民经济重点项目建设的资金需要。

第二，利用银行信用手段调节经济的需要。

第三，社会化大生产需要银行信用。

2.2.4 国家信用

1. 国家信用的概念

国家信用泛指以国家政府为主体的借贷行为。它既包括政府对企业、银行、团体或个人的负债，一国政府对另一国政府或国际金融组织的负债，也包括政府对国内企业、居民或外国银行(银行集团)的贷款。在现代社会中，国家信用主要是指国家的负债，包括对国内的负债(内债)和对国外的负债(外债)。在现代社会中，国家从国内筹款是内债，从国外筹款是外债。无论内债还是外债，在经济生活中都是不可忽视的重要因素。表 2-2 说明了一些国家政府总债务占 GDP 比例的状况。

表 2-2 政府总债务占 GDP 的比例　　　　　　　　　　　　单位：%

年份 \ 国家	加拿大	法国	德国	意大利	日本	英国	美国
1980 年	57.69	20.41	31.25	56.89	51.78	40.84	43.57
1985 年	84.39	30.59	40.69	80.48	68.05	43.07	53.10
1990 年	88.34	35.18	42.25	94.65	68.85	27.14	61.15
1995 年	114.00	55.44	55.14	121.08	92.83	41.10	69.13
2000 年	91.06	57.28	58.74	109.15	142.06	41.38	54.16
2005 年	78.41	66.74	66.34	105.82	191.64	42.40	60.77

资料来源：黄达. 金融学[M]. 北京：中国人民大学出版社，2009：82.

各国之所以不断扩大国债规模，是为了弥补日益增大的财政赤字，而财政赤字增长的原因主要有三个：①扩充军备；②扩大国家投资，刺激经济增长，缓解和避免经济危机爆发;③为了缓和国内矛盾,保持政局稳定,增加福利开支,尤其是工薪阶层的福利开支。

发行公债不会直接增加社会公众的负担,而且公债持有人还能定期获得利息收入;公债到期如数归还,在到期前,公债持有人如果需要现金,他可以随时将公债拿到金融市场上转让出去。由此可见,公债具有安全性、流动性和收益性,企业、银行可从大规模的公债投资中得到收益,一些工薪人员也可以从少量公债购买中得到一些收益。因此,政府通过发行公债的办法,弥补财政赤字,一般不会遭到社会公众的反对。

国家政府发行公债,一般都是委托中央银行具体办理公债发行和还本付息事宜的。国家公债多为长期的,期限为 10 年或 10 年以上;也有中期的,称为中期库券,期限为 1 年以上 10 年以内;还有短期的,称为国库券,期限在 1 年或 1 年以下。

2. 国家信用与银行信用的联系与区别

1) 国家信用与银行信用的联系

国家信用与银行信用之间有着密切的联系,在分配或动员的资源为既定的条件下,二者在量上有着此消彼长的关系,政府信用增加,就要求银行信用相应地收缩,否则就会造成社会信用总量的膨胀。由于二者存在着彼此替代的此消彼长关系,能否认为国家信用是一种可有可无的信用形式呢?当然不能,因为这两种信用形式毕竟是有区别的。

2) 国家信用与银行信用的区别

第一,国家信用可以动员银行信用难以动员的资金,如在特殊条件下(战争、动乱、恶性通货膨胀等)发行的强制性公债,具有特殊的动员作用是显而易见的。在正常时期也可以通过自愿认购公债,以其优惠的条件(比银行信用的利率高)诱使货币所有者减少自身的消费,扩大可融通资金的总量。

第二,长期公债的偿还期长,由此筹集的资金比较稳定,可用以解决国家长期资金不足。而银行存款,即使是定期存款客户也可随时支取,其稳定性相对较差。

第三,二者的利息负担不同。国家债券的利息由纳税人承担;银行借款的利息由借款人承担。公债利息是财政的支出,而银行的利差则是财政的收入。用两种不同的信用形式筹集资金,对财政的负担具有不同的意义。此外,利用国家信用必须注意防止三个问题:①防止造成收入再分配的不公平。②防止出现赤字货币化。赤字货币化是指政府发行国债弥补赤字。③防止国债收入使用不当,造成财政更加困难。

3. 我国的国家信用

我国财政收入主要来自税收,其他就是在国内外借债,国内债务 1994 年为 1 028.57 亿元;2002 年为 5 660.98 亿元,2017 年年末为 17.3 万亿元。那么,经济发展为什么需要国家信用呢?这是因为:

(1) 改革开放后,国家的主要任务是发展社会生产力,需要大量投资,当年财政支出大于财政收入出现赤字,不得不发行国家债券和借用外债弥补。

(2) 当年财政支出大于收入的原因是财政超前支出所致,如国家当年投资的基础设施建设在当年很难有足以补偿投资额的收入,在若干年后才能扩大收入;用今后扩大的收入来偿还国债,这是现代财政发展的一个规律。

(3) 经济体制改革使得积累分散,财政收入在整个国民生产总值中所占比例相对降低,而由于建设的扩张,支出不可能同比例降低,造成收支不平衡,但改革促进了经济发展,将来财政收入绝对额会增加,具有了偿还能力。

(4) 经济体制改革后,人民群众收入大幅度增加,国家信用是公众投资的很好对象,国家可以有意识地利用群众的资金,促进整个国民经济更好、更快的发展。

2.2.5 消费信用

1. 消费信用的概念

消费信用是由企业、银行等金融机构向消费者个人提供的直接用于生活消费的信用。消费信用有两种类型:一种同商业信用相似,由企业以赊销商品的形式,主要是分期付款的方式向消费者提供价格较高的住房或高档耐用消费品如汽车等的信用;另一种可以归纳为银行信用,即由银行等金融机构向消费者提供货币贷款,使之用于购买住房或其他高档消费品。

美国消费信用规模最大,1929 年是 71 亿美元,1987 年就达 6 130.2 亿美元,到 2007 年年底,这种信用总额已达 2.52 万亿美元,78 年间增长 354 倍,几乎到了无人不负债的程度。消费信用过度发展也会对国际经济平衡稳定发展带来威胁。美国次贷危机也是源于消费信贷准入标准降低,消费信贷过度膨胀所导致的。由于消费信用每笔金额较小,分期付款手续繁杂成本较高,因此利率也较高,比工商企业贷款一般要高 2%~3%。除了利息外,还要付各种手续费,如信用调查费、保险费、附加费等,而且往往实际利率高于名义利率,因为利息最后按欠款多少即按借款总额计算。由于信用卡制度的发展,银行向顾客提供消费信用,不一定直接贷给现金,而是提供信用卡。客户只要持有信用卡,就可以在指定的商店或劳务部门购买商品,支付劳务和旅游费用。

2. 消费信用的形式

1) 分期付款

它是销售单位提供给消费者的一种信用,多用于购买耐用消费品,如小汽车、家电等。这种消费信用的借贷双方要签订书面合同,该合同载明合同期限、利息以及每次付款的金额及其他费用。消费者先支付一部分货款,称为第一次付现款,然后按合同分期等额支付其余货款和利息。本息付清后,消费品即归消费者所有。但在货款付清之前,消费品的所有权仍归卖方,消费者仅有使用权。若不能按期还本付息,卖方有权没收其商品,已付款项也归卖方所有。

2) 消费贷款

它是银行和其他金融机构以信用放款和抵押放款的方式,对消费者发放的贷款。消费贷款多为住宅抵押贷款,贷款额往往占抵押品的 70%左右,期限以中长期为主。按接受信贷的对象不同,消费贷款一般有两种形式:一种是对购买消费品的买方发放贷款;另一种是以分期付款凭证作抵押,对销售企业发放贷款。

【阅读资料】

3) 信用卡

它是由发卡机构和零售商联合起来对消费者提供的一种延期付款的消费信用。信用卡是由银行或其他专门机构提供给消费者的赊购凭证,它规定有一定的使用限额和期限,持卡人可凭卡在任何接受信用卡支付的单位购买商品或支付劳务服务等。

3. 消费信用的作用

1) 积极作用

第一，消费信用在一定条件下可以促进消费品的生产与销售，甚至在某种条件下可以促进经济的增长。居民购买力的大小决定了消费市场的大小，消费信用的增加促进了消费市场的发展，推动一国经济增长。

第二，消费信用对于促进新技术的应用、新产品的推销以及产品的更新换代，也具有不可估量的作用。

第三，消费信用可提高人们的消费水平，改变消费结构。

2) 消极作用

消费信用在一定情况下也会对经济发展产生消极作用。消费信用形成的购买力具有一定的虚假性和盲目性，如果消费需求过高，生产扩张能力有限，消费信用则会加剧市场供求紧张状况，促使物价上涨，为经济发展增加了不稳定因素。因此开展消费信用受到一定的条件制约：受生产力发展水平的制约；受生产与消费、供给与需求关系的制约。

4. 我国的消费信用

消费信用是在经济发展到一定阶段的必然产物，不是人为促进而能够发展的。改革开放之后到1995年期间，尽管我国市场总体仍然处于卖方市场状态，但是市场环境已经发生了很大的改变。1996年，我国的市场环境出现了质的变化，买方市场逐步形成，经济结构逐步脱离生产主导形式，开始向消费型经济转变。自1996年下半年开始，我国经济开始面对有效需求不足的问题。在这种新的情况之下，如何调动内需，引导买方市场的健康发展成为政府所面临的重要课题；而这种新的态势也为厂商以及金融机构新的业务发展带来了机遇；随着经济的发展居民收入水平的不断提高，消费观念也逐渐发生了转变。居民住房管理体制以及高等教育体制的改革，使得住房按揭贷款、助学贷款逐步发展起来。随后，其他一些耐用消费品，例如汽车的促销，也越来越多地采用分期付款、抵押贷款等方式来进行。中国人民银行1999年2月出台《关于开展个人消费信贷的指导意见》，1999年3月又发布《银行卡业务管理办法》，这些措施引发了全社会开展消费信贷的尝试和宣传，消费信用规模不断扩大，2007年年底，消费信贷总额达3.27万亿元。

2.2.6 直接信用与间接信用

间接信用总的说是指由中介人参与的信用，如银行信用、信托信用和合作社信用等。直接信用主要有证券信用、民间借贷、商业信用等。

之所以会出现上述两类信用形式，主要在于人们进行信用投资对风险和收益方面进行不同的考虑。间接信用比直接信用风险较小，如主要是为了避免风险，对收益不作过多要求，他们会选择在银行进行长期的或短期的存款。直接信用如为股票，收益较高，比银行存款利息大约高10倍以上。有些人为获取高收入，就选择股票投资。一般来说，收益高，风险也大，有的人投资股票，可能不仅没有收益，反而可能出现严重损失。

证券信用的发展，银行资金的分流，是必然的规律，对企业、对国家，甚至对银行都是好事：①企业可以发债券、股票等集资，扩充资本，在很大程度上减少了银行对企业资本供给的压力，也减少了银行投资(贷款)的风险。②随着经济体制改革，企业向国家交纳积累比率降低，国家收入占国民收入的比例减少，国家对企业的投资也减少，但后者高于前者，特别是基础建设、开发性和落后地区的投资增加更快。③发展多种信用形式造成银行收入和支出都会减少，这对银行也有好处。

2.3 信 用 工 具

信用工具是证明债权、债务关系的合法书面证明。仅凭借贷双方的口头协议或记账也可建立信用关系，但因无法律上的保障，极易引起纠纷，并且不易将债权和债务转让。信用工具的产生和发展克服了口头信用和记账的缺点，实现了信用活动的规范化，通过信用工具的流通转让进而形成了金融市场。在现代经济中，资金融通需要借助于信用工具，因此信用工具又叫作金融工具。

2.3.1 信用工具的特征

金融工具是在信用活动中产生，能够证明金融交易金额、期限、价格的书面凭证。它对于债权债务双方所应承担的义务与享有的权利均有法律约束意义。金融工具一般具有偿还期限、流动性、风险性和收益性这几个基本特征。

1. 期限性

偿还期限是指债务人在必须全部归还本金之前所经历的时间。如一张标明 3 个月后支付的汇票，偿还期为 3 个月；5 年到期的公债，偿还期为 5 年等。但对当事人来说，更有现实意义的是从持有金融工具之日起到该金融工具到期日止所经历的时间。假设一张 1990 年发行要到 2010 年才到期的长期国家公债券，某人如于 1999 年购入，对于他来说，偿还期限是 11 年而非 20 年，他将用这个时间来衡量收益率。金融工具的偿还期限可以有零和无限期两个极端。如活期存款的偿还期可以看作是零，而股票或永久性债券的偿还期则是无限的。

2. 流动性

流动性是指金融工具迅速变为货币而不致遭受损失的能力。现钞这类金融工具本身就是流动性的体现。除此之外，变现的期限短、成本低的金融工具流动性强；反之，则流动性差。发行者资信程度的高低，对金融工具的流动性有重要意义。如国家发行的债券、信誉卓著的公司所签发的商业票据、银行发行的可转让大额定期存单等，流动性就较强。对于持有人来说，流动性强的金融工具相当于货币。在一些国家，这类金融工具往往分别被列入不同层次的货币供给数量的范围之内并成为中央银行监控的目标。

3. 风险性

风险性是指购买金融工具的本金有否遭受损失的可能性。本金受损的风险有信用风险和市场风险两种。信用风险指债务人不履行合约，不按期归还本金的风险。这类风险与债务人的信誉、经营状况有关。就这方面来说，风险有大有小，但很难保证绝无风险。例如，向大银行存款的存户有时也会受到银行破产清算的损失。

信用风险也与金融工具种类有关。例如，股票中的优先股就比普通股风险低，一旦股份公司破产清算，优先股股东比普通股股东有优先要求补偿的权利。信用风险对于任何一个金融投资者都存在，因此认真审查投资对象，充分掌握信息是至关重要的。市场风险是指由于金融工具市场价格下跌所带来的风险。某些金融工具，如股票、债券，它们的市价是经常变化的，市价下跌，就意味着投资者金融资产贬值。1987 年 10 月股市暴跌风潮席卷美国时，约有一亿多的股东在 10 月 19 日这一天损失财产 5 千亿美元。因此在金融投资中，审时度势采取必要的保值措施非常重要。2007 年"5.30"股市下跌导致了近 4 万亿元的市值损失。

4. 收益性

收益性即信用工具能定期或不定期地给持有者带来收益，收益的大小通过收益率来反映。收益率是指持有金融工具所取得的收益与本金的比率。收益率有三种计算方法：名义收益率、到期收益率与持有期收益率。

名义收益率是金融工具票面收益与票面额的比率。如某债券面值 100 元，10 年偿还期，年息 8 元，则该债券的名义收益率就是 8%。

到期收益率(Yield to Maturity)是投资人从购买日期起到债券到期日止，购买人最后得到的实际年收益率。就是债券剩余现金流的总现值等于购买价格的贴现率。其计算公式表示如下：

$$p = \sum_{t=1}^{n} \frac{F \cdot r}{(1+y)^t} + \frac{F}{(1+y)^n}$$

式中：p——购买价；

y——到期收益率。

持有期收益率(Holding Period Return，HPR)是投资者在持有期内获得的投资回报，是投资者最关心的收益率。其计算公式表示如下：

$$\text{持有期收益率HPR} = \frac{\text{卖出价} - \text{买入价} + \text{持有期利息}}{\text{买入价格} \times \text{持有年限}}$$

2.3.2 信用工具的种类

信用工具的种类很多，划分方法也各不相同。

1. 按发行者的性质，可以分为直接金融工具和间接金融工具

直接金融工具是指最后贷款人与最后借款人之间直接进行融资活动所使用的金融工具，如各种债券、股票、商业本票、商业汇票、抵押契约。间接金融工具是指由金融机构在最后贷款人与最后借款人之间充当媒介的融资活动中由金融中介机构发行的金融工具，如钞票、存单、保险单、银行票据、各种借据等。

2. 按金融工具的偿还期，可以分为长期金融工具和短期金融工具

一般把借贷期限在一年以上的金融工具称为长期金融工具，包括股票和各种债券。借

贷期限在一年以下的金融工具称为短期金融工具，如商业票据、银行票据、支票以及信用证、旅行支票和信用卡等。

3. 按金融工具的可接受程度，可以分为普遍接受的金融工具和有限接受的金融工具

其中前一类为本国社会公众所普遍接受，作为普遍的交易手段和支付手段的金融工具，主要是中央银行发行的货币和商业银行活期存款。这种普遍接受的信用工具是以社会公众对中央银行和商业银行的信任为前提的。后一类是具有有限接受性的金融工具，主要包括银行和企业的各种可转让的有价证券等。这些金融工具都有不同程度的流动性，但不能像前者那样充当一般的交易手段和支付手段，其接受程度要受金融工具的性质、出票人及存款人的信用能力等。

2.3.3 传统信用工具

1. 债券

债券是用来表明债权债务关系，证明债权人有按约定的条件取得利息和收回本金权利的债权资本证券。债券的分类方法很多，按债券的发行主体不同分为政府债券、公司债券和金融债券；按利息设定方式不同分为零息债券和附息债券；按利息支付的方式不同分为固定利率债券和浮动利率债券；按是否抵押分为抵押债券、信用债券和担保债券；按偿还期限不同分为短期债券、中期债券和长期债券；按债券形态不同分为实物债券、凭证式债券、记账式债券；按能否上市分为上市债券和非上市债券等。

本节重点介绍按照发行主体分类这种情况。

1) 政府债券

政府债券是国家(政府)的信用工具，是政府为了筹集资金而发行的债务凭证，有公债券、国库券和地方债券。

公债券与国库券都是一国中央政府发行的债务凭证，二者无本质区别，主要是偿还期限不同。公债券的还本付息时间一般都在一年以上，国库券的还本付息时间一般为一年以内。

地方政府债券是由地方政府为了筹措资金而发行的各种债务凭证。如在美国，根据有关法律规定，各州政府有权发行债券，其地方债券主要用于地方政府财政的需要，或集资兴办地方公共事业。地方债券主要用地方税收偿付利息，其性质与中央政府债券无本质区别，只是信誉不如中央政府债券的信誉高。

2) 公司债券

公司债券是企业或公司向外借债的一种债务凭证。发行公司债券是企业或公司筹集资金的渠道之一。公司债券的利率一般要高于政府公债利率。因为一个企业或公司的信誉无论多好，其风险也比公司债券要大。公司债券反映的是公司的负债关系，作为债务人，它必须按时还本付息，不得延期。公司债券的分类方法很多，如按是否有抵押品，分为担保公司债券和无担保公司债券；按债券是否记名，分为记名公司债券和不记名公司债券；按债券能否转换，分为可转换公司债券和不可转换公司债券等。

3) 金融债券

金融债券是由银行和其他金融机构所发行的债务凭证。主要以此筹集资金，用于特定项目贷款，如近年来我国政策性银行面向其他金融机构发行债券以筹集重点建设资金；也有代企业发行的金融债券，筹集资金归企业或公司使用，由发行的银行或金融机构负责还本付息。

2. 股票

股票是股份公司发行的，用以证明投资者的股东身份，并据以获得股息的凭证，如图 2-1 所示。股票是一种资本所有权证券，它是现代企业制度和信用制度发展的结果。在现代股份制度运行中，股份公司发行两种主要类型的股票，即普通股票和优先股票。

图 2-1　股票样票

1）普通股票

普通股票是代表股东享有平等权利，并且随发行公司经营利润的多少分得相应股息的股票。普通股票是股份公司发行的标准股票，投资于这种股票的股东享有的权利主要包括以下三项。

(1) 对公司的经营参与权。这一权利主要通过参加股东大会来行使并反映在股东的选举权、被选举权、发言权、表决权上。股东通过这些权利间接参与公司经营。

(2) 公司盈余和剩余财产分配权。公司盈余的分配是有先决条件的，即必须先行支付员工的工资、借贷款项、税款、公司债券持有者的债息、法定公积金和优先股股息，即便是扣除上述支付后的净利润一般也要保留一部分用于增加公司资本投入，或用于维持未来股息分配的稳定。

(3) 优先认股权。这是指股份公司为增加资本而决定发行新的股票时，现有的普通股股东有权按当时的持股比例和低于市场的价格优先认购，以便保持其在股份公司中的权益比例。

2）优先股票

优先股票是指优先于普通股股东分配公司收益和剩余财产的股票。优先股票与普通股票相比有两个方面的基本优先权：一是优先股票在发行之时就约定了固定的股息，该股息不受公司经营状况和盈利水平的影响。二是优先股票有剩余资产优先分配权，即当公司破产倒闭或解散清算时，优先股股东先于普通股股东分配公司剩余财产。但是在一般情况下，优先股持有人不能参与公司的经营管理，他们没有普通股持有人那样的投票权。同时由于其股息是固定的，所以当企业生产景气时，一般不能像普通股那样获得高额盈利。

3. 票据

票据是按照一定形式制成、写明有付出一定货币金额义务的证件，是出纳或运送货物的凭证。广义的票据泛指各种有价证券，如债券、股票、提单等。狭义的票据仅指以支付金钱为目的的有价证券，即出票人根据《中华人民共和国票据法》(以下简称《票据法》)签发的，由自己无条件支付确定金额或委托他人无条件支付确定金额给收款人或持票人的有价证券。在我国，票据即汇票、支票及本票的统称。下面从狭义的角度阐述票据及其种类。

1) 本票

本票是一个人向另一个人签发的，保证即期或定期或可以确定的将来的时间对某人或其指定人或持票人支付一定金额的无条件书面承诺。《票据法》第七十三条规定："本票是出票人签发的，承诺自己在见票时无条件支付确定的金额给收款人或持票人的票据。"该条第二款规定，《票据法》所指的本票是指银行本票，不包括商业本票，更不包括个人本票。银行本票如图 2-2 所示。

图 2-2　银行本票样票

本票的特征如下：

(1) 本票是票据的一种，具有一切票据所共有的性质，是无因证券、设权证券、文义证券、要式证券、金钱债权证券、流通证券等。

(2) 本票是自付证券，它是由出票人自己对收款人支付并承担绝对付款责任的票据。这是本票和汇票、支票最重要的区别。在本票法律关系中，基本当事人只有出票人和收款人，债权债务关系相对简单。

(3) 无须承兑。本票在很多方面可以适用汇票法律制度。但是由于本票是由出票人本人承担付款责任，无须委托他人付款，所以本票无须承兑就能保证付款。

2) 汇票

汇票是由出票人签发的并要求付款人在见票时或在一定期限内，向收款人或持票人无条件支付一定款项的票据。汇票分为商业汇票和银行汇票。商业汇票是指由付款人或存款人(或承兑申请人)签发，由承兑人承兑，并于到期日向收款人或被背书人支付款项的一种票据。商业汇票必须在债务人承认兑付后才能生效，这种债务人认可的行为称为承兑。经过债务人承兑的汇票，叫商业承兑汇票；由债务人委托银行承兑的汇票，叫银行承兑汇票，如图2-3所示。

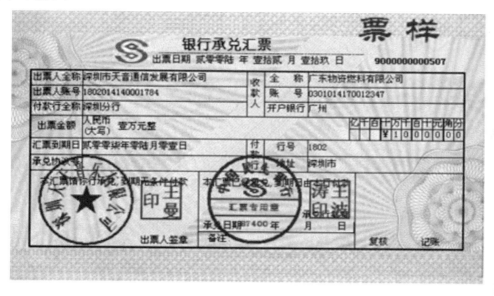

图2-3　银行承兑汇票票样

银行汇票是汇款人将款项交存当地出票银行，由出票银行签发的，由其在见票时，按照实际结算金额无条件支付给收款人或持票人的票据。银行汇票有使用灵活、票随人到、兑现性强等特点，适用于先收款后发货或钱货两清的商品交易。

汇票具有如下功能：

(1) 汇兑功能。凭借票据的这一功能，解决两地之间现金支付在空间上的障碍。

(2) 信用功能。票据的使用可以解决现金支付在时间上的障碍。

(3) 支付功能。票据的使用可以解决现金支付在手续上的麻烦。由于票据交换制度的发展，票据可以通过票据交换中心集中清算，简化结算手续，加速资金周转，提高社会资金使用效益。商业汇票可以流通转让。

为了保障持票人的利益，商业汇票流通转让时要经过"背书"手续，背书就是转让人在票据背面作转让签字。因转让票据于他人进行背书者为背书人，背书人一经背书即为票据的债务人，背书人与出票人同样要对票据的支付负责。若票据的出票人或承兑人不能按期支付款项，票据持有人有权向背书人要求付款，因此背书人又称为第二债务人，如图2-4所示。

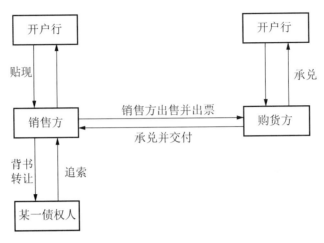

图 2-4　商业汇票的票据行为

商业票据的流通有一定的限度，它只能在彼此有经常来往且相互了解的企业单位之间进行，而不在其他更大范围流通，所以在一般情况下，商业票据往往是由它的持有人提前向银行贴现，以取得现款。

3) 支票

支票是存款户签发，要求银行从其活期存款账户上支付一定金额给指定人或持票人的凭证。凡在银行开立活期存款账户的，银行均给其空白支票簿，存户凭此在存款限额内签发支票。支票按支付方式可分为现金支票和转账支票。现金支票可以从银行提取现金，转账支票只能用于转账结算。支票经过一定的手续，如背书可以流通转让，从而具有代替货币发挥流通手段和支付手段的职能。

2.3.4　衍生金融工具

1. 远期合约

远期合约是一种最为简单的衍生金融工具。它是在确定的未来某一日期，按照确定的价格买卖一定数量的某种资产的协议。在远期合约中，双方约定买卖的资产称标的资产，约定的成交价格称协议价格，同意以约定的价格卖出标的资产的一方称作空头，同意以约定的价格买入标的资产的一方称作多头。

远期合约在外汇市场上十分普遍，因为它能够有效防范汇率波动的风险。例如，一家外贸公司预计将在 3 个月后收到一笔外币货款，为了避免外币贬值的风险，它就可以同银行签订一个 3 个月的远期合约，约定在 3 个月后以某一既定的价格向银行出售这笔外汇。这样无论 3 个月后该种外汇的汇率如何变动，该外贸公司都可以得到既定的本币收入。显然，若 3 个月后该种外汇在现汇市场上的汇率等于远期合约中规定的汇率，则该外贸公司是否进行这笔远期交易都一样，换句话说，若该远期合约的价值为零；若前者小于后者，则外贸公司就可以从这笔远期合约中获益，或者说该远期合约对其有正的价值；反之若前者大于后者，则外贸公司如果不签订远期合约，直接在现汇市场卖出外汇就更为有利，也就是说远期合约的风险大小取决于到期日的即期市场汇率的变化，但对于公司来说最大的收益就是提前锁定收益或支出成本。

2. 期货合约

期货合约是在远期合约的基础上发展起来的一种标准化的买卖合约。和远期合约一样，期货合约的双方也是约定在未来某一日期以确定的价格买卖一定数量的某种资产。但是期货合约和远期合约相比有很大的不同。

第一，合约的性质不同。期货合约是由交易所推出的标准化的合约，同种类型的每张合约所包含的标的资产的种类、数量、质量、交货地点、交货时间都是一样的，而远期合约则是由买卖双方自行协商制定的，其标的物的种类、数量、质量、交货地点和时间均由双方自行决定。

第二，交易的方式不同。期货合约的交易在交易所内集中进行，由交易所负责制定交易规则，维持交易秩序，并由交易所保证合约的履行。而远期交易则是由交易双方私下进行的。

第三，交易的参与者不同。由于远期交易是在私下进行，所以合约的履行完全依赖于双方的信用，因此只在一些大银行、金融机构及大企业之间进行；而期货合约的履行是由交易所保证的，因此一些中小企业也能够参与。

第四，实际交割的比例不同。绝大多数的期货合约在到期日之前就被相互冲销，也就是原先买入(或卖出)合约的一方通过在合约到期之前卖出(或买入)同等数量的同种合约来消除自己的多头(或空头)位置，从而不必真正进行合约标的资产的收付而只需进行差额结算。只有很少的一部分(1%～2%)期货合约会进行实际的交割，但是90%以上的远期合约到期后都会进行实际的交割。因此，远期交易主要还是一种销售活动，而期货交易则主要是一种投资(投机)活动。

3. 期权合约

期权合约赋予其持有者(即期权的购买者)一种权利，也就是使他可以(但不必须)在未来一定时期内以议定的价格向期权合约的出售者买入(看涨期权)或卖出(看跌期权)一定数量的商品或金融资产。当然持约人为获得这一权利必须支付一定的代价，那就是他必须向期权的出售者支付一笔费用即期权费。

和前两种衍生金融工具不一样的地方是，期权合约交易双方的权利和义务是不对称的：期权的购买者只有交易的权利，而没有交易的义务；而期权的出售者则只有应期权购买者的要求进行交易的义务，而没有要求期权购买者进行交易的权利。期权购买者可以根据价格变动的情况决定是否进行交易。当价格变化对他有利时，他可以要求对方进行交易；在价格变动不利的情况下，他则可以放弃行使其期权，但此时他便白白损失了购买期权的费用。

2.4 利息和利率

2.4.1 利息

1. 利息的概念

利息是和信用相伴随的一个经济范畴，它是借贷资本或信贷资金的"价格"，是借入者取得资金使用权必须付出的代价或者贷出者推迟消费应该得到的报酬。不管在什么样的社会制度下，只要借贷关系还存在，信用还存在，利息也就会存在。如果借贷没有利息，又担风险，而且还要承担通货膨胀的损失，那么贷款者宁愿将多余货币保存在保险柜里而不会出借，这和现代市场经济原则是相违背的。

2. 利息的实质

利息是利润的一部分，利润是剩余价值的转化形态，因此，归根结底是剩余价值的一部分。

马克思对利息有深刻的分析。马克思针对资本主义经济中的利息指出："贷出者和借入者双方都是把同一货币额作为资本支出的。但它只有在后者手中才执行资本的职能。同一货币额作为资本对两个人来说取得了双重的存在，这并不会使利润增加一倍。它所以能对双方都作为资本执行职能，只是由于利润的分割。其中归贷出者的部分叫作利息。"

马克思认为，利息的实质是利润的一部分，剩余价值的特殊转化形式。马克思的利息学说来源于古典经济学理论。亚当·斯密在《国民财富的性质和原因的研究》中指出："以资本贷出取息，实无异于由出借人以一定的年产物让与借用人。但作为报答，这种让与借用人须在借用期内每年以较小部的年产物让与出借人，称作利息；在借期满后，又以相等于原来由出借人让给他的那部分年产物，让与出借人称作还本"。

3. 利息转化为收益

利息是利润的一部分，但在现实生活中，利息可以脱离利润而独立存在。这是因为：①利息是资本所有权的收益，不论职能资本家借入资本能否获得利润，利息到期必须支付；②利息是由借贷时以一定利率确定的，所以无论产业资本家的生产经营情形如何都不会改变，故可以直接用利息表现收益；③利息是先于利润而存在的，故在历史上早已将其作为收益的表现。

2.4.2 利率

1. 利率及其决定因素

利率是在一定时期内(如1年、1月)所获得利息额和所贷金额之比，简单地说即利息额与本金之比。用公式表示为

$$i = \frac{I}{P} \times 100\%$$

式中：i——利率；

I——一定时期的利息；

P——贷出资本量，即本金。

例如，贷放的资本量为10 000元，一年的利息收入为600元，则年利率为

$$i = 600 \div 10\ 000 \times 100\% = 6\%$$

那么，利率是由哪些因素决定的呢？

1) 平均利润率

利息来源于利润，因此利率高低首先由利润率高低决定。但是用于借贷的资本是在全社会流动的，甚至还在国际流动，因此，利率不能由个别企业的利润率决定。利率是由社

会平均利润决定的,只是平均利润率的一部分。

平均利润率是利率的最高界限,就是说利率不能高于平均利润率。如果高于此,则职能资本家所创造的利润完全为利息所占有,甚至还不够,这是资本主义生产所不允许的,这种现象只在前资本主义高利贷信用中出现过。利率也不能等于利润率,如果等于利润率,职能资本家就无利益可得。利率只能小于平均利润率,根据平均利润率,由职能资本家和借贷资本家进行分割。按照这一分析,利率最低界限是零,但也不能等于零。这也再次说明,利率在零和最高平均利润率之间浮动,即平均利润率>利率>零。

但是,在特定情况下,利率也会打破常规,有时利率会上升到等于平均利润率,甚至会高于平均利润率,有时会下降到等于零,甚至低于零,即出现以下三种例外情况:①利率>平均利润率;②利率=0;③利率<0。

在严重经济危机时期,商品过剩,销售困难,价格下跌,职能资本家的利润急剧下降。与此同时,职能资本家为了防止自身的破产,或为了清偿到期债务,借贷资本供求间的矛盾日益尖锐,引起利率水平上升,这时利率可能等于甚至高于平均利润率。

第二次世界大战后,出现了多家全球性和地区性国际金融组织,如国际货币基金组织、世界银行、亚洲开发银行等。其中,世界银行为了资助贫困的发展中国家的经济发展,专门建立了一个附属机构——国际开发协会。该协会专门向贫困的发展中国家政府提供用于建设项目的长期贷款,是不收利息的,这种贷款利率等于零。另外,一些国家的扶贫贷款有的也不收利息。

与此同时,一些西方国家经济发展较迅速,经济实力强大,在国际贸易中有巨额的国际收支顺差,因而国家外汇储备和商业银行吸收的外汇存款数额巨大,给这些国家造成了通货膨胀压力。为了遏制通货膨胀,有些国家对非居民存款采取限制吸收的方针,不仅不付利息,反而要向存款人倒收费用,以便把这一部分存款排挤出去,以减少国内货币供应量,减轻通货膨胀压力,瑞士就曾发生过这种情况。有些国家和地区外资流入太多,借贷资本过剩,也采取倒收费用的办法,如中国香港地区。

2) 借贷资本的供求关系

利率的最高界限是平均利润率,最低为零,这只是一个理论界限。在最高、最低之间利率究竟如何确定,并没有一个内在规律可循,不存在一个公认的道德准绳。同其他商品价格一样,利率作为借贷资本的价格,也由市场供求关系来具体确定。在某一时期,金融市场上借贷资本供不应求,利率就会上升;反之,在另外一个时期,金融市场上借贷资本供大于求,利率就会下降。总之,借贷资本的供求状况决定现实利率。

3) 国家的政策

国家的政策对利率有不同程度的影响。西方传统的货币政策手段主要有三个:法定存款准备金率、再贴现政策和公开市场业务。通过这三个工具直接影响商业银行准备金规模和主要市场利率水平,直接影响货币供应量和信贷供应量,并影响市场上的长短期利率,进而影响国内经济发展。

4) 国际的协议或默契

西方各国政府于1976年达成了政府间的国际协议,对出口信贷条件给予适当的限制,以减少竞争。这就是经济合作与发展组织国家达成的《出口信贷君子协定》。该协定规定了出口信贷最高限额,协调了出口信贷最低利率,统一了出口信贷的最高期限。

与此同时，随着民族解放运动的蓬勃发展，殖民地和附属国纷纷获得政治独立。这些国家在独立后面临着发展民族经济的艰巨任务，但它们的资金则极度匮乏，科学技术落后，管理经验也欠缺，迫切要求西方发达国家提供经济援助。而西方发达国家为维持其与发展中国家的经济联系，获得原料、矿产等初级产品，也向发展中国家提供贷款，包括政府间的双边贷款和通过国际金融机构提供多边贷款，因为这种贷款具有经济援助性质，其利率水平较低。但是，这种优惠贷款并无国际协议规定其利率，这是国际形成的一种默契，比政府间贷款要优惠一些，目前年利率在3%左右。

2. 实际利率和名义利率

在通货膨胀情况下，对利率状况则要进行分析，有时看起来利率很高，但实际利率却是很低的，甚至是负利率，这样就有实际利率和名义利率之分。实际利率是指在物价不变、货币购买力不变条件下的利率，在通货膨胀情况下是剔除通货膨胀因素后的利率；而名义利率则是没有剔除通货膨胀因素的利率。报刊公布的利率、银行公布的利率都是名义利率。实际利率要将名义利率和通货膨胀率加以对比后求得。其计算公式如下：

$$实际利率 = \frac{1+名义利率}{1+通货膨胀率} \times 100\% - 100\%$$

考虑利息也受通货膨胀影响，名义利率计算公式为

$$i = (1+r)(1+p) - 1$$

移向整理得实际利率的公式：

$$r = \frac{1+i}{1+p} - 1$$

式中，r——实际利率；

　　　i——名义利率；

　　　p——通货膨胀率。

在现实经济生活中，物价不变的国家是少见的，一般都呈上涨趋势。有的国家上涨得多，有的国家上涨得少，也就是说，存在不同的通货膨胀率，因而也就存在不同的实际利率和名义利率。除了通货膨胀特别严重的国家名义利率低于通货膨胀率，即实际利率为负数外，多数国家通货膨胀率小于名义利率，即仍有实际利率。治理通货膨胀，保持一定水平的实际利率，对于鼓励储蓄、保持投资稳定、改善投资环境、促进经济发展是有重要意义的。

2.4.3 利息的计算

1. 利息的计算和支付方法

利息有两种计算方法：一种是单利法，另一种是复利法。所谓单利法，是仅对本金(贷款额)部分计算利息，对本金所产生的利息部分不再计算利息的计算方法。所谓复利法，是在整个借款期限内，每隔一段期限计算一次利息，并将此利息转入本金加计利息的计算利息的方法，即利生利的计算方法。

利息如按其支付的方式来划分，也有两种：一种是利息先付，另一种是利息后付。所谓利息先付，是指借款人在借款当时即支付利息，到期则只偿还本金，实际操作是应付利

息从本金中预先扣除。所谓利息后付,是指借款人在约定的借款期限到期时,除偿还所借本金外,还要支付借款的利息。目前,利息先付法在西方国家较为流行。

2. 单利计算法

单利利息后付计算法公式为

$$I = P \times i \times n$$

式中:I——利息额;
$\quad\quad i$——利率;
$\quad\quad P$——贷款额(本金);
$\quad\quad n$——贷款期限。

本利和的计算公式为

$$S = P(1 + i \times n)$$

式中:S——本利和。

3. 复利及连续复利的计算

复利是在贷款额一定的情况下,在整个贷款期限内每隔一定时期(通常为1年、半年、3个月、1个月)计算一次利息,并将此利息转入本金,称为利息转换,以后一并计算利息。在计算复利的情况下,最初贷款额的一定量,以后由于利息逐渐计入贷款本金,所以贷款额实际上在增大。在实际经济生活中,除了上述典型的复利外,在借款人分期付息、到期一次还本,或在分期付息、分期还本两种情况下,都属复利计算法。

在复利利息后付的情况下,如已知贷款额、贷款利率、贷款期限,求本利和(S)的公式为(此处的r在下面公式中用i表示,主要是与前面符号统一的目的,当然也可以都用r表示)

$$S = P(1 + r)^n$$

求利息额(I)的公式为:

$$I = S - P = P(1 + i)^n - P = P\left[(1 + i)^n - 1\right]$$

在连续复利条件下,利息转换时间的长短具有重要意义。利息转换期限的间隔越长,则本例和、利息额相对越小,借款人的利息负担相对较轻;利息转换的间隔期限越短,则本利和、利息额相对越大,借款人的利息负担相对较重。

其计算公式为

$$S = P\left(1 + \frac{r}{m}\right)^{n \times m}$$

式中:n——计息年数;
$\quad\quad m$——每年计息次数。

例:一笔贷款为10 000元,贷款利率为年息8%,期限为5年,分期付息,到期一次还本。如果利率转换期为1年,每年付息一次。

则本利和为10 000×(1+8%)^5=14 693(元),利息额为14 693-10 000=4 693(元)。

如果转换期为半年,则本利和为 $10\ 000 \times \left(1 + \dfrac{8\%}{2}\right)^{5 \times 2}$=14 802(元),利息额为 14 802-

10 000=4 802(元)。

如果转换期为 3 个月，则本利和为 $10\,000\times\left(1+\dfrac{8\%}{4}\right)^{5\times 4}=14\,859$(元)，利息额为 14 859-10 000=4 859(元)。

单利和复利相比，复利更能体现价值增值规律。

2.4.4 利率的种类

利率是一个大的体系，按不同的标准可以划分出多种多样的利率，除了上面已经讲的实际利率和名义利率外，还有固定利率和浮动利率，市场利率、公定利率和官定利率，一般利率和优惠利率，长期利率和短期利率。根据经济用途利率可划分为工业、商业、农业贷款利率、基本建设利率、流动资金贷款利率；按照经济成分划分为国有(营)、集体、个人贷款利率等。

1. 固定利率与浮动利率

根据在借贷期内利率是否调整，利率可以分为固定利率和浮动利率。固定利率是指在借贷期内不做调整的利率。浮动利率是指在借贷期内可定期调整的利率。

2. 市场利率、公定利率、官定利率

市场利率是由市场因素决定的自由利率。官定利率是由政府或者政府金融机构如中央银行确定并强令执行的利率。公定利率是由非政府的民间组织，如银行公会等确定的行业公定利率，这种利率对其会员银行有约束力，故也带有一定的强制性。

3. 一般利率和优惠利率

优惠利率是相对于一般利率而言的，比一般利率低，带有扶植和照顾的性质。优惠贷款对于实现国家的产业政策有重要作用，优惠利率也是银行竞争的一种手段。优惠利率在发展中国家运用得很广泛，有些发达国家也大量采用。

4. 长期利率和短期利率

一般一年以内称短期，一年以上称长期，也有一年至三年称中期(如贷款)，三年至五年以上才称长期。长期又有各种不同期限，因此，利率又有差别。一般地说，长期利率高于短期利率，有的短期信用如企业活期存款还不付利息(有些国家付利息)，期限越长，利率越高。由于贷款种类的不同，有无优惠条件的不同，有的期限长的信用比期限相对较短的利率反而低。

5. 年利率、月利率、日利率

年利率、月利率、日利率都是以计算利息的期限单位来划分的。年息以年为计算单位，月息以月为计算单位，日息以日为计算单位。中国人习惯以厘作为单位，年息以百分比(%)计算，月息以千分比(‰)计算，日息(拆息或称日拆)以万分比计算，即百分之几、千分之几、万分之几。如月息为 8‰，年息即为 9.16%。日息按日计算，按月 30 天计，如日息为 0.02%，贷款 10 000 元，月息为 60 元，年息为 720 元。西方国家以年息为主，中国以月息为主。

2.4.5 利率在经济活动中的作用

1. 利率与资本积累

资本积累是世界各国发展经济的必要手段之一。早期的西方资本主义国家,普遍采用对内暴力镇压和对外进行掠夺为主要手段的资本原始积累方式。随着现代文明的进步与经济发展,资本所有者的产权越来越受到法律的保护,资本积累的方式发生了很大的变化。在现代经济条件下,依靠信用方式积累和积聚资金是现实可行的有效方式。在商品经济运行过程中,一方面由于资金本身的运动规律,生产的季节性、临时性变化,相对于收入来源的个人消费滞后等原因在全社会任何时候都存在一定数量的暂时闲置资金和个人收入。另一方面,发展经济又需要不断地补充资金,从而形成对资金的长期需求。这样,资金闲置与资金渴望增值的本性产生了矛盾,因此,二者都有重新投入流通的要求。

但在市场经济条件下,因为资金和收入分属不同的所有者,资金供给者与资金需求者的经济利益各不相同。所以,资金的让渡就不能是无偿的,而必须是有偿的,这种有偿的手段就是利率。有了利率的存在,就有收息的可能。利息收入的诱惑,可使闲置资金者主动让渡资金的使用权,从而使社会能够积聚更多的资金。利率越高,对投资者的诱惑力就越大,社会就有可能积聚更多的资金。总之,通过利率杠杆来积聚资金,可以获得在中央银行不扩大货币供给的条件下,全社会的可用货币资金总量增加的效应。当然,不能为了积聚更多的资金,而不加限制地提高利率,因为利率水平要受到平均利润率、筹资者的还本付息能力等各方面因素的制约。

企业是现代市场经济的主体,在经营过程中离不开资金的不断注入,而企业自有资金往往是非常有限的,因此,企业不得不从金融市场上融资。企业无论是发行股票,还是发行债券,甚至向银行等金融机构贷款,都需要建立在信用基础之上,都需要以现代信用方式筹集资金,满足对资金的需求。而信用的价值表现就是利息,因此,利率是企业筹资的重要手段。同样,利息也构成了企业的经营成本。以较低的利率取得银行贷款,或是发行债权,有利于降低企业的经营成本,增加利润;反之,则会加重企业的经营成本。合理的利率,有利于企业的经营。

自凯恩斯宏观经济理论诞生之后,国家干预宏观经济管理的职能日趋加强,政府通过举债方式筹集资金已成为当今各国的普遍做法。国家政府为了筹集建设资金,或是向国外举债,或是向国内借款,利率则是举债成功与否的重要因素之一。与此同时,尽管金融商品不断增加,投资渠道日益拓宽,可供人们选择投资的领域不断扩大,但由于政府债券利率较为合理、收益相当稳定、信用风险极小,因此公众一般乐于购买。于是,世界各国政府普遍借助于利率手段以国债方式筹集一定规模的建设资金。

银行是从事货币信用活动的中介组织。首先利息是银行吸收存款、筹集资金的手段。同时,利息也构成了银行筹资的成本,利率高,有利于筹集资金,但也加重了银行营运成本;利率低,虽然有利于减轻银行的负担,但不利于银行筹集信贷资金。所以,确定合理的存款利率、贷款利率对银行的营运起着至关重要的作用。

2. 利率与经济调控

利率是经济的内生变量,也是金融政策的外生变量。作为经济的内生变量,当经济繁荣时，由于信贷需求量增加，利率就会提高；相反经济不景气，对信贷需求量则会减少，利率自然就会下降。由于利率在很大程度上反映着经济的发展走势，于是各国政府及金融管理当局常常利用利率手段来改变经济的发展态势，使利率成为国家宏观调控的重要经济杠杆。

(1) 利用利率可调节货币流通量，保证货币流通正常运行。在市场上资金供求缺口比较大时，为促使二者平衡，就采取调高存贷款利率的措施，在增加资金供给的同时抑制资金需求。其传递机制是：当资金需求大于资金供给时，中央银行就要调高再贷款利率(或再贴现率)，使商业银行的融资成本增加；在这种情况下，商业银行为保持其既得利润，它就必然要同时调高存贷款利率；其中，贷款利率的调高会使借款人减少，借款规模压缩；存款利率的调高会使存款人增加存款且使存款来源增加。这样，在资金供给增加的同时，资金需求又在减少，从而使资金供求趋于均衡。当资金需求小于资金供给时，还可以推出另一个方向相反的传递机制。在通货膨胀率比较高的情况下，也可以运用利率杠杆进行有效的抑制。总之，存款利率的高低直接影响银行的存款规模，进而会减缓或增加社会购买力对商品市场的压力；贷款利率的高低直接影响银行的贷款规模，决定货币供应量，对币值稳定有重要影响。

(2) 利用利率杠杆可以优化产业结构。利率调高，一方面使拥有闲置货币资金的所有者受利益诱导将货币资金存入银行等金融机构，使全社会的资金来源增加；另一方面，借款人因利率调高而需多付利息，成本也相应增加，而成本对于利润总是一个抵消因素，由此而产生的利益约束将迫使那些经济效益较差的借款人减少借款，使有限的资金流向效益高的行业、企业和产品，从而促使全社会的生产要素产生优化配置效应。因此，利率作为资金的价格，会自发地引导资金流向利润率较高的部门，实现社会资源的优化配置。同时，国家还可以自觉地运用差别利率、优惠利率等政策，对国家急需发展的农业、能源、交通运输、高新技术等行业与领域，以及有关的企业和产品，适当降低贷款利率，大力支持它们的发展；对需要限制的某些加工行业以及有关的企业和产品，适当提高利率，限制其发展，从而优化产业结构，实现经济结构合理化。

(3) 国家利用利率杠杆，还可以调节国民经济结构，促进国民经济更加协调健康的发展。首先，国家利用利率积聚资金的功能，使分散在社会各阶层的货币收入和再生产过程中暂时闲置的货币资金得以集中起来，转化为信贷资金，通过信贷资金的分配，满足生产发展的资金需要，促进经济快速发展。然后，国家再对急需发展的农业、能源、交通运输等行业，适当降低利率，支持其大力发展；对需要限制的某些加工行业则适当提高利率，从资金上限制其发展。从而使国民经济各部门能够健康、协调地发展。

(4) 当国际收支不平衡时，还可以通过利率杠杆来调节。当国际收支逆差比较严重时，可以将本国的利率调到高于其他国家的程度，这样一方面可以阻止本国资金流向利率较高的其他国家，另一方面还可以吸引外资流入本国。但是，当国际收支逆差发生在国内经济衰退时期，则不宜采取调节利率水平的做法，而只能通过调整利率结构来平衡国际收支。

3. 储蓄的利率弹性和投资的利率弹性

利息是利润的一部分，利息率的高低直接决定着利润在货币所有者和货币使用者之间的分配比例，利率越高，货币所有者得到的利润越多，企业收入就越少。正是由于利率具有的这种分配功能，调整利率就能调节货币所有者(资金供给者)和货币使用者(资金需求者)的经济利益，因而对经济活动有调节作用。调高存款利率，存款者的利息增加，他就可能会减少当期消费，增加当期储蓄；调高贷款利率，借款者要付出的利息增多，可得利润减少，就会减少借款，投资因此缩减。反之亦反之。

显而易见，利率的这种调节作用是以资金供给者和资金需求者都关心自身的经济利益为前提条件的。只有各个可以独立决策的经济人——企业、个人以及其他都以利润最大化、效益最大化为基本准则，利率的高低直接关系到他们的利益，在利益约束的机制下，利率才会有广泛而突出的调节作用。

利率在经济生活中的作用，主要体现在对于储蓄及投资的影响上。影响程度的大小，取决于储蓄的利率弹性与投资的利率弹性。

(1) 储蓄的利率弹性 利率对储蓄的影响有两个方面：一是利率提高，储蓄增加的替代效应，表示人们在利率水平提高的情况下，愿意增加未来消费——储蓄，来替代当前消费。这一效应反映了人们有较强的增加利息收入从而增加财富积累的偏好。二是利率提高，储蓄减少的收入效应，它表示人们在利率水平提高时，希望增加现期消费，从而减少储蓄。这一效应则反映了人们在收入水平由于利率提高而提高时，希望进一步改善生活水平的期望。

一般来说，一个社会中总体上的储蓄利率弹性究竟是大是小，最终取决于上述方向相反的两种作用相互抵消的结果。由于相互抵消，尽管利率的收入效应与替代效应分别来看都很强，但利率的弹性却有可能很低。至于储蓄的利率弹性的方向是正或负，显然也取决于收入效应与替代效应的对比结果。当然，也有例外的情况。如果一个社会的收入水平很低，人们的收入仅够维持温饱或略有剩余，这时再高的利率也难以使储蓄的比例增大。此时利率对储蓄的替代效应就很小。另外一种情况是虽然收入水平较低，但可供购买的商品有限，且所有的商品都实行限量限价供应，这时，社会也会有一定的消费剩余，即想支用而无法支用的结余，人们称之为"强制储蓄"，显然这种强制储蓄与利率无关。

以我国为例，1979年之前，我国居民的货币收入很低，但由于实行限量价的计划供应方式，居民也有一定的消费剩余，这种剩余在我国多年不存在其他投资渠道的情况下只能表现为储蓄存款。很显然这是一种强制储蓄，与当时的利率水平没有多大关系。改革开放以来，我国的计划经济体制逐步被市场经济体制所取代，市场物品供应丰富，居民收入增加，但是，观察20世纪90年代以来中国人民银行多次调整利率后储蓄存款的变化可以发现，储蓄与利率两个指标的相关程度依然较小。例如，1990—1991年连续三次下调利率并未引起储蓄明显下降与消费明显增加；1996—2002年连续八次下调利率，储蓄非但没有明显下降反而还继续增加，消费也没有明显的增加。因此，目前为止我国储蓄的利率弹性还不大。

(2) 投资的利率弹性 影响投资变动的基本因素有两种：一是利率；二是资本边际效益即预期利润率。前者体现为投资的成本，后者体现为投资的收益。因此，利率变化对投资所起的作用，取决于企业对资本边际效益与市场利率的比较。如果资本边际效益大于市场利率，可以诱使企业增加投资；反之则减少投资。当然，同样幅度的利率变化以及利率与资本边际效益的比对于不同企业投资的影响程度是不同的。例如，在劳动力成本——工资不随利率下降而降低的情况下，对劳动密集型企业的投资，利率弹性就小些；对资本密集型企业的投资,利率弹性就会大些。另外,期限较长的固定资产投资的利率弹性会大些。存货投资的利率弹性则较复杂。由于存货的增减更主要取决于产品销售及其他成本,利息成本只是影响因素之一,因此,需有较大幅度的利率变化,才能引致存货投资量的明显变化。

【阅读案例】

以上分析仅就一般市场经济环境而言。就我国而言,改革开放前企业受制于计划的直接管理,企业投资的规模基本与利率无关。改革开放以来,尽管商品价格、商品生产与流通的集中计划管理色彩逐渐淡化,但到目前为止,完善的市场经济机制仍在形成过程之中,企业尤其是国有企业的现代企业运行机制还没有全部建立,这不能不影响我国投资利率弹性的提高。

本章小结

1. 信用是以偿还为前提条件的借贷行为,是在商品货币经济发展到一定阶段,在货币的支付手段职能形成后才出现的。

2. 信用的古老形式是高利贷。高利贷不适应资本主义生产发展的需要,在资本主义制度建立后,被现代信用形式所取代。

3. 现代信用形式主要有:商业信用、银行信用、国家信用、消费信用和国际信用。商业信用是现代信用的基础,银行信用是现代信用的主要形式。

4. 信用对经济发展有巨大的推动作用,合理利用信用,能提高资金使用效率,节约现金流通,加快资本集中,调节经济结构,促进生产,合理消费,防范经济危机等。

5. 利息是使用借贷资金的报酬,它来源于剩余产品或利润的一部分,是剩余价值的特殊转化形式。

6. 利息额是按一定的利率和期限计算出来的,有单利和复利两种。而考虑货币时间价值一般是从复利计算出来的。

7. 决定利率水平的因素主要有平均利润率、借资金的供求关系、通货膨胀率、中央银行货币政策和国际收支状况。

重要概念

信用　商业信用　银行信用　国家信用　消费信用　国际信用　名义利率　市场利率　浮动利率　优惠利率

复习思考题

1. 高利贷信用的利率为什么会特别高?
2. 简述商业信用的局限性。
3. 银行信用为什么会取代商业信用,成为现代信用的主要形式?
4. 结合我国的消费信用现状,谈谈如何更好地开展消费信贷,才能促进经济的快速发展。
5. 信用工具的一般特征有哪些?
6. 信用在现代经济中的作用。
7. 什么是信用风险?结合我国金融改革的实际谈谈如何防范信用风险。

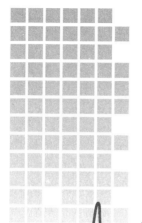

第3章

金融市场

学习目标

通过本章的学习,掌握金融市场的概念、特征、分类以及参与主体;掌握货币市场、资本市场、外汇市场以及衍生工具市场;了解保险市场、黄金市场以及基金市场。

3.1 金融市场概述

3.1.1 金融市场的概念与特征

1. 概念

金融市场是指以金融资产为交易对象而形成的供求关系及其机制的总和。其中的金融资产是指一切代表未来收益或资产合法要求权的凭证,也称为金融工具。金融市场包括三层含义:一是它是金融资产进行交易的场所;二是它反映了金融资产的供应者和需求者之间所形成的供求关系;三是它包含了金融资产交易过程中所产生的运行机制(包括利率、汇率及证券的价格机制等)。

2. 特征

与普通商品市场相比,金融市场有其自身特征:第一,交易对象为金融资产。金融资产是代表未来现金收入的所有权的合约,属于无形资产。在金融市场上交易的对象是各种金融资产。既包括银行可转让大额定期存单、商业票据、政府债券、公司股票和债券,也包括金融期货、期权等衍生性金融资产。第二,交易价格表现为资金的合理收益率。金融市场上的交易对象为特殊商品——金融资产,它的价格体现为不同期限资金借贷的合理收益率。第三,交易目的表现为让渡或获得一定时期一定数量资金的使用权。第四,金融市场的交易场所表现为有形或无形。传统的商品市场往往是一个有固定场所的有形市场,而金融市场不一定都有固定的场所。随着计算机网络技术的发展,金融市场形成了许多全球金融资产交易的无形市场。

3.1.2 金融市场的分类

1. 按照期限划分:货币市场和资本市场

1) 货币市场

货币市场是指以期限在一年以下的金融资产为交易标的物的短期金融市场。它的主要功能是保持金融资产的流动性,以便随时转换成现实的货币。它一方面满足了借款者的短期资金需求,另一方面也为暂时闲置的资金找到了出路。货币市场一般指国库券、商业票据、银行承兑汇票、可转让定期存单、回购协议等短期金融工具交易的市场。

2) 资本市场

资本市场是指期限在一年以上的金融资产交易的市场。一般来说,资本市场包括两大部分:一是银行中长期存贷款市场,二是有价证券市场。通常,资本市场主要指的是债券市场和股票市场。它与货币市场之间的区别为:①期限的差别。资本市场上交易的金融工具均为一年以上,最长者可达数十年,有些甚至无期限。而货币市场上一般交易的是期限在一年以内的金融工具。②作用的不同。货币市场所融通的资金,大多用于工商企业的短期周转资金。而在资本市场上所融通的资金,大多用于企业的创建、更新、扩充设备和储存原料,即长期的资金周转。③风险程度不同。货币市场的信用工具,由于期限短,因此流

第3章 金融市场

动性高，价格变动幅度小，风险较小。资本市场的信用工具，由于期限长，流动性较低，价格变动幅度较大，风险也较高。

2. 按标的物划分：资金市场、证券市场、外汇市场和黄金市场

资金市场是指以本国货币表示的资金作为买卖对象的市场，存贷款市场就是这类市场的典型代表。证券市场是指股票、债券等有价证券作为交易对象的市场。外汇市场是指经营外币和以外币计价的票据等有价证券买卖的市场。黄金市场是专门集中进行黄金买卖的交易中心或场所。目前，由于黄金仍是国际储备工具之一，在国际结算中占据着重要的地位，因此，黄金市场仍被看作金融市场的组成部分。现在，世界上已发展到40多个黄金市场。其中伦敦、纽约、苏黎世、芝加哥和中国香港的黄金市场被称为五大国际黄金市场。

3. 按中介特征划分：直接金融市场与间接金融市场

金融市场的形成是直接与资金的融通相联系的。在正常的经济生活中，总有资金暂时闲置者及资金短缺者存在，金融市场就为这两者提供互通有无的渠道。根据在资金的融通中的中介机构特征来划分，可将金融市场分为直接金融市场和间接金融市场。直接金融市场指的是资金需求者直接从资金所有者那里融通资金的市场，一般指的是通过发行债券和股票方式在金融市场上筹集资金的融资市场。而间接金融市场则是通过银行等信用中介机构作为媒介来进行资金融通的市场。在间接金融市场上，资金所有者将手中的资金贷放给银行等信用中介机构，然后再由这些机构转贷给资金需求者。直接金融市场与间接金融市场的差别并不在于是否有金融中介机构的介入，而主要在于中介机构的特征的差异。在直接金融市场上也有金融中介机构，只不过这类公司不像银行那样，它不是资金的中介，而大多是信息中介和服务中介。

4. 按金融资产的发行和流通特征划分：初级市场和二级市场

资金需求者将金融资产首次出售给公众时所形成的交易市场称为初级市场、发行市场或一级市场。金融资产发行后，各种金融资产在不同的投资者之间买卖流通所形成的市场即为二级市场，又称流通市场或次级市场。初级市场是二级市场的基础和前提，没有初级市场就没有二级市场；二级市场是初级市场存在与发展的重要条件之一，无论从流动性上还是从价格的确定上，初级市场都要受到二级市场的影响。

5. 按有无固定场所划分：有形市场与无形市场

有形市场即为有固定交易场所的市场，一般指的是证券交易所等固定的交易场地。在证券交易所进行交易首先要开设账户，然后由投资人委托证券商买卖证券，证券商负责按投资者的要求进行操作；而无形市场则是指在证券交易所外进行金融资产交易的总称。它的交易一般通过现代化的通信工具在各金融机构、证券商及投资者之间进行。它是一个无形的网络，金融资产可以在其中迅速转移。在现实世界中，大部分的金融资产交易都在无形市场上进行。

6. 按交割方式划分：现货市场与期货市场

现货市场是指现金交易市场，即买者付出现款，收进证券或票据；卖者交付证券或票

据，收进现款。这种交易一般是当天成交当天交割，最多不超过三天。期货交易是指交易双方达成协议后，不立即交割，而是约定在一定时间后进行交割。

7. 按地域划分：国内金融市场和国际金融市场

金融市场按其作用的地域范围来划分，又可以分为国内金融市场及国际金融市场。国内金融市场是指金融交易的作用范围仅限于一国之内的市场，它除了包括全国性的以本币计值的金融资产交易市场之外，还包括一国范围内的地方性金融市场。国际金融市场则是金融资产的交易跨越国界进行的市场，进行金融资产国际交易的场所。

3.1.3 金融市场的参与主体

从动机上看，金融市场的主体主要有投资者(投机者)、筹资者、套期保值者、套利者、调控和监管者五大类。金融市场的投资者与实际部门的投资者是不同的，它是指为了赚取差价收入或者股息、利息收入而购买各种金融工具的主体，它是金融市场的资金供应者。按交易动机、时间长短等划分，广义的投资者又可以分为投资者和投机者两大类。筹资者则是金融市场上的资金需求者。套期保值者是指利用金融市场转嫁自己所承担风险的主体。套利者则是利用市场定价的低效率来赚取无风险利润的主体。调控和监管者是指对金融市场实施宏观调控和监管的中央银行和其他金融监管机构。

这五类主体是由以下各类主体构成的。

1. 政府部门

在各国的金融市场上，通常中央政府与地方政府都是资金的需求者，它们主要通过发行财政部债券或地方政府债券来筹集资金，用于基础设施建设，弥补财政预算赤字等。政府部门在一定的时间也可能是资金的供应者，如税款集中收进还没有支出时。另外，不少国家政府也是国际金融市场上的积极参加者，如中东的主要石油出口国家就是金融市场上资金供应的大户，一些发展中国家则是金融市场上的主要资金需求者。不论是发展中国家还是发达国家，政府部门都是金融市场上的经济行为主体之一。

2. 工商企业

在不少国家，国有或私营的工商企业是仅次于政府部门的资金需求者，它们既通过市场筹集短期资金从事经营，以提高企业财务杠杆比例和增加盈利；又通过发行股票或中长期债券等方式筹措资金用于扩大再生产和经营规模。另外，工商企业也是金融市场上的资金供应者之一。它们在生产经营过程中暂时闲置的资金，为了使其保值或获得赢利，它们也会将其暂时让渡出去，以使资金的运用发挥更大效益。此外，工商企业还是套期保值的主体。

3. 居民个人

个人一般是金融市场上的主要资金供应者。个人为了存集资金购买大件商品如住房、汽车等，或是留存资金以备急需、养老等，都有将手中资金投资以使其保值增值的要求。因此，个人通过在金融市场上合理购买各种有价证券来进行组合投资，既满足日常的流动性需求，又能获得资金的增值。个人的投资可以是直接购买债券或股票，也可以是通过金融中介机构进行间接投资,如购买共同基金份额、投入保险等,最终都是向金融市场提供资金。个人有时也有资金需求,但数量一般较小,常常是用于耐用消费品的购买及住房消费等。

4. 金融机构

金融机构一般包括以下几类。

1) 商业银行

商业银行既是资金的供应者,又是资金的需求者,几乎参与了金融市场的全部活动。作为资金的需求者,商业银行利用其可开支票转账的特殊性,大量吸收居民及企业和政府部门暂时闲置不用的资金,还可以发行金融债券、参与同业拆借等。作为资金的供应者,商业银行主要通过贷款和投资来提供资金。此外,商业银行还能通过派生存款的方式创造和收缩货币,对整个金融市场的资金供应和需求产生着巨大的影响。我国目前的商业银行主要是指四大国有商业银行、新兴的股份制商业银行、城市商业银行等。

2) 保险公司

保险公司包括人寿保险公司及财产和灾害保险公司。人寿保险公司是为人们因意外事故或死亡而造成经济损失提供保险的金融机构。财产和灾害保险公司是为企业及居民提供财产意外损失保险的金融机构。保险公司的主要资金来源于按一定标准收取的保险费。一般来说,人寿保险具有保险金支付的可预测性,并且只有当契约规定的事件发生时或到约定的期限时才支付的特征,因此,保险费实际上是一种稳定的资金来源。这与财产和灾害保险公司不同,财产和灾害事故的发生具有偶然性和不确定性。它们之间的差别决定了其资金运用方向的不一致。人寿保险公司的资金运用以追求高收益为目标,主要投资于高收益高风险的证券如股票等,也有一部分用作贷款。这样,人寿保险公司成为金融市场上的主要资金供应者之一。在一些西方国家,人寿保险公司是金融市场上最大、最活跃的机构投资者。财产和灾害保险公司在资金的运用上则注重资金的流动性,以货币市场上的金融工具为主,还有一部分投资于安全性较高的政府债券、高级别的企业债券等。

3) 证券公司

证券公司是资本市场上从事证券的发行买卖及相关业务的一种金融机构。证券公司业务除了证券的承销外,还涉及证券的自营买卖、公司理财、咨询服务和基金管理等。证券公司是适应市场发展的需要而产生的,又以其长期在资本市场上运作而形成的丰富的市场经验及专长为资金的供应者和需求者提供优质服务,从而促进资金的流动和市场的发展。在当今世界上,证券公司已成为资本市场上最重要的金融中介机构,无论是在一级市场还是二级市场上都发挥着重要作用。

4) 投资基金

投资基金是向公众出售其股份或受益凭证募集资金,并将所获资金分散投资于多样化证券组合的金融中介机构。投资基金的当事人有四个:委托人是基金的发起人;受托人是基金经理公司即代理投资机构,经营基金所募资金;受益人是投资者,即持有基金份额的人,基金份额的持有者可以按其持有比例分享基金的投资收益或资产净值;信托人负责基金资产的保管,一般由商业银行充当。投资基金可以按多种方式分类,最常见的是按基金份额的变现方式划分为开放型基金和封闭型基金。

货币银行学

此外，参与金融市场的还有一些官方、半官方和在各国各具特色的其他类型的金融机构，如开发银行、进出口银行及农业信贷机构、大企业所属的金融公司等。在我国金融市场上，三大政策性银行、金融信托机构及财务公司等，它们也归入金融机构之列，是金融市场的主体之一。

5) 中央银行

中央银行在金融市场上处于一种特殊的地位，它既是金融市场的行为主体，又是金融市场上的监管者。从中央银行参与金融市场的角度来看，首先，作为银行的银行，它充当最后的贷款人角色，从而成为金融市场资金的提供者。其次，中央银行为了执行货币政策，调节货币供应量，通常采取在金融市场上买卖证券的做法，进行公开市场操作。中央银行的公开市场操作不以营利为目的，但会影响到金融市场上资金的供求及其他经济主体的行为。此外，一些国家的中央银行还接受政府委托，代理政府债券的还本付息；接受外国中央银行的委托，在金融市场买卖证券参与金融市场的活动。

3.1.4 金融市场的功能

金融市场作为金融资产交易的场所，从整个经济运行的角度来看，它具有以下几种经济功能。

1. 聚敛功能

金融市场的聚敛功能是指金融市场引导众多分散的小额资金汇聚成为可以投入社会再生产的资金集合功能。在这里，金融市场起着资金"蓄水池"的作用。在国民经济四部门中，各部门之间、各部门内部的资金收入和支出在时间上并不总是对称的。这样，一些部门、一些经济单位在一定的时间内可能存在暂时闲置不用的资金，而另一些部门和经济单位则存在资金缺口。金融市场就提供了两者沟通的渠道。

金融市场是由资金供应者和资金需求者组成的。资金供应者就是在一定时间内的资金有余者，这些资金有余者的资金之所以暂时闲置，或者是因为要预防未来的意外急需，或者是要等到积累到足够数量之后进行某项大额投资或消费。如个人为预防意外事件或为了满足将来生活及购买大件消费品的需要而进行储蓄，企业为了积存足够的资金投资于某个新项目而进行的资金积累等。这些暂时闲置的资金在使用之前有通过投资谋求保值增值的需要。对资金需求者来说，其资金的需要往往是由于要进行某项经济活动，或为了满足其比较迫切的需要，但手中积累的资金不足，因此，需要寻求更多的资金来源。但是，经济中各经济单位的闲置资金是相对有限的，这些暂时不用的资金就显得相对零散，不足以满足大规模的投资要求，特别是企业为发展生产而进行的大额投资和政府部门进行大规模的基础设施建设与公共支出的要求。这就需要一个能将众多的小额资金集合起来以形成大额资金的渠道，金融市场就提供了这种渠道，这就是金融市场的资金聚敛功能。

金融市场之所以具有资金的聚敛功能，其中一个原因是金融市场创造了金融资产的流动性。现代金融市场正发展成为功能齐全、法规完善的资金融通场所，资金需求者可以很方便地通过直接或间接的融资方式获取资金，而资金供应者也可通过金融市场为资金找到满意的投资渠道；另一个原因是金融市场的多样化的融资工具为资金供应者的资金寻求合适的投资手段找到了出路。金融市场根据不同的期限、收益和风险要求，提供了多种多样的供投资者选择的金融工具，资金供应者可以依据自己的收益风险偏好和流动性要求选择其满意的投资工具，实现资金效益的最大化。

2. 配置功能

金融市场的配置功能表现在三个方面：一是资源的配置，二是财富的再分配，三是风险的再分配。在经济的运行过程中，拥有多余资产的盈余部门并不一定是最有能力和机会作最有利投资的部门，现有的财产在这些盈余部门得不到有效的利用，金融市场通过将资源从低效率利用的部门转移到高效率的部门，从而使一个社会的经济资源能最有效地配置在效率最高或效用最大的用途上，实现稀缺资源的合理配置和有效利用。在金融市场中，证券价格的波动，实际上反映着证券背后所隐含的相关信息。投资者可以通过证券交易中所公开公告的信息及证券价格波动所反映出的信息来判断整体经济运行情况以及相关企业、行业的发展前景，从而决定其资金和其他经济资源的投向。一般来说，资金总是流向最有发展潜力，能够为投资者带来最大利益的部门和企业，这样，通过金融市场的作用，有限的资源就能够得到合理的利用。

财富是各经济单位持有的全部资产的总价值。政府、企业及个人通过持有金融资产的方式来持有的财富，在金融市场上的金融资产价格发生波动时，其财富的持有数量也会发生变化，一部分人的财富量随金融资产价格的升高而增加了其财富的拥有量，而另一部分人则由于其持有的金融资产价格下跌，所拥有的财富量也相应减少。这样，社会财富就通过金融市场价格的波动实现了财富的再分配。

金融市场同时也是风险再分配的场所。在现代经济活动中，风险无时不在，无处不在。而不同的主体对风险的厌恶程度是不同的。利用各种金融工具，厌恶风险的人可以把风险转嫁给厌恶风险程度较低的人，从而实现风险的再分配。

3. 调节功能

调节功能是指金融市场对宏观经济的调节作用。金融市场一边连着储蓄者，另一边连着投资者，金融市场的运行机制通过对储蓄者和投资者的影响而发挥作用。首先，金融市场具有直接调节作用。在金融市场大量的直接融资活动中，投资者为了自身利益，一定会谨慎、科学地选择投资的国家、地区、行业、企业、项目及产品。只有符合市场需要、效益高的投资对象，才能获得投资者的青睐。而且，投资对象在获得资本后，只有保持较高的经济效益和较好的发展势头，才能继续生存并进一步扩张。否则，它的证券价格就会下跌，继续在金融市场上筹资就会面临困难，发展就会受到后续资本供应的抑制。这实际上是金融市场通过其特有的引导资本形成及合理配置的机制首先对微观经济部门产生影响，进而影响到宏观经济活动的一种有效的自发调节机制。

其次，金融市场的存在及发展，为政府实施对宏观经济活动的间接调控创造了条件。货币政策属于调节宏观经济活动的重要宏观经济政策，其具体的调控工具有存款准备金政策、再贴现政策、公开市场操作等，这些政策的实施都以金融市场的存在、金融部门及企业成为金融市场的主体为前提。金融市场既提供货币政策操作的场所，也提供实施货币政策的决策信息。首先，因为金融市场的波动是对有关宏微观经济信息的反映，所以，政府有关部门可以通过收集、分析金融市场的运行情况来为政策的制定提供依据。其次，中央银行在实施货币政策时,通过金融市场可以调节货币供应量、传递政策信息,最终影响到各经济主体的经济活动,从而达到调节整个宏观经济运行的目的。

此外,财政政策的实施也越来越离不开金融市场,政府通过国债的发行及运用等方式对各经济主体的行为加以引导和调节,并提供中央银行进行公开市场操作的手段,也对宏观经济活动产生着巨大的影响。

4. 反映功能

金融市场历来被称为国民经济的"晴雨表"和"气象台",这实际上就是金融市场反映功能的写照。

金融市场的反映功能表现在几个方面:①由于证券买卖大部分都在证券交易所进行,人们可以随时通过这个有形的市场了解到各种上市证券的交易行情,并据以判断投资机会。证券价格的涨跌在一个有效的市场中实际上是反映着其背后企业的经营管理情况及发展前景。此外,一个有组织的市场,一般也要求上市证券的公司定期或不定期地公布其经营信息和财务报表,这也有助于人们了解及推断上市公司及相关企业、行业的发展前景。所以,金融市场首先是反映微观经济运行状况的指示器。②金融市场交易直接和间接地反映国家货币供应量的变动。货币的紧缩和放松均是通过金融市场进行的,货币政策实施时,金融市场会出现波动表示出紧缩和放松的程度。因此,金融市场所反馈的宏观经济运行方面的信息,有利于政府部门及时制定和调整宏观经济政策。③由于证券交易的需要,金融市场有大量专门人员长期从事商情研究和分析,并且他们每日与各类工商业直接接触,能了解企业的发展动态。④金融市场有着广泛而及时地收集和传播信息的通信网络,整个世界金融市场已连成一体,四通八达,从而使人们可以及时了解世界经济发展变化情况。

3.2 货币市场

3.2.1 同业拆借市场

同业拆借市场,也可以称为同业拆放市场,是指金融机构之间以货币借贷方式进行短期资金融通活动的市场。同业拆借的资金主要用于弥补短期资金的不足、票据清算的差额以及解决临时性的资金短缺需要。同业拆借市场交易量大,能敏感地反映资金供求关系和货币政策意图,影响货币市场利率,因此,它是货币市场体系的重要组成部分。

1. 同业拆借市场的形成和发展

同业拆借市场产生于存款准备金政策的实施,伴随着中央银行业务和商业银行业务的发展而发展。为了控制货币流通量和银行的信用扩张,美国最早于1913年以法律的形式规定,所有接受存款的商业银行都必须按存款余额计提一定比例的存款准备金,作为不生息的支付准备存入中央银行,准备数额不足就要受到一定的经济处罚。美国规定,实际提取的准备金若低于应提取数额的2%,就必须按当时的贴现率加2%的利率交付罚息。由于清算业务活动和日常收付数额的变化,总会出现有的银行存款准备金多余、有的银行存款准备金不足的情况，存款准备金多余的银行，一般愿意尽可能地对多余部分加以利用，以获取利息收益，而存款准备金不足的银行，又必须按规定加以补足。这样，在存款准备金多余和不足的银行之间，客观上就存在互相调剂的要求。同业拆借市场便应运而生。1921年，在美国纽约形成了以调剂联邦储备银行会员银行的准备金头寸为内容的联邦资金市场，实际上就是美国的同业拆借市场。

在经历了20世纪30年代第一次资本主义经济危机之后，西方各国普遍强化了中央银行的作用，相继引入法定存款准备金制度作为控制商业银行信用规模的手段。与此相适应，同业拆借市场也得到了较快发展。在经历了较长时间的发展过程之后，当今西方国家的同业拆借市场，无论在交易内容、开放程度方面，还是在融资规模、功能作用方面，都发生了深刻的变化。拆借交易不仅发生在银行之间，还出现在银行与其他金融机构之间。以美国为例，同业拆借市场形成之初，市场仅局限于联储的会员银行之间。后来，互助储蓄银行和储蓄贷款协会等金融机构也参与了这一市场。20世纪80年代以后，外国银行在美分支机构也加入了这个市场。市场参与者的增多，使得市场融资规模也迅速扩大。

2. 同业拆借市场的交易原理

同业拆借市场主要是银行等金融机构之间相互借贷在中央银行存款账户上的准备金余额，用以调剂准备金头寸的市场。一般来说，任何银行可用于贷款和投资的资金数额只能小于或等于负债额减法定存款准备金余额。然而，在银行的实际经营活动中，资金的流入和流出是经常化和不确定的，银行时时处处要保持在中央银行准备金存款账户上的余额恰好等于法定准备金余额是不可能的。如果准备金存款账户上的余额大于法定准备金余额，即拥有超额准备金，那么就意味着银行有资金闲置，也就产生了相应的利息收入的损失；如果银行在准备金存款账户上的余额等于或小于法定准备金余额，在出现有利的投资机会，而银行又无法筹集到所需资金时，银行就只有放弃投资机会，或出售资产，收回贷款等。为了解决这一矛盾，有多余准备金的银行和存在准备金缺口的银行之间就出现了准备金的借贷。这种准备金余额的买卖活动就构成了传统的银行同业拆借市场。随着市场的发展，同业拆借市场的参与者也开始呈现出多样化的格局，交易对象也不仅限于商业银行的准备金了。它还包括商业银行相互间的存款以及证券交易商和政府拥有的活期存款。拆借的目的除满足准备金要求外，还包括轧平票据交换的差额、解决临时性、季节性的资金要求等。但它们的交易过程都是相同的。

同业拆借市场资金借贷程序简单快捷，借贷双方可以通过电话直接联系，或与市场中介人联系，在借贷双方就贷款条件达成协议后，贷款方可直接或通过代理行经中央银行的电子资金转账系统将资金转入借款方的资金账户上，数秒钟即可完成转账程序。当贷款归还时，可用同样的方式划转本金和利息，有时利息的支付也可通过向贷款行开出支票进行支付。

3. 同业拆借市场的参与者

同业拆借市场的主要参与者首推商业银行。商业银行既是主要的资金供应者，又是主要的资金需求者。由于同业拆借市场期限较短，风险较小，许多银行都把短期闲置资金投放于该市场，以及时调整资产负债结构，保持资产的流动性。特别是那些市场份额有限、承受经营风险能力脆弱的中小银行,更是把同业拆借市场作为短期资金运用的经常性的场所,力图通过该市场提高资产质量,降低经营风险,增加利息收入;非银行金融机构也是金融市场上的重要参与者,非银行金融机构参与同业拆借市场的资金拆借,大多以贷款人身份出现在该市场上,但也有需要资金的时候。

同业拆借市场中的交易既可以通过市场中介人交易,也可以直接联系交易。市场中介人指为资金拆入者和资金拆出者之间媒介交易以赚取手续费的经纪商。同业拆借市场的中介人可以分为两类:一是专门从事拆借市场及其他货币市场子市场中介业务的专业经纪商,如日本的短资公司就属这种类型;另一类是非专门从事拆借市场中介业务的兼营经纪商,大多由商业银行承担。这些大中型商业银行不仅充当经纪商,其本身也参与该市场的交易。

4. 同业拆借市场的拆借期限与利率

同业拆借市场的拆借期限通常以 1~2 天为限。短至隔夜,多则 1~2 周,一般不超过 1 个月,当然也有少数同业拆借交易的期限接近或达到一年的。同业拆借的拆款按日计息,拆息额占拆借本金的比例为"拆息率"。拆息率每天不同,甚至每时每刻都有变化,其高低灵敏地反映着货币市场资金的供求状况。

在国际货币市场上,比较典型的,有代表性的同业拆借利率有三种,即伦敦银行同业拆借利率(London Interbank Offered Rate,LIBOR),新加坡银行同业拆借利率和香港银行同业拆借利率。伦敦银行同业拆借利率,是伦敦金融市场上银行间相互拆借英镑、欧洲美元及其他欧洲货币时的利率。自 20 世纪 60 年代以来,该利率即成为伦敦金融市场借贷活动中的基本利率。目前,伦敦银行同业拆借利率已成为国际金融市场上的一种关键利率,一些浮动利率的融资工具在发行时,也以该利率作为浮动的依据和参照物。相比之下,新加坡银行同业拆借利率和中国香港银行同业拆借利率的生成和作用范围是两地的亚洲货币市场,其报价方法与拆借期限与伦敦银行同业拆借利率并无差别,但它们在国际金融市场上的地位和作用,则要差得多。

我国同业拆借市场源于 1984 年,中国人民银行行使中央银行职能后,要求各专业银行提交法定存款准备金,为各专业银行的资金拆借创造了条件。1986 年 1 月 7 日,国务院颁布的《中华人民共和国银行管理暂行条例》规定,"银行之间的资金可以互相拆借"。之后,我国同业拆借市场迅速发展。但由于我国同业拆借市场起步较晚,运作不规范。1993 年下半年先后出台了一系列政策措施,对拆借市场全面进行整顿,大大规范了市场行为。1996 年 1 月 3 日,中国人民银行正式启动全国统一的同业拆借市场。2007 年 4 月,上海银行间同业拆放利率(Shanghai Interbank Offered Rate,Shibor)平台正式运行,它以位于上海的全国银行间同业拆借中心为技术平台计算、发布并命名,是由信用等级较高的银行组成报价团自主报出的人民币同业拆出利率计算确定的算术平均利率,是单利、无担保、批发性利率。目前,对社会公布的 Shibor 品种包括隔夜、1 周、2 周、1 个月、3 个月、6 个月、9 个月及 1 年。Shibor 报价银行团现由 18 家商业银行组成。报价银行是公开市场一级交易商或外汇市场做市商,在中国货币市场上人民币交易相对活跃、信息披露比较充分的银行。中国人民银行成立 Shibor 工作小组,依据《上海银行间同业拆放利率(Shibor)实施准则》确定和调整报价银行团成员、监督和管理 Shibor 运行、规范报价行与指定发布人行为。

3.2.2 商业票据市场

商业票据是指工商企业签发的以取得短期资金融通的信用工具,包括交易性商业票据和融资性商业票据。交易性商业票据是在商品流通过程中,反映债权债务关系的设立、转移和清偿的一种信用工具,包括商业汇票和商业本票。商业汇票是由出票人签发的、委托付款人在见票时或者在指定日期无条件支付确定的金额给收款人的凭证。商业本票是由出票人签发的、承诺在一定时间内将确定金额支付给收款人的凭证。融资性商业票据是由信用级别较高的大企业向市场公开发行的无抵押担保的短期融资凭证。由于融资性商业票据仅以发行者的信用作保证,因此不是所有的公司都能够发行商业票据,通常只有那些规模大、信誉好的大公司才能发行。这种商业票据一般具有面额固定且金额较大(10万美元以上)、期限较短(一般不超过270天)的特点,而且都采用贴现方式发行。

商业票据市场即是以商业票据作为交易对象的市场。其有狭义与广义之分,狭义的商业票据市场仅指交易性商业票据的交易市场,广义上的商业票据市场则包括融资性商业票据和交易性商业票据的交易市场。以下从广义角度介绍商业票据市场的构成。

1. 商业票据承兑市场

所谓承兑是指商业汇票签发后,经付款人在票面上签字盖章,承诺到期付款的一种票据行为。凡经过承兑的汇票统称为"承兑汇票"。如果是经付款人本人承兑则为"商业承兑汇票";如果是由银行承兑则为"银行承兑汇票"。由于银行的信誉要比一般付款人的信誉高,因而银行承兑汇票的安全性及流动性都要好于商业承兑汇票,所以在票据承兑市场上流通的大多为银行承兑汇票。

银行承兑汇票既可在国内贸易中由银行应购货人请求而签发,也可在国际贸易中出口商出票、经进口商银行承兑而形成。由于汇票经银行承兑后,银行要承担最后付款责任,实际上是银行将其信用出借给了承兑申请人,所以承兑申请人要向银行交纳一定的手续费。可见,银行通过承兑汇票可以增加经营收入。

2. 商业票据贴现市场

贴现是指商业票据(大多为承兑汇票)持票人为获取流动性资金,向银行(或其他金融机构)贴付一定利息后,将未到期的票据转让给银行(或其他金融机构)的票据行为。具体而言,即持票人在票据未到期而又急需现款时,以经过背书的未到期票据向银行申请融通资金,银行审查同意后,扣除自贴现日起至票据到期日止的利息,将票面余额支付给贴现申请人。由此可见,通过贴现活动,持票人可将未到期的票据提前变现,从而满足融资的需要。

从表面上看,票据贴现是一种票据转让行为,但实质上它构成了贴现银行的授信行为,实际上是将商业信用转化成了银行信用。银行办理票据贴现后,如果遇到头寸不足,可持已贴现的但尚未到期的票据再向其他银行或中央银行办理贴现。贴现银行持票据向其他银行申请贴现,称为"转贴现"。贴现银行持票据向中央银行申请贴现称为"再贴现"。

商业票据市场市场的参与者主要是工商企业和金融机构。发行者一般为一些规模大、信誉高的金融性公司和非金融公司,发行目的是要筹措资金,前者主要是为了扩大消费信用,后者主要是解决短期资金需求及季节性开支,如支付工资、交纳税金等。商业票据的投资者主要是保险公司、投资公司、商业银行、养老基金及地方政府等。尽管该种商业票据没有抵押担保,但是由于发行者的声誉较高,风险还是比较低,所以上述机构比较乐于投资商业票据。

3.2.3 短期债券市场

短期政府债券,是政府部门以债务人身份承担到期偿付本息责任的期限在一年以内的债务凭证。从广义上看,政府债券不仅包括国家财政部门所发行的债券,还包括了地方政府及政府代理机构所发行的证券。

1. 政府短期债券的发行

政府短期债券以贴现方式进行,投资者的收益是证券的购买价与证券面额之间的差额。由财政部发行的短期债券一般称为国库券。政府短期债券的发行,其目的一般有两个:一是满足政府部门短期资金周转的需要。政府部门弥补长期收支差额,可通过发行中长期公债来筹措。但政府收支也有季节性的变动,每一年度的预算即使平衡,其间可能也有一段时间资金短缺,需要筹措短期资金以资周转。这时,政府部门就可以通过发行短期债券以保证临时性的资金需要。此外,在长期利率水平不稳定时,政府不宜发行长期债券,因为如果债券利率超过将来实际利率水平,则政府将承担不应承担的高利率。而如果预期利率低于将来实际利率水平,则债券市场价格将跌至票面之下,影响债券的销售。在这种情况下,最好的办法就是先按短期利率发行债券,等长期利率稳定后再发行中长期债券;政府短期债券发行的第二个目的是为中央银行的公开市场业务提供可操作的工具。政府短期债券是中央银行进行公开市场操作的极佳品种,是连接财政政策与货币政策的契合点。目前,由于政府短期债券的发行数额增长很快,其在货币政策调控上的意义,已经超过了平衡财政收支的目的。

债券大多通过拍卖方式发行,投资者可以两种方式来投标:一种是竞争性方式,竞标者报出认购债券的数量和价格(拍卖中长期国债时通常为收益率),所有竞标根据价格从高到低(或收益率从低到高)排队;另一种是非竞争性方式,由投资者报出认购数量,并同意以中标的平均竞价购买。竞标结束时,发行者首先将非竞争性投标数量从拍卖总额中扣除,剩余数额分配给竞争性投标者。发行者从申报价最高(或从收益率最低)的竞争性投标开始依次接受,直至售完。当最后中标标位上的投标额大于剩余招标额时,该标位中标额按等比分配原则确定。竞争性招标又可以分为单一价格(即"荷兰式")招标方式或多种价格(即"美国式")招标方式。按单一价格招标时,所有中标者都按最低中标价格(或最高收益率)获得国库券。按多种价格招标时,中标者按各自申报价格(收益率)获得国库券。非竞争性投标者则按竞争性投标的平均中标价格来认购。

在多种价格投标方式中,竞争性投标者竞价过高要冒认购价过高的风险,竞价过低又要冒认购不到的风险,从而可以约束投标者合理报价。而在单一价格招标方式中,所有中标者均按最低中标价格(或最高中标收益率)中标,各投标者就有可能抬高报价,从而抬高最后中标价。而非竞争性投标者多为个人及其他小投资者,他们不会因报价太低而冒丧失购买机会的风险,也不会因报价太高冒高成本认购的风险。非竞争性投标方式认购的债券数额较少。国库券通过拍卖方式发行,具有以下优点:①传统的认购方式下,财政部事先设置好新发行证券的息票和价格,实际上出售之前就决定了发行收益,若认购金额超过发行额，可足额发行，若认购金额少于发行金额，则只能部分发行。采用拍卖方式，较认购方式简单，耗时也少。在拍卖过程中，市场决定收益，因而不存在发行过多或不足的问题。财政部仅决定国库券的供应量，其余皆由市场决定。②采用拍卖方式发行，也为财政部提供了灵活的筹资手段。因为财政部负债中的少量变化可简单地通过变动每周拍卖中的国库券的供应来实现。

2. 政府短期债券的市场特征

同其他货币市场信用工具不同，国库券交易具有一些较明显的投资特征。这些特征对投资者购买国库券具有很大影响。国库券的主要特征有：①违约风险小。由于国库券是国家的债务，因而它被认为是没有违约风险的。相反，即使是信用等级最高的其他货币市场票据，如商业票据、可转让存单等，都存在一定的风险，尤其在经济衰退时期。国库券无违约风险的特征增加了对投资者的吸引力。国库券的这一特征还间接地影响到投资者对国库券的需求，因为各种法令和条例赋予了国库券在投资者中的特殊地位。对商业银行和地方政府来说，利用国库券可以解决其他形式的货币市场票据如商业票据和银行承兑票据所无法解决的问题。例如，银行利用国库券可以很容易与企业及地方政府等部门进行回购协议交易。②流动性强。国库券的第二个特征是具有高度的可流通性。这一特征使得国库券能在交易成本较低及价格风险较低的情况下迅速变现。国库券之所以具有这一特征，是由于它是一种在高组织性、高效率和竞争市场上交易的短期同质工具。当然，当投资者需要资金时，究竟是出卖国库券还是通过其他手段来筹集资金，很大程度上取决于其所需资金的期限及筹集资金的机会成本问题，它包括对风险的考虑、通信费用等从属性交易成本及报价和出价之差额所形成的成本。

3.2.4 回购市场

1. 回购协议的含义

回购协议是指卖方在出售证券收回现款时，同时与买方协定在日后按原价或约定价格重新购回该证券，并按约定支付利息。尽管回购协议涉及证券的买卖，但实质上它相当于以证券为抵押品的贷款。回购协议按期限不同可分为隔夜、定期和连续性三种，其中最为普遍的是隔夜回购。隔夜是指卖出和买回证券相隔一天。

2. 回购协议的收益与风险

回购协议的收益主要为买卖双方协定的利息，其计算公式如下：

$$回购收益 = 投资金额 \times 利率 \times 天数 \div 360$$

在回购市场中，利率是不统一的，利率的确定取决于多种因素，这些因素主要有：①用于回购的证券的质地。证券的信用度越高，流动性越强，回购利率就越低，否则，利率就会相对来说高一些。②回购期限的长短。一般来说，期限越长，由于不确定因素越多，因而利率也应高一些。但这并不是一定的，实际上利率是可以随时调整的。③交割的条件。如果采用实物交割的方式，回购利率就会较低，如果采用其他交割方式，则利率就会相对高一些。④货币市场其他子市场的利率水平。回购协议的利率水平不可能脱离货币市场其他子市场的利率水平而单独决定，否则该市场将失去其吸引力。它一般是参照同业拆借市场利率而确定的。由于回购交易实际上是一种用较高信用的证券特别是政府证券作抵押的贷款方式,风险相对较小,因而利率也较低。

3. 我国国债回购市场的状况

相对于欧美而言,我国回购市场还很不成熟,回购交易也仅限于国债。我国国债回购交易开始于1991年。全国证券交易自动化报价系统(STAQ系统)于1991年7月开始国债回购试运行,并于9月14日在两家STAQ系统会员公司之间完成第一笔回购交易。目前,我国国债回购市场分为场内交易和银行间场外交易两个市场。场内交易通过证券交易所交易系统进行,交易规模大。场外交易主要通过全国统一同业拆借网络进行,交易规模小,流动性较差。目前,在上海证券交易所上市交易的国债回购品种有R003、R007、R014、R028、R091、R182,在深圳证券交易所上市交易的国债回购的品种主要有R003和R182。

3.2.5 大额可转让定期存单市场

1. 大额可转让定期存单概述

大额可转让定期存单(Negotiable Certificates of Deposits,CDs),是20世纪60年代以来金融环境变革的产物。由于20世纪60年代市场利率上升而美国的商业银行受Q条例的存款利率上限的限制,不能支付较高的市场利率,大公司的财务主管为了增加临时闲置资金的利息收益,纷纷将资金投资于安全性较好,又具有收益的货币市场工具,如国库券、商业票据等。这样,以企业为主要客户的银行存款急剧下降。为了阻止存款外流,银行设计了大额可转让定期存单这种短期的有收益票据来吸引企业的短期资金。这种存单形式的最先发明者应归功于美国花旗银行。同传统的定期存款相比,大额可转让定期存单具有以下几点不同:①定期存款记名、不可流通转让;而大额定期存单则是不记名的、可以流通转让。②定期存款金额不固定,可大可小;而可转让定期存单金额较大,在美国向机构投资者发行的大额可转让定期存单的面额最少为10万美元,二级市场上的交易单位为100万美元,但向个人投资者发行的大额可转让定期存单的面额最少为100美元。在中国香港最少面额为10万港元。③定期存款利率固定;可转让定期存单利率既有固定的,也有浮动的,且一般来说比同期限的定期存款利率高。④定期存款可以提前支取,提前支取时要损失一部分利息;可转让存单不能提前支取,但可在二级市场流通转让。大额定期存单一般由较大的商业银行发行,主要是由于这些机构信誉较高,可以相对降低筹资成本,且发行规模大,容易在二级市场流通。

2. 大额可转让定期存单的市场特征

1) 利率和期限

20世纪60年代,可转让存单主要以固定利率的方式发行,存单上注明特定的利率,并在指定的到期日支付。这在当时利率稳定时深受投资者欢迎。那些既注重收益又要求流动性的投资者购买短期可转让存单,而那些更注重收益的投资者则购买期限稍长的存单。20世纪60年代后期开始,金融市场利率发生变化,利率波动加剧,并趋于上升。在这种情况下,投资者都希望投资于短期的信用工具,可转让存单的期限大大缩短。20世纪60

年代存单的期限为3个月左右,1974年以后缩短为2个月左右。

2) 风险和收益

对投资者来说,可转让存单的风险有两种:一是信用风险,二是市场风险。信用风险指发行存单的银行在存单期满时无法偿付本息的风险。在美国,虽然一般的会员商业银行必须在联邦存款保险公司投保,但由于存单发行面额大,而每户存款享受的最高保险额只有10万美元,因此存单的信用风险依然存在。更不用说没有实行存款保险制度国家的银行所发行的存单了。而且,由于近年来国际金融风波不断,信用风险还有加大的趋势。市场风险指的是存单持有者急需资金时,存单不能在二级市场上立即出售变现或不能以较合理的价格出售。尽管可转让存单的二级市场非常发达,但其发达程度仍比不上国库券市场,因此并非完全没有市场风险。一般来说,存单的收益取决于三个因素:发行银行的信用评级、存单的期限及存单的供求量。另外,收益和风险的高低也紧密相连。可转让存单的收益要高于同期的国库券收益,主要原因是国库券的信用风险低并且具有免税优惠。另外,国库券市场的流动性也比存单市场高。

3.3 资本市场

3.3.1 股票市场

1. 股票的概念和种类

1) 股票的概念

股票是投资者向公司提供资本的权益合同,是公司的所有权凭证。股东的权益在利润和资产分配上表现为索取公司对债务还本付息后的剩余收益,即剩余索取权。在公司破产的情况下股东通常将一无所获,但只负有限责任,即公司资产不足以清偿全部债务时,股东个人财产也不受追究。同时,股东有权投票决定公司的重大经营决策,如经理的选择、重大投资项目的确定、兼并与反兼并等,对于日常的经营活动则由经理做出决策。换言之,股东对公司的控制表现为合同所规定的经理职责范围之外的决策权,称之为剩余控制权;但同样地,如果公司破产,股东将丧失其控制权。概括而言,在公司正常经营状态下,股东拥有剩余索取权和剩余控制权,这两者构成了公司的所有权。

股票只是消失掉的或现实资本的纸制复本,它本身没有价值,但它作为股本所有权的证书,代表着取得一定收入的权力,因此具有价值,可以作为商品转让。但股票的转让并不直接影响真实资本的运动。股票一经认购,持有者就不能要求退股,但可到二级市场上交易。

2) 股票的种类

将剩余索取权和剩余控制权进一步划分成不同层次并进行组合,可以设计出不同种类的股票。

(1) 普通股是在优先股要求权得到满足之后才参与公司利润和资产分配的股票合同,它代表着最终的剩余索取权,其股息收益上不封顶,下不保底,每一阶段的红利数额也是不确定的;普通股股东一般有出席股东大会的会议权、表决权和选举权、被选举权等,他们通过投票来行使剩余控制权。

剩余索取权是相对于合同收益权而言的，指的是公司收入在扣除所有固定的合同支付(原材料成本、固定工资，利息)后的余额的要求权。公司所有权不同于财产所有权，后者指的是对给定财产(人力资本、非人力资本)的占有权、使用权、收益权和转让权，公司是普通股股东还具有优先认股权，即当公司增发新的普通股时，现有股东有权按其原来的持股比例认购新股，以保持对公司所有权的现有比例。现有股东也可以在市场上出售优先认股权，其价值取决于市场价格、新股出售价和购买一股所需的权数。当然，如果股东认为新发行的普通股无利可图时，他也可以放弃这种权利。

(2) 优先股是指在剩余索取权方面较普通股优先的股票，这种优先性表现在分得固定股息并且在普通股之前收取股息。但是，优先股在剩余控制权方面则劣于普通股，优先股股东通常是没有投票权的，只是在某些特殊情况下才具有临时投票权，例如，当公司发生财务困难而无法在规定时间内支付优先股股息时，优先股就具有投票权而且一直延续到支付股息为止。又如，当公司发生变更支付股息的次数、公司发行新的优先股等影响优先股股东的投资利益时，优先股股东就有权投票表决。当然，这种投票权是有限的。由于优先股股息是固定的，因此优先股的价格与公司的经营状况关系不如普通股密切，而主要取决于市场利息率，其风险小于普通股，预期收益率也低于普通股。

如果考虑跨时期、可转换性、复合性及可逆性等因素，优先股的剩余索取权和剩余控制权则有不同的特点，由此分为不同的种类：①按剩余索取权是否可以跨时期累积分为累积优先股与非累积优先股。累积优先股是指如果公司在某个时期内所获盈利不足以支付优先股股息时，则累积于次年或以后某一年盈利时，在普通股的红利发放之前，连同本年优先股的股息一并发放；而非累积优先股是指当公司盈利不足以支付优先股的全部股息时，其所欠部分，非累积优先股股东不能要求公司在以后年度补发。②按剩余索取权是不是股息和红利的复合分为参加优先股和非参加优先股。参加优先股又称参与分红优先股，是指除了可按规定的股息率优先获得股息外，还可以与普通股分享公司的剩余收益，它可进一步分为无限参加优先股和有限参加优先股两种，前者指优先股股东可以无限制地与普通股股东分享公司的剩余收益，后者则指优先股股东只能在一定限度内与普通股股东分享公司的剩余收益。而非参加优先股是指只能获取固定股息不能参加公司额外分红的优先股。目前大多数公司发行的优先股都属于非参加优先股。③可转换优先股指在规定的时间内，优先股股东可以按一定的转换比率把优先股换成普通股。这实际上是给予优先股股东选择不同的剩余索取权和剩余控制权的权力。例如，当公司盈利状况不佳时，优先股股东就可以仍持有优先股，以保证较为固定的股息收入，而当公司大量盈利，普通股价格猛涨时，他就可以行使其转换的权力以便具有更大剩余索取权。又如，当优先股股东要加强对公司的控制时，也可能转换成普通股。在某些情况下，优先股兼有转换性和累积性，它对投资者就更具吸引力。④可赎回优先股，即允许公司按发行价格加上一定比例的补偿收益予以赎回的优先股。通常，当公司为了减少资本或者认为可以用较低股息率发行新的优先股时，就可能以上述办法购回已发行的优先股股票。显然，可赎回优先股在剩余索取(及剩余控制)方面对股东不利。

2. 股票的一级市场

一级市场也称为发行市场，它是指公司直接或通过中介机构向投资者出售新发行的股票。所谓新发行的股票包括初次发行和再发行的股票，前者是公司第一次向投资者出售的原始股，后者是在原始股的基础上增加新的份额。一级市场的整个运作过程通常由咨询与管理、认购与销售两个阶段构成。

1) 咨询与管理

咨询与管理是股票发行的前期准备阶段，发行人(公司)须听取投资银行的咨询意见并对一些主要问题做出决策，主要包括以下几方面。

(1) 发行方式的选择。股票发行的方式一般可分为公募和私募两类。公募是指面向市场上大量的非特定的投资者公开发行股票。其优点是可以扩大股票的发行量，筹资潜力大；无须提供特殊优厚的条件，发行者具有较大的经营管理独立性；股票可在二级市场上流通，从而提高发行者的知名度和股票的流动性。其缺点则表现为工作量大，难度也大，通常需要承销者的协助；发行者必须向证券管理机关办理注册手续；必须在招股说明书中如实公布有关情况以供投资者做出正确决策。私募是指只向少数特定的投资者发行股票，其对象主要有个人投资者和机构投资者两类，前者如使用发行公司产品的用户或本公司的职工，后者如大的金融机构或与发行者有密切业务往来关系的公司。私募具有节省发行费、通常不必向证券管理机关办理注册手续、有确定的投资者从而不必担心发行失败等优点，但也有需向投资者提供高于市场平均条件的特殊优厚条件、发行者的经营管理易受干预、股票难以转让等缺点。对于再发行的股票还可以采取优先认股权方式，也称配股，它给予现有股东以低于市场价值的价格优先购买一部分新发行的股票，其优点是发行费用低并可维持现有股东在公司的权益比例不变。在认股权发行期间，公司设置一个除权日，在这一天之前，股票带权交易，即购得股票者同时也取得认股权；而除权日之后，股票不再附有认股权。

(2) 选定作为承销商的投资银行。公开发行股票一般都通过投资银行来进行，投资银行的这一角色称为承销商。许多公司都与某一特定承销商建立起牢固的关系，承销商为这些公司发行股票而且提供其他必要的金融服务。但在某些场合，公司通过竞争性招标的方式来选择承销商，这种方式有利于降低发行费用，但不利于与承销商建立持久牢固的关系。承销商的作用除了销售股票外，事实上还为股票的信誉作担保，这是公司试图与承销商建立良好关系的基本原因。

当发行数量很大时，常由多家投资银行组成承销辛迪加或承销银团来处理整个发行，其中一家投资银行作为牵头承销商起主导作用。在私募的情况下，发行条件通常由发行公司和投资者直接商定，从而绕过了承销环节。投资银行的中介职能减弱许多，通常是寻找可能的投资者、帮助发行公司准备各项文件，进行尽责调查和制定发行日程表等。

(3) 准备招股说明书。招股说明书是公司公开发行股票的计划书面说明，并且是投资者准备购买的依据。招股说明书必须包括财务信息和公司经营历史的陈述，高级管理人员的状况，筹资目的和使用计划，公司内部悬而未决的问题如诉讼等。在招股说明书的准备过程中，一般组建专家工作团队并有较明确的专业分工，发行公司的管理层在其律师的协助下负责招股说明书的非财务部分，作为承销商的投资银行负责股票承销合约部分，发行公司内部的会计师准备所有的财务数据，独立的注册会计师对财务账目的适当性提供咨询和审计。招股说明书各部分起草完成后，还须一遍遍地修改以寻求最完善的定稿。该稿称为预备说明书，它包括发行股票的大部分主要事实，但不包括价格。然后，将预备说明书连同上市登记表一起交送证券管理机关审查，后者要确认这些信息是否完整与准确，并可以要求发行公司作一些修改或举行听证会。在认定没有虚假陈述和遗漏后，证券管理机关才批准注册，此时的招股说明书称为法定说明书，它应标明发行价格并送予可能的投资者。应该指出的是，证券管理机关批准新股票的发行，仅表明法定说明书内有充分公正的信息披露能使投资者对这只股票的价值作出判断，但并不保证股票发行的投资价值。

(4) 发行定价。发行定价是一级市场的关键环节。如果定价过高，会使股票的发行数量减少，进而使发行公司不能筹到所需资金，股票承销商也会遭受损失；如果定价过低，则股票承销商的工作容易，但发行公司却会蒙受损失，对于再发行的股票，价格过低还会使老股东受损。发行价格主要有平价、溢价和折价三种。平价发行就是以股票票面所标明的价格发行；溢价就是按超过票面金额的价格发行；折价发行就是按低于票面金额的价格发行。其中溢价发行又可分为时价发行和中间价发行，前者即按发行时的市场供求状况决定发行价格，后者则介于时价和平价之间。首次公开发行的股票通常要进行三次定价。第一次定价是在发行公司选定投资银行的时候，发行公司会要求几家竞争承销业务的投资银行给出他们各自的发行价格估计数，在其他条件相同的情况下，发行公司倾向于选择估价较高的投资银行作为它的承销商。第二次定价是在编制预备的招股说明书的时候，投资银行完成了绝大部分的尽职调查工作后对发行公司业务和经营状况有了一个全面的了解，再与发行公司谈判协商确定一个合适的价格区域。第三次定价是在证券管理机构批准注册之后，投资银行就开始与发行公司商讨确定发行定价，对招股说明书做最后的修正；与前两次定价相比，最后一次的定价尤为重要，因为它一旦确立就具备法律约束力，承销商需按此价发售新股，故投资银行不得不慎重行事，与发行公司进行激烈谈判并通常在公开发行的前几天确定最后的发行定价。

2) 认购与销售

发行公司着手完成准备工作之后即可按照预定的方案发售股票。对于承销商来说，就是执行承销合同批发认购股票，然后售给投资者。具体方式通常有以下几种。

(1) 包销，是指承销商以低于发行定价的价格把公司发行的股票全部买进，再转卖给投资者，这样承销商就承担了在销售过程中股票价格下跌的全部风险。承销商所得到的买卖差价是对承销商所提供的咨询服务及承担包销风险的报偿，也称为承销折扣。在包销发行时，发行公司与承销商正式签订合同，规定承销的期限和到期承销商应支付的款项，如到截止期股票销售任务尚未完成，承销商必须按合同规定如数付清合同确定的价款，若财力不足又不能商请延期，就须向银行借款支付。为了增加潜在投资者的基础以便在较短的时间内把股票销售出去，牵头承销商往往会组织销售集团，这个集团包括承销银团成员和不属于银团的金融机构，其作用相当于零售商。在销售过程中，如果股票的市场价格跌到发行报价之下时，主承销商可能会根据承销协议在市场上按市价购买股票以支持发行价格。但如果市场价已显著低于发行价从而预定的发行额难以完成，则承销银团只好解散，各个成员尽力去处理自己承诺完成的部分，最终损失也各自承担。

(2) 代销，即"尽力销售"，指承销商许诺尽可能多地销售股票，但不保证能够完成预定销售额，任何没有出售的股票可退给发行公司。这样，承销商不承担风险。

(3) 备用包销，通过认股权来发行股票并不需要投资银行的承销服务，但发行公司可与投资银行协商签订备用包销合同，该合同要求投资银行作备用认购者买下未能售出的剩余股票,而发行公司为此支付备用费。但应该指出的是,在现有股东决定是否购买新股或出售他们的认股权的备用期间,备用认购者不能认购新股,以保证现有股东的优先认股权。

与承销相比,私募条件下的认购和销售则较为简单,它通常是根据认购协议直接出售给投资者,而投资银行为安排投资者和提供咨询而得到酬金收入。

3. 股票的二级市场

二级市场也称交易市场,是投资者之间买卖已发行股票的场所。这一市场为股票创造流动性,即能够迅速脱手换取现值。在"流动"的过程中,投资者将自己获得的有关信息反映在交易价格中,而一旦形成公认的价格,投资者凭此价格就能了解公司的经营概况,公司则知道投资者对其股票价值即经营业绩的判断,这样一个"价格发现过程"降低了交易成本。同时,流动也意味着控制权的重新配置,当公司经营状况不佳时大股东通过卖出股票放弃其控制权,这实质上是一个"用脚投票"的机制,它使股票价格下跌以"发现"公司的有关信息并改变控制权分布状况,进而导致股东大会的直接干预或外部接管,而这两者都是"用手股票"行使控制权。由此可见,二级市场另一个重要作用是优化控制权的配置从而保证权益合同的有效性。二级市场通常可分为有组织的证券交易所和场外交易市场,但也出现了具有混合特性的第三市场和第四市场。

1) 证券交易所

证券交易所是由证券管理部门批准的,为证券的集中交易提供固定场所和有关设施,并制定各项规则以形成公正合理的价格和有条不紊的秩序的正式组织。

(1) 证券交易所的组织形式。世界各国证券交易所的组织形式大致可分为两类:一是公司制证券交易所,是由银行、证券公司、投资信托机构及各类公民营公司等共同投资入股建立起来的公司法人。二是会员制证券交易所。会员制证券交易所是以会员协会形式成立的不以营利为目的的组织,主要由证券商组成。只有会员及享有特许权的经纪人才有资格在交易所中进行证券交易。会员对证券交易所的责任仅以其交纳的会费为限。会员制证券交易所通常也都是法人,属于社团法人,但也有一些会员制证券交易所(如美国证券交易所)不是法人组织,其原因主要是为避免司法部门对它内部规定和干预。我国 1997 年发布的《证券交易所管理办法》规定:证券交易所是不以营利为目的,为证券的集中和有组织的交易提供场所、设施,并履行相关职责,实行自律性管理的会员制事业法人。由于公司制证券交易所具有较为明显的优势,目前世界上越来越多的证券交易所实行公司制。

(2) 证券交易所的会员制度。为了保证证券交易有序、顺利地进行,各国的证券交易所都对能进入证券交易所交易的会员作了资格限制。各国确定会员资格的标准各不相同,但主要包括会员申请者的背景、能力、财力、有否从事证券业务的学识及经验、信誉状况等。此外,有些国家和地区(如日本、澳大利亚、新加坡、巴西、我国的上海和深圳等)证券交易所只吸收公司或合伙组织的会员,而大多数国家的证券交易所则同时允许公司、合伙组织和个人成为证券交易所会员。

(3) 证券交易所的上市制度。股票的上市是指赋予某种股票在某个证券交易所进行交易的资格。对上市公司来说,上市可增加其股票的流动性并提高公司的声望和知名度。股票上市后,公司经营者的责任也加重了。股票发

【拓展视频】

行后并不一定就能上市，而要满足条件和程序后方可上市。各国的法律虽然很少直接对股票的上市条件做出明确规定，但各证券交易所为了提高在本证券交易所交易股票的质量，都要求各种股票在本证券交易所交易之前办理申请上市手续，经审查合格后，由股票的发行公司与交易所签订上市协议，缴纳上市费后，才能在本证券交易所交易。

(4) 证券交易所的交易制度。按照证券交易在时间上是否连续，竞价交易制度分为间断性竞价交易制度和连续竞价交易制度。

间断性竞价交易制度也称集合竞价制度。在该制度下，交易中心将规定时段内收到的所有交易委托并不进行一一撮合成交，而是集中起来在该时段结束时进行。因此，集合竞价制度只有一个成交价格，所有委托价在成交价之上的买进委托和委托价在成交价之下的卖出委托都按该唯一的成交价格全部成交。成交价的确定原则通常是最大成交量原则，即在所确定的成交价格上满足成交条件的委托股数最多。集合竞价制度是一种多边交易制度，其最大优点在于信息集中功能，即把所有拥有不同信息的买卖者集中在一起共同决定价格。当市场意见分歧较大或不确定性较大时，这种交易制度的优势就较明显。因此，很多交易所在开盘、收盘和暂停交易后的重新开市都采用集合竞价制度。

连续竞价制度是指证券交易可在交易日的交易时间内连续进行。在连续竞价过程中，当新进入一笔买进委托时，若委托价大于或于已有的卖出委托价，则按卖出委托价成交；当新进入一笔卖出委托时，若委托价小于或等于已有的买进委托价，则按买进委托价成交。若新进入的委托不能成交，则按"价格优先，时间优先"的顺序排队等待。这样循环往复，直至收市。连续竞价制度是一种双边交易制度，其优点是交易价格具有连续性。

(5) 证券交易委托的种类。证券交易委托是投资者通知经纪人进行证券买卖的指令，其主要种类有以下几种。

① 市价委托，指委托人自己不确定价格，而委托经纪人按市面上最有利的价格买卖证券。市价委托的优点是成交速度快，能够快速实现投资者的买卖意图。其缺点是当行情变化较快或市场深度不够时，执行价格可能跟发出委托时的市场价格相差甚远。

② 限价委托，是指投资者委托经纪人按他规定的价格，或比限定价格更有利的价格买卖证券。具体地说，对于限价买进委托，成交价只能低于或等于限定价格；对于限价卖出委托，成交价只能高于或等于限定价格。限价委托克服了市价委托的缺陷，为投资者提供了以较有利的价格买卖证券的机会。但限价委托常常因市场价格无法满足限定价格的要求而无法执行，使投资者坐失良机。

2) 场外交易市场

场外交易市场是在证券交易所之外进行的证券交易活动。确切地说，这种市场不是某个固定的场所，而是一种交易的方式，是一种在交易所外进行买卖证券的方式。由于这种交易起先主要是在各证券商的柜台上进行的，又被称为柜台交易或店头市场。场外交易市场与交易所相比，有许多特殊之处：它没有统一集中的场所，而是散于各地，规模有大有小；价格不是采用双边拍卖形成的，而是客户与证券商协商定价；证券商不收取佣金，而是通过低进高出获利；场外交易市场的交易单位比较灵活，可以采用证券交易所规定的交易单位，也可以是零数交易。由于场外交易的上述特点，与证券交易所规范欠灵活的交易相比，柜台交易能满足不同层次和类型的投资者的需求，且网点多，手法灵活，能为具有发展潜质的新公司和中小公司提供上市集资的场所，因此它具有不可替代的作用。但场外交易也有一些不足之处，如市场分散、信息传送慢、交易价格有时不能准确反映市场供求状况等。不过这些问题由于市场管理的加强和计算机报价系统的运用正在逐步得到克服。2001 年开办的代办股份转让系统是中国目前典型的场外交易市场，主要交易原 NET 系统股票、原 STAQ 系统股票、退市股票及部分高科技公司的股票。

【拓展视频】

3.3.2 债券市场

债券市场是资本市场的另一基本形态，其发行和交易的债务工具与权益工具有着本质的区别，因而债券市场的特点也与股票市场有所不同。

1. 债券的概念与种类

1) 债券的概念及特征

债券是投资者向政府、公司或金融机构提供资金的债权债务合同，该合同载明发行者在指定日期支付利息并在到期日偿还本金的承诺，其要素包括期限、面值与利息、税前支付利息、求偿等级、限制性条款、抵押与担保及选择权(如赎回与转换条款)。这些要素使得债券具有与股票不同的特征。

(1) 股票一般是永久性的，因而是无须偿还的；而债券是有期限的，到期日必须偿还本金，且每半年或一年支付一次利息，因而对于公司来说若发行过多的债券就可能资不抵债而破产，而公司发行越多的股票，其破产的可能性就越小。

(2) 股东从公司税后利润中分享股利，而且股票本身增值或贬值的可能性较大；债券持有者则从公司税前利润中得到固定利息收入，而且债券面值本身增值或贬值的可能性不大。

(3) 在求偿等级上，股东的排列次序在债权人之后，当公司由于经营不善等原因破产时，债权人有优先取得公司财产的权力，其次是优先股股东，最后才是普通股股东。但通常，破产意味着债权人要蒙受损失，因为剩余资产不足以清偿所有债务，这时债权人实际上成了剩余索取者。尽管如此，债权人无权追究股东个人资产。同时，债券按索取权的排列次序也分为不同等级，高级债券是指具有优先索取权的债券，而低级或次级债券是指索取权排名于一般债权人之后的债券，一旦公司破产清算时，先偿还高级债券，然后才偿还次级债券。

(4) 限制性条款涉及控制权问题，股东可以通过投票来行使剩余控制权，而债权人一般没有投票权，但他可能要求对大的投资决策有一定的发言权，这主要表现在债务合同常常包括限制经理及股东职责的条款，如在公司进行重大的资产调整时要征求债权人的意见；另一方面在公司破产的情况下，剩余控制权将由股东转移到债权人手中，债权人有权决定是清算公司还是重组公司。

(5) 权益资本是一种风险资本，不涉及抵押担保问题，而债务资本可要求以某一或某些特定资产作为保证偿还的抵押，以提供超出发行人通常信用地位之外的担保，这实际上降低债务人无法按期还本付息的风险，即违约风险或称信用风险。

(6) 在选择权方面，股票主要表现为可转换优先股和可赎回优先股，而债券则更为普遍。一方面多数公司在公开发行债券时都附有赎回条款，在某一预定条件下，由公司决定是否按预定价格(一般比债券面值高)提前从债券持有者手中购回债券。另一方面,许多债券附有可转换性,这些可转换债券在到期日或到期日之前的某一期限内可以按预先确定的比例(称为转换比率)或预先确定的价格(转换价格)转换成股票。

2) 债券的种类

债券的种类繁多,按发行主体不同可分为政府债券、公司债券和金融债券三大类,而各类债券根据其要素组合的不同又可细分为不同的种类。

(1) 政府债券。政府债券是指中央政府、政府机构和地方政府发行的债券,它以政府的信誉作保证,因而通常无需抵押品,其风险在各种投资工具中是最小的。

(2) 公司债券,是公司为筹措营运资本而发行的债券,该合同要求不管公司业绩如何都应优先偿还其固定收益,否则将在相应破产法的裁决下寻求解决,因而其风险小于股票,但比政府债券高。公司债券的种类很多。

(3) 金融债券。金融债券是银行等金融机构为筹集信贷资金而发行的债券。在西方国家,由于金融机构大多属于股份公司组织,故金融债券可纳入公司债券的范围。发行金融债券,表面看来同银行吸收存款一样,但由于债券有明确的期限规定,不能提前兑现,所以筹集的资金要比存款稳定得多。更重要的是,金融机构可以根据经营管理的需要,主动选择适当时机发行必要数量的债券以吸引低利率资金,故金融债券的发行通常被看作银行资产负债管理的重要手段,而且,由于银行的资信度比一般公司要高,金融债券的信用风险也较公司债券低。

2. 债券的一级市场

债券的发行与股票类似,不同之处主要有发行合同书和债券评级两个方面。同时,由于债券是有期限的,因而其一级市场多了一个偿还环节。

1) 发行合同书

发行合同书也称信托契据,是说明公司债券持有人和发行债券公司双方权益的法律文件,由受托管理人(通常是银行)代表债券持有人利益监督合同书中各条款的履行。债券发行合同书一般很长,其中各种限制性条款占很大篇幅。对于有限责任公司来说,一旦资不抵债而发生违约时,债权人的利益会受损害,这些限制性条款就是用来设法保护债权人利益的。

2) 债券评级

债券违约风险的大小与投资者的利益密切相关,也直接影响着发行者的筹资能力和成本。为了较客观地估计不同债券的违约风险,通常需要由中介机构进行评级。但评级是否具有权威性则取决于评级机构。目前最著名的两大评估机构是标准普尔(Standard & Poor's)公司和穆迪投资者服务公司。

3) 债券的偿还

债券的偿还一般可分为定期偿还和任意偿还两种方式。

(1) 定期偿还。定期偿还是在经过一定宽限期后,每过半年或 1 年偿还一定金额的本金,到期时还清余额。这一般适用于发行数量巨大,偿还期限长的债券,但国债和金融债券一般不使用该方法。

(2) 任意偿还。任意偿还是债券发行一段时间(称为保护期)以后，发行人可以任意偿还债券的一部分或全部，具体操作可根据早赎或以新偿旧条款，也可在二级市场上买回予以注销。

3. 债券的二级市场

债券的二级市场与股票类似，也可分为证券交易所、场外交易市场等层次。证券交易所是债券二级市场的重要组成部分，在证券交易所申请上市的债券主要是公司债券，但国债一般不用申请即可上市，享有上市豁免权。然而，上市债券与非上市债券相比，它们在债券总量中所占的比例很小，大多数债券的交易是在场外市场进行的，场外交易市场是债券二级市场的主要形态。

3.4 外汇市场

外汇市场是金融市场的重要组成部分，由于它的存在，资金在国际的调拨划转才得以进行，国际的债权债务才得以清偿，国际资本才得以流动，跨越国界的资金借贷融通才得以实现。因此，本章主要介绍外汇市场的基本原理和相关理论。

3.4.1 外汇与汇率

1. 外汇

世界上的每个国家都有自己独立的货币和货币制度，各国货币相互之间不能流通使用，因此，国际债权债务的清偿，必然要产生国际的货币兑换，由此产生外汇和汇率的概念。

外汇这一概念有动态和静态两种表述形式，而静态的外汇又有广义和狭义之分。

动态的外汇是指一国货币兑换或折算为另一种货币的运动过程。最初的外汇概念就是指它的动态含义。现在人们提到外汇时，更多的是指它的静态含义。

广义的静态外汇是指一切用外币表示的资产。这种含义的外汇概念通常用于国家的外汇管理法令之中。如《中华人民共和国外汇管理条例》中定义：外汇是指下列以外币表示的可以用作国际清偿的支付手段和资产，具体包括：①外国货币，包括纸币、铸币；②外币支付凭证，包括票据、银行存款凭证、邮政储蓄凭证；③外币有价证券，包括政府债券、公司债券、股票等；④特别提款权，包括欧洲货币单位等；⑤其他外汇资产。

狭义的静态外汇概念是指以外币表示的可用于进行国际结算的支付手段。按照这一概念，只有存放在国外银行的外币资金，以及将对银行存款的索取权具体化了的外币票据才构成外汇。具体来看，外汇主要包括以外币表示的银行汇票、支票、银行存款等。人们通常所说的外汇就是指这一狭义的概念。

按照不同的标准，我们可以把外汇分成不同的种类：①根据是否可以自由兑换，外汇可分成自由外汇和记账外汇。②根据外汇的来源和用途，外汇可分为贸易外汇和非贸易外汇。贸易外汇是指通过出口有形商品取得的外汇；非贸易外汇是指通过出口无形商品而取得的外汇。③根据外汇管理的对象，外汇可分为居民外汇和非居民外汇。

2. 汇率

所谓汇率就是两种不同货币之间的折算比价，也就是以一国货币表示的另一国货币的价格，也称汇价、外汇牌价或外汇行市。汇率的表达方式有两种：直接标价法和间接标价法。直接标价法是以一定单位的外国货币为标准来折算应付若干单位的本国货币的汇率标价法，又称应付标价法。间接标价法是以一定单位的本国货币为标准来折算应收若干单位的外国货币的标价法，又称应收标价法。可以看出，在直接标价法下，汇率的数值越大，意味着一定单位的外国货币可以兑换越多的本国货币，也就是本国货币的币值越低；在间接标价法下，这一关系则相反。

3.4.2 外汇市场的含义

所谓外汇市场，是指由各国中央银行、外汇银行、外汇经纪人和客户组成的买卖外汇的交易系统。外汇市场不像商品市场和其他的金融市场那样，一定要设有具体的交易场所，它主要是指外汇供求双方在特定的地区内，通过现代化的电信设备及计算机网络系统来从事外汇买卖的交易活动。

按照外汇交易参与者的不同，外汇市场可以具体分为狭义的外汇市场和广义的外汇市场。狭义的外汇市场，又叫外汇批发市场，它是特指银行同业之间的外汇交易市场，包括外汇银行之间、外汇银行与中央银行之间以及各国中央银行之间的外汇交易。广义的外汇市场，除了上述狭义外汇市场之外，还包括银行同一般客户之间的外汇交易。

按照外汇市场经营范围的不同，外汇市场有国内外汇市场和国际外汇市场之分。国内外汇市场一般适用于发展中国家，该种市场主要进行的是外币与本币之间的交易，其参加者主要限于本国居民，并且所进行的外汇交易要受制于国内金融制度。而国际外汇市场是指各国居民都可以自由参加多种货币的自由买卖，交易不受所在国金融制度的限制。这种外汇市场是一个基本上完全自由的市场，是一种发达的外汇市场。

3.4.3 外汇市场的参与者

1. 外汇银行

外汇银行又叫外汇指定银行，是指经过本国中央银行批准，可以经营外汇业务的商业银行或其他金融机构。外汇银行是外汇市场上最重要的参与者。外汇银行在两个层次上从事外汇业务活动：第一个层次是零售业务，银行应客户的要求进行外汇买卖，并收兑不同国家的货币现钞。第二个层次是批发业务，这是银行为了平衡外汇头寸，防止外汇风险而在银行同业市场上进行的轧差买卖。外汇银行在为客户提供外汇买卖的过程中，难免会在营业日内出现各种外汇头寸的"多头"或"空头"，统称"敞开头寸"，即一些币种的出售额少于购入额；而另一些币种的出售额多于购入额。为了避免因各种币种之间汇率变动而产生的汇率风险，银行就需要借助同业交易及时进行外汇头寸的调拨，轧平各种头寸，即将多头抛出，将空头补进。然而，银行在同业市场上进行外汇买卖并不一定都是为了消除头寸进而免除汇率风险。在有些情况下，某些外汇银行会以"风险爱好者"的姿态，在该市场积极制造头寸，这实际上是一种以谋取风险利润为目的的外汇投机活动。但无论如何，同业外汇交易占外汇交易总额的95%以上。值得提出的是，外汇银行同业的外汇买卖差价一般要低于银行与客户之间的买卖差价。

2. 外汇经纪人

外汇经纪人是指介于外汇银行之间、外汇银行和其他外汇市场参加者之间，为买卖双方接洽外汇交易而赚取佣金的中间商。如同外汇银行一样，外汇经纪商也必须经过所在国中央银行的核准方可参与市场。外汇经纪人在外汇市场上的作用主要在于提高外汇交易的效率，主要体现在成交的速度与价格上。由于外汇经纪人本身集中体现了外汇市场上外汇买卖双方的信息，所以经纪人在接受客户的委托后，一般总能在较短的时间内替委托人找到相应的交易对象，而且能在多家交易对象的报价中找到最好的成交价格，从而提高外汇交易的效率。

3. 顾客

在外汇市场中，凡是与外汇银行有外汇交易关系的公司或个人，都是外汇银行的客户，他们是外汇市场上的主要供求者，其在外汇市场上的作用和地位，仅次于外汇银行。这类市场的参与者有的为实施某项经济交易而买卖外汇，如经营进出口业务的国际贸易商、到外国去投资的跨国公司、发行国际债券或筹借外币贷款的国内企业等；有的为调整资产结构或利用国际金融市场的不均衡状况而进行外汇交易，如买卖外国证券的投资者，在不同国家货币市场上赚取利差、汇差收益的套利者和套期保值者，对市场汇率进行打赌以赚取风险利润的外汇投机者，等等。除此之外，还有其他零星的外汇供求者，如国际旅游者、出国留学生、汇出或收入侨汇者、提供或接受外币捐赠的机构和个人等。在上述各种外汇供求者中，最重要的是跨国公司，因为跨国公司的全球经营战略涉及许多种货币的收入和支出，所以它进入外汇市场非常频繁。

4. 中央银行及其他官方机构

外汇市场上另一个重要的参与者是各国的中央银行。这是因为各国的中央银行都持有相当数量的外汇余额作为国际储备的重要构成部分，并承担着维持本国货币金融稳定的职责，所以中央银行经常通过购入或抛出某种国际性货币的方式来对外汇市场进行干预，以便能把本国货币的汇率稳定在一个所希望的水平上或幅度内，从而实现本国货币金融政策的意图。

中央银行干预外汇市场的范围与频率在很大程度上取决于该国政府实行什么样的汇率制度。假如一国货币与别国货币(特别提款权或"一篮子货币")挂钩，实行固定汇率制，那么，该国中央银行的干预程度显然要比实行浮动汇率制的国家要大得多。一般情况下，中央银行在外汇市场上的交易数量并不很大，但其影响却非常广泛。这是因为外汇市场的参与者都密切地关注着中央银行的一举一动，以便能及时获取政府宏观经济决策的有关信息，所以，中央银行即使在外汇市场上的一个微小举措，有时也会对一国货币汇率产生重大影响。而且有时候，甚至会有几个国家的中央银行联手进行外汇干预，其效果就更为显著。除了中央银行以外，其他政府机构为了不同的经济目的，有时也进入外汇市场进行交易，如财政部、商业部等。但中央银行是外汇市场上最常见、最重要的官方参与者。

3.4.4 外汇市场的交易方式

外汇市场上的各种交易可按不同的标准作不同的种类划分。若按合同的交割期限或交易的形式特征来区分,可分为即期外汇交易和远期外汇交易两大类;若按交易的目的或交易的性质来区分,那么除了因国际结算、信贷融通和跨国投资等所引起的一般商业性外汇交易以外,外汇买卖还可分成套利交易、掉期交易、互换交易、套期保值交易、投机交易及中央银行的外汇干预交易等。此外,随着国际金融业的竞争发展与金融工具的创新,外汇市场上还出现了许多新的交易方式,如外汇期货、期权交易。本章主要介绍即期、远期、掉期、套汇等传统外汇市场上常见的外汇交易。期货、期权、互换等交易将在以后章节详细讨论。

1. 即期外汇交易

即期外汇交易又称现汇买卖,是交易双方以当时外汇市场的价格成交,并在成交后的两个营业日内办理有关货币收付交割的外汇交易。即期外汇交易是外汇市场上最常见、最普遍的买卖形式。

2. 远期外汇交易

远期外汇交易,又称期汇交易,是指买卖外汇双方先签订合同,规定买卖外汇的数量、汇率和未来交割外汇的时间,到了规定的交割日期买卖双方再按合同规定办理货币收付的外汇交易。在签订合同时,除交纳10%的保证金外,不发生任何资金的转移。远期交易的期限有1个月、3个月、6个月和1年等几种,其中3个月最为普遍。远期交易很少超过1年,因为期限越长,交易的不确定性越大。

3. 掉期交易

掉期交易,又称时间套汇,是指同时买进和卖出相同金额的某种外汇但买与卖的交割期限不同的一种外汇交易,进行掉期交易的目的也在于避免汇率变动的风险。掉期交易可分为以下三种形式。

1) 即期对远期

即在买进或卖出一笔现汇的同时,卖出或买进相同金额该种货币的期汇。期汇的交割期限大都为1星期、1个月、2个月、3个月、6个月。这是掉期交易中最常见的一种形式。

2) 明日对次日

即在买进或卖出一笔现汇的同时,卖出或买进同种货币的另一笔即期交易,但两笔即期交易交割日不同,一笔是在成交后的第二个营业日(明日)交割,另一笔反向交易是在成交后第三个营业日(次日)交割。这种掉期交易主要用于银行同业的隔夜资金拆借。

3) 远期对远期

指同时买进并卖出两笔相同金额、同种货币不同交割期限的远期外汇。这种掉期形式多为转口贸易中的中间商所使用。

4. 套汇交易

套汇交易是套利交易在外汇市场上的表现形式之一,是指套汇者利用不同地点、不同货币在汇率上的差异进行贱买贵卖,从中套取差价利润的一种外汇交易。由于空间的分割,不同的外汇市场对影响汇率诸因素的反应速度和反应程度不完全一样,因而在不同的外汇市场上,同种货币的汇率有时可能出现较大差异,这就是为异地套汇提供了条件。套汇交易又可分为直接套汇和间接套汇。

(1) 直接套汇,利用两个外汇市场之间某种货币汇率的差异进行的套汇,称为直接套汇,也叫两点套汇或两地套汇。

(2) 间接套汇,又称三点套汇或三角套汇,是指套汇者利用三个不同外汇市场中三种不同货币之间交叉汇率的差异,同时在这三个外汇市场上贱买贵卖,从中赚取汇率差额的一种套汇交易。

3.4.5 汇率的决定与变动

外汇市场上的实际汇率是由现实的外汇供求状况所决定的,而影响外汇供求的因素错综复杂,既包括经济因素,又包括政治因素和心理因素,并且各种因素之间又相互联系、相互制约。而且,同一个因素在不同的国家、不同的时间内所起的作用也不同。这里我们仅选择几个较为重要的经济因素来说明它们对汇率变动的影响。

1. 国民经济发展状况

国民经济发展状况是影响一国国际收支,乃至该国货币汇率的重要因素。国民经济发展状况主要从劳动生产率、经济增长率和经济结构三个方面对汇率产生影响。

1) 劳动生产率

劳动生产率差异会对汇率的变动产生重要的影响。如果一国劳动生产率的增长率在较长时期内持续地高于别国,则使该国单位货币所包含的价值相对增加,从而使本国货币的对外价值相应上升。不过,劳动生产率对汇率的影响是缓慢而长期的,不易马上察觉。

2) 经济增长率

国内外经济增长率的差异对汇率变动的影响是错综复杂的。首先,一国经济增长率较高,意味着收入上升,因此会造成进口支出的增加,从而导致经常项目逆差。一国经济增长率高,往往也意味着生产率提高很快,由此通过生产成本的降低改善本国产品的竞争地位而有利于增加出口,抑制进口。而且如果一国经济是以出口导向的,经济增长是为了生产更多的出口货物,则经济增长率的提高,可以使出口的增长弥补进口的增加。综合起来看,高增长率一般在短期内会引起更多的进口,从而造成本国货币汇率下降的压力,但从长期来看,却有力地支持了本国货币的强劲势头。其次,一国经济增长率较高,意味着该国投资利润率也较高,由此吸引国外资金流入本国,进行直接投资,从而增加本国国际收支资本项目的收入,导致该国货币需求旺盛,汇率上升。

3) 经济结构

经济结构主要指产业结构和产品结构,它对汇率的影响主要是通过影响国际收支的经常项目实现的。如果一国的经济结构比较合理,能够适应世界市场的需求,并且能随着市场需求的变化而调整,那么,该国的贸易收支乃至经常项目收支就能够保持持续的平衡或维持顺差,该国货币在国际外汇市场上就会保持较强的地位。反之,如果一国的经济结构不合理,不能适应世界市场的需求,或不能随着世界市场需求的变化而调整,那么,该国的贸易收支和经常项目收支就难以保持平衡,该国货币在外汇市场上就会趋于疲软。综上所述,国民经济发展状况对国际收支的影响具有长期性和持久性,因此,它对汇率的影响也是长期的。所以,要分析一国汇率的长期变化,首先必须分析该国的国民经济发展状况。

2. 相对通货膨胀率

国内外通货膨胀率的差异是决定汇率长期趋势的主导因素。在纸币流通制度下，一国货币的对内价值是决定其对外价值(即汇率)的基础，而货币的对内价值是由国内物价水平来反映的。通货膨胀就意味着该国货币代表的价值量下降，货币对内贬值；而货币对内贬值又不可避免地引起货币的对外贬值，即表现为该国货币对另一国货币汇率的下跌。由于各国普遍存在通货膨胀问题，因此，必须通过比较国内外通货膨胀率的差异来考察其对汇率的影响。一般来说，如果一国的通货膨胀率超过另一个国家，则该国货币对另一国货币的汇率就要下跌；反之，则上涨。不过，通货膨胀对汇率的影响往往是通过国际收支这个中间环节间接实现的。首先，当一国通货膨胀率较高时，该国商品的价格必然上升，从而削弱本国商品在国际市场上的竞争能力，引起出口的减少，同时提高外国商品在本国市场上的竞争能力，造成进口增加，从而导致经常项目的逆差。其次，通货膨胀会影响一国的实际利率。由于实际利率等于名义利率减通货膨胀率，当名义利率不变，通货膨胀率上升时，将导致实际利率的下降。而实际利率的降低又会引起资本的外逃，可能导致资本项目的逆差，可能导致该国货币汇率的下跌。

3. 相对利率

利率作为资金的"价格"，一国利率的变动必然会影响到该国的资金输出和输入，进而影响到该国货币的汇率。如果一国的利率水平相对较高，就会刺激国外资金流入增加，本国资金流出减少，由此改善资本账户收支，提高本国货币的汇价；反之，如果一国的利率水平相对较低，便会恶化资本账户收支，并降低本国货币的汇价。但在考察利率对汇率的影响作用时，应注意两个问题：一是要比较两国利率的差异，二是要考察扣除通货膨胀因素后的实际利率。如果本国利率上升，但其幅度不如外国利率的上升幅度，或不如国内通货膨胀率的上升幅度，就不可能导致本国货币汇率的上升。而且，利率差异对汇率的影响一般都是短期的，随着时间的延长，其作用会逐渐减弱，也就是说，利率对长期汇率的影响作用十分有限。此外，应注意的是，利率对汇率的影响也不是绝对的，在分析利率与汇率的关系时，要同时考虑其他因素，如远期汇率走势。只有当利率投机的收益足以抵补远期汇率的不利变化时，国际短期资本才会流入。

4. 宏观经济政策

宏观经济政策主要是指一国为了实现充分就业、物价稳定、国际收支平衡和经济增长的目标而实施的财政政策和货币政策。就经济政策的执行而言，它可分为紧缩性的经济政策和扩张性的经济政策，它们对国际收支乃至汇率的作用结果正好相反。财政政策主要通过调整税率、政府支出两种方式来执行。货币政策主要通过调整再贴现率、存款准备率和货币供应量的方式来执行。扩张性的财政政策和货币政策都会刺激投资需求和消费需求，促进经济的发展，从而增加进口需求，使该国的贸易收支发生不利的变化，由此导致该国货币汇率的下跌。而且扩张性的货币政策还会降低利率，从而引起国际短期资本的大量流出，抑制短期资本的流入，从而可能引起资本项目的逆差，增加汇率下跌的压力。扩张性的财政政策可能导致巨额的财政赤字，从而导致通货膨胀率的加剧以及国际收支的恶化，使汇率下浮。但如果政府为了弥补财政赤字，提高利率来发放国债或对付通货膨胀时，汇率反而可能上升。同理，当采取紧缩性的财政政策和货币政策时，就可能导致汇率的上升。一般来说，宏观经济政策对一国经济的影响要在一段时间后才能见效，但它的调整却可能对市场预期产生巨大的影响作用，从而迅速引起货币供求和汇率的变化。目前，这种对经济政策效果的预期对短期汇率波动的影响作用越来越大。

5. 国际储备

一国政府持有较多的国际储备，表明政府干预外汇市场、稳定汇率的能力较强，因此，储备增加能加强外汇市场对本国货币的信心，从而有助于本国货币汇率的上升。反之，储备下降则会导致本国货币汇率的下跌。

除了上述经济因素外，还有许多非经济因素的作用，如政治、军事及心理等因素。其中心理因素又与政治、经济、军事等因素有极大的相关性，并可能对汇率产生重大影响。由于国际金融市场上存在巨额的短期性资金，它们对世界各国的政治、经济、军事等因素都具有高度敏感性，一旦出现风吹草动，就四处流窜，给外汇市场带来巨大的冲击，由此成为各国货币汇率频繁起伏的重要根源。可以说，预期因素是短期内影响汇率变动的最主要因素。只要市场上预期某国货币不久会下跌，那么，市场上立即就可能出现抛售该国货币的活动，从而导致该国货币汇率的下跌。

3.4.6 外汇市场的作用

外汇市场主要有如下几方面的作用。

1. 实现购买力的国际转移

国际经济交往的结果需要债务人(如进口商)向债权人(如出口商)进行支付，这种购买力的国际转移是通过外汇市场实现的。例如，一个日本出口商将一批丰田汽车卖给墨西哥进口商，这项交易的作价货币可能有三种选择，即日元、比索或第三国货币(如美元)。

一旦双方商定以何种货币成交后，交易的一方或双方就需要转移购买力。若以日元成交，则墨西哥进口商就得将购买力从比索转换成日元以便作进口货款的支付；若交易货币是比索，则由日本出口商将购买力向其本国货币(日元)转移；若交易是以第三国货币(如美元)来计价结算时，则墨西哥进口商需要将比索兑换成美元，而日本出口商在收到美元货款后最终还得将其兑换成日元。外汇市场所提供的就是使这种购买力转移的交易得以顺利进行的经济机制，它的存在，使得各种潜在的外汇出售者和外汇购买者的愿望能联系起来，使各类国际商业往来的经济合作以及各国在政治、军事、文化、体育、科技等各个领域里的交流成为可能。当市场的价格调节(即汇率变动)使得外汇供给量正好等于外汇需求量时，所有潜在的出售和购买愿望都得到了满足，外汇市场处于均衡状态之中。

2. 为国际经济交易提供资金融通

外汇市场作为国际金融市场的一个重要组成部分，在买卖外汇的同时也向国际经济交易者提供了资金融通的便利，从而使国际借贷和国际投资活动能够顺利进行。例如，日本某跨国公司想在意大利设立一家子公司，它可先在外汇市场用日元兑换一定数额的欧元，然后用其在意大利购买土地、兴建厂房、添置设备并雇佣当地的工人。又如，美国财政部发行的国库券和长短期政府债券中的相当部分是由外国官方机构和私人企业购买并持有的。而这种证券投资当然是以不同货币之间可自由兑换为前提的。

此外,由于外汇市场的存在,使人们能够在一个国家借款筹资,而向另一个国家提供贷款或进行投资,从而使得各种形式的套利活动得以进行,各国的利率水平也因此出现趋同现象。但其前提条件是资金的跨国界运动不受任何限制。但世界经济的现实情况并非如此。不过,自20世纪50年代起,几乎不受任何金融管制的离岸金融市场的形成和发展,促进了资金跨国界的自由运动,使外汇市场的上述联结作用得以进一步发挥。

3. 提供外汇保值和投机的场所

在以外币计价成交的国际经济交易中,交易双方都面临着外汇风险。然而人们对风险的态度并不相同,有的人宁可花费一定的成本来转移风险,有的人则愿意承担风险以期实现预期中的利润。由此产生外汇保值和投机两种截然不同的行为。外汇保值指交易者卖出或买进金额相当于已有的一笔外币资产或负债的外汇,使原有的这笔外币资产或负债避免汇率变动的影响,从而达到保值的目的。而外汇投机则是通过某项外汇交易故意使自己原来关闭的外汇头寸转变成敞开的多头寸或空头寸,或者是让由于某种实际经济交易所产生的外汇头寸继续敞开着而不采取任何抛补措施,以期在日后的汇率变动中得到外汇收益。由此可见,外汇套期保值与外汇投机的做法正好相反,前者是利用远期外汇交易弥补(或转移)其业务上的风险,关闭原先暴露的外汇头寸,而后者则是通过即期或远期外汇交易故意敞开头寸以期实现风险利润。因此,外汇市场的存在既为套期保值者提供了规避外汇风险的场所,又为投机者提供了承担风险、获取利润的机会。

3.5 金融衍生品市场

3.5.1 金融期货市场

20世纪70年代,布雷顿森林货币体系崩溃,浮动汇率制代替了固定汇率制。由于汇率波动异常,汇率风险与利率风险加剧,为减小汇率风险和利率风险,1972年5月,美国芝加哥商业交易所下属的国际货币市场率先开办外币期货交易,后来又陆续经营政府债券期货、股票指数期货等金融期货。目前,世界主要金融中心都相继建立金融期货市场。

1. 金融期货的含义

金融期货,实际上就是指金融期货合约,它是一种标准化合约,载明了买卖双方同意在约定的时间按协定的条件(包括价格、交割地点、交割方式)购买或出售某一数量的某种金融工具。金融期货市场就是交易这种金融期货合约的场所。

2. 金融期货市场的种类

1) 利率期货市场

利率期货市场是指以公开竞价方式进行利率期货合约的交易场所。而利率期货合约则是指交易双方约定在未来日期以成交时确定的价格交收一定数量附有利率的有价证券的标准化合约。利率期货市场按借款时间长短,可以分为货币期货市场和资本期货市场两类。货币期货市场是买卖标准化的短期利率工具期货合约的市场,进行期货交易的短期利率债券主要有短期国库券等。资本期货市场是买卖标准化长期附息证券期货合约的场所，西方国家进行期货交易的长期附息债券有市政公债、中长期公债等。

2) 外汇期货市场

外汇期货市场是以外汇期货合约为交易对象的市场。外汇期货合约是交易双方约定在未来日期以成交时所确定的汇率交收一定数量的某种外汇的标准化合约。国际外汇期货市场上交易的合约品种主要有英镑、瑞士法郎、日元、欧元等。

3) 股票指数期货市场

股票指数期货市场是指买卖股票指数合约的金融期货市场。股票指数是一种特殊商品，它没有具体的实物形式，买卖双方在交易时只能把股票指数换算成货币单位进行结算，没有实物交割。世界上最早的股票指数期货是美国密苏里州的堪萨斯谷物交易所于 1982 年 2 月开办的价值线股票指数期货交易，后来，许多国家纷纷效仿。目前较为著名的股票指数期货有标准普尔 500 种综合股价指数期货、纽约证券交易所综合股价指数期货、日经 225 股价指数期货等。

3. 金融期货交易的形式

期货交易的形式各种各样，按其交易目的划分，可将金融期货交易分为套期保值交易和投机交易。前者以转移价格风险为目的，后者以盈利为目的。

1) 套期保值交易

套期保值交易是指交易者通过买卖期货合约减少或抵消因现货市场利率和即期外汇市场汇率变动而蒙受的损失。金融期货套期保值交易大体又可分为三种类型：多头套期保值、空头套期保值、交叉套期保值。多头套期保值是指交易者在约定未来日期必须买进有价证券之前先买进期货合约进行保值。空头套期保值是指交易者在约定未来日期在现货市场卖出有价证券之前先卖出有价证券期货合约。交叉套期保值是指交易者在现货市场和期货市场之间同时买卖有价证券。

2) 投机交易

投机交易是指交易者不实际进行货币或有价证券交割，而只是通过买进和卖出获取价差。具体来说，金融期货投机交易主要有套利、差额套期和敞开头寸交易等类型。套利是指交易者利用现货市场和期货市场之间的价格差额，买卖期货合约获利。差额套期是指交易者利用不同期货合约之间的价格差额，买卖期货合约获利。敞开头寸交易是指交易者通过买卖期货合约获取期货合约价格变动的绝对差额。

3.5.2 金融期权市场

20 世纪 20 年代，美国纽约市便出现了股票期权交易活动，但在相当长的一段时间内是分散在店头市场进行的。1973 年 4 月，美国芝加哥期权交易所成立。之后，美国期权交易所、费城期权交易所相继成立，逐步形成现代期权市场。十几年来，金融期权市场得到迅猛发展，对经济产生重要的影响。

1. 金融期权的含义

期权，又称为选择权，它是一个合约，合约规定期权的出售者同意期权的购买者有权在未来某一段时间以特定价格向出售者购买或出售某种商品。金融期权是以金融工具或金融期货合约为标的物的期权形式。在金融期权合约中有以下基本概念。

1) 购买者与期权出售者

期权购买者也称期权持有者，在购买期权后有权按合约规定的条件买进或卖出一定数量的金融工具，也可根据情况放弃该项权利。

2) 协定价格

协定价格又称履约价格，是指期权买卖双方协定在未来某一时间买方在行使权力时所执行的价格。

3) 期权费

期权费又称保险费，是购买者购买期权向出售者支付的费用。期权费是期权交易的价格，对出售者来说索取期权费是为了补偿购买者履行权力所造成的损失，对购买者来说期权费是期权交易所承受的最大风险和成本。

2. 金融期权的分类

1) 按期权标的物分

金融期权可分为股票期权、指数期权、利率期权、期货期权、外汇期权等。

2) 按期权履行时间分

金融期权可分为欧式期权和美式期权。期权合约有效期内任何时候都能执行的期权为美式期权；而只有在合约到期日才能执行的期权为欧式期权。

3) 按期权内容不同

金融期权可分为看涨期权和看跌期权。看涨期权，是指期权购买者有权在约定的未来时间以约定的价格向期权出售者买进一定数量的某种金融工具的合约。看跌期权，是指期权购买者有权在约定的未来时间以约定价格向期权出售者卖出一定数量的某种金融工具的合约。

3.6 保险市场

3.6.1 保险的概念

保险是现代金融体系的重要组成部分，现代保险业已经深深地融入社会各层面。

从经济角度看，保险是一种经济补偿制度。这一制度通过对可能发生的不确定性事件的数理预测和收取保险费的方法，建立保险基金，以合同的形式将风险从被保险人转移到保险人，由大多数人来分担少数人的损失。从法律角度来看，保险是一种合同行为。《中华人民共和国保险法》(以下简称《保险法》)中所称保险，是指投保人根据合同约定，向保险人支付保费，保险人对于合同约定的可能发生的事故因其发生所造成的财产损失承担赔偿保险金的责任，或者当被保险人死亡、伤残、疾病或者达到合同约定的年龄期限时承担给付保险金责任的商业保险行为。

3.6.2 保险的产生和发展

1. 世界保险的产生与发展

在保险的萌芽阶段,共同海损分摊原则和船舶抵押借款的出现是两个重要的事件。在很早的时候,地中海一带的航海商人们共同协定:凡因减轻船舶载重而投弃入海的货物损失由全体来分摊。这一著名的"一人为众,众为一人"的"共同海损"原则至今世界各国仍在采用。公元前9世纪,因航海和贸易发展需要出现"无偿借贷"制度。这种制度与船舶抵押借款成为现代海上保险萌芽的雏形。在人寿保险方面,中世纪欧洲的"基尔特"制度盛极一时,它由相同职业者组成,成员共同出资,对成员的死亡、疾病、伤残、年老、火灾等人身和财产损失进行补偿,并且规定了若干非可保损失。

近代保险制度是资本主义发展的产物,与原始保险相比,其最显著的标志就是专门格式的保险单和专业保险机构、人员的出现。意大利是近代海上保险的发源地。14世纪中叶,在意大利北部城市威尼斯、热那亚一带,出现了早期以口头形式达成的海上保险合同。近代海上保险发展于英国。随着英国经济的迅速崛起,保险中心转移到了英国。1568年伦敦成立了皇家交易所,1575年成立了保险商会,1601年颁布了第一个有关海上保险的法律。著名的劳合社在海上保险的发展中占有重要地位,它是第一个专门经营海上保险的保险人组织。火灾保险萌芽于13世纪冰岛的火灾相互保险。之后德国成立了汉堡火灾保险社。而火灾保险得以迅速发展的契机却是1666年9月2日英国伦敦皇家面包店引发的全城大火事件。1667年,尼古拉·巴蓬成立了一家火灾保险商行,开创了私营火灾保险的先例,后人敬称巴蓬为"近代保险之父"。

18世纪的工业革命使人类的生产方式与生活方式都发生了巨大的变化,对危险保障的需求也在持续扩张,这一切给保险的发展都创造了有利条件。这一时期的海上保险得到了进一步发展,其最大的特点表现为保单格式渐趋统一。1736年美国人富兰克林组织了第一家保险消防组织,开始了保险与防灾防损的结合,使火灾保险进入一个新的发展阶段。1762年,英国人辛普森和道森处理了世界上第一家人寿保险公司——人寿及遗嘱公平保险社。该社依据生命表收取保费,这标志着现代人寿保险的开始。1774年,英国颁布了具有历史意义的人身保险法,要求投保人必须具有可保利益,以防止道德危险的产生,进一步促进了人寿保险的健康发展。再保险业务直到18世纪才陆续在欧洲大陆取得合法地位。从19世纪中叶开始,专门经营分保业务的保险人陆续出现。在此期间,责任保险、保证保险等新险种陆续出现。

2. 我国保险业的发展历史

1) 古代的社会保险和商业保险的萌芽

从周朝起,中国就建立了以官府为核心的各种赈灾制度。在商业保险方面,早期主要集中于货物运输方面,保障盐运、船舶、镖局等,均是通过对危险的分散,共同承担或实行约定的损失赔偿责任制度,体现了经济补偿的作用和基本的保险原理。

2) 近代保险业的出现和发展

19世纪早期,西方的商业保险公司大量进入我国,从而带动了国内民族保险业的兴起。

1805年，英国在广州成立了广州保险公司。随后扬子保险公司、太阳保险公司、巴勒保险公司等保险机构在中国纷纷成立，一段时期内垄断了我国的保险市场。19世纪下半叶，随着洋务运动的兴起，民族保险业随之产生。截至1935年，民族保险公司数量已达到45家。与此同时，官僚资本主义保险机构也大量涌现。但由于力量对比悬殊，始终没有打破外资保险机构的领导地位。从抗日战争至新中国成立前夕，随着国民政府的垮台，国民经济濒临崩溃，许多民族保险机构也随之破产。

3) 现代保险业的发展

在新中国成立初期十年，社会主义保险事业得到了很大的发展，建立了比较完整的社会主义保险体系。以中国人民保险公司为主，全面开展保险业务，为社会主义经济的迅速恢复和建设发展起到了积极作用。从1958年直至改革开放的20年间，由于历史原因，国内保险业务一度停办，后又逐渐恢复，直至完全停止所有保险业务，经历了几次反复。

改革开放后，保险业作为国民经济的重要组成部分，开始迅猛发展。保险机构日益增多，保险领域不断扩大，形成了我国保险事业新的历史时期。1984年，中国人民保险公司从中国人民银行分离出来。1986年新疆生产建设兵团农牧业生产保险公司成立，从而打破了中国人民保险公司独家经营的历史。以后，各个保险公司相继成立。1988年3月深圳平安保险公司在深圳成立，1992年更名为中国平安保险公司；1991年4月，中国太平洋保险公司在上海成立。此外，华泰、新华、泰康、天安、大众等保险公司，以及部分保险代理、保险经纪公司纷纷开立，获准经营保险业务。进入20世纪90年代，外资保险机构如美国友邦保险公司、日本东京海上保险公司先后进入国内市场。随着中国正式加入世界贸易组织，我国保险业全面对外开放的格局已经形成。2005年是我国保险业实行全面对外开放的第一年，外资保险公司数目及市场份额迅速上升。2005年，外资保险公司实现保费收入341.2亿元，占全年总保费收入的6.92%，2004年的比例只有2%左右。2012年，全国保费收入1.55万亿元，截至2012年年底，全国保险公司总资产73546亿元；其中包括了银行存款、债券投资、证券投资基金、股票投资，总体承保能力和抵御风险的能力大大增强。保险业在国民经济中的地位与作用日益凸显。

3.6.3 保险的一般分类

1. 按保险标的分类

按照保险的对象分类，保险可以分为财产保险和人身保险两大类。

财产保险是指以各类财产及其相关的利益为保险标的的一种保险。财产，不仅包括有形财产，而且包括与物质财产有关的无形财产，如相关的利益、费用、损害赔偿责任等。财产保险包含了财产损失险、责任保险、信用保证保险。

人身保险是以人的身体和生命作为保险标的的一种保险。与财产保险不同，人身保险属给付性质。因此，国内外保险市场都规定，保险公司不得兼营财产保险和人身保险，财产保险、人寿保险必须分业经营。按照保障责任范围的差异，人身保险包括了人寿保险、人身意外伤害保险和健康保险。

2. 按保险经营目的分类

按照保险经营目的的不同，保险可以分为商业保险和社会保险。

商业保险是指投保人根据合同约定，向保险人支付保险费，保险人对于合同约定的可能发生的事故因其发生所造成的财产损失承担赔偿保险金责任，或者当被保险人死亡、伤残、疾病或者达到合同约定的年龄、期限时承担给付保险金责任的保险行为。商业保险以盈利为目的，根据经济原则通过签订保险合同来建立保险关系。

社会保险是指国家通过立法对社会劳动者暂时或永久丧失劳动能力或失业时提供一定的物质帮助以保障其基本生活的一种社会保障制度。现代经济生活中，社会保险是对商业保险的有益补充。一般而言，社会保险具有明显的强制性，凡符合法律规定条件的社会成员均要参加。在保费缴纳和保险金给付方面，不遵循对等原则。

3.6.4 保险公司的资金运用

保险资金运用指的是保险公司为了扩充其保险偿付能力并分享社会平均利润，利用所筹集的保险资金在各国资本市场上进行的以获取收益为目的的经营活动。

1. 保险资金构成

1) 资本金

资本金是保险公司在开业时必须具备的注册资本。保险公司的资本金除按法律规定缴存保证金外，均可用于投资，以获得较高的收益率。

2) 准备金

责任准备金是保险公司按法律规定为在保险合同有效期内履行经济赔偿或保险金给付义务而将保险费予以提存的各种金额。

2. 保险资金运用的原则

1) 安全性原则

安全性是保险投资业务的首要原则。《中华人民共和国保险法》规定："保险公司的资金运用必须稳健，遵循安全性原则。"

2) 流动性原则

流动性是指资产的变现能力。

3) 收益性原则

收益性是指保险资金运用的保值增值效果。

3. 保险资金运用的方式

1) 银行存款

银行存款作为保险投资的形式，安全性高，流动性强，能够满足保险公司保险金支付的需求，但是存款收益率低。

2) 证券

证券投资是为取得预期收入而买卖有价证券的活动。按流动性不同可分为债券投资和股票投资。有价证券可用于贴现、抵押、在二级市场上流通，收益较高，具有集流动性、安全性和盈利性为一体的特点。

3) 贷款

贷款是保险人将保险资金贷放给单位或个人，并按期收回本金、获取利息的投资活动。

贷款比存款的收益率高，但风险相对较高，流动性也相对低。

4）不动产

不动产投资是将保险资金用于购买土地、房产或其他建筑物的投资。不动产具有安全性好、收益高、项目投资金额大、期限长、流动差的特点。鉴于其流动性差，各国保险法对不动产投资都规定了严格的比例限制。

3.7 其他金融市场

3.7.1 黄金市场

黄金市场，是买卖双方进行黄金买卖的交易中心，提供即期和远期交易，允许交易商进行实物交易或者期权期货交易，以投机或套期保值，是各国完整的金融市场体系的重要组成部分。20世纪70年代开始的"黄金非货币化"，使黄金退出了货币流通领域。但由于历史原因和其稀缺性，黄金在经济生活中仍占有重要而特殊的地位。作为商品黄金，它是工业生产、金银首饰、珍贵艺术品的重要原料；作为货币黄金，它仍是重要的国际储备资产，是国际贸易和国际其他经济往来的最后支付手段，而且还是重要的价值储藏手段。

1. 黄金市场的主要类型

1）按照黄金市场所起的作用和规模划分

黄金市场可分为主导性市场和区域性市场。

主导性黄金市场是指国际性集中的黄金交易市场，其价格水平和交易量对其他市场都有很大影响，最重要的有伦敦、苏黎世、纽约、芝加哥和中国香港的黄金市场。区域性市场是指交易规模有限且集中在某地区，而且对其他市场影响不大的市场，主要满足本国、本地区或邻近国家的工业企业、首饰行、投资者及一般购买者对黄金交易的需要，其辐射力和影响力都相对有限，如东京、巴黎、法兰克福黄金市场等。

2）按照交易类型和交易方式划分

黄金市场可分为现货交易市场和期货交易市场。

黄金现货交易基本上是即期交易，在成交后即交割或者在两天内交割。交易标的主要是金条、金锭和金币，珠宝首饰等也在其中。黄金期货交易主要目的为套期保值，是现货交易的补充，成交后不立即交割，而由交易双方先签订合同，交付押金，在预定的日期再进行交割。其主要优点在于以少量的资金就可以掌握大量的期货，并事先转嫁合约的价格，具有杠杆作用。期货合约可于任一营业日变现，具有流动性；也随时买进和结算，具有较大弹性；还能在运用上选择不同的委托形式，在不同的市场之间又可以进行套货，具有灵活性等。

3）按有无固定场所划分

黄金市场可分为无形黄金市场和有形黄金市场。

无形黄金市场主要指黄金交易没有专门的交易场所，如主要通过金商之间形成的联系网络形成的伦敦黄金市场；以银行为主买卖黄金的苏黎世黄金市场；以及中国香港本地的伦敦黄金市场。

有形黄金市场主要指黄金交易是在某个固定的地方进行交易的市场。这其中又可以分为有专门独立的黄金交易场所的黄金市场和设在商品交易所之内的黄金市场，前者如香港金银业贸易场、新加坡黄金交易所等；后者如设在纽约商品交易所内的纽约黄金市场，设在芝加哥商品交易所内的芝加哥黄金市场以及加拿大的温尼伯商品交易所内的温尼伯黄金市场。

4) 按交易管制程度划分

黄金市场可分为自由交易市场和限制交易市场。

自由交易市场是指黄金可以自由输出入，而且居民和非居民都可以自由买卖的黄金市场，如苏黎世黄金市场。限制交易市场是指黄金输出/输入受到管制，只允许非居民而不允许居民自由买卖黄金的市场，这主要指实行外汇管制国家的黄金市场。

2. 国际主要黄金市场

当前世界五大黄金市场是伦敦、苏黎世、纽约、芝加哥和中国香港。它们的价格和交易量的变化，对世界整个黄金市场起着举足轻重的作用。

1) 伦敦黄金市场

伦敦黄金市场历史悠久，成立于1919年。伦敦黄金市场起着世界黄金销售、转运、调剂的枢纽作用，其定出的黄金价格是世界黄金市场交易价格的依据。目前，伦敦仍是世界上最大的黄金市场。伦敦黄金市场的特点之一是交易制度比较特别，因为伦敦没有实际的交易场所，其交易是通过各大金商的销售联络网完成。伦敦黄金市场交易的另一特点是灵活性很强。黄金的纯度、重量等都可以选择。

2) 纽约和芝加哥黄金市场

纽约和芝加哥黄金市场是20世纪70年代中期发展起来的。目前纽约商品交易所和芝加哥商品交易所是世界最大的黄金期货交易中心，是全球黄金期货交易最活跃、交易量最大的市场。两大交易所对黄金期货市场的金价影响很大。

3) 苏黎世黄金市场

苏黎世黄金市场是世界上最重要的黄金销售市场。据统计，南非新产黄金的80%通过苏黎世黄金市场销售，20%由伦敦黄金市场销售。由于瑞士特殊的银行体系和辅助性的黄金交易服务体系，为黄金买卖提供了一个既自由又保密的环境，加上瑞士与南非也有优惠协议，获得了80%的南非黄金，苏联的黄金也聚集于此，使得瑞士不仅是世界上新增黄金的最大中转站，也是世界上最大的私人黄金的存储中心。

4) 中国香港黄金市场

中国香港黄金市场已有90多年的历史。1974年香港解除黄金进出口管制后，大量国际金商进入市场，加上香港政局较稳，通信设施先进以及地理位置优越，能24小时从事交易，因此市场迅速发展，甚至超过苏黎世，与伦敦、纽约鼎足而立，成为全球三大黄金自由市场之一。

3.7.2 证券投资基金市场

投资基金是资本市场的一个新的形态，它本质上是股票、债券及其他证券投资的机构化，不仅有利于克服个人分散投资的种种不足，而且成为个人投资者分散投资风险的最佳选择,从而极大地推动了资本市场的发展。

1. 投资基金的概念

投资基金,是通过发行基金券(基金股份或收益凭证),将投资者分散的资金集中起来,由专业管理人员分散投资于股票、债券或其他金融资产,并将投资收益分配给基金持有者的一种投资制度。

投资基金在不同的国家有不同的称谓,美国称"共同基金"或"互助基金",也称"投资公司";英国和中国香港称"单位信托基金",日本、韩国和中国台湾称"证券投资信托基金"。虽然称谓有所不同,但特点却无本质区别,可以归纳为以下几方面。

1) 规模经营——低成本

投资基金将小额资金汇集起来,其经营具有规模优势,可以降低交易成本,对于筹资方来说,也可有效降低其发行费用。

2) 分散投资——低风险

投资基金可以将资金分散投到多种证券或资产上,通过有效组合最大限度地降低非系统风险。

3) 专家管理——更多的投资机会

投资基金是由具有专业化知识的人员进行管理,特别是精通投资业务的投资银行的参与,从而能够更好地利用各种金融工具,抓住各个市场的投资机会,创造更好的收益。

4) 服务专业化——方便

投资基金从发行、收益分配、交易、赎回都有专门的机构负责,特别是可以将收益自动转化为再投资,使整个投资过程轻松、简便。

2. 投资基金的种类

投资基金的种类,根据不同的标准,有不同的分类。

1) 根据组织形式划分

投资基金分为公司型基金和契约型基金。

(1) 公司型基金是依据公司法成立的、以盈利为目的的股份有限公司形式的基金,其特点是基金本身是股份制的投资公司,基金公司通过发行股票筹集资金,投资者通过购买基金公司股票而成为股东,享有基金收益的索取权。

公司型基金又可细分为开放型和封闭型两种。开放型基金是指基金可以无限地向投资者追加发行股份,并且随时准备赎回发行在外的基金股份,因此其股份总数是不固定的,这种基金就是一般所称的投资基金或共同基金。而封闭型基金是基金股份总数固定,且规定封闭期限,在封闭期限内投资者不得向基金管理公司提出赎回,而只能寻求在二级市场上挂牌转让,其中以柜台交易为多。

(2) 契约型基金是依据一定的信托契约组织起来的基金,其中作为委托人的基金管理公司通过发行受益凭证筹集资金,并将其交由受托人(基金保管公司)保管,本身则负责基金的投资营运,而投资者则是受益人,凭基金受益凭证索取投资收益。

2) 根据投资目标划分

投资基金可分为收入型基金、成长型基金和平衡型基金。

(1) 收入型基金是以获取最大的当期收入为目标的投资基金，其特点是损失本金的风险小，但长期成长的潜力也相应较小，适合较保守的投资者。收入型基金又可分为固定收入型和权益收入型两种，前者主要投资于债券和优先股股票，后者则主要投资于普通股。

(2) 成长型基金是以追求资本的长期增值为目标的投资基金，其特点是风险较大，可以获取的收益也较大，适合能承受高风险的投资者。成长型基金又可分为3种：一是积极成长型基金，这类基金通常投资于有高成长潜力的股票或其他证券；二是新兴成长型基金，这类基金通常投资于新行业中有成长潜力的小公司或有高成长潜力行业(如高科技)中的小公司；三是成长收入型基金，这类基金兼顾收入，通常投资于成长潜力大、红利也较丰厚的股票。

(3) 平衡型基金是以净资产的稳定、可观的收入及适度的成长为目标的投资基金，其特点是具有双重投资目标，谋求收入和成长的平衡，故风险适中，成长潜力也不很大。

3) 根据地域划分

投资基金可分为国内基金、国家基金、区域基金和国际基金。

(1) 国内基金是把资金只投资于国内有价证券，且投资者多为本国公民的一种投资基金。

(2) 国家基金是指在境外发行基金份额筹集资金，然后投资于某一特定国家或地区资本市场的投资基金。这种基金大都规定了还款期限，并有一个发行总额限制，属于封闭型基金。

(3) 区域基金是把资金分散投资于某一地区各个不同国家资本市场的投资基金。这种基金的风险较国内基金和国家基金小。

(4) 国际基金，也称全球基金，它不限定国家和地区，将资金分散投资于全世界各主要资本市场上，从而能最大限度地分散风险。

4) 按投资对象划分

投资基金大致可分为如下八种。

(1) 股票基金，即基金的投资对象是股票，这是基金最原始、最基本的品种之一。

(2) 债券基金，即投资于债券的基金，这是基金市场上规模仅次于股票基金的另一重要品种。

(3) 货币市场基金，即投资于存款证、短期票据等货币市场工具的基金，属于货币市场范畴。

(4) 专门基金，是从股票基金发展而来的投资于单一行业股票的基金，也称次级股票基金。

(5) 衍生基金和杠杆基金，即投资于衍生金融工具，包括期货、期权、互换等并利用其杠杆比率进行交易的基金。

(6) 对冲基金与套利基金。对冲基金，又称套期保值基金，是在金融市场上进行套期保值交易，利用现货市场和衍生市场对冲的基金，这种基金能最大限度地避免和降低风险，因而也称避险基金。套利基金是在不同金融市场上利用其价格差异低买高卖进行套利的基金，也属低风险稳回报基金。

(7) 雨伞基金。严格来说，雨伞基金并不是一种基金，只是在一组基金(称为"母基金")之下再组成若干个"子基金"，以方便和吸引投资者在其中自由选择和低成本转换。

(8) 基金中的基金，是以本身或其他基金单位为投资对象的基金，其选择面比雨伞基金更广，风险也进一步分散降低。

3. 投资基金的设立和募集

1) 投资基金的设立

设立基金首先需要发起人，发起人可以是一个机构，也可以是多个机构共同组成。一般来说，基金发起人必须同时具备下列条件：至少有一家金融机构；实收资本在基金规模一半以上；均为公司法人；有两年以上的赢利记录；首次认购基金份额不低于20%，同时保证基金存续期内持有基金份额不低于10%。发起人要确定基金的性质并制订相关的要件，如属于契约型基金，则包括信托契约；如属公司型基金，则包括基金章程和所有重大的协议书。这些文件规定基金管理人、保管人和投资者之间的权利义务关系，会计师、律师、承销商的有关情况以及基金的投资政策、收益分配、变更、终止和清算等重大事项。发起人准备好各项文件后，报送主管机关，申请设立基金。

在很多情况下，基金是由基金管理公司或下设基金管理部的投资银行作为发起人，在基金设立后往往成为基金的管理人，如果发起人不能直接管理该基金，则需要专门设立基金管理公司或聘请专业的基金经理公司作为基金管理人，几乎所有的大型投资银行都设有基金部或基金管理分公司，它们经常以经理公司的身份出现在基金市场上。设立基金的另一重要当事人是保管人，即基金保管公司，一般由投资银行、商业银行或保险公司等金融机构充当，担任保管公司也是投资银行基金管理的重要业务之一。

2) 投资基金的募集

基金的设立申请一旦获主管机关批准，发起人即可发表基金招募说明书，着手发行基金股份或受益凭证，该股票或凭证由基金管理公司和基金保管公司共同签署并经签证后发行，发行方式可分公募和私募两种，类似于股票的发行。

4. 投资基金的运作与投资

按照国际惯例，基金在发行结束一段时间内，通常为3~4个月，就应安排基金证券的交易事宜。对于封闭型基金股份或受益凭证，其交易与股票债券类似，可以通过自营商或经纪人在基金二级市场上随行就市，自由转让。对于开放型基金，其交易表现为投资者向基金管理公司认购股票或受益凭证，或基金管理公司赎回股票或受益凭证，赎回或认购价格一般按当日每股股票或每份受益凭证基金的净资产价值来计算，大部分基金是每天报价一次，计价方式主要采用"未知价"方式，即基金管理公司在当天收市后才计价以充分反映基金净资产和股份或受益凭证总数的变化。

投资基金的一个重要特征是分散投资，通过有效的组合来降低风险。因此，基金的投资就是投资组合的实现，不同种类的投资基金根据各自的投资对象和目标确定和构建不同的"证券组合"。

3.7.3 国际金融市场

1. 国际金融市场概述

1) 国际金融市场的含义

国际金融市场是国际资金的借贷市场，有广义和狭义之分。广义的国际金融市场是所有国际金融业务活动关系的总和,包括国际货币市场、国际资本市场、国际外汇市场、国际黄金市场以及金融衍生工具市场等。狭义的国际金融市场仅指传统的国际资金借贷或融通的场所。随着国际金融市场全球化、自由化的发展,许多大规模的国际金融市场上,狭义和广义国际金融市场的界限越来越模糊。

2) 国际金融市场的种类

国际金融市场可以分为传统的国际金融市场和新型的国际金融市场。传统的国际金融市场是在各国国内金融市场的基础上形成和发展起来的,一般在市场所在国居民与非居民之间进行,以市场所在国发行的货币为交易对象,并受到该国法律和金融条例的管理和制约。因此,又将传统的国际金融市场称为在岸金融市场。新型的国际金融市场一般在市场所在国的非居民与非居民之间进行,以境外货币为交易对象,并基本不受市场所在国及其他国家法律、法规的管辖,又称离岸金融市场。

3) 国际金融市场的发展历程

国际金融市场的发展是随着国际贸易和国际金融活动的发展而不断拓展的。传统的国际金融市场是从区域性金融市场开始,随着商品经济的发展和金融业务的不断扩大,逐步发展成为国际金融市场。第一次世界大战前,英国的工业强国和贸易大国地位及其完善的现代银行制度,使得伦敦成为当时世界上最主要的国际金融中心。直到第二次世界大战后,伦敦的国际金融市场地位大大削弱,美国发展成为世界经济的霸主,美国工业生产总值占资本主义世界的 1/2,出口贸易约占 1/3,黄金储备约占 2/3,资本输出总额约占 1/3。布雷顿森林体系的建立,确立了美元作为世界货币的中心地位,美元成为最重要的国际结算货币和国际储备货币。大量的国际借贷和资本筹集都集中在纽约,使得纽约成为世界上最大的国际金融市场。20 世纪 60 年代以后,美国国际收支出现巨额逆差,大量美元外流,形成了境外美元。同时美国的金融管制措施以及战后欧洲区域的经济复苏,促使美元向欧洲市场汇聚,形成了欧洲美元市场。离岸金融市场不断扩展,逐渐形成由多种境外货币组成的欧洲货币市场。进入 20 世纪 80 年代,技术革新、金融创新的浪潮,使得各国积极推行金融自由化和国际化,国际金融市场逐渐连成一体。

2. 国际货币市场

国际货币市场是国内货币市场的延伸,是融资期限在 1 年以内(含 1 年)的短期国际资金借贷的场所。该市场的参与者主要是商业银行、票据承兑公司、贴现公司、证券交易商和证券经纪商等。

该市场根据不同的借贷或交易方式和业务,可分为以下几种。

1) 银行短期信贷市场

银行短期信贷市场是国际银行同业间拆放或银行对工商企业提供短期信贷资金的场所,该市场主要解决临时性的短期流动资金的不足。短期信贷市场的拆放期是长短不一的。最短为日拆,一般多为 1 周、1 个月、3 个月和 6 个月,最长不超过 1 年。拆借利率以伦敦同业拆借利率为基础。该市场交易方式较为简便,存贷款都是每天通过电话联系来进行的,贷款不必担保。

2) 短期证券市场

短期证券市场是国际上进行短期证券发行和交易的市场,其期限一般不到 1 年。短期证券包括国库券、可转让定期存款单、商业票据、银行承兑票据等，它们的最大特点是具有较大的流动性和安全性。

3) 贴现市场

贴现市场是对未到期票据，通过贴现方式进行资金融通而形成的交易市场。贴现交易的信用票据主要有政府国库券、短期债券、银行承兑票据和部分商业票据等。贴现利率一般高于银行贷款利率。

3. 国际资本市场

国际资本市场，是期限在1年以上的中长期资金借贷和证券交易的场所。该市场的主要参与者有国际金融组织、国际银行、国际证券机构、跨国公司及各国政府等。

国际资本市场按融通资金方式的不同，可分为国际银行中长期信贷市场和国际证券市场。

1) 国际银行中长期信贷市场

它是一种国际银行提供中长期信贷资金的场所，为需要中长期资金的政府和企业提供资金便利。中长期贷款在资金使用上不受贷款银行的限制，且资金来源比较充裕，但是贷款条件严格，利率较高，一般是在伦敦同业拆借利率基础上加一定的幅度。该市场的贷款方式有双边贷款和银团贷款。银团贷款，又称辛迪加贷款，是银行中长期贷款的典型方式。它是由一家或几家银行牵头，多家商业银行联合向借款人提供资金的一种贷款方式。

2) 国际证券市场

国际证券市场由国际股票市场和国际债券市场所组成。

(1) 国际股票市场是在国际范围内发行并交易股票的市场。股票发行涉及发行人、证券监管机构、公证机构、承销机构和投资人。股票交易市场由证券交易所、证券自动报价系统、证券经纪人、证券自营商、投资人和证券监管机构组成。交易所是二级市场的中心。

(2) 国际债券市场包括外国债券市场和欧洲债券市场。外国债券是筹资者在国外发行的，以当地货币为面值的债券。世界主要外国债券有"扬基债券""武士债券""猛犬债券"等。欧洲债券是发行人在本国之外的市场上发行的，以发行所在地国家之外的货币为面值的债券。如法国人在伦敦市场上发行的美元债券，美国人在法国市场上发行的英镑债券。欧洲债券是在国际资本市场上融资的一个重要途径。

4. 欧洲货币市场

1) 欧洲货币和欧洲货币市场

欧洲货币，又称境外货币、离岸货币，是在某种货币发行国境外的银行存贷的各种货币。例如，英国某银行向德国拆放一笔美元贷款，这笔贷款中的美元就是欧洲美元。由于欧洲美元最早起源于欧洲，而且其他一些境外货币的借贷活动也主要集中于欧洲，因此习惯上将境外货币称为欧洲货币。

欧洲货币市场，又称离岸国际金融市场或境外金融市场，是指在货币发行国境外存储和贷放该国货币的市场。对欧洲货币市场的概念的理解要明确欧洲货币市场中的"欧洲"不说明市场的地理范围。这是由于离岸金融市场最早起源于欧洲而形成的一种习惯上的说法。该市场实际上早已突破了"欧洲"的概念,扩展到了亚洲、北美洲和拉丁美洲,成为一个全球性市场。因此欧洲货币市场泛指世界各地的离岸国际金融市场。

2) 欧洲货币市场的特点

欧洲货币市场突破了传统国际金融市场的界限,是完全国际化的市场,是国际金融市场的主体。由于它经营的是境外货币,因此具有许多独特的经营特点。

第一,市场范围广阔。它是由现代通信网络联系而成的全球性市场,不受地理范围的限制,但也存在一些地理中心。这些地理中心一般由传统的金融中心城市发展而来。例如,伦敦、纽约、东京等金融中心具有稳定的经济、政治环境,有良好的通信和金融基础,有熟练的金融业经营人才。20世纪60年代以来,巴哈马、巴林、新加坡、中国香港等国家和地区形成了新的欧洲货币中心。这些新型金融中心利用降低税收、减少管制等一系列优惠措施吸引国际资金,从而成为跨国公司、跨国银行的良好避税地。

第二,经营自由,很少受市场所在国金融政策、法规以及外汇管制的限制。由于经营的是非居民的境外货币借贷,不存在对这一市场专门进行管制的国际法律,使得欧洲货币市场上存在一定的风险。

第三,交易规模巨大,交易币种、品种繁多。欧洲货币市场是一个资金批发市场,每笔交易数额都很大。绝大多数单笔交易金额都超过100万美元,几亿美元的交易也很普遍。在欧洲货币市场上交易的币种除美元、英镑、日元等传统币种外,还包括瑞士法郎、加拿大元等币种。以发展中国家货币为交易币种的也并不少见,甚至还出现了以特别提款权和欧洲货币为标价币种的交易。欧洲货币市场上的交易品种主要有同业拆放、欧洲银行贷款与欧洲债券。

第四,独特的利率结构。欧洲货币市场利率是以伦敦银行同业拆借利率为基础,同时还受到欧洲货币市场上供求关系的影响。一般情况下,其存款利率略高于国内金融市场,贷款利率略低于国内贷款利率,较小的利率使该市场更富有吸引力和竞争力。

3) 欧洲货币市场的业务

欧洲货币市场业务按其业务性质的不同,可以分为欧洲货币短期信贷市场、欧洲货币中长期信贷市场和欧洲债券市场三种类型。

(1) 欧洲货币短期信贷市场主要进行期限在1年以内的短期资金借贷。它是欧洲货币市场形成最早,规模最大,其中又以银行间同业拆放为主的业务。其特点主要有:①借贷期限短。欧洲短期信贷市场的交易大部分是按日计算的短期放款。一般为1天、7天、1个月、3个月、6个月,最长不超过1年。最常见的为3个月以内的资金拆放,隔夜拆放的比例最大。②借贷数额较大。欧洲货币市场的每笔交易额,最小起点是25万美元或50万美元,一般以100万美元为交易单位。由于起点高、数额大,所以参与者主要是金融机构、跨国公司、政府机构及国际金融机构。③欧洲货币市场的伦敦银行同业拆借利率是国际信贷市场的基础。④欧洲货币市场上的存贷利差较小,一般在0.25%~0.5%,所以具有很强的吸引力和竞争力。⑤条件灵活,选择性强。短期资金借贷的期限、货币种类、金额、交割地点以及利率均由借贷双方协商确定。

(2) 欧洲货币中长期信贷市场是资金借贷期限1年期以上的借贷市场。欧洲货币中长期信贷的资金来源主要是短期存款。信贷形式有固定利率贷款、流转贷款、备用贷款和国际银行贷款,其中以国际银行的银团贷款为主。

欧洲货币中长期信贷的特点主要有:①信贷期限长。大部分为 5~7 年,最长的可达 10 年以上。②信贷额度大。贷款金额多为 1 亿~3 亿美元,多则数十亿美元。③银团贷款居多。④多采用浮动利率。即根据市场利率的变化,每 3 个月或半年调整一次。浮动利率的计息方式以伦敦银行同业拆借利率为基础,再根据借款人的资信附加一定的加息率。⑤借贷双方需签订合同。由于中长期信贷的期限较长,因此办理贷款需要签订贷款合同,有时还需经借款国的官方机构或政府方面予以担保。

(3) 欧洲债券是由各国银行和金融机构组成的国际承销辛迪加出手,并由有关国家对投资人提供担保。欧洲债券市场是指从事由国际辛迪加承保的、在面额货币国家以外发行和交易国际债券的业务活动。欧洲债券的特点是,债券发行人、债的发行市场以及债券面值分属于不同的国家。例如,我国在新加坡发行的日元债券就属于欧洲日元债券。另外,欧洲债券的发行不受任何政府的管辖,是一种完全自由的债券。因此,欧洲债券市场具有容量大、发行灵活、发行成本低、品种多、流动性高等优点。

4) 欧洲货币市场对世界经济的影响

欧洲货币市场形成以后,对世界经济发展的影响既有积极的一面,也有消极的一面。

欧洲货币市场的积极作用主要体现在:为各国经济发展提供资金便利。在欧洲货币市场上,金融机构发达,资金规模大,借款成本较低,融资效率高,因此它成了各国获取资金推动经济发展的重要场所;有利于平衡国际收支。欧洲货币市场为国际收支逆差国提供了资金融通的便利,缓和了国际收支危机;推动了国际金融市场的一体化。欧洲货币市场的产生和发展,打破了各国金融中心相互隔离的状态,全球的离岸金融市场通过现代通信设备与网络相互联系起来,促进了国际金融市场的一体化。

欧洲货币市场也有一些消极影响:首先是加大了国际金融市场的信贷风险。欧洲货币市场的资金来源中,短期资金和同业拆借资金占有相当大的比重,而其贷款多是中长期的。而且欧洲货币市场的贷款金额巨大,缺乏抵押担保,使得这种短借长贷的运作方式加大了国际金融市场的信贷风险。其次是影响了国际金融市场的稳定。欧洲货币市场因不受市场所在地政府法令的管理,具有极强的流动性,因此巨额的欧洲货币资金流动将加剧汇率的波动,同时进一步加剧外汇市场的投机活动。最后是削弱了各国金融政策实施的效果。当一些国家为了遏制通货膨胀实施紧缩政策时,商业银行仍可以从欧洲货币市场上借入大批资金;反之,当一些国家为了刺激经济实施宽松的政策时,国内资金可能会流出到高利率的欧洲货币市场。这样就使政府的宏观金融政策效果被削弱,预期的目标也难以实现。

【阅读案例】

本章小结

1. 金融市场是指以金融资产为交易对象而形成的供求关系及其机制的总和。金融市场按照期限进行划分可分为货币市场和资本市场;按标的物划分可分为资金市场、证券市场、外汇市场和黄金市场;按中介特征划分可分为直接金融市场与间接金融市场;按金融资产的发行和流通特征划分可分为初级市场和二级市场;按有无固定场所划分可分为有形市场与无形市场。

2. 货币市场是指以期限在一年以下的金融资产为交易标的物的短期金融市场。它包括同业拆借市场、商业票据市场短期债券市场、回购市场、大额可转让定期存单市场等短期金融工具交易的市场，主要为短期资金融通提供交易场所。

3. 资本市场是指期限在一年以上的金融资产交易的市场，主要包括股票市场、长期债券市场。股票市场既包括初级市场，也包括二级市场；既包括场内交易市场，也包括场外交易市场。债券市场按照发行主体的不同，可以分为政府债券市场、公司债券市场和金融债券市场。同时也包括发行市场和流通市场。

4. 除货币市场和资本市场以外，金融市场还包括外汇市场、黄金市场、保险市场、证券投资基金市场、衍生工具市场等。

5. 国际金融市场是国际资金的借贷市场，是所有国际金融业务活动关系的总和，包括国际货币市场、国际资本市场、国际外汇市场、国际黄金市场以及金融衍生工具市场等。

重要概念

金融市场　初级市场　二级市场　现货市场　期货市场　国内金融市场　国际金融市场　商业银行　保险公司　证券公司　投资基金　中央银行　同业拆借市场　商业票据　短期政府债券　回购协议　大额可转让定期存单　股票市场　优先股　普通股　证券交易所　信用交易　场外交易市场　债券市场　外汇市场　直接套汇　间接套汇　金融期货市场　套期保值　金融期权　保险市场　黄金市场　公募　私募　国际货币市场　国际资本市场　欧洲货币

复习思考题

1. 什么是金融市场？它有哪些特征？
2. 如何对金融市场进行分类？
3. 什么是同业拆借市场？
4. 短期政府债券的投标方式有哪些？
5. 简述影响回购协议利率的因素。
6. 简述股票按照剩余索取权的分类。
7. 简述股票的发行程序。
8. 简述连续竞价和集合竞价交易制度。
9. 证券交易方式有哪些？
10. 简述债券按照发行主体的分类。
11. 试论述影响汇率市场的因素。
12. 什么是金融期货？
13. 什么是金融期权？
14. 简述证券投资基金按照组织形式的分类。
15. 简述国际金融市场及其分类。

第4章 金融机构

学习目标

通过本章的学习,了解金融机构的功能及类型;了解西方国家金融机构体系和中国金融机构体系的基本构成;了解国际金融机构体系。

4.1 金融机构概述

4.1.1 金融机构及其功能和类型

1. 金融机构的概念

凡专门从事各种金融活动的组织,均可称为金融机构。具体来讲,金融机构是指从事金融服务业的金融中介机构,为金融体系的一部分,包括银行、证券公司、保险公司、信托投资公司和基金管理公司等,同时亦指有关放贷的机构,发放贷款给客户在财务上进行周转的公司。

2. 金融机构的分类

金融市场中存在各式各样的金融机构,一般可分为银行和非银行金融机构两大类。

银行是对经营货币和信用业务的金融机构的总称。按不同的标准划分,银行可分为不同的类型。按职能不同划分,可分为中央银行、商业银行、专业银行;按银行业务的地域划分,可分为全国性银行和地方性银行;按资本来源划分,可分为股份制银行、合资银行、独资银行。

非银行金融机构主要有保险公司、证券公司、信托投资公司、租赁公司、财务公司、金融公司等。

此外,如果按金融机构资金的来源划分,可将金融机构分为存款性金融机构和非存款性金融机构。主要靠吸收各类存款作为资金来源的金融机构称为存款性金融机构,包括商业银行、储蓄机构、信用合作社等。非存款性金融机构是指以接受资金所有者根据契约规定缴纳的非存款性资金为主要来源的金融机构,其包括保险公司、投资银行、养老基金、金融公司等。随着金融创新不断地发展,市场竞争日益激烈,新技术广泛应用于金融领域,各种金融机构业务不断交叉、重叠。这使得原有的各种金融机构的差异日趋缩小,相互间的界限越模糊,从而呈现出专业经营向多元化综合性经营发展的趋势。

3. 金融机构的功能

1) 期限中介职能

期限中介是指金融机构通过发行金融工具,使借款者得到所需时间长度的资金。如商业银行吸收随时准备偿还的存款,而发放长期贷款。如果没有商业银行的这一经济职能,借款人将不得不借短期贷款,或去寻找愿意进行长期放款的放款者。

2) 风险分散化职能

风险分散化是金融机构将风险较高的资产转变为风险较低的资产的职能。如投资公司将投资者投入的资金聚集起来,投资于一批公司股票,便可分散并减少风险。商业银行将资金借给许多不同的人和企业,也同样分散和减少了借贷的风险。

3) 降低融资成本

如果没有金融机构,融资成本将相当高。企业需要向许多人借钱,每笔借款都有谈判、签约、履约等交易费用,放款人也得花大量时间去获取向他借款的每一个企业的各种信息。

此外，放款人还得花大量时间去监督向他借款的企业。金融机构的存在将大大减少融资过程中的交易费用、信息处理成本及监督成本。

4) 提供支付机制

由于计算机技术和网络技术在金融领域的广泛应用，现金交易将日趋减少，金融机构可以提供支票、信用卡、借记卡和资金电子划拨等支付方式。这些支付方式降低了交易费用，加快了货币周转，促进社会经济的发展。

4.1.2 西方国家金融机构体系

西方国家的金融机构体系主要由中央银行、商业银行、专业银行和非银行的金融机构组成。中央银行是整个金融体系的核心，商业银行是金融机构体系的主体。

1. 中央银行

中央银行是一国金融机构体系的中心环节，处于特殊的地位。中央银行不同于其他银行，它是货币的发行银行、银行的银行和政府的银行，具有对全国金融活动进行宏观调控的特殊功能。

2. 商业银行

商业银行又称存款货币银行、普通银行，是以自营存款、放款为主要业务的金融机构。商业银行通过办理转账结算业务实现国民经济绝大部分货币周转，同时起着创造派生存款的作用。由于这类银行最初主要吸收活期存款，发放短期的商业性贷款，故称商业银行。但是，目前西方国家商业银行业务呈多样化趋势，除原有业务外，还开展了中长期信贷、租赁、信托、保险、咨询等许多服务性业务。在西方资本主义国家的金融机构体系中，商业银行数量多、业务量大、经营范围广，因而具有其他任何金融机构不能替代的重要地位。

3. 专业银行

专业银行是指有特定经营范围和提供专门性金融服务的银行。专业银行的出现是社会分工发展在金融领域的体现。随着社会经济的发展，要求银行必须具有某一专业领域的知识和服务技能，从而推动了各种专业银行的产生。专业银行按服务对象设立的有农业银行、进出口银行和储蓄银行等；按贷款用途设立的有投资银行、抵押银行和贴现银行等。西方国家的专业银行种类非常多，名称也各异，其中主要的专业银行有以下几类。

1) 储蓄银行

储蓄银行是指专门办理居民储蓄，并以储蓄存款为主要资金来源的专业银行。储蓄银行的名称很多，如互助储蓄银行、储蓄放款协会、国民储蓄银行、信托储蓄银行、信贷协会等。储蓄存款的金额虽比较零星分散，但存款期限比较长，流动性较小。由于储蓄存款余额较为稳定，因此主要用于长期信贷和长期投资，如发放抵押贷款，投资政府债券、公司债券及股票等。有些国家对储蓄银行须投资于政府债券的比例作了明文规定。在过去，储蓄银行的业务活动受到诸多限制，如不能经营支票存款、不能经营一般工商贷款。但随着金融管制的放松，储蓄银行的业务不断扩大。例如，1982年美国的加恩·圣吉曼法案就扩充了储蓄贷款协会可投资的资产类型。

2) 投资银行

投资银行是专门经营长期投资业务的银行。投资银行虽称为"银行",但并不能办理商业银行的传统业务,也不同于信托公司或投资公司。投资银行的称法流行于美国和一些欧洲大陆国家,此外它还有许多名称,如英国称为商人银行、法国称为实业银行、日本称为证券公司。投资银行的资金来源主要是发行自己的股票和债券。投资银行不得吸收存款,在一些国家虽准许投资银行吸收存款,但也主要是吸收定期存款。此外投资银行也可从其他金融机构或其他融资渠道获取借款,但这并不构成其主要的资金来源。投资银行主要是作为证券发行公司和证券投资者的中介,其具体的业务主要有:①承销证券的发行;②经纪业务,即以经纪人身份代理客户进行证券交易;③自营业务,即以自有资金进行证券交易;④收费业务,即从事并购顾问、证券经济研究和其他形式的金融咨询活动。此外,有些投资银行也兼营中长期贷款、黄金、外汇买卖及租赁业务等。

3) 抵押银行

抵押银行是"不动产抵押银行"的简称,是指专门从事以土地、房屋和其他不动产为抵押办理长期贷款业务的银行。不动产银行有不同的名称,如法国的房地产信贷银行、美国的联邦住房放贷银行、德国的私人抵押银行和公营抵押银行。抵押银行有公营、私营和公私合营 3 种形式。抵押银行的资金来源,主要是发行不动产抵押证券募集。其长期贷款业务可分为两类:一类是以土地为抵押品的长期贷款,贷款的对象主要是土地所有者或农场主;另一类是以城市不动产为抵押品的贷款,贷款的对象主要是房屋所有者或经营建筑的资本家。由于不动产抵押品常因处理时不易出售,易造成资金占压,因而专门的抵押银行不多。同时,商业银行大量涉足不动产抵押贷款业务,而不少抵押银行也开始经营一般信贷业务;这种混业经营呈加强趋势。

4) 农业银行

农业银行是指专门经营农业信贷的专业银行。由于农业受自然条件影响大;农户分散,对资金需求数额小,期限长,利息负担能力有限;抵押品集中管理困难,大多数贷款者只凭个人信誉,故农业信贷风险大、期限长、收益低。一般商业银行和其他金融机构不愿经营农业信贷。为此,西方许多国家专门设立以支持和促进农业发展为主要职责的农业银行,以满足政策性融资需要。农业银行的资金来源主要有政府拨款、吸收存款、发行各种股票和债券。农业银行的贷款业务范围很广,几乎包括农业生产过程中的一切资金需要。由于农业贷款风险大、期限长、收益低,大多数西方国家对农业银行贷款给予贴息或税收优待。农业银行在不同国家有不同的名称,如美国的联邦土地银行、法国的农业信贷银行、德国的农业抵押银行、日本的农林渔业金融公库等。

5) 进出口银行

进出口银行是专门经营对外贸易信用的专门银行,一般为政府的金融机构,如日本的输出入银行、美国的进出口银行等。有些国家的进出口银行属半官方性质,如法国的对外贸易银行。由于进出口银行在经营原则、贷款利率等方面都带有浓厚的官方色彩,因而本质上是一种政策性银行。进出口银行的主要业务是提供各种出口信贷。出口信贷通常有两种方式:一种是卖方信贷,即出口商所在地银行对出口商提供的信贷;另一种是买方信贷,即出口商所在地银行给国外进口商或进口商银行提供贷款,以购买本国设备。一个国家国际贸易的发展,常常是与进出口银行的支持是分不开的。

6) 开发银行

开发银行是专门为经济开发提供投资性贷款的专业银行。开发银行是一种重要的专业银行,可分为国际性、区域性和本国性三种。国际性开发银行由若干国家共同设立,其中最著名的是国际复兴开发银行,简称世界银行。区域性开发银行主要由所在地区的成员国共同出资设立,如泛美开发银行和亚洲开发银行。本国性开发银行由国家在国内设立,为国内经济的开发和发展服务,其资金来源主要是在国内发行的债券。

【阅读资料】

4. 非银行金融机构

1) 保险公司

保险公司是指依法成立的、专门经营各种保险业务的经济组织,它是一种最重要的非银行金融机构。保险公司按险种可分为人寿保险公司、财产灾害保险公司、存款保险公司、老年和伤残保险公司、信贷保险公司等,其中最为普遍的是人寿保险公司和财产灾害保险公司。人寿保险公司是为投保人因意外事故或伤亡造成的经济损失提供经济保障的金融机构。财产灾害保险公司是对法人单位和家庭提供财产意外损失保险的金融机构。此外,按组织形式分,保险公司还可以分为:①国营保险公司,即由国家经营的保险公司,主要办理国家强制保险或一些特殊险种;②私营保险公司,其一般以股份公司形式出现,是西方国家保险公司中最普遍的形式;③个人保险公司,即以个人名义承保业务;④合作保险公司,是需要保险的人或单位采取合作组织的形式来满足其成员对保险的需要;⑤自保保险公司,即专为本系统服务的保险公司;⑥公私合营保险公司。

保险公司的资金来源主要是保费收入,由于保费收入经常远远超过保费支出,因而形成大量稳定的货币资金。这部分稳定的货币资金是西方国家金融市场长期资本的重要来源。保险公司的资金主要运用于长期投资,如投资债券、股票,以及发放不动产抵押贷款等。

2) 信用合作社

信用合作社是具有共同利益的人集资联合组成的互助合作性质的金融机构,其普遍存在于西方国家。信用合作社的经营宗旨是:为社员提供低息信贷,帮助经济力量弱的人解决资金困难。其经营原则是:社员入社、退社自愿;社员缴纳一定数额的股金并承担相应的责任;实行民主管理,每个社员具有平等权利,并只有一个投票权。信用合作社主要有农民信用合作社、城市手工业者信用社、住宅信用合作社、储蓄信用合作社等。此外,还有许多兼营各种金融业务的合作社。

信用合作社的资金来源是社员交纳的股金、吸收的存款及向外借款。信用合作社主要向社员提供小额短期性生产贷款和消费贷款,但近年来也开始提供家庭住房抵押贷款、信用卡贷款,以及一些为解决生产设备更新、技术改造的中长期贷款。

3) 信托公司

信托公司是以受托人身份经营信托业务的金融机构。在西方国家专门经营信托业的公司并不多,信托业大部分由大商业银行设立信托部(公司)来经营。随着社会经济的发展,信托公司的经营业务也不断扩展,范围非常广泛,包括一切不与本国信托法相抵触而有经济效益的项目。在信托业中,侧重中长期资金融通的则称为投资公司或信托投资公司。信托投资公司主要是通过发行股票和债券来筹集资本,来投资其他公司的股票和债券,然后再以所持有的证券作担保增发新的投资信托证券。目前,信托投资公司的投资业务主要有两种:一种是以其他公司的股票、债券为投资对象,通过股利、债息和证券买卖价差来获取收益;另一种是直接参与对企业的投资,这种直接投资又可分为信托投资和委托投资。信托投资是信托投资公司运用自己筹集的资金直接对企业进行投资;委托投资是以受托人身份向委托人指定的企业或项目进行投资,并对项目资金使用进行监督检查。

4) 养老或退休基金会

养老或退休基金会是一种向参加养老计划者以年金形式提供退休收入的金融机构,其资金来源为雇主或雇员交纳的退休基金及投资收益。养老或退休年金是一种长期的每年逐月支付的养老金。养老或退休基金的投资主要有:①投资于有价证券,如政府债券、企业债券、金融债券、股票等;②进行委托投资;③对交通、能源等方面的专项投资。

5) 共同投资基金

共同投资基金是一种利益共享,风险共担的金融投资机构或工具。共同投资基金运作方式是通过发行基金证券,集中投资者的资金交专业性投资机构投资于多种有价证券,投资者按投资的比例分享其收益并承担相应的风险。其优势是投资组合、分散风险、专家理财、规模经济。共同投资基金所具有的独特优势使其在西方国家发展十分迅速。

除以上所述外,在西方金融机构体系中,非银行的金融机构还包括财务公司、租赁公司等。

4.1.3 新中国金融机构体系演变

新中国成立后,我国照搬苏联模式建立了高度集中的计划经济管理体制。在金融领域也按照苏联的银行模式,建立起高度集中的国家银行体系,并将多种金融机构合并到这一体系。这种"大一统"的银行体系,一直持续到20世纪改革开放前,其主要特征有以下两方面:一是中国人民银行是全国唯一的一家银行,它的分支机构按行政区划逐级设置于全国各地,它既是金融行政管理机关,承担金融宏观调控任务,又是具体经营银行业务的经济实体;二是实行高度集中的信贷管理体制,信贷资金集中管理,统收统支,各级分行吸收存款全部上交总行,各级分行在总行核批的贷款指标范围内发放贷款。

"大一统"的银行体系,是高度集中的计划经济管理体制的必然产物。其优点在于便于政策的贯彻,有利于宏观金融控制,缺点是金融体系缺乏活力,无法发挥各级分行的积极性。十一届三中全会后,为适应我国经济体制改革的发展,对高度集中的"大一统"金融体系进行了不断改革,改革大致可分为以下两个阶段。

第一阶段(1979—1993年)是建立多元化的金融体系。首先是恢复和设立各专业银行。1973年3月4日恢复中国农业银行,专营农村金融业务;1979年2月从中国人民银行分设出专营外汇业务的中国银行;同年,中国人民建设银行也从财政部分设出来;1984年,从中国人民银行中分设出中国工商银行,专营全部工商信贷业务和城镇储蓄业务。其次,增设其他金融机构。1979年10月,成立中国国际信托投资公司;1981年12月,成立中国投资银行;1982年,中国人民保险公司从中国人民银行中独立出来;1983年之后,在各省市相继成各种形式的信托投资公司;此外,还恢复农村信用社的集体所有制性质,建立城市信用合作社。最后,1983年9月国务院决定,中国人民银行行使中央银行职能。中国人民银行摆脱具体银行业务,专门行使中央银行职能是我国金融体系的重大改革。至此,以中央银行为领导,国有专业银行为主体,多种金融机构并存的多元化金融体系开始形成并逐步发展起来。

第二阶段的金融机构体系改革从1994年开始,其目标是建立适应社会主义市场经济发展需要的以中央银行为领导,政策性金融与商业性金融相分离,以国有独资商业银行为主体,多种金融机构并存的现代金融体系,此次金融机构改革的原则是"分业经营,分业管理"。

1995年《中华人民共和国中国人民银行法》(以下简称《中国人民银行法》)颁布实施。该法不仅首次以全国立法的形式确立了中国人民银行作为中央银行的地位,而且确立了中国金融业运行过程中银行、证券、保险三大行业"分业经营,分工监管"的基本发展与监管思路。

1995年《中华人民共和国商业银行法》(以下简称《商业银行法》)颁布实施,以法律形式确立了四大国家专业银行的平等地位及其商业银行性质。2003年国家通过中央汇金投资公司向中国银行,中国建设银行注资450亿美元,国有独资商业银行股份制改革试点工作正式启动;2004年中国银行、建设银行改制成功(建设银行2005年10月在香港上市,2007年9月在上海上市;中国银行2006年在香港上市,2007年4月在上海上市);2006年工商银行通过"A+H"模式同时在上海和香港上市;2010年,中国农业银行在上海上市,标志着商业银行改革基本取得阶段性成功。

1995年《中华人民共和国保险法》颁布实施。1996年,根据《中国人民银行关于改革中国人民保险公司机构体制的通知》,中国人民保险公司对机构体制进行全面改革,改制为中国人民保险(集团)公司,下设中保财产保险有限责任公司、中保人寿保险有限责任公司、中保再保险有限责任公司。中国太平洋保险公司、中国平安保险公司的财产保险,人寿保险业务实行分别记账、分别核算、分别管理。1996年,泰康人寿保险股份有限公司、新华人寿保险股份有限公司、华泰财产保险股份有限公司三家全国性保险公司和华安财产保险股份有限公司、永安财产保险股份有限公司两家区域性保险公司成立,推动了保险竞争格局的形成。2003年又对中国人民保险公司、中国人寿保险公司和中国再保险公司三家国有保险公司重组改制工作完成。

1999年《中华人民共和国证券法》(以下简称《证券法》)正式实施后,证券公司大规模增资扩股,实行以内部扩张为主的兼并重组,券商整体实力壮大。2003年起我国开展了券商综合整治,重点目标是化解风险、整顿清理,许多高风险和严重违规的券商得到稳妥处置,行业风险指标下降,经营行为的规范程度明显提高。

4.1.4 我国现行的金融机构体系

1. 中央银行

中国人民银行是我国的中央银行,是在国务院领导下监督管理金融事业、实施货币政策的国家机关,是我国金融体系的核心。我国中央银行的具体职责主要有:①发行人民币,管理人民币流通;②依法制定和执行货币政策;③审批、监督管理金融机构;④监督管理金融市场;⑤发布有关金融监督管理和业务的命令和规章;⑥持有、管理、经营国家外汇储备、黄金储备；⑦经理国库；⑧维护支付、清算系统的正常运行；⑨负责金融业的统计、调查、分析和预测；⑩作为国家的中央银行，从事相关的国际金融活动；⑪国务院规定的其他职责。

中国人民银行分支机构根据中国人民银行的授权，负责其辖区内的金融监督管理并承办相关业务。1998年年底，中国人民银行对其分支机构的组织结构进行改革，放弃过去按行政区划来设置分支机构的做法，而重新按经济区划在全国设立上海、广州、济南、武汉、南京、沈阳、西安、天津、成都九个大区分行，以利于经济的发展。

2. 商业银行体系

(1) 国有商业银行。国有商业银行是我国金融机构体系的主体，包括中国工商银行、中国农业银行、中国建设银行和中国银行。这四家国有银行都为全国性商业银行，总行均设在北京，各省、市、自治区设分行，地、市和县区设分行、支行或办事处、分理处、储蓄所等，其各级机构网点遍及城乡。我国《商业银行法》规定国有商业银行的业务范围包括：吸收公众存款，发放短期、中期和长期贷款，办理国内外结算，办理票据贴现，发行金融债券，代理发行、代理兑付、承销政府债券，买卖政府债券，从事同业拆借，代理发行、代理买卖外汇，提供信用证服务及担保，代理收付款项及代理保险业务，提供保管箱服务，以及经中国人民银行批准的其他业务。

(2) 股份制商业银行。股份制商业银行可分为全国性和地方性两种。全国性股份制商业银行主要有交通银行、中信实业银行、光大银行、华夏银行等。地方性股份制商业银行是指在一定区域范围内经营金融业务的商业银行，如福建兴业银行、浦东发展银行、招商银行、深圳发展银行、广东发展银行等。从1998年开始，各地的城市合作银行陆续改组为以城市命名的商业银行。这种类型的商业银行是由城市企业、居民和地方政府财政投资入股组成的地方性股份制商业银行。

3. 政策性银行

政策性银行是由政府投资设立，不以营利为目的，专门经营政策性金融业务的银行。由于专门从事某一特定领域的金融活动，故也称政策性专业银行。根据政策性金融与商业性金融相分离的原则，在1994年我国相继组建了国家开发银行、中国农业发展银行和中国进出口银行三家政策性银行。

(1) 国家开发银行。主要办理政策性国家重点建设贷款及贴息业务。国家开发银行资金来源主要为财政拨款和发行债券，信贷业务由建设银行代理。

(2) 中国农业发展银行。主要承担国家粮棉油储备和农副产品合同收购、农业开发等业务的政策性贷款，并代理财政支农资金的拨付。中国农业发展银行的资金来源主要是财政支农资金、对金融机构发行的金融债券、农业政策性贷款企业的存款等。

(3) 中国进出口银行。其主要业务：为大型机电成套设备进出口提供出口信贷；办理短期、中长期出口信用保险，进出口保险，出口信贷担保、国际保理等业务。中国进出口银行的资金来源以财政专项资金和发行金融债券为主。

4. 非银行金融机构

目前，我国的非银行金融机构主要有以下几类。

(1) 保险公司。改革开放以来，保险公司的发展十分迅速。目前我国的保险公司按组织形式分，主要有国有独资公司和股份制有限公司；按经营区域可分为全国性公司和区域性公司。全国性保险公司主要有中国人民保险公司、太平洋保险公司、中国平安保险公司等，区域性保险公司主要有天安保险公司、上海大众保险公司等。

(2) 证券公司。我国对证券公司实行分类管理，证券公司分为综合类证券公司和经纪类证券公司。综合类证券公司可经营证券经纪业务、自营业务、承销业务。经纪类证券公司只允许专门从事证券经纪业务。我国规模较大的证券公司主要有申银万国、华夏、国泰君安、海通等。

(3) 信托投资公司。我国目前的信托投资公司主要有中国国际信托投资公司、中国光大国际信托投资公司、中国信息信托投资公司、中国教育信托投资公司，以及许多地方性的信托投资公司。

(4) 财务公司。与西方国家不同的是，我国的财务公司均由企业集团内部集资组建，为企业集团内部提供融资服务。其业务主要有存款、贷款、结算、票据贴现、融资性租赁等。

(5) 邮政储蓄机构。1986年2月在全国开办邮政储蓄业务，并在邮政总局设立邮政储汇局。随着邮政储蓄业的发展，一些邮政储蓄网点开始办理国债发行、兑付代理以及保险代理等业务。2007年3月中国邮政储蓄银行有限责任公司正式成立。2012年1月21日，经国务院同意并经中国银行业监督管理委员会批准，中国邮政储蓄银行有限责任公司依法整体变更为中国邮政储蓄银行股份有限公司。

5. 外资金融机构

改革开放的深入，外资金融机构已逐步进入我国。目前在华的外资金融机构主要有两类：一类是外资金融机构在华的代表处，其不从事任何直接营利性业务活动；另一类是外资金融机构在华设立的营业性经营机构，其主要包括外资、侨资、中外合资的金融机构。在华的外资机构在业务上均要接受中国人民银行的管理和监督。

4.2 国际金融机构

4.2.1 国际金融机构的形成和发展

为适应世界经济发展的需要，先后曾出现各种进行国际金融业务的政府间国际金融机构。其发端可以追溯到1930年5月在瑞士巴塞尔成立的国际清算银行(Bank for International Settlements，BIS)。成立之初，它由英国、法国、意大利、德国、比利时、日本的中央银行和代表美国银行界的摩根保证信托投资公司、纽约花旗银行和芝加哥花旗银行共同组成；其目的就是为了处理第一次世界大战后德国赔款的支付和解决德国国际清算问题。此后，其宗旨改为促进各国中央银行间的合作，为国际金融往来提供额外便利，以及接受委托或作为代理人办理国际清算业务等。该行建立时只有7个成员国，现已发展到45个成员国和地区。

第二次世界大战后建立了布雷顿森林国际货币体系，并相应地建立了几个全球性国际金融机构，作为实施这一国际货币体系的组织机构。它们也是目前最重要的全球性国际金融机构，即国际货币基金组织(International Monetary Fund，IMF)，简称世界银行的国际复兴开发银行(International Bank for Reconstruction and Development，The World Bank)，国际开发协会(International Development Association，IDA)和国际金融公司(International Finance Corporation，IFC)。

从1957年到20世纪70年代，欧洲、亚洲、非洲、拉丁美洲、中东等地区的国家为发展本地区经济的需要，同时也是为抵制美国对国际金融事务的控制，通过互助合作方式，先后建立起区域性的国际金融机构。如泛美开发银行(Inter-American Development Bank，IDB)、亚洲开发银行(Asian Development Bank，ADB)、非洲开发银行(African Development Bank，AFDB)和阿拉伯货币基金组织(Arab Monetary Fund，AMF)，等等。

国际金融机构在发展世界经济和区域经济方面发挥了积极作用。诸如，组织商讨国际经济和金额领域中的重大事件，协调各国间的行动；提供短期资金，缓解国际收支逆差，稳定汇率；提供长期资金，促进许多国家的经济发展。不过，这些机构的领导权大都被西方发达国家控制，发展中国家的呼声和建议往往得不到应有的重视和反映。

4.2.2 国际货币基金组织

国际货币基金组织是根据1944年联合国国际货币金融会议通过的《国际货币基金协定》建立的。1945年12月正式成立，1947年3月开始工作，同年11月15日成为联合国的一个专门机构。建立之初，参与的成员国为39个，至1997年7月末增至181个国家和地区。

国际货币基金组织的宗旨是：通过会员国共同研讨和协商国际货币问题，促进国际货币合作；促进国际贸易的扩大和平衡发展，开发会员国的生产资源；促进汇率稳定和会员国有条不紊的汇率安排，避免竞争性的货币贬值；协助会员国建立多边支付制度，消除妨碍世界贸易增长的外汇管制；协助会员国克服国际收支困难。

基金组织是以会员国入股方式组成的企业经营性质的金融机构。其最高权力机构是理事会，由各会员国选派理事和副理事各一人组成。基金组织处理日常业务的机构是执行董事会，由22人组成，其中7人分别由美国、英国、德国、法国、日本、沙特阿拉伯和中国单独指派。

国际货币基金组织的重大问题都由理事会或执行董事会通过投票表决的方式做出决定。每一个会员国都有250票的基本投票权，在此基础上，按各会员国在基金组织中认缴的份额，以每10万美元增加一票。基本上，会员国投票权的多少取决于该国所认缴的份额的多少。美国拥有的投票权占全部投票权的20%以上，因此，在货币基金组织中拥有最大的表决权和否决权。

基金组织的资金来源主要由会员国认缴的基金份额、借入资金和出售黄金组成。会员国缴纳的基金份额，是基金组织最主要的资金来源。凡参加国际货币基金组织的会员国都要缴纳一定数额的资金，其认缴份额根据会员国的黄金和外汇储备、对外贸易量和国民收入的大小而定。基金组织最初规定，会员国缴纳份额的25%应为黄金，75%为本国货币。1978年4月第2次修改的协定条款，取消了25%以黄金缴纳的规定，改为以特别提款权或外汇缴纳。特别提款权是基金于1969年创造的记账单位，在此以前，基金的记账单位是美元。

基金组织通过与会员协商,从会员国筹借资金。例如,曾先后向"十国集团"、石油生产国和发达国家借入资金。此外,基金组织从1976年开始按市场价格出售所存黄金,以所获得利润收入作为建立"信托基金"的资金来源。

国际货币基金组织的主要业务活动除了对会员的汇率政策进行监督,与会员国就经济、金融形势进行磋商和协调外,则是向会员国提供借款和各种培训、咨询服务。基金组织设有多种贷款,根据不同的政策向会员国政府提供资金。不过,对会员国来说一般不称借款,而称提款,即指有权按所缴纳的份额,向基金组织提用一定的资金;或称购买(Purchase),即指可用本国货币向基金组织申请购买外汇,还款时则以外汇购回本国货币。基金组织的贷款不论使用什么货币都按特别提款权计值。

基金组织的贷款主要有以下几种。

1. 普通贷款

这是基金组织最基本的一种贷款,用于解决会员国一般国际收支逆差的短期资金需要。贷款的最高额为会员国所缴份额的125%,其中每25%划为一档,在每档贷款的掌握分寸上有很大不同:①储备部分贷款(即第一个25%)。会员国申请贷款金额不超过自己认缴份额的25%,无须特殊批准,可自行使用,不付息。②第一档信用部分贷款(即第二个25%)。只要申请国对克服国际收支逆差做出安排,就可得到批准。③高档信用部分贷款(即其他的三个25%),申请国一般须提交内容广泛的稳定财政计划,如获批准,一般都采用信贷安排方式,即会员国要与基金组织事先商定,在规定有效期内(1~3年)按需要使用。

2. 中期贷款

它用于解决会员国国际收支困难的中长期资金需要。会员国由于生产、贸易、价格等方面的结构性失调,可能出现较长时期的国际收支逆差,需要较长期的资金支持。贷款期限4~10年,贷款的最高额度为份额的140%。基金组织对这项贷款掌握更严。申请国要进一步提出实现经济计划所采取的政策措施以及实施的进展情况。

3. 出口波动补偿贷款

主要解决发展中国家的初级产品因国际市场价格下降而面临国际收支逆差不断扩大的困难。贷款期限3~5年。贷款最高额为会员国所缴份额的100%。1981年基金组织扩大这项贷款使用范围:会员国因进口成本过高发生国际收支困难也可申请。

4. 缓冲库存贷款

它是用于帮助初级产品出口国建立缓冲库存的资金需要。贷款期限3~5年,贷款最高额为会员国所缴份额的5%。

5. 补充贷款

它是用于补充普通贷款和中期贷款不足,帮助会员国解决持续的国际收支逆差问题,贷款期限3.5~7年,必须与普通贷款和中期贷款相结合才能获得此项贷款。

6. 信托基金贷款

它是为支持较贫穷的发展中国家的经济发展而设立的一项贷款。贷款利率优惠,年利率为 0.5%，期限为 5 年。

中国本是国际货币基金组织的创始国之一。新中国成立之后，由于美国等少数国家的阻挠，我国在国际货币基金组织的席位一直未能恢复。1980 年 4 月，国际货币基金组织通过了恢复中国代表权的决定，我国从此参加了基金组织的工作。

4.2.3 世界银行

世界银行是与国际货币基金组织同时产生的国际金融机构。它有两个附属机构：国际开发协会和国际金融公司。三者统称世界银行集团。

它们的共同宗旨是通过提供和组织长期贷款和投资，解决会员国恢复和发展经济的资金需要，资助它们兴办特定的基本建设工程。三者的贷款对象和方式有所不同。世界银行主要是向成员国提供长期的优惠贷款，国际开发协会则致力于向低收入国家提供长期低息援助性贷款，国际金融公司主要是向成员国的私人部门提供贷款。

世界银行建立之初有 39 个会员国，至 1997 年年末增至 181 个。它是按股份公司原则建立起来的企业性金融机构。其最高权力机构是理事会，负责处理日常业务的机构是执行董事会，执行董事会选举一人为行长。

世界银行的资金来源主要有以下几个方面：①会员缴纳的股金。世界银行成立初期，法定资本为 100 亿美元。会员国缴纳的股金以它们在国际货币基金组织中分摊到的份额为准，其中 20%在参加时缴纳，另外 80%则等待世界银行催交时再支付。至 1980 年 1 月，法定资本增至 705 亿美元特别提款权，并将会员国实缴股金的 20%降到 7.5%，其中 0.75%以黄金或美元缴纳，6.75%则以会员国货币缴纳，另外 92.5%为待交股金。②向国际金融市场借款，特别是发行中长期债券。③出让债权，即世界银行将其贷出款项的债权转让给私人投资者(主要是商业银行)，以收回部分资金。④经营中的利润收入。

世界银行的主要业务活动是向发展中国家提供长期生产性贷款。贷款条件一般比国际资金市场上的贷款条件优惠，只贷给会员国中低收入国家和由政府担保的国有企业或私营企业。贷款一般要与特定的某一工程项目相联系，称项目贷款。这些项目要经世界银行精心挑选，认真核算，严密监督和系统分析。贷款一般只提供该项目所需建设资金总额的 30%～40%，项目建设费用中当地货币部分应由本国政府筹措。借款国要承担货币汇价风险，并必须按期归还贷款。总之，世界银行贷款从贷款项目确立到归还，都有一整套严格的政策和程序。20 世纪 80 年代以来，世界银行大量采用联合贷款形式，即世界银行与官方的双边援助机构或多边援助机构、官方支持的办理出口信贷的机构以及商业银行联合对某一项目贷款，并要求以项目的收益偿还贷款。除贷款以外，世界银行还提供技术援助，提供国际联合贷款团的组织工作，以及协调与其他国际机构的关系等。

4.2.4 国际开发协会

国际开发协会是专门对较贫穷的发展中国家发放条件优惠的长期贷款的金融机构。成立协会的建议是 1957 年提出的，正式成立于 1960 年 9 月。

国际开发协会的组织机构与世界银行相同。其资金来源主要有：①会员国认缴的股本；②工业发达国家会员国提供的补充资金；③世界银行从净收益中拨给协会的资金；④协会业务经营的净收益。

国际金融公司建立于1956年7月。申请加入国际金融公司的国家必须是世界银行的会员国。国际金融公司的组织机构和管理方式与世界银行相同。

国际金融公司的主要任务是对属于发展中国家的会员国中私人企业的新建、改建和扩建等提供资金，促进外国私人资本在发展中国家的投资，促进发展中国家资本市场的发展。其资金来源主要是会员国认缴的股本、借入资金和营业收入。

国际金融公司提供贷款的期限为7～15年，贷款利率接近于市场利率。但比市场利率低。贷款无须政府担保。

4.3 区域金融机构

4.3.1 亚洲开发银行

亚洲开发银行于1966年在东京成立，同年12月开始营业，行址设在菲律宾的首都马尼拉。成立初期有34个国家参加，1988年增加到47个，其中亚太地区32个，西欧和北美15个。其管理机构由理事会、执行董事会和行长组成。

亚洲开发银行的宗旨是通过发放贷款和进行投资、技术援助，促进本地区的经济发展与合作。其主要业务是向亚太地区加盟银行的成员国和地区的政府及其所属机构，境内公私企业以及与发展本地区有关的国际性或地区性组织提供贷款。贷款分为普通贷款和特别基金贷款两种。前者贷款期为12～25年，利率随金融市场的变化调整；后者贷款期为25～30年，利率为1%～3%，属长期低利优惠贷款。

亚洲开发银行的资金来源主要是加入银行的国家和地区认缴的股本、借款和发行债券，以及某些国家的捐赠款和由营业收入所积累的资本。

我国在亚洲开发银行的合法席位于1986年恢复。1988年年末我国在亚洲开发银行认缴股本16.17亿美元，成为第三大认股国。

4.3.2 非洲开发银行

非洲开发银行于1963年9月成立，1966年7月开始营业，行址设在科特迪瓦的首都阿比让。我国于1985年5月加入非洲开发银行，成为正式成员国。

非洲开发银行的宗旨：为成员国经济和社会发展服务，提供资金支持；协助非洲大陆制定发展的总体规划，协调各国的发展计划，以期达到非洲经济一体化的目标。其主要业务是向成员国提供普通贷款和特别贷款。特别贷款条件优惠，期限长，最长可达50年，贷款不计利息。非洲开发银行的资金主要是成员国认缴的股本，为解决贷款资金的需要，它还先后设立了几个合办机构：非洲开发基金、尼日利亚信托基金、非洲投资开发国际金融公司和非洲再保险公司。

4.3.3 亚洲基础设施投资银行

亚洲基础设施投资银行(以下简称"亚投行")是一个政府间性质的亚洲区域多边开发机构，重点支持基础设施建设，成立宗旨是促进亚洲区域的建设互联互通化和经济一体化的进程，并且加强中国及其他亚洲国家和地区的合作。亚投行的总部设在北京，法定资本为 1000 亿美元。

2013 年 10 月 2 日，习近平主席提出筹建倡议。2014 年 10 月 24 日，包括中国、印度、新加坡等在内的 21 个首批意向创始成员国的财长和授权代表在北京签约，共同决定成立亚洲基础设施投资银行。2015 年 4 月 15 日，亚投行意向创始成员国确定为 57 个，其中域内国家 37 个、域外国家 20 个。2015 年 6 月 29 日，《亚洲基础设施投资银行协定》签署仪式在北京举行，亚投行 57 个意向创始成员国财长或授权代表出席了签署仪式。2015 年 12 月 25 日，亚洲基础设施投资银行正式成立，全球迎来首个由中国倡议设立的多边金融机构。

2016 年 1 月 16 日至 18 日，亚投行开业仪式暨理事会和董事会成立大会在北京举行，原中国财政部部长金立群当选亚投行首任行长。亚投行初期投资的重点领域主要包括五大方向，即能源、交通、农村发展、城市发展和物流。

2016 年 2 月 5 日，亚投行正式宣布任命 5 位副行长。这 5 位副行长分别来自英国、德国、印度、韩国、印度尼西亚。亚投行的结构分理事会、董事会、管理层三层。理事会是最高决策机构，每个成员在亚投行有正副理事各一名。董事会有 12 名董事，其中域内 9 名，域外 3 名。管理层由行长和 5 位副行长组成。

【阅读案例】

本章小结

1. 金融机构是指从事金融服务业有关的金融中介机构，为金融体系的一部分，包括银行、证券公司、保险公司、信托投资公司和基金管理公司等，同时亦指有关放贷的机构，发放贷款给客户在财务上进行周转的公司。包括银行类金融机构和非银行类金融机构。

2. 西方国家的金融机构体系主要由中央银行、商业银行、专业银行和非银行的金融机构组成。中央银行是整个金融体系的核心，商业银行是金融机构体系的主体。

3. 我国现行的金融机构体系包括中央银行、商业银行、政策性银行、非银行金融机构以及外资金融机构。

4. 中国人民银行是我国的中央银行，是在国务院领导下监督管理金融事业、实施货币政策的国家机关，是我国金融体系的核心。我国中央银行主要负责发行人民币，依法制定和执行货币政策，代理国库等职责。

5. 政策性银行是由政府投资设立，不以营利为目的，专门经营政策性金融业务的银行。我国的政策性银行主要包括国家开发银行、中国进出口银行和中国农业发展银行。

6. 国际金融机构主要指在国际经济和金融领域中发挥重大作用，协调各国间的行动，提供短期资金，缓解国际收支逆差，稳定汇率或提供长期资金，促进许多国家的经济发展的国际组织。主要包括国际货币基金组织、世界银行、国际开发协会、国际金融公司、亚洲开发银行、非洲开发银行等。

重要概念

金融机构　商业银行　投资银行　保险公司　信用合作社　共同投资基金　中央银行　股份制商业银行　政策性银行　信托投资公司　财务公司　国际货币基金组织　世界银行　国际金融公司　亚洲开发银行　亚洲基础设施投资银行

复习思考题

1. 什么是金融机构？银行类金融机构和非银行类金融机构分别包括什么？
2. 什么是保险公司？它有哪些分类？
3. 简述中国人民银行的职能。
4. 简述中国商业银行体系。
5. 中国的政策性银行有哪些？
6. 简述货币基金组织及其职能。
7. 世界货币基金组织的贷款有哪些种类？
8. 世界银行的资金来源有哪些？
9. 简述亚洲开发银行的宗旨。
10. 简述非洲开发银行的宗旨。

第5章 商业银行

学习目标

通过本章学习，了解商业银行的产生与发展，熟悉商业银行的性质和职能；掌握商业银行主要业务的内容和特点；掌握商业银行风险管理的三大基本原则及其相互关系；熟悉商业银行风险管理理论；掌握巴塞尔协议的各阶段主要内容；理解商业银行创新的主要内容。

5.1 商业银行概述

5.1.1 现代商业银行的产生与发展

在银行产生以后,随着商品交换的发展,出现了兑换、保管和借贷货币等经营货币的机构。在前资本主义社会,封建割据,货币铸造分散,铸币的重量、成色不统一,为适应贸易的需要,必须进行货币兑换。因此,就逐渐从商人中分离出一种专门从事货币兑换的商人。他们最初只是单纯办理铸币的兑换业务,从中收取手续费。随着商品交换的扩大,经常往来于各地的商人为了避免长途携带货币和保存货币的风险,把货币交给兑换商人保管,并委托他们办理支付、结算和汇款。因此,货币兑换者手中聚集了大量货币资财,他们就利用这些资财办理贷款业务。这样,货币兑换业就发展成为既办理兑换又经营货币存款、贷款、汇款等业务的早期银行了。

商业银行的原始形态可以在古希腊、古罗马史中找到记载,但人们公认的近代商业银行起源于意大利的威尼斯。中世纪的威尼斯是当时著名的世界贸易中心,各国商人带着本国的铸币来此交换商品,这些铸币的成色、重量甚至币材各不相同,给商品交易带来诸多不便,于是货币兑换商应运而生。他们在市集中心摆上桌椅,专门从事铸币鉴定和兑换,并从中收取手续费,这些货币兑换商即钱商(Money Merchants),是银行家的雏形。他们从事的行业即货币兑换业,是货币经营业(钱银业)的最初形态。相应地,他们经营的场所即兑换银行,但这里的汇兑并不包括欠款的异地划拨,而仅指兑换各种货币。兑换银行所以得名不是因为它发行汇票、开办信汇,而是因为兑换各种货币。

【推荐视频】

精明的钱商们不仅兑换货币,还代人保管货币,免去商人们保存货币的风险,他们从中收取保管费用。这与现代商业银行的存款有质的不同。前者仅仅是单纯的服务项目,不存在资金的占用,而后者则是商业银行作为扩大资金来源而开展的负债业务,必须支付给客户一定数额的利息,作为客户让渡其资金使用权的报酬。随着异地大宗交易的发展,商人携带金属货币长途奔波,既不方便也不安全,一些业务发达的货币兑换商不失时机地开办兑换业务,商人们在某地将货币交存给货币兑换商,凭其开具的收据可以在异地支取相同数量的款项。同时,商人们委托钱商开办结算、代为收付现金,担负出纳业务。这样,在货币兑换业的基础上,出现了一种既能从事货币兑换,又能为整个货币周转服务的特殊行业——货币经营业,专门从事货币兑换、存储、保管、收付、结算、汇兑以及货币差额的平衡和往来款项登记的业务,相应地,汇兑银行发展成汇划银行。

货币经营业虽然已具备银行业的初始职能——货币兑换与款项划拨,即支付中介职能,但仍不具备银行业的本质特征——提供信用服务业务,即不具备信用中介职能,因而货币经营业并不是真正的银行业。随着商品贸易的进一步发展,货币经营业者聚集的货币资财都用来备付提款的需要,这形成了货币经营业者开展放款业务的基础。他们将一部分存款货币贷放给社会上急需资金的人,到期收回并加收一定利息。当存放款业务逐渐成为货币经营业者的主要业务时，货币经营业就转化成了办理存款、放款、结算、汇兑等业务的银行业了。

在英国，早期银行是通过金匠业发展而来的。17世纪中叶，英国的金匠业极为发达。这是由于发现美洲大陆后，有大量的金银流入英国，人们为了防盗，需要把金银委托给安全的第三方保管。当时，金匠业拥有坚固的保险柜和其他安全设施，他们受顾客委托代为保管金银货币，签发保管凭条。还可按顾客的书面要求，将其保管的金银划拨给第三者，省去顾客提现和支付的麻烦。同时，金匠业还利用自有资本发放贷款，以牟取高额利息。

16世纪，西欧开始迈进资本主义时期，1580年，在当时世界商业中心意大利建立的威尼斯银行成为最早出现的近代银行，也是历史上首先以"银行"命名的信用机构。此后相继出现的有米兰银行、阿姆斯特丹银行、汉堡银行、纽伦堡银行、鹿特丹银行等。

17世纪以后，随着资本主义经济的发展和国际贸易规模的进一步扩大，近代商业银行雏形已经形成。随着资产阶级工业革命的兴起，工业发展对资金的巨大需求，客观上需要有商业银行发挥作用。在这种形势下，西方现代商业银行开始建立。1694年在威廉三世的支持下，由英国商人集资建立起来的英格兰银行是公认的第一家现代商业银行，是生产关系适应生产力发展的产物。股份制商业银行由于资本雄厚、规模大、利率低，能极大地推动资本主义经济的发展，逐渐成为现代资本主义商业银行的主要形式。

5.1.2 商业银行的性质与职能

1. 商业银行的性质

商业银行是以追求最大利润为经营目标，以多种金融资产和金融负债为经营对象，为客户提供多功能、综合性服务的金融企业。商业银行的性质具体体现在以下几个方面。

1) 商业银行具有一般企业的特征

商业银行与一般企业一样，拥有业务经营所需要的自有资本，依法经营，照章纳税，自负盈亏，具有独立的法人资格，拥有独立的财产、名称、组织机构和场所。商业银行的经营目标是追求利润最大化，这既是其经营与发展的基本前提，也是其发展的内在动力。

2) 商业银行是一种特殊的企业

商业银行具有一般企业的特征，但又不是一般企业，而是一种特殊的金融企业。因为一般企业经营的对象是具有一定使用价值的商品，而商业银行经营的对象是特殊商品——货币，商业银行是经营货币资金的金融企业，是一种特殊的企业。这种特殊性表现在以下四个方面。

(1) 商业银行经营的内容特殊。一般工商企业从事的是一般商品的生产与流通，而商业银行是以金融资产和金融负债为经营对象，从事包括货币收付、借贷以及各种与货币有关的或与之相联系的金融服务。

(2) 商业银行与一般工商企业的关系特殊。一方面，一般工商企业要依靠银行办理存、贷款和日常结算，而商业银行也要依靠一般企业经营过程中暂时闲置的资金，增加资金来源，并以一般工商企业为主要贷款对象，取得利润。另一方面，一般工商企业是商业银行业务经营的基础，企业的发展和企业的素质影响商业银行的生存。

(3) 商业银行对社会的影响特殊。一般工商企业的经营好坏只影响一个企业的股东和这一企业相关的当事人,而商业银行的经营好坏可能影响到整个社会的稳定。

(4) 国家对商业银行的管理特殊。由于商业银行对社会的特殊影响,国家对商业银行的管理要比对一般工商企业的管理严格得多,管理范围也要广泛得多。

3) 商业银行是一种特殊的金融企业

商业银行不仅不同于一般工商企业,与中央银行和其他金融机构相比,也存在很大差异:

(1) 与中央银行比较,商业银行面向工商企业、公众、政府以及其他金融机构,商业银行从事的金融业务的主要目的是盈利。而中央银行是只向政府和金融机构提供服务的具有银行特征的政府机关。中央银行具有创造基础货币的功能,不从事金融零售业务,从事金融业务的目的也不是为盈利。

(2) 与其他金融机构相比,商业银行提供的金融服务更全面、范围更广。其他金融机构,如政策性银行、保险公司、证券公司、信托公司等都属于特种金融机构,只能提供一个方面或几个方面的金融服务,而在有些国家商业银行则是"万能银行"或者"金融百货公司",业务范围比其他金融机构要广泛得多。

2. 商业银行的职能

商业银行的性质决定了其职能作用,作为现代经济的核心,商业银行具有以下特定的职能。

1) 信用中介

信用中介职能是指商业银行通过负债业务,将社会上的各种闲散资金集中起来,通过资产业务,将所集中的资金运用到国民经济各部门中去。商业银行充当资金供应者和资金需求者的中介,实现了资金的顺利融通。信用中介职能是商业银行最基本、最能反映其经营活动特征的职能。商业银行一方面通过支付利息吸收存款,增加资金来源;另一方面又通过贷款或有价证券投资收取利息及投资收益,形成商业银行利润。

商业银行的这种中介职能虽然没有改变资本的所有权,但改变了货币资本的使用权,使货币资本既处于流通过程,又处于一个分配过程。商业银行在执行信用中介职能的过程中,形成对经济过程多层次的调节关系,在不改变社会资本总量的条件下,改变资本的实际使用量,从而扩大生产规模,实现资本增值。商业银行通过执行信用中介职能,将社会闲置的小额货币资金汇集成巨额资本,将大部分用于消费的货币资本转化为生产建设资本,加速社会生产的增长;通过执行信用中介职能,把短期货币资本转化为长期资本,在营利性原则的支配下,还可以使资本从效益低的部门向效益高的部门转移,从而优化经济结构。

2) 支付中介

支付中介职能是指商业银行利用活期存款账户,为客户办理各种货币结算、货币收付、货币兑换和转移存款等业务活动。在执行支付中介时,商业银行是以企业、团体或个人的货币保管者、出纳或支付代理人的资格出现的。商业银行支付中介职能形成了以它为中心、经济过程中无始无终的支付链条和债权债务关系。

第5章 商业银行

从历史来看,商业银行的支付中介职能先于信用中介职能。最初产生的货币经营企业主要从事货币保管和办理支付,当货币积存量不断增加,货币经营企业为求盈利而放款时,信用中介职能才产生。但从发展过程来看,支付中介职能也有赖于信用中介职能的发展,因为只有在客户有存款的基础上,商业银行才能办理支付,所以,两者互相推进,共同构成了商业银行信贷资金的整体运动。

商业银行所具有的支付中介职能,一方面有利于自身获得稳定而廉价的资金来源,另一方面又为客户提供良好的支付服务,节约流通费用,增加生产资本的投入。

3) 信用创造

信用创造职能是商业银行的特殊职能,它是在信用中介和支付中介职能的基础上产生的。信用创造是指商业银行利用其吸收活期存款的有利条件,通过发放贷款、从事投资业务而衍生出更多的存款,从而扩大货币供应量。商业银行的信用创造包括两层意思:一是信用工具的创造,如银行券或存款货币;二是指信用量的创造。信用工具的创造是信用量创造的前提,信用量的创造是信用工具创造的基础。商业银行通过吸收各种存款,并通过资金运用,把款项带给工商企业,在支票流通和转账的基础上,贷款转化为新的存款,在这种新的存款不提现或不完全提现的条件下,又可用于发放贷款,贷款又会形成新的存款。在整个银行体系中,除了开始吸收的存款为原始存款外,其余都是商业银行贷款创造出来的派生存款。

必须要指出的是,整个信用创造过程是中央银行和商业银行共同完成的,中央银行运用创造货币的权利调控货币供给量,而具体经济过程中的货币派生又是在各商业银行体系内形成的。商业银行通过创造流通工具和支付手段,可节约现金使用,节约流通费用,同时又满足社会经济发展对流通和支付手段的需要。

4) 信息中介

信息中介职能是指商业银行通过其所具有的规模经济和信息优势,能够有效解决经济金融生活中信息不对称导致的逆向选择和道德风险。

逆向选择是交易之前发生的信息不对称问题,它指那些最有可能不归还贷款的人最积极地争取贷款,并且最有可能获得贷款。例如,冒险者或纯粹的骗子最急切地想要得到贷款,因为他们知道自己极可能不偿还贷款。由于逆向选择,使得贷款成为不良贷款的风险增大,即使市场上有风险较低的贷款机会,放款者也不愿发放任何贷款。要解决逆向选择的问题,金融中介结构就必须尽可能多地搜集借款者的信息,在能够分辨信贷风险高低的基础上,决定是否发放贷款。

道德风险是交易之后发生的信息不对称问题,它指借款人可能掩盖借款的真实用途,从事对贷款人不利的活动。例如,借款人获得贷款后,由于使用的是借来的钱,他们可能改变初衷,在经营中会冒更大的风险。这样,道德风险降低了借款人归还贷款的可能性。为了确保借款人按合约规定的条件及时偿还贷款,需要对整个合约期内借款人的行为进行监督。由于银企关系的广泛存在和该关系的持续性,使商业银行等金融中介具有作为"代理监督人"的信息优势,同时它还具有专门技术及个人无法比拟的行业经验,这就降低了在贷款合约中存在的道德风险。

5) 金融服务

现代化的社会经济生活和企业经营环境的日益复杂，使银行间的业务竞争日趋激烈，从各方面对商业银行提出了金融服务的新要求。而商业银行联系面广，信息灵通，特别是电子计算机的广泛应用，使商业银行具备了为客户提供更好的金融服务的技术条件。社会化大生产和货币流通专业化程度的提高，又使企业将一些原本属于自己的货币业务转交给商业银行代为办理，如发工资、代理支付费用等。因此，在现代经济生活中，金融服务已成为商业银行的重要职能。

5.1.3 商业银行的组织制度

商业银行的组织制度是指商业银行在社会经济活动存在的组织结构，由于各国政治经济环境不同，商业银行的组织制度也有所不同。

1. 单一银行制

单一银行制又称单元银行制，指业务只由一个独立的银行机构经营而不设立分支机构的银行组织制度。这种银行主要集中在美国，美国是实行联邦制的国家，各州独立性较大，早期东部和中西部的经济发展又有较大的差距，为了均衡发展经济，保护本地信贷资金资源，保护本地的中小银行，一些经济比较落后的州政府就通过颁布州银行法，禁止或者限制其他地区的银行到本地设立分行，以达到阻止渗透、反对金融权力集中、防止银行吞并的目的。随着经济的发展，地区经济联系的加强，以及金融业竞争的加剧，许多州对银行开设分支机构的限制已经大大放宽。1994年9月，美国国会立法，经总统批准，允许商业银行跨州建立分支机构，宣告废除单一银行制。但由于历史原因，至今在美国仍有一些单一制银行。

单一银行制有其优点，如有利于限制行业垄断，有利于自由竞争；有利于银行与地方政府的协调，为地方经济服务；具有独立性和自主性，经营比较灵活；管理层次少，有利于中央银行管理和控制。但是它也存在弱点，如规模较小，经营成本高，不易取得规模经济效益；业务发展和金融创新受到限制；容易受到经济波动的影响，筹资不易，风险集中。虽然这种制度在美国一直存在争议，但单一银行制向分支行制发展实际上已形成了一个趋势。

2. 分支行制

分支行制也称为总分行制，是指银行机构除总行外，还在国内外各地设立分支机构。这种商业银行的总部一般都设在大城市，下属所有分支行须由总行领导指挥，业务和内部事务统一遵循总行的规章和指示办理。目前世界上大多数国家主要采用这种制度，尤其以英国、日本、法国、德国最具代表性。我国也是以分支行制为主的国家。

分支行制的优点是分支机构较多，业务分散，因而易于吸收存款，调剂资金，充分有效地利用资本，取得规模效益，同时也降低和分散风险；便于银行使用现代化管理手段和实施，提供多种便利的金融服务，加速资金周转。当然，分支行制也有一些缺点，例如，容易加速垄断的形成，并且由于其规模大、内部层次较多，增加了银行管理的难度等。但总的说来，分支行制度更能适应现代化经济发展的需要。

3. 银行控股公司制

银行控股公司制又称集团银行制，即由一个集团成立股权公司，再由该公司收购或控制若干独立的银行，这些独立银行的业务和经营决策统属于该股权公司。持股公司对银行的有效控制是指能控制一家银行25%以上的投票权。

从形式上看，持股公司持有银行，但实际上持股公司往往是银行建立并受其操作的，大银行通过持股公司把许多小银行甚至企业置于自己的控制之下。这种制度一度在美国最为流行，成为规避限制开设分支行的一种策略，也是银行避开限制进入其他行业的手段。目前，美国的银行持股公司可以直接或间接经办各种金融服务，如各种贷款、投资、租赁、信托、保险、咨询和信息服务等，并可获准在其他行业中设立与银行业务有密切关联的子公司，如财务公司、证券公司、房地产公司、信用卡公司等。这种银行组织制度现在被许多国家采用，我国的中信集团、光大集团也属于这种金融控股公司。

4. 连锁银行制度

连锁银行制度是指两家以上商业银行受控于同一个人或同一个集团但又不以股权公司的形式出现的制度。这种银行组织通常是多家独立的小银行围绕在一定主要银行的周围，几个银行的董事会由一批人组成。其中的主要银行为集团确立银行业务模式，并以它为中心，形成集团内部的各种联合。

5. 代理行制度

代理行制度也有往来银行制度之称，指银行相互间签有代理协议，委托对方银行代办指定业务的制度。被委托的银行为委托行的代理行，相互间的关系则为对方代理行。国际上，代理关系非常普遍。这种代理制度在一定程度上解决了不准设分支机构的矛盾。

5.2 商业银行业务

尽管各国商业银行的名称、组织形式、经营内容和重点各异，但就其经营的主要业务来说，一般分为负债业务、资产业务、证券投资业务、租赁与信托业务及中间业务。随着银行业的全球化趋势，这些国内业务还可以延伸为国际业务。

5.2.1 负债业务

商业银行的负债业务是形成其资金来源的业务。列在资产负债表的右栏，其全部的资金来源包括自有资本和吸收的外来资金两个部分。

1. 自有资本

商业银行的自有资本是开展各项业务的初始资金，就是其开展业务活动的本钱，主要包括成立时发行股票所筹集的股份资本、公积金及未分配利润。自有资本一般只占商业银行全部负债的小部分。银行自有资本的大小，体现银行的实力和信誉，也是银行吸收外来资金的基础。具体来说，包括以下几部分。

1) 股本

股本是银行资本中最基本、最稳定的，包括普通股和优先股，是银行股东持有的股权证书。银行普通股是银行的一种股权证书，构成银行资本的核心部分，代表对银行的所有权，具有永久的性质。

2) 银行盈余

银行盈余是银行资本的重要组成部分，主要由投资者超缴资本和资本增值构成。留存盈余是银行尚未动用的税后利润部分，是银行所有者的权益之一。留存盈余的大小取决于银行的盈利情况，同时，股息政策和税率的高低也是影响留存盈余的重要因素。

3) 债务资本

债务资本是20世纪70年代西方国家银行广泛采用的一种外源资本，80年代《巴塞尔协议》制定以后，债务资本只能作为补充资本。债务资本的求偿权仅次于存款者。债务资本主要有两类，即资本债券和资本票据。

4) 其他来源

其他来源主要是指储备金。储备金是为了防止意外损失而从收益中提取的资金，包括资本准备金和贷款与证券损失准备金。储备金作为资本的比例不会太大，银行收益、股息政策及金融管理部门的管制对银行储备金作为资本都有约束，因此，银行不能大量筹集该类资本。

2. 存款业务

存款业务是商业银行的传统业务，银行接受客户存入的货币款项，存款人可随时按约定时间支取款项。从商业银行的起源不难看出，吸收存款是商业银行与生俱来的基本特征，存款是商业银行最重要的负债业务，构成其最主要的资金来源，没有存款就没有贷款，存款的多少是商业银行经营好坏的重要标志。

存款种类很多，可以从不同的角度对其进行划分，一般而言，存款可以概括为四大类：活期存款、定期存款、储蓄存款和存款创新工具。

1) 活期存款

活期存款指没有期限上的规定，存款人可开支票随时提取或支付的存款，也有往来账户或支票账户之称。这类存款，银行要发给存款人支票簿，存款人须签发支票才能提取现金或者向他人支付。企业、个人、政府机关、金融机构都能在银行开立活期存款账户。商业银行彼此之间也可开立这种账户。开立这种存款账户的目的是通过银行进行各种支付结算。由于该类存款存取频繁，手续复杂，成本较高，西方国家商业银行对此一般都不支付利息，有时还收取一定的手续费。

传统上，这种存款只能由商业银行经营，但随着金融自由化的发展和金融管制的放松，其他的金融机构也开始可以经营此类存款业务。由于活期存款使用方便，便于支付，客户还能借此得到银行的贷款承诺，因此，企业、个人、金融机构和政府机关都乐于在银行开立活期存款账户。我国商业银行的活期存款主要来自于企业和单位存款，在居民储蓄存款中，活期存款的比例仅占20%左右。

作为商业银行主要资金来源的活期存款有以下几个特点：①具有很强的派生能力。由于活期存款存取频繁，流动性大，在非现金结算的情况下，银行将吸收的原始存款中的超额准备金用于发放贷款，客户在取得贷款后，若不立即提现而是转入活期存款账户，这样银行一方面增加了贷款，另一方面又增加了活期存款，创造出派生存款。②流动性大，存取频繁，手续复杂，风险较大。由于活期存款存取频繁，而且还要提供多种服务，因此活期存款成本较高，所以，活期存款较少支付或不支付利息。③活期存款中相对稳定部分可以用于发放贷款。尽管活期存款流动性大，但在商业银行的诸多储户中，还是有一些余额可以用于对外放款。④活期存款是银行和客户建立亲密关系的桥梁。商业银行通过与客户频繁的活期存款的存取业务建立比较密切的业务往来，从而争取更多的客户，扩大业务规模。

2) 定期存款

定期存款是存户预先约定存取期限的存款。存款期限短则1周，长至几年，通常为3个月、6个月和1年不等。商业银行对定期存款有到期支付的责任，期满时必须无条件向存户支付本金和利息。存单不能流通，只是到期取款的凭证。我国没有对定期存款提前支取的惩罚规定，而是按活期利率计息，并扣除提前日期的利息。由于定期存款期限较长，到期前一般不能提取，具有稳定性，给银行带来较多的利益，所以银行对其支付较高的利息。

定期存款具有以下特点：①定期存款具有投资性。由于定期存款利率高、风险小，因而是一种风险较小的投资方式。对于银行来说，由于期限较长，按规定一般不能提前支取，因而是银行稳定的资金来源。②定期存款所要求的存款准备金率低于活期存款。因为定期存款有期限的约束，有较高的稳定性，所以定期存款准备金率就可以要求低一些。③手续简单，费用较低，风险性小。由于定期存款的存取是一次性办理，在存款期间不必有其他服务，因此，除了利息以外没有其他的费用，因而费用低。同时，定期存款较高的稳定性使其风险性较小。

3) 储蓄存款

关于储蓄存款的概念，国内外差异较大。美国的储蓄存款是指"存款者不必按照存款契约的要求，而是按照存款机构所要求的任何时间，在实际提取日前7天以上的时间，提出书面申请提款的一种账户。"而我国的储蓄存款是为居民个人积蓄货币资产和获取利息而设定的一种利率比较高的存款，按其存取方式可以分为活期储蓄和定期储蓄两种。前者的存取没有一定期限，只凭存折便可提取。由银行法给储户存折或存单，作为存款和提款的凭证。一般不能流通转让，储户也不能透支款项。后者类似于定期存款，双方预先约定一个存款期限，根据法律的规定，存款人只有在事先通知商业银行后才可以提款，但在竞争压力下，实际上几乎没有哪家银行坚持这一技术规定。

4) 存款创新工具

除上述各种传统的存款业务以外，为了吸收更多存款，西方国家商业银行打破有关法规限制，在存款工具上有很多创新，如可转让支付命令账户、自动转账服务账户、货币市场存款账户、大额定期存单等。

(1) 可转让支付命令账户(Negotiable Order of Withdrawl Accounts，NOW a/c)于 1970 年产生于美国马萨诸塞州的一家互助储蓄银行，1973 年美国国会批准在其他州使用，1980 年美国新银行法允许全国储蓄机构和商业银行开办 NOW 账户。该账户的特点是，存款者可以利用有息储蓄存款账户签发可转让支付命令书。但这种账户只适用于个人和非营利性组织。1982 年美国一些银行又创立了超级 NOW 账户，它具有更方便签发支票和享受货币市场利率的好处。

(2) 自动转账服务账户(Automatic Transfer Service Account，AST a/c 或 ATS a/c)，这种自动转账服务账户设有两个账目，一个是含利息的储蓄存款户，另一个是无息的支票存款户。在开户时，由存户预先授权银行，存户可利用其支票账户进行支付，而支票账户的存款余额不足时，由银行自动地从该存户的储蓄存款账户中把相应金额转入支票账户。这种账户使得客户既可利用支票账户的便利，又可以获得一定利息收入，很受欢迎。美国商业银行于 20 世纪 70 年代开办这种存款，日本都市银行于 1983 年也开办此类存款，称之综合户头和调整服务账户。

(3) 货币市场存款账户(Money Market Deposit Accounts，MMDAs)，前面几类交易存款的利率受到较严格的限制，在市场利率不断上升的情况下，这无疑会降低银行吸收支票存款的吸引力。为了提高银行在资金市场上的竞争力，一些西方国家法律有所松动，允许部分交易账户的利率可以按货币市场利率调整。如美国 1982 年的银行法允许商业银行增设货币市场存款账户。该账户的特点是存款利率随市场利率调整，具有上限，存户每月可使用六次自动转账服务，其中可使用三次支票。

(4) 可转让定期存款单(Negotiable Certificates of Deposit，CDs)。CDs 是银行为机构投资者设计的具有可转让性质的大额定期存款单，其面额较大，在美国为 10 万美元以上，日本为 5 亿日元以上。1961 年 2 月，美国花旗银行首创可转让大额存款单，同年，美国一家重要的政府证券经纪商——纽约贴现公司为大额存单开辟了次级市场，这就使大额存款单同时具有了高利率和高流动性相结合的特点，成为货币市场上投资者喜爱的投资对象。这种金融工具产生后很快就在美国和西方国家流行起来，并且不断有所改进，突出的改进表现在：第一，期限缩短。美国最初对 CDs 规定的最短期限为 6 个月，现为 1 个月。第二，面额缩小。1979 年 5 月日本开办 CDs 业务时，最低面额为 5 亿日元，1985 年改为 1 亿日元。第三，固定利率改为浮动利率。如日本的 CDs 利率由发行银行与购买者之间按市场利率相互磋商确定；美国银行的 CDs 利率，6 个月期的每月调整一次，1 年期的每 3 个月调整一次，通常比普通定期存款利率高 1.5%～3%。可转让定期存款单的出现也给商业银行经营管理带来巨大变化，致使银行资金管理思想从资产管理转向负债管理。

(5) 货币市场利率连动存款单(Money Market Certificates of Deposits，MMCs)。该存款属于定期存款，利率随市场利率调整，但 MMCs 与 CDs 不一样，它不具有可转让性，而且面额较小，主要是为个人和家庭设计的。

3. 其他负债

其他负债主要有向中央银行借款、同业拆借、回购协议、发行金融债券和境外借款、中间业务中临时的资金占用等。

1) 向中央银行借款

世界各国的中央银行,都是向商业银行提供货币的最后贷款者。其借款的形式有两种,一种是直接借款,也称再贷款,即用自己持有的合格票据、银行承兑汇票、政府公债等有价证券作为抵押品向中央银行取得抵押贷款;另一种为间接借款,即再贴现,银行把自己办理贴现业务所买进的未到期票据,如商业票据、短期国库券等,再转卖给中央银行。在市场经济发达的国家,由于商业票据和贴现业务广泛流行,再贴现就成为商业银行向中央银行借款的主要渠道;而在商业票据信用不普及的国家,则主要采取再贷款的形式。

商业银行向中央银行借款是有严格限制的。这是因为各国中央银行通常把对商业银行的放款作为宏观金融调控的主要手段,放款的数额将直接构成具有成倍派生能力的基础货币,其利率则随经济、金融形势的变化而经常调节,且一般要高于同业拆借利率。在一般情况下,商业银行向中央银行的借款只能用于调剂头寸、补充储备不足和资产的紧急调整,不能用于贷款和证券投资。

中国商业银行向中央银行的借款虽然也有再贷款和再贴现两种形式,但再贴现的比重微乎其微,基本采取的是再贷款形式。这一方面是由于我国的商业票据尚未真正发展,更重要的是因为我国国有商业银行在资金上对中央银行有着很大的依赖性。目前我国中央银行的再贷款有年度性贷款、季节性贷款和日拆性贷款三种。随着我国票据和贴现市场的发展,商业银行的贴现业务将逐渐扩大,以再贴现取代再贷款将是历史发展的必然趋势。

2) 同业拆借

同业拆借是金融机构之间的短期资金融通,主要用于支持日常性资金周转,是商业银行为解决短期资金余缺、调剂法定准备头寸而互相融通资金的重要方式。同业拆借一般是短期的,有的只是一天。同业拆借通常是通过各商业银行在中央银行的存款账户进行,即通过中央银行把款项从拆借行转到拆入行账户,实际上是超额准备金的调剂,因此又称为中央银行基金,在美国则称为买卖"联邦基金"。

中国的同业拆借市场自 20 世纪 80 年代中期开始迅速发展,目前已初步形成一个纵横交错、遍布全国的同业拆借网络。其中,包括由人民银行组织的与票据清算中心相结合的头寸市场,期限一般为 1～3 天。由各省和直辖市人民银行主持的中介机构——融资中心,凡本省市的银行和金融机构都可参与本地融资中心的拆借,但跨省市的拆借只能是各融资中心相互间的拆借。

3) 回购协议

回购协议是指银行在卖出政权的同时承诺在未来某日购回,实际上是银行以证券作为担保品借入资金而签订的协议。大多数回购协议以政府债券做担保。期限短的为一个营业日,长的为几个月。回购协议的实际交易有几种方式,通常的做法是交易双方同意按相同的价格出售与再购回证券,再购回时,其金额为本金加双方约定的利息额。另一种定价方法是,把再购回价格定得高于原出售价格,其差额就是合同收益。

4) 发行中长期债券

发行中长期债券是指商业银行以发行人身份,通过承担债券利息的方式,直接向货币所有者举借债务的融资方式。银行发行中长期债券所承担的利息成本较其他融资方式要高,好处是保证银行资金的稳定。但是,资金成本的提高又促使商业银行不得不去经营风险较高的资产业务,这从总体上增大了银行经营的风险。

对于商业银行发行中长期债券,各国都有自己的法规限制。一般来说,西方国家比较鼓励商业银行发行长期债券,尤其是资本性债券,而我国则对此有非常严厉的限制。商业银行通过发行中长期债券获得的融资比例很低。

5) 国际金融市场融资

商业银行利用国际金融市场也可以获取所需的资金,最典型的是欧洲货币存款市场。当银行所接受的存款货币不是母国货币时,该存款就叫作欧洲货币存款,它最早起源于欧洲。

在国际金融市场,融资利率有固定的,也有浮动的。近年来,浮动利率广泛应用,尤其是中长期融资,参考的是伦敦同业拆借利率(LIBOR)。

6) 结算性负债

结算业务是指通过银行清算由商品交易、劳务供应和资金调拨引起的债权债务关系的一种货币收付行为。银行在办理该项业务时,除了可以获得一定的手续费外,由于结算单位必须把部分货币资金或结算过程中的在途资金集中在银行的存款账户上,对银行来讲,在一定期限内,这部分资金也形成了它的部分信贷资金来源,为其占用。所以,结算性负债也可以被认为是商业银行资金来源的一部分。

5.2.2 资产业务

商业银行资产业务是指商业银行运用资金的业务,是获取收益的主要途径。商业银行的资产主要有现金资产、贷款、投资等。商业银行资产的质量涉及商业银行的流动性和收益状况,是商业银行经营管理的核心。

1. 现金资产

狭义的现金资产是指银行库存现金。从一般意义上理解,现金资产是指广义现金资产,包括现金和准现金。从构成上看,以下四类资产都属于银行现金资产的范畴。

一是库存现金。它是指商业银行保存在金库中的现钞和硬币。这一部分现金是银行为了满足日常交易之需而持有的通货。库存现金属于非营利性资产,其所需防护和保险费用较高。银行一般只保持必要的最低额度,超出额度的部分存入中央银行或其代理行。

二是在中央银行的存款。各国货币当局均规定商业银行应在中央银行开设账户,作为银行准备金的基本账户。在中央银行的存款由两部分组成:一是法定准备金;二是超额准备金。法定存款准备金是按照法定比率向中央银行缴存的存款准备金。规定缴存准备金的最初目的,是为了保证银行备有足够的资金,以应付存款人的提取,避免发生挤兑而引起银行倒闭。法定存款准备金具有强制性,商业银行必须按法律规定缴纳,一般不得动用,并要定期按银行存款额的增减而进行相应调整。

超额准备金是指在中央银行存款准备金账户中超出了法定存款准备金的那部分存款。银行可以用来进行日常的各种支付和贷放活动,如支票的清算、电子划拨和其他交易。当银行库存现金不足时,也可随时从该账户上提取现金。超额准备金是商业银行的可用资金。

三是存放同业存款。存放同业存款是指存放在其他银行的存款。存放同业的款项主要是为了便于银行之间的票据清算及代理收付等往来业务。同业存款为活期存款性质,可随

第 5 章 商业银行

时动用,因而通常被视为银行的现金资产,作为其营运资金的一部分。

四是托收中的现金。托收中的现金是在银行间确认与转账过程中的支票金额。当个人、企业或政府部门将其收到的支票存入银行时,不能立即调动该款项,而必须在银行经过一定时间确认之后方可提现使用。托收中的现金是资金占用,其规模取决于托收票据的数量及票据清算时间。

2. 银行贷款

银行贷款是商业银行作为贷款人,按照一定的贷款规则和政策,以还本付息为条件,将一定数量的货币资金提供给贷款人使用的一种借贷行为。贷款是商业银行最大的资产业务,大致占其全部资产业务 60%,是商业银行重要的业务活动,是获取收益的主要途径。

按照不同的分类标准,商业银行的贷款有几种分类方法:①按贷款的期限可以分为活期贷款、定期贷款和透支;②按贷款的保障程度可以分为信用贷款、抵押贷款和担保贷款;③按贷款对象不同可分为工商业贷款、农业贷款、金融机构贷款、消费者贷款和不动产贷款等;④按贷款的偿还方式可以分为一次性还清贷款与分期偿还贷款;⑤按贷款的风险度可以分为正常贷款、关注贷款、次级贷款、可疑贷款和损失贷款。

对于任何一笔贷款,商业银行都必须遵循以下基本程序:贷款的申请、贷款的调查、对借款人的信用评估、贷款的审批、借款合同的签订和担保、贷款发放、贷款检查、贷款回收。

在商业银行贷款过程中,对于借贷双方来说最关心的就是贷款的定价,商业银行在贷款定价时要遵循利润最大化原则、扩大市场份额原则、保证贷款安全原则、维护银行形象原则。商业银行在贷款定价时一般要考虑六大因素,即资金成本、贷款风险程度、贷款费用、借款人的信用及其与银行的关系、贷款的目标收益和贷款的供求状况。

3. 证券投资业务

证券投资业务是指商业银行将资金用于购买有价证券的活动,主要是通过证券市场买卖股票、债券进行投资的一种方式。商业银行作为经营货币资金的特殊企业,进行证券投资主要有三个目的。

1) 获取收益

从证券投资中获取收益是商业银行投资业务的首要目标。商业银行最重要的业务是吸收存款,发放贷款,以获得差额利润。但是,激烈的银行竞争,贷款的高风险等多种因素都可能使银行无法找到合适的贷款对象,从而使资金暂时搁置。而银行的这些资金都要支付利息,因此,银行必须找到新的资金出路来获取收益。证券投资就是使闲置资金产生效益的好办法,银行从事证券投资,使闲置资金得到了充分利用,增加了收益。

2) 分散风险

商业银行从事证券投资的第二个目的是分散风险。如果商业银行将资产全部集中在贷款上,那么,一旦贷款收不回来,银行就必须承担全部风险。而银行若在从事贷款业务的同时,将部分资金用于证券投资业务,就有助于避免和抵消放款业务可能存在的各种风险损失;同时,以证券投资分散风险比贷款更有利,证券投资的选择面广,它不像贷款一样受地域限制,银行可以购买全国甚至全世界的证券,证券投资分散风险的范围也随之扩大，而且证券投资比贷款更容易转移，银行的贷款只能在企业偿还的时候才能收回，一般也很难转手，而证券投资可以在短期内转卖出去，只要银行发现某一证券风险上升，它就可以随时出售证券变现，而贷款就很难做到这一点。因此，银行可以对不同发行者、不同期限、不同收益率的证券采取分散化投资策略，将银行经营风险与投资损失降低到尽可能小的程度。

3) 增强流动性

商业银行保持一定比例的高流动性资产是保证其资产业务安全性的重要前提。通常商业银行将现金存放中央银行、存放同业以及托收未达款作为应付提存的第一准备。但是这些资产的重要缺陷就在于它们不是赢利资产，如果其所占比例过大，商业银行的资产收益率势必受到影响。而即使是适度的准备，在信用紧缩或某些特殊时期也未必能满足客户提现和贷款的需求。因此，在现金作为第一储备使用后，银行仍然需要有二级储备作为补充。所谓二级储备，就是银行的短期证券投资，由于短期证券可以迅速变现，而且在变现时的损失较少，一旦银行遇到大量客户提成或有大量放款需求时，如果现金储备不足以应付，就可以通过变卖短期证券来满足要求。因此，西方商业银行一般要保持相当部分的短期投资，银行短期证券往往要占银行购入证券的 25%左右，此外银行购入的中长期证券也可在一定意义上满足流动性要求，只是相对而言，短期证券的流动性更强一些而已。

商业银行投资业务的主要投资对象是各种债券，包括短期国债、中长期国债、政府机构债券、市政债券或地方政府债券及公司债券。在这些债券中，由于短期国债风险小、流动性强而成为商业银行重要的投资工具。由于公司债券的差别比较大，自 20 世纪 80 年代以来，商业银行投资于公司债券的比例越来越小。

5.2.3 中间业务

随着市场经济的发展，要求商业银行发挥更多的中介服务功能。商业银行服务功能的最大转变，集中体现在中间业务的发展上。各家商业银行和金融机构，无一不把中间业务作为展示其个性的大舞台，致使中间业务不断创新，服务品种层出不穷，为商业银行注入了活力。

1. 中间业务的概念

商业银行中间业务有狭义和广义之分。狭义的中间业务是指那些没有列入资产负债表，但同表内资产业务和负债业务关系密切，并在一定条件下会转化为表内资产业务和负债业务的经营活动。广义的中间业务则除了狭义的中间业务外，还包括结算、代理、咨询等无风险的经营活动，因此它是指商业银行从事的所有不在资产负债表内反映的业务。

20 世纪 80 年代以来，在金融自由化推动下，国际商业银行在生存压力与发展需求的推动下，纷纷利用自己的优势大量经营中间业务，以获取更多的利息收入。随着中间业务的大量增加，商业银行的非利息收入迅速增加。1984—1990 年，美国所有商业银行的非利息收入年均增长率为 12.97%，其中资产在 50 亿美元以上的银行非利息收入年均增长率达到 21.93%。中间业务已经成为西方商业银行最主要的盈利来源。

商业银行中间业务发展迅速的主要原因：①规避资本管制，增加盈利来源。商业银行为了维持盈利水平，纷纷设法规避资本管制给银行经营带来的限制，注重发展对资本没有要求或资本要求较低的中间业务，使银行在不增加资本金甚至减少资本金的情况下，仍可以扩大业务规模，增加业务收入提高盈利水平。②适应金融环境的变化。20世纪70年代以后，融资出现了证券化和利率自由化趋势，银行资产来源减少，存贷利差缩小，银行资金运用又受到很多限制，商业银行经营面临更大的困难。为了适应经营环境的变化，一些实力雄厚的大银行依靠自己客户多、人才多的优势，选择了大力发展中间业务的经营策略，从而使中间业务迅速扩张。③转移和分散风险。由于资产业务的风险提高，商业银行注重寻求发展资产业务以外的中间业务，以分散和转移风险。④适应客户对银行服务多样化的要求。金融衍生工具的层出不穷，各种非银行金融机构金融服务多样化对商业银行带来了挑战，商业银行为了巩固与客户的关系，便大力发展代理客户金融衍生工具服务。⑤商业银行自身的有利条件促使其发展中间业务。⑥科技进步推动商业银行中间业务的发展。计算机技术和信息产业的迅速发展，对商业银行中间业务的开展起了极大的推动作用。

2. 中间业务的分类

1) 按中间业务的功能和形式划分

(1) 结算性中间业务是银行应客户要求为其经济往来所引起的货币收付关系进行了解和清算。现代支付制度以支票为基础，但买卖双方可能不在同一家银行开有支票存款账户，这样，当客户对某家银行开出支票，命令它对另一家银行的账户支付时，银行之间就必须进行账户清算。银行清算的方式依地域范围而不同。同城清算主要是通过票据清算进行支票清算。各家银行的代表每天在约定的时间集中交换票据一次或两次，各银行彼此间抵销债权债务后，仅有应收应付净差额部分才用现金支付或由中央银行转账。异地清算较为复杂，对支票的清算主要采取委托代理行托收的方式，即银行之间互相设有支票存款账户，它们被称为"代理行清算余额"(Correspondent Balance)。中央银行在异地支票托收中起着重要作用，它通过在清算双方账簿上借记和贷记银行的准备金而使得支票得以清算和托收。为了加快异地资金的转划，西方国家于20世纪50年代创造了支票快速清算的"磁性墨水符号识别"(Magnetic Ink Character Recognition，MICR)标准系统，它能使支票通过高速识别处理得到分类。随着计算机大型化和远距离通信网络化，现在又出现了电子通信资金转划系统。参加清算系统的银行的终端机直接与清算中心的计算机联网，系统内银行之间的任何资金转划可以在一瞬间完成。西方国家比较有名的全国性电子资金划拨系统有美国的"银行通信系统"(Bank Wire)、"联邦储备通信系统"(Fed Wire)。跨国的电子资金划拨系统有中心位于纽约的"票据清算所同业支付系统"(Clearing House Interbank Payment System，CHIPS)和总部设在布鲁塞尔的"全球同业金融电讯协会"(Society for Worldwide Interbank Financial Telecom-munications，SWIFT)。

异地结算中除了支票托收和资金转划外，还有汇款结算、信用证等业务。

(2) 担保性中间业务是由商业银行向客户出售信用或为客户承担风险引起的有关业务。这类业务往往是以信用业务的替代形式出现的，通常称为"表外业务"。

(3) 融资性中间业务是由商业银行向客户提供传统信贷以外的其他融资服务引起的有关业务，如租赁、信托投资等就属于融资性中间业务。此外，出口押汇业务、代理理财服务中的代理融通业务也可认为是一种融资性中间业务。

(4) 管理性中间业务是由商业银行接受客户委托、利用自身经营管理上的职能及其优势，为客户提供各种服务引起的有关业务，如各种代保管、代理理财服务、代理清债服务及现金管理业务等。

(5) 衍生金融工具业务是由商业银行从事与衍生金融工具有关的各种交易引起的有关业务，如金融期货、期权、互换业务等。

(6) 其他中间业务。所有除上述业务以外的各种中间业务，如咨询、评估、财务顾问、计算机服务等业务。这些业务大多属于纯粹的服务性中间业务。

2) 按银行在开展中间业务时的身份划分

(1) 委托性业务是指银行在接受客户委托后，以自己的名义开展业务的各类中间业务，如各种结算业务、信托业务中的委托类业务等。在这些业务中，银行都是受当事人一方的委托，以受托人的身份参与的，通常对这些业务的后果无须负责。如在支票结算中，银行受理他行的支票存款后，有责任向付款行托收，但对托收是否能够成功，就不承担责任。如果这张支票是一张空头支票而遭到付款行退票的话，受理这笔他行支票转存业务的银行并不承担责任。

(2) 代理性业务是指银行在接受客户委托后，以客户的名义开展业务的各类中间业务，如代理收款、代理保险、代理融通、代发工资、代销国债等各种代理业务就属于代理性中间业务。在这些业务中，由于银行只是以代理人的身份参与，要以委托人(客户)的名义代理业务，所以通常不承担什么责任。

(3) 自营性业务是指银行自己直接主动参与的各类中间业务，如担保性中间业务等。在这些业务中，银行都是直接作为当事的一方参与的，需要承担同这些业务有关的一切责任。需要指出的是，我们说开展自营性业务"需要承担同这些业务有关的一切责任"，并不一定包括承担风险损失的责任，因为有许多中间业务是没有风险的，如评估就没有通常意义上的风险(直接的资财损失)，但银行却要为评估的结果负全部责任。

3) 按是否与信用活动有关划分

(1) 信用性中间业务是指所有同信用业务有关的中间业务。如担保性中间业务、融资性中间业务、衍生金融工具业务等就都属于信用性中间业务。

(2) 非信用性业务是指所有同信用业务没有关系的中间业务。如结算业务、各种管理性中间业务，以及咨询、评估等其他中间业务。这些业务是银行为了增加利润、扩大业务范围而推出的，同传统的资产表内业务没有必然的联系。

3. 我国商业银行的中间业务发展现状

2002年，中国人民银行颁布了《商业银行中间业务条例》，对我国商业银行现在及未来可以从事的中间业务范围做出了规定。在这个条例中，将中间业务概念定义为不构成商业银行表内资产和表内负债，形成银行非利息收入的业务。

中间业务的范围包括九大类：①支付结算类中间业务。②银行卡业务。③代理类中间业务。④担保类中间业务。⑤承诺类中间业务。⑥交易类中间业务。⑦基金托管业务。⑧咨询顾问类业务。⑨其他类中间业务，包括保管箱业务及其他不能归入以上八类的业务。

商业银行中间业务条例的出台为我国商业银行的发展创造了极大的空间，有利于我国商业银行竞争能力的提高。

5.2.4 商业银行的国际化

商业银行国际化包括两层含义，一层是业务的国际化，另外一层是机构国际化。

1. 商业银行的国际业务

广义上的商业银行国际业务是指所有涉及外币或外国客户的活动，包括银行在国外的业务活动以及在国内所从事的有关国际业务。商业银行的国际业务实际上是其国内业务的对外延伸。商业银行的国际业务经营范围相当广泛，概括如下：一是国际负债业务，指外汇资金来源的业务，主要是外汇存款和境外借款；二是国际资产业务是指外汇资金运用的业务，主要包括外汇贷款、国际投资和外汇投机；三是国际中间业务主要是商业银行的国际结算业务，还有外汇信托存放款和投资业务、国际融资租赁业务、代理客户外汇买卖业务、外汇咨询业务、担保和信用卡业务等。

2. 我国商业银行机构国际化

商业银行机构国际化，是指商业银行不断在国外设立分支机构，使商业银行成为以母国银行为控制源，多层次、多方位的分支银行经营机构所组成的跨国银行。20 世纪 90 年代以来，随着世界金融自由化浪潮，跨国银行在组织体系、市场体系、管理体系和货币体系方面相互交叉融合，形成一个吸引和辐射全球金融服务的机构。

我国商业银行机构国际化的时代潮流和社会经济发展规律的内在要求，也是我国加入 WTO 以后国内银行所面临的重大课题，对我国商业银行的生存发展具有战略意义。

我国银行在改革开放以后，海外分支机构数量有所增加，但与我国的经济实力不太相符，无法满足我国外向型经济增长的要求。随着我国进出口贸易的高速增长，与之相伴的国际结算业务也不断增加，但由于我国海外分支机构数目少、分布集中，大量的国际业务必须通过国外的代理行进行，损失了大量利润，同时也使相关业务效率低下。不过从另一角度看，我国的商业银行国际化有很大的发展空间。

5.3 商业银行经营管理

5.3.1 商业银行的经营原则

目前，各国商业银行已普遍认同了经营管理中所必须遵循的安全性、流动性和盈利性"三性"原则。我国也在《中华人民共和国商业银行法》中明确规定了商业银行"安全性、流动性、效益性"的经营原则。

1. 安全性

安全性是指商业银行应努力避免各种不确定因素对它的影响,保证商业银行的稳健经营和发展。商业银行之所以必须首先坚持安全性原则,其原因在于商业银行经营的特殊性:第一,商业银行自有资本较少,经受不起较大的损失。第二,商业银行经营条件的特殊性,尤其需要强调它的安全性。第三,商业银行在经营过程中会面临各种风险。因此,商业银行必须做到合理安排资产规模和结构,注重资产质量;提高自有资本在全部负债中的比重。

概括起来,商业银行面临的风险主要有:①国家风险;②信用风险;③利率风险;④汇率风险;⑤经营风险;⑥竞争风险等。

2. 流动性

流动性是指商业银行能够随时满足客户提存和必要的贷款需求的支付能力,包括资产的流动性和负债的流动性两重含义。资产的流动性是指资产在不发生损失的情况下迅速变现的能力。

商业银行是典型的负债经营,资金来源的主体部分是客户的存款和借入款。存款是以能够按时提取和随时对客户开出支票支付为前提的,借入款是要按期归还或随时兑付的。资金来源流动性这一属性,决定了资金运用方即资产必须保持相应的流动性。

3. 盈利性

一切经营性企业都有一个共同的目标——追求盈利。商业银行作为经营货币信用的企业,当然也不例外。商业银行通过吸收存款,发行债券等负债业务,把企事业单位和个人的闲置资金集中起来运用出去,弥补一部分企、事业单位和个人的暂时资金不足。商业银行通过这种资金运动,把社会资金周转过程中暂时闲置的资金融通到暂时不足的地方去,解决了社会资金周转过程中资金闲置和不足并存的矛盾,使社会资金能够充分运用,这不仅对社会经济的发展起到有益的促进作用,而且商业银行从资金运用中得到利息收入和其他营业收入。这些收入扣除付给存款人的利息,再扣除支付给职工的工资及其他有关费用,余下的部分形成商业银行的利润。

商业银行盈利水平的提高,首先,能够使投资者获得较高的收益,国家得到更多的税收收入;其次,盈利的增加可以增强商业银行的自身积累能力和竞争能力,提高银行信誉,使商业银行对客户有更大的吸引力;此外,商业银行盈利水平的提高意味着增强了商业银行承担风险的能力,可以避免因资产损失给商业银行带来破产倒闭的危险。

4. 商业银行经营原则的矛盾及其协调

商业银行经营的安全性、流动性和盈利性之间往往是相互矛盾的。从盈利性角度看,商业银行的资产可以分为盈利资产和非盈利资产,资金用于盈利资产的比例越高,商业银行收取的利息就越多,盈利规模也越大。从流动性角度看,非盈利的资产如现金资产随时可以应付存款的提现需要,具有十足的流动性,因而现金资产的库存额越高,商业银行体系应付提现的能力越强,商业银行的流动性越强。从安全性角度看,一般情况下,具有较高收益率的资产,其风险总是较大的。为了降低风险,确保资金的安全,商业银行就不得不把资金投向收益率较低的资产。不难看出，盈利性原则要求提高盈利资产的运用率，而流动性原则却要求降低盈利资产的运用率；资金的盈利性要求选择有较高收益的资产，而资金的安全性却要求选择有较低收益的资产。这样，使得商业银行的安全性、流动性和盈利性之间产生了矛盾。商业银行的某些经营决策往往会产生有利于某一原则，但同时又有损于另一个原则；某一原则的实现，经常以另一个原则的放弃为代价的情况。这种矛盾关系要求商业银行的管理者必须对"三性"原则进行统一协调。

5.3.2 商业银行经营管理理论

1. 资产管理理论

从商业银行产生到 20 世纪 60 年代，西方商业银行所强调的都是单纯的资产管理，20 世纪 60 年代以前，金融市场不发达，融资工具单调，金融机构以商业银行为主。这使社会上出现资金盈余的经济个体大多只能选择将盈余资金存入银行，从而保证了商业银行有稳定的资金来源；另一方面，从商业银行自身资金来源结构上看，其资金来源渠道固定，主要来自于活期存款，银行扩大资金来源的能动性很小。因此，银行经营管理的重点放在资产业务上。资产管理理论认为银行的资金来源的规模和结构是银行自身无法控制的外生变量，它完全取决于客户存款的意愿与能力；银行不能能动地扩大资金来源，而资金业务的规模与结构则是其自身能够控制的变量，银行应主要通过对资产规模、结构和层次的管理来保持适当的流动性，实现其经营管理目标。资产管理理论随着历史的发展经历了以下几个发展阶段。

1) 商业贷款理论

商业贷款理论是最早的资产管理理论，由 18 世纪英国经济学家亚当·斯密在其《国富论》一书中提出的。该理论认为商业银行的资金来源主要是流动性很强的活期存款，因此，其资产业务应主要集中于短期自偿性贷款，即基于商业行为能自动清偿的贷款，以保持与资金来源高度流动性相适应的资产的高度流动性。短期自偿性贷款主要指短期的工商业流动资金贷款。由于这种理论强调贷款的自动清偿，也被称为自动清偿理论；又由于该理论强调商业银行放款以商业行为为基础，并以真实商业票据作抵押，因此，也被称为"真实票据论"(Real Bill Theory)。

商业贷款理论产生于商业银行发展初期，当时商品经济不够发达，信用关系不够广泛，社会化大生产尚未普遍形成，企业规模较小。企业主要依赖内源融资，需向银行借入的资金多属于商业周转性流动资金。此时中央银行体制尚未产生，没有作为最后贷款人角色的银行在银行发生清偿危机时给予救助，银行经营管理更强调维护自身的流动性，而不惜以牺牲部分盈利性作为代价。因此，银行资金运用结构单一，主要集中于短期自偿性贷款上。

商业贷款理论奠定了现代商业银行经营理论的一些重要原则。首先，该理论强调了资金运用受制于资金来源的性质和结构。这一原则已成为商业银行进行资金运用所遵循的基本准则；其次，该理论强调银行应保持资金的高度流动性，以确保商业银行安全经营，这为银行降低经营风险提供了理论依据。

然而，随着资本主义的发展，商业贷款论的理论局限性逐渐显露出来。首先，该理论没有认识到活期存款余额具有相对稳定性，而使银行资产过多地集中于盈利性较差的短期自偿性贷款上。尽管活期存款流动性很强，但按"续短为长"的原理，在活期存款的存取之间，总会存在一个相对稳定的余额。这部分资金可用于发放长期贷款而不会影响其流动性；其次，该理论忽视了贷款需求的多样性。商业贷款理论不主张发放不动产贷款、消费贷款、长期性设备贷款和农业贷款，这样就限制了商业银行自身业务的发展和盈利能力的提高。再者，该理论忽视了贷款清偿的外部条件。贷款的清偿受制于贷款性质，同时也受制于外部的市场状况。在经济萧条时期，就难以自动清偿，因此，短期自偿性贷款的自偿能力是相对的，而不是绝对的。

2) 资产转移理论

20 世纪 20 年代，金融市场不断发展、完善，尤其是短期证券市场的发展，为银行保持流动性提供了新的途径。与此相适应，资产转移理论应运而生。这种理论是美国经济学家莫尔顿在 1918 年的《政治经济学杂志》上发表的《商业银行及资本形成》一文中提出的。理论认为银行流动性强弱取决于其资产的迅速变现能力，因此，保持资产流动性的最好方法是持有可转换的资产。这类资产具有信誉好、期限短、流动性强的特点，从而保障了银行在需要流动性时能够迅速转化为现金。最典型的可转换资产是政府发行的短期债券。

资产转移理论沿袭了商业贷款理论银行应保持高度流动性的主张。同时资产转移理论扩大了银行资产运用的范围，丰富了银行资产结构，一是突破了商业贷款理论拘泥于短期自偿性贷款的资金运用的限制，是银行经营管理理念的一大进步。资产转移理论不足之处在于过分强调资产通过运用可转换资产来保持流动性，限制了银行高盈利性资产的运用。其次，可转换资产的变现能力在经济危机时期或证券市场需求不旺盛的情况下会受到损害，从而影响银行的流动性和盈利性的实现。

3) 预期收入理论

预期收入理论产生于 20 世纪 40 年代，由美国经济学家普鲁克诺于 1949 年在《定期存款及银行流动性理论》一书中提出的。该理论认为，银行资产的流动性取决于借款人的预期收入，而不是贷款的期限长短。借款人的预期收入有保障，期限较长的贷款可以安全收回，借款人的预期收入不稳定，期限短的贷款也会丧失流动性。因此，预期收入理论强调的是贷款偿还与借款人未来预期收入之间的关系，而不是贷款的期限与贷款流动性之间的关系。预期收入理论产生于第二次世界大战后西方各国经济的恢复和发展的背景之下。

从政策导向上看，此时凯恩斯的国家干预经济的理论在西方非常盛行，该理论主张政府应该扩大公共项目开支，进行大型基础建设项目；鼓励消费信用的发展，以扩大有效需求从而刺激经济的发展。因此，中长期贷款及消费贷款的需求扩大了；从市场竞争来看，随着金融机构多元化的发展，商业银行与非银行金融机构的竞争日益激烈，这迫使银行不得不拓展业务种类，增加利润率回报较高的中长期贷款的发放。

预期收入理论为银行拓展盈利性的新业务提供了理论依据，使银行资产运用的范围更为广泛，巩固了商业银行在金融业中的地位。预期收入理论依据借款人的预期收入来判断资金投向，突破了传统的资产管理理论依据资产的期限和可转换性来决定资金运用的做法，丰富了银行的经营管理思想。其不足之处在于：对借款人未来收入的预测是银行主观判断的经济参数。随着客观经济条件及经营状况的变化，借款人实际未来收入与银行的主观预测量之间会存在偏差，从而使银行的经营面临更大的风险。

资产管理理论强调银行经营管理的重点是资产业务，强调流动性为先的管理理念。其管理的手段、内容及对银行流动性保持的认识也逐渐深化。在20世纪60年代以前的100多年里，其对整个商业银行业务的发展，商业银行在金融业地位的巩固起到了重要作用。

2. 负债管理理论

20世纪60年代，西方经济周期持续地处于繁荣阶段，工商企业的资金需求急剧扩张，许多大银行为了适应新的金融环境变化，就开始积极寻找其他新的资金来源，纷纷推出许多新的金融资产工具。这些创新为银行实行负债管理提供了经验和启发，使银行家们认识到，银行的资金来源不仅仅是传统的被动性存款，也可以由银行主动争取得到。银行的流动性不仅可以通过加强资产管理获得，而且也可以由负债提供，只要银行资金来源广泛且及时，银行的流动性就得到保证。银行没有必要必须在资产方保持大量高流动性低盈利性资产，完全可以将资金更多地投放到高收益的资产上去，而一旦需要周转资金，则可向外筹借。

负债管理开创了保持银行流动性的新途径。它使银行不再单纯地依靠吸收存款的被动型负债，而是发展了向外借款的主动型负债。这种理论的运用改变了银行过去按照已有的负债来调整资产的做法，银行开始根据资产的需要来调整负债，让负债去适应和支持资产。但是这一理论本身也存在着很大的局限性。首先，负债经营提高了银行的融资成本，因为借款成本通常要比存款利率高。其次增加了经营风险，当银行不能从市场借到相应的资金时，就可能陷入困难，而市场是变幻莫测的。最后不利于银行稳健经营，短期资金来源比重增大，借短放长的问题日趋严重，银行不注意补充自有资本，风险增大。

3. 资产负债综合管理理论

资产负债管理理论产生于20世纪70年代中后期，该理论并不是对资产管理、负债管理理论的否定，而是吸收了前两种管理理论的合理内涵，并对其进行了发展和深化。资产负债综合管理理论认为，商业银行单靠资金管理或单靠负债管理都难以达到流动性、安全性、盈利性的均衡。银行应对资产负债两方面业务进行全方位、多层次的管理，保证资产负债结构调整的及时性、灵活性，以此保证流动性供给能力。

西方商业银行资金管理的方法转向资产负债综合管理(Asset Liability Management)，也有的表述为"相机抉择资金管理"(Discretionary Fund Management)。这种方法的基本思想是在融资计划期和决策中，策略性地利用对利率变化敏感的资金，协调资金来源和资金运用的相互关系，而无论这些项目是在负债方还是在资产方。

20 世纪 70 年代以来，西方国家的市场利率波动加剧，以美国为例，1970—1980 年，优惠贷款利率共变动 132 次或每 27 天一次，而 1950—1970 年优惠利率贷款才变动 23 次或 8 个月一次。在这种环境中，存贷款利率的波动会给银行净利息带来影响，因此，西方商业银行的资金管理把目光转向如何通过协调负债与资产的关系来保持一个净利息正差额 (Net Interest Margin，NIM)。现代银行资金管理理论认为，净利息差额是一个多元函数，它受资金额、利率和两者混合的影响，但其中利率是关键，它对银行净利息差额的影响最大。唯有主动操作对利率变动敏感率资金，才能控制住银行净利息差额。西方商业银行创造了许多控制和操作利率敏感资金的方法，其中最主要的是"资金缺口管理方法"(Fund Gap Management)。

所谓资金缺口是指银行资金结构中，可变利率资产与可变利率负债之间的差额。它有三种可能的情况：零缺口，即可变利率资产等于可变利率负债；负缺口，即可变利率资产小于可变利率负债；正缺口，即可变利率资产大于可变利率负债。资金缺口管理方法认为，商业银行应根据对市场利率趋势的预测，适时地对两者比例进行调节，以保持银行的盈利，同时降低风险。当预测利率将处于上升阶段时，资金管理人员应为商业银行构造一个资金正缺口[图 5-1(a)]，这样，大部分资产将按较高利率重新定价，而只有较小部分资金来源按高成本定价。当预测利率将处于下降阶段时，资金管理者应为银行构成资金负缺口[图 5-1(b)]，使更多的资产维持在较高的固定利率水平上，而资金来源中却有更多的部分利用了利率不断下降的好处。

在利率波动较频繁的环境中，资金缺口管理方法对商业银行增加收益，降低成本的效果是明显的，但这种方法对银行的利率预测能力要求极高，银行必须精确地判断出利率变动趋势和利率周期变动的拐点，否则，银行可能因资金缺口和时间的控制不当而导致更大损失。

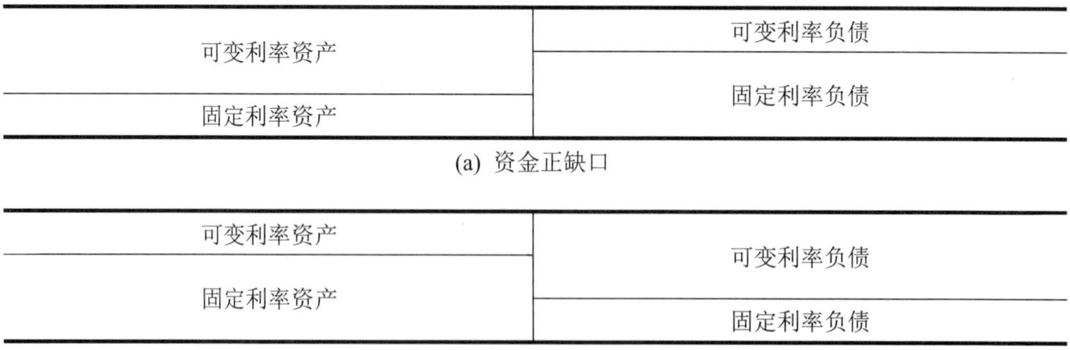

| 可变利率资产 | 可变利率负债 |
| 固定利率资产 | 固定利率负债 |

(a) 资金正缺口

| 可变利率资产 | 可变利率负债 |
| 固定利率资产 | 固定利率负债 |

(b) 资金负缺口

图 5-1　资金缺口

5.3.3　巴塞尔协议与商业银行监管

《巴塞尔协议》是国际清算银行成员国的中央银行达成的若干重要协议的总称，是监管

第5章 商业银行

银行经营发展方面的国际准则。由于《巴塞尔协议》监管思想深刻、监管理念新颖、考虑范围全面以及制定手段和方法科学合理，各国银行监管当局以此为原则来约束本国的商业银行。

1. 巴塞尔协议产生的背景和发展

1974年美国、英国、德国和阿根廷的国际性银行先后发生了倒闭事件和国际贷款违约事件，其中德国赫斯塔德银行和美国富兰克林国民银行的案例最令人震惊，使监管当局开始全面审视拥有广泛国际业务的银行监管问题，这是巴塞尔协议产生的直接原因。同时，随着银行和金融市场的国际化，银行经营的风险已经跨越国界，在国际银行业中，一些资本比率较低的银行大量扩张资产业务，造成不平等竞争。在这样的形势下，对国际银行业的监管，不能只靠各国各自为政，必须在金融监管上进行国际协调，这正是西方主要国家订立巴塞尔协议的主要原因。

为了维护成员国的共同利益，加强监管合作，统一监管原则和标准，1975年2月，由国际清算银行发起，西方十国集团以及瑞士和卢森堡12国的中央银行成立了巴塞尔监督管理委员会(简称巴塞尔委员会)。

巴塞尔委员会成立以来，发布了一系列国际清算银行成员国达成的重要协议，主要有1975年巴塞尔协定，1984年修改后的巴塞尔协定，1988年巴塞尔报告，1992年巴塞尔建议，1997年巴塞尔核心原则，2003年新巴塞尔资本协议，等等。这些协议统称为巴塞尔协议。巴塞尔协议在全球范围内代表着一种监管思想和监管理念，并随着国际金融监管的发展而不断完善和深化。

巴塞尔协议是迄今为止对国际银行业发展影响最大的国际公约之一。据国际清算银行分析，全世界大约有100个国家采纳了巴塞尔协议的监管框架。它有助于发达国家银行在平等的基础上进行竞争，为国际银行监管和协调提供了极大的便利，确保国际银行体系在国际债务危机和金融动荡中能平稳顺利运行，同时促使发展中国家根据巴塞尔协议监管本国银行，并取得在国际业务活动中的平等竞争地位。

巴塞尔委员会先后颁布了多个重要的资本监管文件，其中最重要影响最大的是统一资本监管的1988年巴塞尔报告(又称"巴塞尔资本协议")、2003年新巴塞尔资本协议和2010年巴塞尔协议Ⅲ。

2. 1988年巴塞尔报告

1988年7月，巴塞尔委员会发布了《关于统一国际银行资本衡量和资本标准的报告》，简称巴塞尔报告。其主要内容就是确认了监管银行资本的可行的统一标准。

(1) 资本组成。巴塞尔委员会将银行资本分成核心资本和附属资本。核心资本又称一级资本，包括实收股本(普通股)和公开储备，这部分资本至少占全部资本的50%。附属资本又称二级资本，包括未公开储备、资产重估储备、普通准备金和呆账准备金、混合资本工具和长期次级债券。

(2) 风险资产权重。风险资产权重就是根据不同类型的资产和表外业务的相对风险大小,赋予它们不同的权重,即 0%、10%、20%、50% 和 100%。权重越大,表明该资产的风险越大。银行表外业务按照信用换算系数换算成资产负债表表内业务,然后按同样的风险权重计算。

(3) 资本标准。巴塞尔报告规定,到 1992 年年底,所有签约国从事国际业务的银行的资本充足率,即资本与风险加权资产的比率不得低于 8%。其中核心资本比率不得低于 4%。

(4) 过渡期安排。巴塞尔报告规定,1987 年年底到 1992 年年底为实施过渡期。巴塞尔委员会做出一些过渡安排,以保证每个银行在过渡期内提高资本充足率,并按期达到最终目标安排。

巴塞尔报告是国际银行统一监管的一个划时代文件,适用于所有从事国际业务的银行机构。

3. 2003 年新巴塞尔资本协议

旧巴塞尔资本协议自实施以来,取得了很大发展和广泛认同,同时金融业的变革也暴露了原有规定的缺陷,巴塞尔委员会一直积极完善有关规定。2003 年 6 月巴塞尔委员会发布了经过两次修正的新巴塞尔资本协议第三个征求意见稿,2006 年十国集团开始实施新协议。在新巴塞尔资本协议中,最引人注目的是该协议所推出的最低资本要求、监管当局的监督检查及市场约束的内容,被称为"三大支柱"。

(1) 最低资本要求。巴塞尔委员会继承了过去以资本充足率为核心的监管思想,将资本金要求视为最重要的支柱。当然,新协议的资本要求已经发生了重大变化:①对风险范畴的进一步拓展。当前,信用风险仍然是银行经营中面临的主要风险,但是委员会也注意到市场风险和操作风险的影响和破坏力。②计量方法的改进。新协议根据银行业务错综复杂的现状,改进了一些计量风险和资本的方法,使其更具指导意义和可操作性。③鼓励使用内部模型。新协议主张有条件的大银行提供自己的风险评估水平,建立更精细的风险评估系统,并提出了一整套精致的基于内部信用评级的资本计算方法。④资本约束范围的扩大。新协议对诸如组织形式、交易工具等的变动提出了相应的资本约束对策。

(2) 监管部门的监管检查。巴塞尔委员会强化了各国金融监管当局的职责,提出了较为详尽的配套措施。委员会希望监管当局担当起三大职责:①全面监管银行资本充足状况;②培育银行的内部信用评估系统;③加快制度化进程。

(3) 市场约束。新协议强调以市场力量来约束银行,认为市场是一股强大的推动银行合理、有效配置资源并全面控制风险的外在力量,具有内部改善经营、外部加强监管所发挥不了的作用:①富有成效的市场奖惩机制可以迫使银行有效而合理地分配资金,从而可以促使银行保持充足的资本水平。②为了确保市场约束的有效实施,必须要求银行建立信息披露制度。新协议规定,银行在一年内至少披露一次财务状况、重大业务活动及风险管理状况。

4. 2010 年巴塞尔协议Ⅲ

2009 年年中以来,基于次贷危机引起全球金融危机的教训,巴塞尔委员会对现行银行监管国际规则进行了重大改革,发布了一系列国际银行业监管新标准,统称为"巴塞尔协议Ⅲ"。巴塞尔协议Ⅲ体现了微观审慎监管与宏观审慎监管有机结合的监管新思维,按照资本监管和流动性监管并重、资本数量和质量同步提高、资本充足率与杠杆率并行、长期影响与短期影响效应统筹兼顾的总体要求,确立了国际银行业监管的新标杆。

【阅读资料】

(1) 强化资本充足率监管标准。资本监管在巴塞尔委员会监管框架中长期占据主导地位,也是本轮金融监管改革的核心。巴塞尔委员会确定了三个最低资本充足率监管标准,普通股充足率为 4.5%,一级资本充足率为 6%,总资本充足率为 8%。为了缓解银行体系的亲周期效应,巴塞尔委员会还建立了两个超额资本要求:一是要求银行建立留存超额资本,用于吸收严重经济和金融衰退给银行体系带来的损失,由普通股构成,最低要求为 2.5%。二是建立与信贷过快增长挂钩的反周期超额资本,要求银行在信贷高速扩张时期积累充足的经济资源,最低要求为 0~2.5%。待新标准实施后,正常情况下,商业银行的普通股、一级资本和总资本充足率应分别达到 7%、8.5%和 10.5%。

(2) 引入杠杆率监管标准。本轮危机期间商业银行的杠杆化过程显著放大了金融体系脆弱性的负面影响。为此,巴塞尔委员会决定引入基于规模、与具体资产风险无关的杠杆率监管指标,作为资本充足率的补充。自 2011 年年初按照 3%的标准(一级资本/总资产)开始监控杠杆率的变化,2013 年年初开始进入过渡期,2018 年正式纳入第一支柱框架。

(3) 建立流动性风险量化监管标准。为增强单家银行及银行体系维护流动性的能力,引入两个流动性风险监管的量化指标:一是流动性覆盖率,用于度量短期压力情境下单个银行流动性状况,目的是提高银行短期应对流动性中断的弹性。二是净稳定融资比率,用于度量中长期内银行解决资金错配的能力,它覆盖整个资产负债表,目的是激励银行尽量使用稳定的资金来源。

(4) 确定新监管标准的实施过渡期。巴塞尔委员会决定设立为期 8 年(2011—2018 年)的过渡期安排。各成员国应该在 2013 年之前完成相应的国内立法工作,为实施新监管标准奠定基础,并从 2013 年年初开始实施新的资本监管标准,随后逐步向新标准接轨,2018 年年底全面达标。2015 年年初成员国开始实施流动性覆盖率,2018 年年初开始执行净稳定融资比例。

5. 巴塞尔协议在我国的实施

我国一直积极借鉴国际上成功的监管经验,并特别重视结合国情,坚持循序渐进,切实提高金融监管的有效性。2003 年新巴塞尔资本协议代表了监管理论中的先进理念和发达国家银行逐渐完善的风险管理最佳实践经验,但是对广大发展中国家的银行和监管当局而言,实施新协议的挑战是巨大的。为提高资本监管水平,我国对过去的资本规定进行了修改,将新协议中第二和第三支柱的内容包括在内。2011 年 4 月,基于我国银行业改革发展实际,中国银行业监督管理委员会(以下简称"银监会")借鉴巴塞尔协议Ⅲ,颁布《中国银行业实施新监管标准的指导意见》,提高银行业审慎监管标准,增强系统重要性银行监管有效性,以推动巴塞尔协议Ⅲ的实施工作。

5.4 商业银行的金融创新

金融创新是近半个世纪以来世界金融业迅速发展的一种趋势。金融创新是在货币经济走向金融经济、货币外延扩大及金融功能扩张的背景下,金融业的现实反应。创新为金融发展提供了深厚而广泛的微观基础,是推动金融发展的最为直接的动力;金融创新浪潮的兴起和迅猛发展,给整个金融体制、金融宏观调控乃至整个经济都带来了深远的影响。

5.4.1 金融创新的含义

金融创新(Financial Innovation)就是在金融领域内对各种要素实行新的组合。具体来讲,就是金融机构和管理当局出于对微观和宏观利益的考虑,而对金融机构、金融制度、金融业务、金融工具及金融市场等方面所进行的创新性的变革和开发活动。

金融创新可以分为狭义的金融创新和广义的金融创新。

1. 狭义的金融创新

狭义的金融创新是指近56年的微观金融主体的金融创新,以1961年美国花旗银行首次推出的大额可转让定期存单为典型标志,特别是20世纪70年代西方发达国家在放松金融管制之后而引发的一系列金融业务的创新。放松金融管制的措施包括放宽设立银行的条件、放松或取消利率管制、放松对商业银行的资产负债管理、允许银行和非银行机构实行业务交叉等,这种制度上和观念上的创新直接导致了国际金融不断向深度和广度发展,也使高收益的流动性金融资产得以产生。同时,放松金融管制还增强了金融中介机构之间的竞争,使其负债对利率的弹性大大提高,负债管理的创新理论也由此产生。

2. 广义的金融创新

广义的金融创新不仅包括微观意义上的金融创新,还包括宏观意义上的金融创新;不仅包括近56年来的金融创新,还包括金融发展史上曾经发生的所有金融创新。可以说,金融创新从一个历史范畴看,自从现代银行业诞生的那天起,无论是银行传统的三大业务、银行的支付和清算系统、银行的资产负债管理,还是金融机构、金融市场乃至整个金融体系、国际货币制度,都经历一轮又一轮的金融创新。从某种意义上讲,金融创新也是金融体系基本功能的建设,是一个不断创新的金融体系的成长过程。

5.4.2 金融创新的动因

近年来,金融业发展的制度环境发生了很大的变化,金融创新之所以成为商业金融一个活跃的特征，一系列因素促成了国际金融领域创新浪潮的涌起。

1. 市场经济机制的日臻完善，为商业银行金融创新准备了广阔舞台

市场经济是以竞争为特征的经济，这种竞争在市场机制比较成熟的市场里，它带来了市场的活力，成为创新的原动力。从目前国内创新的现状看，不论是创新产品的垄断，还是核心竞争力的保持，都有其阶段性，随着市场的开放，学习型组织的成熟，这些优势都会由强转弱而成为相对的概念。唯有创新能力，才是市场机制里最为闪光的亮点。对商业银行而言，创新能力的强弱将决定其在竞争市场中的寿命，我国承诺加入 WTO 五年后开放金融市场，这无疑会加速金融业的市场化进程。因此说，商业银行金融创新进程会呈现加速发展的态势，这是金融创新的时代特征。

2. 科技手段日益丰富，为商业银行金融创新提供了前所未有的物质载体

综观当代金融创新，尤其是以银行卡、电话银行、网络银行、手机银行为代表的产品创新方面，其中每一项产品的创新或功能的完善都与科技的发展息息相关。商业银行组织架构的变革，从某种程度上讲，也是科技发展引发的。例如，以数据集中为表现的客户关系管理的变革，使传统性商业银行的客户数据管理显得十分笨拙。就国内各家商业银行而言，招商银行就是以科技为恒定支撑力而获得金融创新优势的典型范例。因此，商业银行科技实力的强弱决定商业银行创新能力、经济效能的高低，这是金融创新发展史上的又一显著特征。

3. 市场主体多元化存在，为商业银行金融创新设定了细分化的目标市场

中国经济市场化进程使得由单一的国有经济为主体的市场，转变为以国有经济为主体与各种所有制经济并存的市场，这一市场表现为金融供求关系的买方特征。近几年，尤其是私营经济的快速发展最为明显，这就迫使商业银行的产品与服务适应这一变化，这种"倒逼"也加速了金融创新的发展。目前，一些机制灵活，市场反应机敏，注重中长期发展战略的股份制商业银行已从金融创新中尝到了甜头。

4. 商业银行边际利润率的下降，为商业银行提供了内在的深刻动力

20 世纪 70 年代以来，由于直接投资的勃兴，廉价资金来源减少，金融机构的资金成本上升，再加上竞争及利率政策的调整，引起银行的利息收入下降，服务成本支出增加，银行要保持较高的收益，必须另辟蹊径，寻求新的突破口，金融创新便由此产生。在这种创新动力的驱使下，中间业务的创新便成了应有之义。

5. 中央银行的政策导向，为商业银行的金融创新提供了法律保障

无论是国际上，还是国内，中央银行在确保金融风险控制的前提下，一般都是鼓励金融创新的，这就减少了商业银行金融创新的政策风险。

5.4.3 商业银行金融创新的主要内容

1. 金融制度的创新

金融制度是金融机构所面临的外部环境的变化,由于金融制度是由金融监管机构制定的,带有一定的强制性,当金融制度和金融机构的某些业务产生冲突削弱了金融机构的盈利性的时候,金融机构也无法与之正面冲突,只能寻求金融创新来找到一条"生路"。因此,在一系列的金融创新与金融自由化的过程中,金融制度的变化是不可避免的。在制度变革的基础上,金融自由化又会在一个更新层面上展开,进而推动金融创新的深入发展。

金融制度的创新最典型的就是分业管理制度的改变。长期以来,在世界各国的银行体系中,历来有两种不同的银行制度,即以德国为代表的"全能银行制"和以美国为代表的"分业银行制"。两者主要是在商业银行业务与投资银行业务的合并和分离问题上的区别。但自20世纪80年代以来,随着金融自由化浪潮的不断升级,这一相互之间不越雷池半步的管理制度已经发生改变,美国于1999年年底废除了对银行业经营严格限制六十多年来的《斯蒂格尔法案》,允许商业银行合业经营。从目前来看,世界上大多数国家的商业银行的上述两个传统特征和分业界限已逐渐消失,商业银行的经营范围正不断扩大,世界上的著名大银行实际上已经成为"百货公司"式的全能银行,从其发展动向看,商业银行经营全能化、综合化已经成为一种必然的趋势。

金融监管制度也随着金融市场的发展变化而创新。金融市场准入制度趋向国民待遇,促使国际金融市场和跨国银行大发展。在20世纪80年代以前,许多国家均采取了对非国民进入本国金融市场以及本国国民进入外国金融市场以种种限制的各种措施,在金融自由化浪潮的冲击下,这些限制正逐渐被取消。由于金融创新,各国之间的经济、金融联系更加紧密,经营的风险也在加大,从而使全球金融监管出现自由化、国际化倾向,各种政府在对国际金融中心、跨国银行的监管问题上更加注重国际的协调与合作。

2. 金融工具的创新

在金融创新当中,最重要的创新领域应该是在金融工具当中,金融工具的创新速度是最让人不可思议的,作为金融市场的载体,每一种新的金融工具的产生,都会对人们的经济生活注入新的元素,带来新的创意,层出不穷的金融工具的创新,也不断地丰富着人们的经济生活,冲击着人们的金融思维。金融工具的创新主要表现在基本存款工具的创新和金融衍生工具的产生。

1) 基本存款工具的创新

活期存款、定期存款、储蓄存款等基本的存款工具,都在金融创新的过程中,打破了其原有的界限,形成了一些新的存款工具。如可转让支付指令、自动转账服务账户、超级可转让支付指令、货币市场存款账户、大额可转让定期存单等,这些新型的存款账户,都突破了原有存款工具的很多限制,带给客户的是更加灵活方便的支取,既能满足客户对于安全性、流动性的需要,又能满足客户对于盈利性的需要,从而吸引了更多的客户,扩大了商业银行的资金来源。

2) 衍生金融工具的产生

衍生金融工具主要包括远期、期货、期权和互换。这些金融工具的产生不仅利用其杠杆性带给广大投资者更加广阔的盈利空间还可以帮助很多风险的规避者进行保值增长或者风险规避。可以说，金融衍生工具已经成为现代金融领域中的"宠儿"。金融衍生工具是一把"双刃剑"，如果运用得当，可给金融业带来许多好处，起到传统避险工具无法起到的保值、创收作用；但如果运用不当，也会使市场参与者遭受严重损失，甚至危及整个金融市场的稳定与安全。

3. 金融业务的创新

金融业务创新是指金融机构利用新思维、新组织方式和新技术，构造出一种新型的融资模式，通过其经营过程，取得并实现其经营成果的活动。由于商业银行经营的特殊性，商业银行的金融业务创新在整个金融业务创新中占有举足轻重的地位。

1) 负债业务的创新

商业银行负债业务的创新主要发生在 20 世纪 60 年代以后，主要表现在商业银行的存款业务上。

(1) 商业银行存款业务的创新是对传统业务的改造及新型存款方式的创设与拓展，其发展趋势表现在以下四个方面：①存款工具功能的多样化，即存款工具由单一功能向多功能方向发展；②存款证券化，即改变存款过去那种固定的债权债务形式，取而代之的是可以在二级市场上流通转让的有价证券形式，如大额可转让存单等；③存款业务操作电算化，如开户、存取款、计息、转账等业务均由计算机操作；④存款结构发生变化，即活期存款比例下降，定期及储蓄存款比例上升。

(2) 商业银行的新型存款账户可谓五花八门，各有特点，个性化、人性化突出，迎合了市场不同客户的不同需求。如可转让支付命令账户(NOW)、超级可转让支付命令账户(Super NOW)、电话转账服务和自动转账服务(ATS)、货币市场互助基金、协议账户、个人退休金账户、定活两便存款账户(TDA)等。

(3) 把存款账户与其他账户合并，为客户的一系列交易支付自动提供多种服务，在美国将这种账户称为现金管理账户。现金管理账户综合了证券信用交易账户、货币市场共同基金和信用卡等多项功能，是一种集多种金融功能于一身的金融新产品。客户开设了该账户并存入了一定数额的资金后，这笔资金立即成为货币市场共同基金账户的资金，用于投资高收益的货币市场工具，享受利息收入。如果该账户的持有者需要对第三者进行大额支付时，可以就货币市场共同基金账户签发支票。如果客户要买卖证券时，款项从货币市场基金中自动扣除或存入。当客户需要进行日常生活的小额支付时，可以用信用卡支付，每月结算时再从货币市场共同基金账户中扣除。

(4) 商业银行借入款的范围、用途扩大化。过去，商业银行的借入款一般是用于临时、短期的资金调剂，而现在却日益成为弥补商业银行资产流动性、提高收益、降低风险的重要工具，筹资范围也从国内市场扩大到全球市场。

2) 资产业务的创新

商业银行的资产业务的创新主要表现在贷款业务上,最重要的一项创新是贷款证券化。贷款证券化作为商业银行贷款业务与国债、证券市场紧密结合的产物,是商业银行贷款业务创新的一个重要表现,它极大地增强了商业银行资产流动性和变现能力。

商业银行贷款业务"表外化"也是资产业务的重要创新。为了规避风险、逃避管制,或者为了迎合市场客户之需,商业银行的贷款业务有逐渐"表外化"的倾向。具体业务有回购协议、贷款额度、周转性贷款承诺、循环贷款协议、票据发行便利等。

3) 表外业务的创新

商业银行表外业务的创新,彻底改变了商业银行传统业务结构,极大地增强了商业银行的竞争力,为商业银行的发展找到了巨大的、新的利润增长点,对商业银行的发展产生了极大的影响。商业银行表外业务创新的内容主要包括结算业务日益向电子转账发展,信托业务的创新与私人银行的兴起,商业银行信息咨询业的创新与发展,商业银行自动化服务的创新,现金管理、代理证券买卖业务,承诺类业务等创新发展。

表外业务虽然没有利息收入,但却有可观的手续费收入。从世界各国银行业的发展情况来看,表外业务发展迅猛,花样品种不断翻新,有些商业银行的表外业务收益已经超过传统的表内业务收益,称为商业银行的支柱业务。

【阅读案例】

本章小结

1. 商业银行是市场经济发展的产物,它是为适应市场经济发展和社会化大生产而形成的一种金融组织。商业银行是由货币兑换或保管商演变而来。

2. 商业银行的性质决定其职能,商业银行最基本的职能是信用中介和支付中介,在此基础上,又衍生出信用创造、信息中介和金融服务等职能。

3. 商业银行的组织制度大致上有单元制、分行制、持股公司制和连锁制。

4. 商业银行负债业务是其资金来源业务,包括自有资本、各项存款和其他负债等,这些负债业务都有各自的特点。商业银行所经营的主要资产业务有现金、贷款和证券投资等。中间业务是指商业银行从事的按会计准则不列入资产负债表内、不影响其资产负债总额,但会影响银行收益的业务。

5. 商业银行业务经营的一般原则是盈利性、流动性和安全性。商业银行作为一个企业,利润最大化是其最终目标。三性原则各有不同的衡量指标,三性原则协调是商业银行经营管理者所追求的。

6. 商业银行的资产负债管理理论经历从资产管理为核心的资产管理理论、以负债为经营重点的负债管理理论到均衡管理的资产负债管理理论的发展过程。

7. 《巴塞尔协议》是国际清算银行成员国的中央银行达成的若干重要协议的总称,是监管银行经营发展方面的国际准则。1988 年的两大支柱是银行资本规定及其与资产风险的联系。2003 年修订后《新巴塞尔协议》公布的三大支柱是资本充足率、监管部门的监督检查和市场约束。2010 年的《巴塞尔协议Ⅲ》主要包括强化资本充足率监管标准、建立流动性风险量化监管标准、引入杠杆率监管标准、确定新监管标准的实施过渡期等内容。

8. 商业银行金融创新包括金融制度、金融工具、金融业务的创新。

重要概念

商业银行　信用中介　支付中介　负债业务　资产业务　中间业务　盈利性原则　流动性原则
安全性原则　预期收入理论　资产负债管理理论　巴塞尔协议

复习思考题

1. 如何理解商业银行的性质？
2. 商业银行有哪些主要职能？
3. 简述商业银行的经营原则。
4. 试述商业银行资产负债管理的发展脉络。
5. 试述商业银行经营的业务组成。
6. 简述巴塞尔协议的修改过程及各阶段主要内容。

第 6 章 中央银行

学习目标

通过本章的学习,熟悉建立中央银行的必要性;了解中央银行产生和发展的过程及中央银行的制度;重点掌握中央银行的性质和职能;掌握中央银行的资产业务、负债业务和中间业务,进而认识中央银行在金融机构体系和整个经济中的地位和作用。

第6章 中央银行

6.1 中央银行的产生、发展及其类型

当今世界上大多数国家和地区都建立了中央银行制度，这些国家和地区的中央银行或类似于中央银行的机构，均处于金融体系的核心地位，其不仅担负着制定和执行货币政策，对整个国民经济发挥着宏观调节作用，还担负着监管商业银行、非银行金融机构以及金融市场的责任。

【推荐视频】

6.1.1 中央银行产生的经济背景和客观要求

1. 中央银行产生的经济背景

中央银行产生于17世纪后半期，形成于19世纪初，其产生有着深刻的经济背景和客观经济条件。

(1) 商品经济的发展比较成熟。18世纪初，西方国家开始了工业革命，当人类把蒸汽机同工具有机结合起来的时候，落后的手工业和工场手工业被机器大工业所代替，社会生产力的快速发展和商品经济的迅速扩大，促使货币经营越来越普遍，而且日益有利可图。与此同时，资产阶级政府也产生了对货币财富进行控制的欲望。

(2) 资本主义经济危机的频繁出现。由资本主义经济自身固有的矛盾所决定，伴随着资本主义经济的空前发展，必然出现连续不断的经济危机。以英国的纺织工业为例，在1770—1815年的45年中有5年是处于危机和停滞状态，在1815—1863年的48年中有28年是处于不振和停滞时期。面对当时的状况，资产阶级政府开始从货币制度上寻找原因，并企图通过发行银行券来控制、避免和挽救频繁的经济危机。

(3) 金融业的发展对此有客观需求。资本主义产业革命促使生产力空前提高，生产力的提高又促使资本主义银行信用业蓬勃发展。主要表现在：一是银行经营机构不断增加。以资本主义发展最早的英国为例，1776年有银行150家，到1840年已经达到了901家。二是银行业逐步走向联合、集中和垄断。一些私人银行限于资力，在竞争中不断衰败和改组，被大银行所控制。

2. 中央银行产生的客观要求

(1) 集中货币发行权的需要。首先，银行券的流通受到了限制。在资本主义国家的中央银行成立之前，所有银行都有权发行在市场上流通的银行券，但一些中小型银行限于资金力量与信誉，其银行券很难在全国范围内流通，不利于统一大市场的运行，给生产和流通造成一定的阻碍，这种情况不适应资本主义经济发展的要求。其次，银行券兑换得不到保证。为数众多的中小银行资金力量薄弱，所发行的银行券往往不能兑现，从而破坏了货币流通的稳定性，造成货币流通混乱。这就需要建立资金雄厚的大银行，发行统一的能在全国范围内流通的银行券，以稳定货币，存进生产与流通的发展。

(2) 银行最后贷款人的需要。随着资本主义商品经济的发展，社会对贷款的需求与日俱增，而商业银行仅仅以自己吸收的存款来发放贷款很难满足经济发展的需要，况且，过度运用吸收的存款又会削弱商业银行的清偿能力。这在客观上就需要一个金融机构为商业

银行提供必要的资金融通和支持，充当其最后贷款人以保证商业银行的正常运行。

(3) 票据清算的需要。随着银行业务的不断扩大，银行每天收受的票据数量日益增多，由于各银行之间的债权债务关系日趋复杂，由各银行自行进行轧差的原始清算方式已经越来越力不从心。不仅异地结算矛盾突出，就是同城结算也成问题。这就在客观上要求建立一个全国统一的、有权威的、能够迅速清算银行间票据而使资金顺畅流通的机构。

(4) 国家对社会经济发展实行干预的需要。随着银行业竞争加剧和金融市场的迅速发展，客观上需要统一监管。资本主义经济经过一个时期自由发展以后，越来越多的国家认识到政府干预经济是十分必要的，是对整个经济发展起控制、协调和促进作用的重要手段。随着资本主义经济的发展，银行数量不断增多，资金日益雄厚，业务范围越来越广，对经济的影响举足轻重，许多国家政府认识到需要建立国家管理金融业的行政机构，对金融业实行监督、管理和协调。

6.1.2 中央银行的产生与发展

建立中央银行的客观要求并非同时提出的，中央银行的产生也经历了一个长期的过程。最早设立的中央银行——瑞典中央银行成立于1656年，初建时是一般私营银行，后于1668年改组为国家银行，对国会负责，直到1897年它才独占货币发行权，开始履行中央银行的职能，成为真正的中央银行。真正最早全面发挥中央银行功能的是英格兰银行，作为世界上最早的私人股份银行，它成立之初就已具有与其他银行不同的特权，如接受政府存款并向政府提供贷款，在发行银行券上有优势等。但成为中央银行的决定性的第一步，即基本垄断货币发行权，却是其成立150年后的1844年的事情。1844年通过的《英格兰银行条例》，结束了在英国有279家银行都发行银行券的局面。1854年，英格兰银行成为英国银行业的票据交换中心；1872年，它开始对其他银行承担起在困难时提供资金支持即"最后贷款人"的责任，并且由于它在发生金融危机时的特殊作用，使它具有相当程度的全国金融管理机构的色彩。

在整个19世纪到第一次世界大战爆发前的100多年里，出现了成立中央银行的第一次高潮。例如，成立于1800年的法兰西银行，到1848年垄断了全法国的货币发行权，并于19世纪70年代完成了向中央银行的过渡；德国于1875年把原来的普鲁士银行改为国家银行，并于20世纪初基本上独享货币发行权；1913年，美国联邦储备系统建立，是这个阶段最后形成的中央银行制度。在此期间，世界上约有29家中央银行相继设立，其中绝大部分在欧洲国家。它们的产生主要是本国经济、金融发展的结果，并且除个别银行，都是由普通银行通过逐步集中货币发行和对一般银行提供清算服务及资金支持而演进为中央银行的。

第一次世界大战结束后，面对世界性的金融恐慌和严重的通货膨胀，1920年在布鲁塞尔召开的国际经济会议上，要求尚未设立中央银行的国家应尽快建立中央银行，以共同维持国际货币体系和经济稳定，由此，推动了又一次中央银行成立的高潮。中央银行的三大职能——发行的银行、银行的银行、国家的银行，在这段迅速扩展时期中逐渐完善。第二次世界大战以后，一批经济较落后的国家摆脱了宗主国或殖民者的统治获得独立，它们皆视中央银行的建立为巩固民族独立和国家主权的一大标志，纷纷建立本国的中央银行。目前，世界上只有极少数殖民地、附属国尚无自己的中央银行。

第6章 中央银行

中央银行的建立主要是通过两个途径进行的：一是从众多的商业银行中逐渐分离出一家银行，逐渐演变为中央银行。如英国的英格兰银行、法国的法兰西银行、德国的普鲁士银行；二是由国家运用行政力量专门建立的中央银行。通过这种途径建立的中央银行一般都有十分明确的目的，如稳定货币供给，维护经济金融秩序，典型的如美国联邦储蓄体系，第二次世界大战前后发展中国家和新独立国家的中央银行也属此类。

6.1.3 我国中央银行的产生及发展

1. 1840—1949 年中国的中央银行

中国的中央银行萌芽于 20 世纪初，像中国银行(其前身是清政府于 1904 年设立的户部银行，1908 年更名为大清银行)和交通银行(1908 年设立)，由于它们的成立与政府有着密切的关系并发行作为法偿货币的纸币，而部分地起着中央银行的作用。国民党政府的中央银行正式成立于 1928 年 11 月，初始时，其实力远远不及当时的中国银行和交通银行。随着对中国银行、交通银行实行增资改组及各种形式的渗透，将它们完全置于政府控制之下，中央银行的实力逐步雄厚，地位日益增强。至 1942 年，中央银行集中了全国的货币发行，取得垄断全国金融的核心地位。1949 年，随着新中国的诞生，国民党政府的中央银行及其纸币一同在祖国大陆退出了历史舞台。

2. 新中国的中央银行

新中国的中央银行是中国人民银行。中国人民银行是 1948 年 12 月 1 日在合并解放区的华北银行、北海银行和西北农民银行的基础上于河北省石家庄市组建的，直到改革开放前，其既是行使货币发行和金融管理职能的国家机关，又是从事信贷、储蓄、结算、外汇等业务经营活动的经济组织，其机构遍及全国城乡。这种全国基本上只有中国人民银行一家，集中央银行和一般银行的职能与业务于一身的"大一统"银行体制，是与当时实行高度集中统一的计划经济管理体制相联系的。期间虽也存在过一两家专业银行，但它们也不过是财政部或中国人民银行所属的业务部门。1979 年后，伴随着经济体制改革进行的金融体制改革，改变了旧有的"大一统"格局，陆续恢复和分设了一些专业银行，开设了各种其他金融机构以及允许外资、侨资在华设立银行分支机构等。与之同时，融资形式、银行业务种类等方面的改革也取得突破。这些变化就使得金融领域中协调、疏导、管理等问题上升到一个重要的位置。但是，直到 1983 年，中国人民银行仍然一身兼二任，既担负日趋繁重的金融管理任务，同时还经营占全国银行业务绝大比重的工商信贷与城镇储蓄业务。

在这样的背景下，1983 年 9 月，国务院决定：中国人民银行专门行使中央银行职能，以利于其集中力量研究整个金融工作的方针和政策及有效地进行金融宏观调控与管理；中国人民银行原来承办的工商信贷和城镇储蓄业务则新设中国工商银行来经营。1984 年 1 月 1 日，这一决定得以实施。中国人民银行完全摆脱具体银行业务这一步骤，标志着我国金融制度变革的重大转折，即中央银行体制的正式建立。1995 年 3 月 18 日，第八届全国人民代表大会第三次会议通过了《中华人民共和国中国人民银行法》，首次以国家立法形式确立了中国人民银行作为中央银行的地位，标志着中央银行体制走向了法制化、规范化的轨道，是我国中央银行制度建设的重要里程碑。1998年，按照1997年11月召开的全国金融工作会议的部署，中国人民银行及其分支机构在全国范围内进行管理体制改革，撤销省级分行，设立9个跨省区分行。2003年，中国人民银行对银行、金融资产管理公司、信托投资公司及其他存款类金融机构的监管职能被分离出来，成立了银监会。同年12月27日《中华人民共和国中国人民银行法(修正案)》正式通过。至此，经过50多年的曲折经历，一个以中国人民银行为中央银行，银监会、中国证券监督管理委员会(以下简称"证监会")和中国保险监督管理委员会(以下简称"保监会")分业监管，商业银行、城乡信用社、证券公司、保险公司等多种金融机构并存，适度竞争、分工协作的具有中国特色的金融体系形成，标志着我国金融体制改革完成了历史性转变和质的飞跃。

6.1.4 中央银行的类型

就各国的中央银行制度来看，大致可以归纳为以下四种类型。

1. 一元的中央银行制度

所谓一元的中央银行体制，是指在国内只设立一家统一的中央银行，机构设置一般采取总分行制。世界上大多数国家如英国、法国、日本和中国都采用这种制度。

2. 二元的中央银行制度

所谓二元的中央银行体制，是指在国内设立中央和地方两级相对独立的中央银行机构，地方机构有较大独立性的体制，实行国家如美国、德国等。

3. 跨国的中央银行制度

跨国的中央银行制度是指由参加某一货币联盟的所有成员国联合组成的中央银行制度。它作为所有国家共同的中央银行，发行共同的货币，为成员国制定金融政策等。采用这种制度的主要有西非货币联盟的中央银行，成员国包括贝宁、象牙海岸、尼日尔、塞内加尔等国；中非货币联盟的中非国家银行，成员国包括喀麦隆、乍得、刚果、中非等国；还有东加勒比海货币管理局等。

1998年7月，一个典型的跨国中央银行——欧洲中央银行正式成立，它是欧洲一体化的产物。2002年7月1日起欧元成为唯一的法定货币，欧元区的建立和不断扩大给全球金融业乃至全球经济都带来了巨大的影响。

4. 准中央银行制度

准中央银行制度是指在一些国家和地区，并无通常意义上的中央银行制度，只是由政府授权某个或者某几个大商业银行，或者设置类似中央银行的机构，部分行使中央银行职能的体制。以新加坡和中国香港最为典型。中国香港设有金融管理局，由货币管理部和外汇管理部负责港币和外汇基金的管理，由银行管理部和银行政策部对金融机构进行监管。港币则分别由汇丰银行、渣打银行和中国银行三家发行。

6.1.5 中央银行的资本类型

中央银行的资本有以下几种类型。

1. 资本全部为国家所有

目前大多数国家中央银行的资本金是国家所有的。一部分国家通过购买中央银行资本中原来属于私人的股份而对中央银行拥有了全部股权,另一部分中央银行成立时,全部资本金来源于国家。一般来说,历史比较久远的中央银行大多为私营银行或股份制银行演变而来,国家通过购买私人股份的办法逐渐实行了中央银行的国有化,如加拿大银行(1938)、法兰西银行(1945)、英格兰银行(1946)、荷兰银行(1948)等。1920 年,布鲁塞尔国际经济会议要求各国普遍建立中央银行制度以后,原来未建立中央银行制度的国家纷纷设立了自己的中央银行。目前,中央银行资本为国家所有的国家有英国、法国、德国、加拿大、澳大利亚、荷兰、挪威、西班牙、瑞典、丹麦、俄罗斯等。中国人民银行的资本组成也属于国家所有的类型,《中华人民共和国中国人民银行法》(以下简称《中国人民银行法》)第八条规定:"中国人民银行的全部资本由国家出资,属于国家所有。"

2. 资本部分为国家所有

这类资本组成,通常国家资本在 50%以上,非国家资本即民间资本包括企业法人和自然人的股份在 50%以下。如日本银行,政府拥有 55%的股份,民间持股为 45%;墨西哥的中央银行,国家资本占 53%,民间资本占 47%;巴基斯坦中央银行的股份,政府持有 51%,民间资本占 49%,等等。也有些国家如比利时、厄瓜多尔、委内瑞拉、卡塔尔等的中央银行的资本中政府和民间股份各占 50%。在国家不拥有全部股份的中央银行中,法律一般都对非国家股份持有者的权利做了限定,如只允许有分取红利的权利而无经营决策权,其股权转让也必须经中央银行同意后方可进行等。对于一些具体事宜有些国家还做了更为详细的规定,如日本银行规定,私股持有者每年享受的最高分红率为 5%。由于私股持有者不能参与经营决策,所以对中央银行的政策基本上没有影响。

3. 资本全部为民间所有

这类中央银行,国家不持有股份,全部资本由其他股东投入,由法律认购所参加的联邦储备银行的股份,先缴付所认购股份的一半,另一半待通知随时缴付。会员银行按实缴股本享受年息 6%的股息。意大利银行的资本股份最初是由私人持有,1926 年该银行由股份公司组织转变为按公法管理的机构,1936 年《意大利银行法》规定意大利银行为公法银行,30 亿里拉的资本分为 30 万股,由储蓄银行、公营信贷银行、保险公司、社会保障机构等所持有,股份转让也只能在上述机构之间进行,并须得到意大利银行董事会的许可。瑞士国家银行 1905 年创建时为联合股份银行,资本额为 5 000 万瑞士法郎,实收资本为 2 500 万瑞士法郎,其中多数股份由州政府银行持有,少数股份由私人持有,但必须是本国公民、本国公司企业或在瑞士建立总代表处的法人。瑞士政府不持有该银行的股份,但掌握其人事权,国家银行的董事大部分由政府指派。

4. 无资本金的中央银行

韩国的中央银行是目前唯一没有资本金的中央银行。1950年韩国银行成立时，注册资本为15亿韩元，全部由政府出资。1962年《韩国银行法》的修改使韩国银行成为"无资本的特殊法人"。该行每年的净利润按规定留存准备之后，全部汇入政府的"总收入账户"。会计年度中如发生亏损，首先用提存的准备弥补，不足部分由政府的支出账户划拨。

5. 资本为多国所有

货币联盟中成员国共同组建中央银行的资本金是由各成员国按商定比例认缴的，各国以认缴比例拥有对中央银行的所有权。

中央银行的资本组成虽然有上述五种类型，但有一点是共同的，即无论是哪种类型的中央银行，都是由国家通过法律(跨国中央银行是通过成员国之间的条约)赋予其执行中央银行的职能，资本所有权的归属已不对中央银行的性质、职能、地位、作用等发生实质性影响。

6.2 中央银行的性质、职能和独立性问题

6.2.1 中央银行的性质

虽然各国的社会历史状况不同，经济和政治制度不同，商品经济和货币信用制度的发展水平以及金融环境各有差异，但就中央银行在国民经济活动中的特殊地位和作用分析，各国中央银行的一般性质都具有某种共性。

中央银行的性质一般可以描述为：中央银行是国家赋予其制定和执行货币政策，对国民经济进行宏观调控和管理监督的特殊金融机构。

1. 地位的特殊性

目前世界各国几乎都设有中央银行。尽管其名称不尽相同，有些中央银行前面冠以国名，如英格兰银行、法兰西银行等，有些称为国家银行，如罗马尼亚国家银行、保加利亚国家银行等，有些称为储备银行，如美国联邦储备银行、南非联邦储备银行等，有些则直接称为中央银行，如阿根廷中央银行、智利中央银行和土耳其中央银行等，但就其所处的地位而言，都处于一个国家金融体系的中心环节。它是统领全国货币金融的最高权力机构，也是全国信用制度的枢纽和金融管理最高当局。通过中央银行，贯彻国家的金融政策意图，通过中央银行，适时合理运用宏观货币供应量调控机制，实现国家对整个货币量的控制，以把握经济发展的冷热度。通过中央银行，行使国家对整个国民经济的监督和管理，以实现金融业的稳健和规范经营，并加强国与国之间的金融联系和合作。可见，中央银行的地位非同一般，它是国家货币政策的体现者，是国家干预经济生活的重要工具，是政府在金融领域的代理，也是在国家控制下的一个职能机构。它的宗旨是维持一国的货币和物价稳定，促进经济增长，保证充分就业和维持国际收支平衡。

2. 业务的特殊性

(1) 从业务经营的目的来看。马克思曾阐述，资本主义银行是资本主义的一种特殊企

业。其实，这是指资本主义国家的商业银行以及其他金融机构而言的。之所以称其为特殊企业，一是因为它们经营的不是普通商品，而是特殊商品——货币；二是它们和资本主义的工商企业一样，都是以追逐利润最大化为经营目标。而资本主义国家的中央银行则不然，其原则上不经营具体的货币信用业务，所以不与普通银行和其他金融机构争利润，不以盈利为目标，而是资本主义国家用来干预经济生活，为实现国家的经济政策目标服务的。

(2) 从业务经营的特征来看。中央银行享有发行货币的特权，这是商业银行和一般的行政管理部门所不能享有的权利。中央银行的资金来源主要是发行的货币，同时也接受商业银行和其他金融机构的存款，所以它不可能与商业银行和其他金融机构处于平等的地位，因此也不可能展开公平的竞争。

3. 管理的特殊性

资本主义国家虽然赋予中央银行各种金融管理权，但它与一般的政府管理机构毕竟有所不同。一方面，这些管理职能，无论是对各银行和金融机构的存贷业务、发行业务，还是对政府办理国库券业务、对市场发行和买卖有价证券业务等，中央银行都是以"银行"的身份出现的，而不仅仅是一个行政管理机构。另一方面，中央银行不是仅凭行政权力去行使其职能，而是通过行政、经济和法律的手段，如计划、信贷、利率、汇率、存款准备金等去实现。中央银行本身不参与业务，而是对商业银行和其他金融机构进行引导和管理，从而达到对整个国民经济进行宏观调节和控制。此外，中央银行在行使管理职能时，它处于超然地位，不偏向任何一家银行，而是作为货币流通和信用管理者的身份出现，执行其控制货币和调节信用的职能，从而达到稳定金融的目的。

6.2.2 中央银行的职能

中央银行作为国家干预经济的重要机构，它的职能是由其性质决定的。从不同的角度，中央银行职能可以有多种划分方法。由于各国社会历史状况、经济和政治制度、金融环境等的不同，所以中央银行行使其职能的程度也有所差异。按照中央银行业务活动的特征分为发行的银行、银行的银行、政府的银行及调节和控制宏观经济的银行四类。

【拓展视频】

1. 发行的银行

发行的银行是指中央银行垄断货币发行权，并通过发行货币来控制信用，调节货币流通，该职能对调节货币供应量、稳定币值有重要作用。

从中央银行产生发展的历史来看，独占货币发行权是其最先具有的职能，也是它区别于普通商业银行的根本标志。而货币发行权一经国家法律确认，中央银行就对调节货币供应量、保证货币流通的稳定与正常负有明确的责任。

当然，随着货币制度的演化，中央银行发行货币的形式与保证也有了很大变化。在金属货币制度条件下，中央银行主要发行银行券，并且必须要有足够的发行准备，即黄金、商业票据和政府债券等。后来随着金本位制的崩溃，黄金保证比例随之下降，很多国家把其持有的外汇也作为重要的发行保证。第二次世界大战以后，随着不可兑换的信用货币制度的实行，中央银行仅仅发行现钞货币(包括金属铸币)，于是各国把法定存款准备金作为发行保证,并把准备金率的调整作为调节货币供应量的手段之一。实际上,中央银行的现金发行对商业银行的存款货币创造乃至整个货币供应都起到了重要的作用。因此,垄断货币发行是中央银行发挥其职能作用的基础。

2. 银行的银行

所谓银行的银行是指中央银行集中保管商业银行的准备金,并对它们发放贷款,充当"最后贷款人",同时中央银行还受国家委托对其他金融机构进行监督和管理,它就有责任维护整个金融业的安全。

第一,充当最后贷款人。19世纪中叶前后,连续不断的经济动荡和金融危机使人们认识到,金融恐慌和支付链条的中断往往是触发经济危机的导火线,因此提出由中央银行承担"最后贷款人(Lead of Last Resort)"的责任。最后贷款人可以发挥以下作用:一是支持陷入资金周转困难的商业银行及其他金融机构,以免银行挤兑风潮的扩大而最终导致整个银行业的崩溃;二是通过为商业银行办理短期资金融通,调节信用规模和货币供给量,传递和实施宏观调控的意图。实施货币局制度与"美元化"的国家,则失去了这一功能。

中央银行主要通过抵押再贷款、票据再贴现和回购协议等对商业银行发放贷款。为了配合政府经济政策,中央银行往往采取降低或提高再贴现率和贷款利率的措施,以调节商业银行的信贷规模。"最后贷款人"原则的提出确立了中央银行在整个金融体系中的核心和主导地位。

第二,集中管理商业银行的存款准备金。中央银行根据法律所赋予的权利,要求商业银行及有关金融机构依法向中央银行缴存存款准备金。中央银行集中保管存款准备金的最原始意义在于保证存款机构的清偿能力,既能保障存款人的安全,又能防止银行因发生挤兑而倒闭,有利于中央银行调节信用规模和控制货币供应量。同时,为商业银行和其他金融机构进行非现金结算创造了条件,也强化了中央银行的资金实力。

第三,全国票据的清算中心。中央银行主持全国各银行间的票据交换和清算业务,是票据交换和结算的中心。由于各家商业银行都在中央银行开设有存款账户,各银行的票据交换和资金清算都可以通过这些账户进行划拨和转账。中央银行用结算轧差直接增减商业银行的超额准备金,既能迅速结清各商业银行之间的债权债务,加速资金周转,又使中央银行及时了解和监督各商业银行的业务经营状况及资金头寸。

中央银行办理银行间清算的职能是在中央银行执行货币发行与集中保管存款准备金的基础上发展起来的。中央银行掌握货币发行权,集中保管准备金,使各商业银行都在中央银行开设存款账户,为中央银行主持银行间票据交换和差额清算提供了条件。早在19世纪中期,英格兰银行就以各账户间转账的方式为在英格兰银行开户的银行结算每日清算差额,这一职能很快为其他中央银行所接受,并逐步形成中央银行的一项重要职能。

3. 政府的银行

所谓政府的银行是指中央银行是国家货币政策的执行者和干预经济的工具。

中央银行是国家宏观经济管理的一个重要部门,但在一定程度上又超脱于国家政府的其他部门,与一般政府机构相比独立性更强。这种地位使中央银行成为国家管理宏观经济的重要工具。

第一,政府是中央银行的存款户。中央银行为政府开立存款账户,并在此基础上开展业务:代理国库,代理政府办理出纳,代理政府债券的发行、认购和还本付息等。

第二,政府是中央银行的贷款户。各国中央银行都有支持政府、为政府融资的任务。当国家财政需要时,中央银行可以通过下列方式对政府提供信贷支持:直接给国家财政以贷款。一般主要解决短期临时性财政困难,因容易造成货币供应量上升而较少采用。购买国家债券。需要注意的是中央银行在一级市场和二级市场上购买国债对货币流通的影响是不同的。

第三,其他。主要包括保管外汇和黄金,进行外汇、黄金的买卖和管理;制定和执行货币政策;制定并监督执行有关金融管理法规;代表政府参加国际金融组织和从事国际金融活动,以及代表政府签订国际金融协定;在国内外经济金融活动中,充当政府的顾问,提供经济、金融情报和决策建议。

4. 调节和控制宏观经济的银行

(1) 制定和执行货币政策。当今世界,各国都面临着如何建立和完善宏观经济管理制度的问题。而宏观经济管理的一个显著特点,就是货币政策已经成为国家整个经济政策的重心。作为制定和执行货币政策的中央银行,扮演着调节和控制宏观经济的重要角色,这在当今世界已形成共识。

(2) 调节货币供给量。从价值形态分析,社会总需求是货币供给量和货币流通速度的乘积,要保证宏观供求平衡,充分发挥中央银行对货币供给量的调节职能至关重要。换言之,中央银行要实现其货币政策的最终目标,必须以货币供给量这一中间目标的实现为传导。

中央银行要有效地实现对货币供给量的调节,一是要建立和完善调控机制,这一调控机制既要有明确的最终目标,又要采取有效的政策工具;既要选择好具体的调控对象,又要运用合适的调控形式。二是要充分运用中央银行所拥有的各种经济手段,采取扩张或紧缩信用的方法来调节货币供给量。

(3) 监督和管理金融业。中央银行除了应负担起组织和调控货币供应的职责外,作为一国的金融管理当局,还必须担负起对本国辖区的金融机构,包括本国及外国银行、内外合资银行等监督和管理的职责。

各国银行法通常规定,一切吸收存款的机构均须向中央银行注册,请求批准。凡在国内新建立的银行等金融机构或本国银行在国外设立分支机构,均须经过中央银行批准,按照立法程序完成登记注册手续,并定期呈报材料,接受监督。中央银行有权制定一般银行和其他金融机构的业务管理规章细则,经常检查它们的业务和账户,了解它们的业务经营状况,在必要时向它们发出政策性通告与训令,使之遵循有关金融政策和法令。中央银行在对金融市场实施监督和管理的过程中,不仅对金融市场的不同市场层次的交易进行监督和管理,还直接参与金融市场的交易,以控制金融市场,使之服从于政府的经济决策和货币政策的要求。

从世界各国的实践看,以上各项职能并不一定全部由中央银行独自承担。1997年,英国成立独立于中央银行、负责对整个金融活动进行统一监管的综合性金融监管机构——金融服务管理局(FSA)。韩国(1998年4月)、澳大利亚(1998年7月)、卢森堡(1999年1月)、匈牙利(2000年4月)、日本(2000年7月)、奥地利(2002年4月)等国也先后进行了类似的改革,逐步实行统一监管。而在美国联邦储备系统(The Federal Reserve System)中,联储理事会是美国货币与金融事务的决策机构,它负责制定货币政策,对12家联邦储备银行进行广泛的监督,负责全国支付系统的顺利运转,并对银行进行监管。而按经济区划划分的12家联邦储备银行作为本地区的中央银行,其政策操作是在理事会的监督和协调下进行的。其主要职能是负责贴现窗口的操作,向银行提供信贷,对会员银行实施具体的监管等。2009年6月,美国当任总统奥巴马推出近80年来最大规模的金融监管改革方案,把美联储变为超级监管机构,监管所有大型金融机构,加强对衍生投资产品的监管,并且提出成立新机构,专门负责保护投资者利益的工作。

我国目前实行金融分业经营、分业管理体制。作为中央银行的中国人民银行全面负责货币政策的制定与执行,并负责全国的反洗钱工作和全国的征信管理工作。根据2003年12月27日第十届全国人民代表大会常务委员会第六次会议修正后的《中华人民共和国中国人民银行法》规定,中国人民银行的主要职责为:①起草有关法律和行政法规;完善有关金融机构运行规则;发布与履行职责有关的命令和规章。②依法制定和执行货币政策。③监督管理银行间同业拆借市场和银行间债券市场、外汇市场、黄金市场。④防范和化解系统性金融风险,维护国家金融稳定。⑤确定人民币汇率政策;维护合理的人民币汇率水平;实施外汇管理;持有、管理和经营国家外汇储备和黄金储备。⑥发行人民币,管理人民币流通。⑦经理国库。⑧会同有关部门制定支付结算规则,维护支付、清算系统的正常运行。⑨制定和组织实施金融业综合统计制度,负责数据汇总和宏观经济分析与预测。⑩组织协调国家反洗钱工作,指导、部署金融业反洗钱工作,承担反洗钱的资金监测职责。管理信贷征信业,推动建立社会信用体系。⑪作为国家的中央银行,从事有关国际金融活动。⑫按照有关规定从事金融业务活动。⑬承办国务院交办的其他事项。

6.2.3 中央银行的独立性

1. 中央银行独立性问题的提出

从17世纪末瑞典中央银行首先建立算起,中央银行体制的存在已经有400多年的历史,但是一直到20世纪有关中央银行的独立性问题才被各国中央银行法所承认,并在20世纪初的美联储、20世纪中叶的各发达国家及20世纪末欧盟中央银行法中得以充分的体现,这主要和金本位制的崩溃和通货膨胀的发展有着重要的联系。

实证研究表明,中央银行的独立性和通货膨胀之间存在明显的负相关关系。即中央银行的独立性越大,通货膨胀率越低;反之,央行的独立性越小,通货膨胀率越高。哈佛大学的学者采用实证方法对该问题进行研究提出了哈佛报告,报告认为,中央银行的独立程度与经济良性发展之间具有正相关关系,只有保持中央银行高度的独立性,才能在低通货膨胀的条件下,实现适度的经济增长和较低的失业率。由于通货膨胀与各国的经济增长有着紧密的联系,而且通货膨胀通常会被经济增长的过分要求而激起,这就使得稳定币值成为中央银行重要的任务,而拥有一个强大的、独立的中央银行则成为一国币值稳定的先决条件。

强调和重视中央银行的独立性目的还在于防止由于特定的、短期的以及个别利益集团的利益需要而牺牲国家的长远利益、全局利益,影响经济社会的正常稳定发展,这是中央银行作为金融管理机关和政府干预经济的工具服务于国家长远利益的一种特殊存在方式和活动方式。此外，货币政策也需要独立于政府，不受政府短期目标的影响。保持货币政策的独立性通常被认为是市场经济条件下一国政府行为成熟的重要标志之一。因此加强中央银行独立性是中央银行制度发展的客观趋势，并已经成为世界各国的共识。

2. 中央银行独立性的内涵

所谓中央银行独立性，首先是指中央银行在履行通货管理职能，制定与实施货币政策时的自主性。制定和实施货币政策必然要涉及货币政策目标与货币政策手段两个方面的问题，因此中央银行的独立性包括了确定目标的独立性和运用工具的独立性。

现代中央银行的货币政策目标包括稳定物价、充分就业、经济增长和国际收支平衡四个方面。这四个方面虽然有着密切的内在联系，但稳定物价即币值是中央银行的中心目标。货币政策目标不明确或者币值不稳定的国家，或者事实上不能坚持以稳定币值为中心目标的国家，中央银行在选择货币政策工具时也会遇到来自各方的压力，如果中央银行独立性不强，其所选择的货币政策工具也很可能受到不同利益集团的影响，从而不能实现既定的货币政策目标。

其次，金融监管上的独立性，也成为中央银行独立性的新内容。1997 年巴塞尔银行监管委员会发布《银行业有效监管的核心原则》，明确提出："在一个有效的银行监管体系下，参与银行组织监管的每个机构要有明确的责任和目标，并应享有工作上的自主权和充分的资源"，"为有效执行其任务，监管者必须具备操作上的独立性、现场和非现场收集信息的手段和权利以及贯彻其决定的能力。"

3. 中央银行独立性的表现

中央银行独立性的表现主要体现在它的法律地位问题，该问题主要是界定中央银行与中央政府、地方政府和普通银行的关系，核心是中央银行与中央政府和国家权力机关(如国会等)的地位关系。在这方面世界各国的主要模式有以下四种。

(1) 美国模式，直接对国会负责，较强的独立性。美国 1913 年《联邦储备法》建立的联邦储备系统行使制定货币政策和实施金融监管的双重职能。美联储实际拥有不受国会约束的自由裁量权，成为立法、司法、行政之外的"第四部门"。

(2) 英国模式，名义上隶属财政部，相对独立性。尽管法律上英格兰银行隶属于财政部，但实际上财政部一般尊重英格兰银行的决定，英格兰银行也主动寻求财政部支持而相互配合。1997 年英格兰银行事实上的独立地位向第一种模式转化。

(3) 日本模式，隶属财政部，独立性较小。日本是高度行政集权的国家，日本银行成立起就一直绝对服从政府，听命于大藏省的指令，大藏大臣对日本银行享有业务指令权、监督命令权、官员任命权以及具体业务操作监督权。但是 1998 年 4 月日本国会通过了修正《日本银行法》以法律形式确认中央银行的独立地位，实现向第一种模式转化。

(4) 中国模式，隶属于政府，与财政部并列。《中华人民共和国中国人民银行法》规定："中国人民银行是中华人民共和国的中央银行。中国人民银行在国务院领导下，制定和执行货币政策，防范和化解金融风险，维护金融稳定。"

4. 各国中央银行独立性的比较

中央银行独立性大的国家多设单一的监管机构，中央银行就是金融业的主管部门。在实行联邦制的国家,如德国和美国,或在中央银行独立性较小的国家,如意大利、法国、日本、加拿大和瑞士等,对金融业的监管机构是多头的。

1) 从立法方面看

很多西方国家的中央银行法都明确赋予中央银行以法定职责。或赋予中央银行在制定或执行货币政策方面享有相当的独立性。如德意志联邦银行法中规定,"德意志联邦银行为了完成本身使命。必须支持政府的一般经济政策,在执行本法授予的权势,不受政府指示的干涉。"①联邦银行法所赋予的中央银行的权力是非常广泛的。再贴现,准备金政策,公开市场政策等方面,联邦银行都可以独立地作出决定。日本银行法中,曾多次提到日本银行要受主管大臣(指大藏大臣)的监督。并规定,"主管大臣认为日本银行在完成任务上有特殊必要时,可以命令日本银行办理必要业务或变更条款或其他必要事项。"②这些规定与前述日本银行的隶属关系是一致的。在独立性方面,日本银行小于德意志联邦银行。

2) 从中央银行的资本所有权来看

它的发展趋势是趋于归政府所有。目前很多西方国家的中央银行资本归国家所有,其中主要是英国,法国(以上两国的中央银行都是在第二次世界大战后收归国有的)、原联邦德国、加拿大、澳大利亚、荷兰、挪威、印度等国。有些国家中央银行的股本是公私合有的,如日本、比利时、奥地利、墨西哥和土耳其等国。另外一些国家的中央银行虽然归政府管辖,但资本仍归个人所有,如美国和意大利等国。凡允许私人持有中央银行股份的,一般都对私人股权规定一些限制。例如,日本银行的私人持股者只领取一定的红利,不享有其他职权。意大利只允许某些银行和机关持有意大利银行的股票,美国联邦储备银行的股票只能有会员银行持有。中央银行资本逐渐趋于国有化或对私人股份加以严格地限制主要是出于以下的考虑,即中央银行主要是为国家政策服务的,不能允许私人利益在中央银行中占有任何特殊的地位。

3) 从任命中央银行的理事和总裁来看

政府作为中央银行唯一的或主要的股东,或甚至在私人全部持有中央银行股票的情况下,政府一般都拥有任命理事或总裁的权力。至于在中央银行理事会中政府是否派有代表参加或政府代表的权限有多大,各国则有较大的差异。一般来说,有以下几种情况:①在中央银行中设有政府代表,对中央银行政策的制定不过问,如英国、美国、荷兰、奥地利等国;②在中央银行中政府派有代表,但这些代表的权力大小,各不相同。在意大利银行中,政府代表的权力较大。在德意志联邦银行和日本银行中,政府代表只有发言权,而无表决权。

4) 从中央银行与财政部资金关系上看

很多国家严格限制中央银行直接向政府提供长期贷款,但又要通过某些方式对政府融资予以支持。如美国财政部筹款只能通过公开市场进行,也就是用发行公债的办法。如果财政部筹款遇到困难,也只是向联邦储备银行短期借款,有的期限只有几天,而且是以财政部发出的特别库券作为担保。意大利银行可以向财政部提供短期贷款,但贷款金额不得超过年度预算支出的14%。法兰西银行可以向政府提供无息透支,但有上限而且实际透支很少。中央银行与财政的资金往来关系,是衡量中央银行相对独立性大小的一个重要尺度。

5) 从中央银行的利润分配与税收管理上看

中央银行有保持相对独立性的财务基础。中央银行不是企业,但它有盈利,不但能够维持自己的营业支出和股票分红,还有一部分剩余上缴财政。中央银行不需要财政拨款,因此减少了政府的制约,这是中央银行不同于其他政府部门的地方。但是中央银行不以盈利为目标,它的收入扣除必要分配外,全部要上缴。这又是它作为政府部门性质的体现。各国中央银行盈利上交的比例都是相当高的,如美国高达80%左右,日本也超过了80%。

5. 中国中央银行的独立性

1) 中央银行独立性的悖论

与西方国家相比,中国中央银行制度形成的历史较短,并且由于长期实行中央银行集权的计划经济,中央银行对政府的依附性比较强,其具有相对独立性表现在以下几方面。

(1) 目标独立性不强。《中国人民银行法》第十二条指出:"中国人民银行设立货币政策委员会。货币政策委员会的职责、组成和工作程序,由国务院规定,报全国人民代表大会常务委员会备案。"

(2) 决策独立性不强。中国人民银行实施货币政策的效果与财政部、建设部等部委的经济产业政策密切相关。中国人民银行只享有一般货币政策事项的决定权,对于年度货币供应量,利率及汇率等重大政策事项只有制定权和执行权,但是最终决策权属于国务院。

(3) 法律独立性不强。从世界范围来看,凡是把稳定币值作为中央银行首要的或唯一的目标并取得较佳效果的国家,其中央银行的法律地位比较高。中央银行具有双重性:一方面是国家机关,依法行使管理金融业的行政职权;另一方面它拥有资本,可以依法经营某种业务。

因此目前不少学者认为中国应该加强中央银行的独立性,有人甚至认为应该以此作为中国金融体制改革的目标之一。中央银行的独立性与通货膨胀呈负相关关系,与经济增长呈正相关关系。这些学者的研究试图说明,中央银行独立性的加强并不是以牺牲经济增长速度为代价的。例如,第二次世界大战后中央银行独立性比较高的德国、美国和加拿大等国都实现了较低的通货膨胀率,其经济增长率也并不比中央银行独立性较低、通货膨胀率较高的英国、法国、意大利低。但是这些实证分析也存在局限性,这些观点也受到质疑。因为另外的一些实证也足以说明,中央银行的独立性并不一定能确保实现价格稳定的目标,即便是要追求价格稳定的目标,通过其他一些手段也可以实现。

但也有些学者提出了不同的观点,他们的观点是由中央银行独立性导致的非民主性矛盾、宏观经济协调困难和中央银行官员的非正当行为等问题,至少可以证明中央银行独立性并不一定能够带来低通货膨胀率,或者说中央银行独立性并非是实现物价稳定目标的充分条件。首先,在一个民主和法制最重要的公共利益国家中,是无法忍受一个不受任何直接和有效的政治控制却集中了对货币政策乃至经济总量的巨大影响力的中央银行存在的。这种非民主性的矛盾使得理想状态下的中央银行独立性难以实现,而以其确保价格稳定目标的实现更无从谈起。其次,独立的中央银行将造成宏观经济政策协调困难,从而产生货币政策的摩擦损失。最后,按照公共选择学派的观点,政府官员并非从本意上追求公共利益,实际上他们也像普通人一样追求个人和机构利益最大化,因此,需要某种权力制约以防止中央银行主要官员通过非正当行为危害公众利益,这也是反对加强中央银行独立性的重要理由。

2) 加强中国中央银行的独立性

关于加强中国中央银行的独立性问题,应该把握以下几个基本认识。

(1) 中央银行的独立性是相对的。即便是西方市场经济发达的国家,中央银行的独立性也要受制于不同的国家权力机构,主要区别在于是直接受制于政府还是超越政府直接受制于国会。虽然我国也绕不开这一个问题,但不能以此作为判断独立性强弱的唯一标准。

(2) 中央银行的独立性表现在很多方面。在货币政策的决策权方面,《中国人民银行法》第七条规定:"中国人民银行在国务院领导下依法独立执行货币政策,履行职责,开展业务,不受地方政府、各级政府部门、社会团体和个人的干涉。"但第五条又规定:"中国人民银行就年度货币供应量、利率、汇率和国务院规定的其他重要事项作出的决定,报国务院批准后执行。"因此,中国人民银行的货币决策权直接受制于中央政府。

在中央银行货币政策目标上,《中国人民银行法》第三条规定:"货币政策目标是保持货币币值的稳定,并以此促进经济增长。"但第二条对中央银行使命限定是"中国人民银行在国务院领导下,制定和执行货币政策,防范和化解金融风险,维护金融稳定。"这就从法律上赋予了中央银行行为的多种目标,从而难免与货币政策目标发生一定冲突。

在中央银行的经济地位上,中央银行通过再贷款的方式承担了很多金融改革和防范化解金融风险的成本,这实际上是让中央银行牺牲信用独立性来承担和减轻本来应由财政负担的成本,从而弱化了中央银行的经济地位。另外,在强制结售汇的外汇管理体制下,外汇占款成了中央银行不得不被动增加基础货币供给的一个重要渠道和机制,也从另一个方面弱化了中央银行的信用独立性。

中央银行相对独立性是有效执行货币政策的必要条件,但并不是它的充分条件。也就是说中央银行有了相对独立性,货币政策也不一定能够成功。日本银行隶属财政部,但它的货币政策被证明是比较成功的,在经济高速发展时期,日本的货币政策既促进了经济增长,其通货膨胀率也是较低的。货币政策的效果如何取决于许多因素,仅有中央银行的愿望和努力是不够的。因此,加强中央银行的独立性本身不是目的。

中国人民银行独立性较弱反映了中国中央银行体制中仍然存在一定问题。这方面问题的存在不利于充分发挥中央银行的职能。因此,我们认为中国人民银行的独立性有待于进一步提高,但由于加强央行独立性本身不是目的,而是为了更好地适应我国经济体制向市场经济转轨的要求,提高中国人民银行维持经济稳定发展的能力,更好地实现中央银行保持货币稳定,促进经济发展的目标。在这个方面,中央政府与中国人民银行的总体目标是一致的,具体问题是可以通过沟通和协调解决的。

6.3 中央银行的业务

中央银行的各种职责主要通过各种业务活动来履行。由于中央银行的地位和职能的特殊性,其业务活动的种类与一般金融机构相比有很大的不同。按中央银行的业务活动是否与货币资金的运动相关,中央银行的业务可以分为银行性业务和管理性业务。

银行性业务是中央银行作为发行的银行、银行的银行、政府的银行所从事的业务。此类业务直接与货币资金相关,都将引起货币资金的运动或者数量变化,具体包括负债业务、资产业务以及清算业务、经理国库业务、代理政府向金融机构发行及兑付债券业务、会计业务等与货币资金运动相关的银行性业务。管理性业务是中央银行作为一国最高金融管理当局所从事的业务。此类业务和货币资金的运动没有直接关系,需要运用中央银行的法定特权,具体包括金融调查统计业务,对金融机构的稽核、检查、审计业务等。在这里我们主要讲述银行性业务。

6.3.1 中央银行的资产负债表

中央银行的业务活动可以通过它在资产负债表上的记载得到概括反映。由于各个国家的金融制度、信用方式等方面存在着差异,各国中央银行的资产负债表并不是统一的,其中的项目多寡及包括的内容颇不一致。这里仅将中央银行最主要的资产负债项目概括成表 6-1,旨在概略表明其业务的基本内容。

表 6-1 中央银行资产负债表

资产	负债
国外资产	流通中的通货
再贴现及放款	商业银行等金融机构存款
政府债券和财政借款	国库及公共机构存款
外汇、黄金储备	对外负债
其他资产	其他负债和资本项目
合计	合计

中央银行一般是一国通货的唯一发行银行,因此,流通中的通货是中央银行负债的一个主要项目;作为银行的银行,它与商业银行等金融机构间的业务关系,主要是负债方,商业银行等金融机构在中央银行的存款(包括准备金存款)和资产方的贴现及放款;作为国家的银行,它在业务上与政府的关系,主要是列于负债方的接受国库等公共机构的存款和列于资产方的通过持有政府债券融资给政府,以及为国家储备外汇、黄金等项目。

6.3.2 中央银行的负债业务

1. 中央银行的存款业务

中央银行的存款一般分为商业银行等金融机构的准备金存款、政府存款、非银行金融机构存款、外国存款、特定机构和私人部门存款、特种存款等。

从中央银行的资产负债关系来看,中央银行和商业银行不同,商业银行是资金来源决定资金运用,而中央银行是资金运用创造了资金来源,其主要存款业务如下所述。

1) 准备金存款业务

存款准备金是商业银行等存款货币机构按吸收存款的一定比例提取的准备金。它主要包括两部分:一部分是自存准备,通常以库存现金的方式存在;另一部分是法定存款准备金,即商业银行必须按照一定比例转存中央银行的部分,在中央银行存款中超过法定存款准备金的部分称为超额准备金。准备金制度是各国中央银行实施货币政策的重要工具。

2) 政府存款业务

政府存款的构成各国有些差异。有的国家就是中央政府的存款,而有的国家则将各级地方政府的存款、政府部门的存款也列入其中,即便如此,政府存款中最重要的仍是中央银行存款。中央银行存款一般包括国库持有的货币、活期存款、定期存款及外币存款等,中国人民银行资产负债表中"中央政府存款"是指各级财政在中国人民银行账户上预算收入与支出的余额。中央银行收存中央政府存款是在经理国库业务中形成的。

3) 非银行金融机构存款业务

非银行金融机构在中央银行的存款,有的国家中央银行将其纳入准备金存款业务,按法定要求办理;有的国家中央银行则单独作为一项存款业务。目前我国各种非银行金融机构在中国人民银行都有存款,主要也是用于清算。

4) 外国存款业务

外国存款或属于外国中央银行或属于外国政府,他们持有这些债权构成本国的外汇,随时可以用于贸易结算和清算债务,存款数量多少取决于他们的需要,这点对于本国中央银行来讲有较大的被动性。不过虽然外国存款对本国外汇储备和中央银行基础货币的投机有影响,但由于外国存款的数量较小,影响力不大。

5) 特定机构和私人部门存款业务

特定机构是指非金融机构,中央银行收存这些机构的存款,或是为了特定的目的,如对这些机构发放特别贷款而形成的存款,或是为了扩大中央银行的资金来源。多数国家法律规定不允许中央银行收存私人部门的存款,有些国家虽然法律允许收存,但也仅限于特定对象,并且数量很小。

6) 特种存款业务

特种存款是指中央银行根据商业银行和其他金融机构信贷资金的营运情况,以及银根松紧和宏观调控的需要,以存款的方式向这些金融机构集中一定数量的资金而形成的存款。特种存款业务作为调整信贷资金结构和信贷规模的重要措施,成为中央银行直接信用控制方式之一。特种存款业务有几个特点:一是非常规性,中央银行一般只在特殊情况下为了达到特殊目的而开办;二是特种存款业务对象具有特定性,一般很少面向所有的金融机构;三是特种存款期限较短,一般为 1 年;四是特种存款的数量和利率完全由中央银行确定,具有一定的强制性,特定金融机构只能按规定的数量和比率及时足额地完成存款任务。

2. 货币发行业务

这是中央银行最重要的负债业务。中央银行通过再贴现、贷款、购买证券、收购金银、外汇等方式,把它们投入市场,形成流通中的货币。每张投入市场的钞票(又称通货)都是中央银行对持有者的负债或说是持有者对中央银行的债权。

在现代不兑现信用货币流通的制度下,货币的发行在客观上要受国民经济发展水平的制约。中央银行的货币发行必须建立在可靠的准备金基础上,而决不能因外界影响或政治压力滥发纸币,甚至肆意发行。货币发行必须符合国民经济发展的客观要求,否则就会发生通货膨胀或者通货紧缩。

就世界各国中央银行货币发行准备来看,基本有两种:一是现金准备,以金银、外汇等抵充；二是信用保证准备，以短期商业票据、财政短期库券、政府公债等抵充。

就我国人民币的发行程序来看，中国人民银行对现金的投放和回笼一直编制现金计划，作为组织执行计划的依据。具体发行是由中国人民银行设置发行基金保管库(简称发行库)来办理的。所谓发行基金是人民银行保管的已印好而尚未进入流通的人民币票券。

人民币发行和回笼过程如图6-1所示。

图6-1 人民币发行和回笼流程

3. 代理国库业务

如前所述，中央银行作为国家的银行，一般均由政府赋予代理国库的职责，政府财政的收入和支出，都由中央银行代理。同时，那些依靠国家拨给行政经费的行政事业单位的存款，也都由中央银行办理。国库存款、行政事业单位存款在其支出之前在中央银行存放，构成中央银行的负债业务，并成为中央银行重要的资金来源。

值得注意的是，目前大部分国家的财政存款都集中存于中央银行，但美国的情况例外。美国财政部只把很小一部分存款存于联邦储备银行内，其余大部分存于许多家合格的商业银行中。这种制度是逐渐形成的，目的是尽量缩减由于财政巨额净收款和净付款对商业银行存款准备金、进而对其信贷规模，以及对社会货币供应量状况引起较大的波动。

6.3.3 中央银行的资产业务

1. 再贴现和贷款

这主要是指中央银行对商业银行及其他金融机构进行融资的业务。中央银行有责任对后者提供融资支持。在商业银行等金融机构资金紧迫时，中央银行用再贴现、再抵押方式给予资金融通，目的是保证银行体系的安全性、灵活性和银行业务的顺利进行。

从各国的经验看，中央银行对商业银行等金融机构办理再贴现和贷款业务，要注意这种资产业务的流动性和安全性，注意期限的长短，以保证资金的灵活周转和对货币流通的及时、有效调节。中央银行办理再贴现时，要了解市场资金需求的真实情况，弄清是否有真实的生产与流通的需要，而且票据的内容、款式及有关手续要符合法律规定，可以做到到期即收，以保持中央银行资金的流动性。

2. 证券买卖业务

各国中央银行都经营证券交易业务。一般来说，中央银行持有优等且有利息的证券是适宜的。对那些随市场变化和经营状况不稳定的证券则不宜大量持有，因为中央银行肩负调节金融的重任，需依据市场银根松紧适时调节资金供应。我国的《中国人民银行法》规定：中国人民银行不得直接认购、包销国债和其他政府债券，但可以在公开市场上买卖这些债券。

我国财政赤字的弥补，过去除了以发行国家债券弥补一部分以外，往往采取向中央银行借款或透支的方式解决。《中国人民银行法》明确规定中央银行不得对政府财政透支,也不得对地方政府、各级政府部门提供贷款,国家财政赤字的弥补只能靠发行债券来解决。中央银行在公开市场上是否购买财政债券,则视其调节货币流通的需要而定。

3. 黄金和外汇储备

黄金和外汇储备是用于国际支付的国际储备。当代世界各国,在国内市场上并不将金银、外汇作为货币来流通与使用,流通中的货币也不与金银兑换,不少国家均实行程度不同的外汇管制。在国际收支发生逆差时,一般也不直接支付黄金,而采取出售黄金换取外汇来支付的方式。这样,各国的黄金和外汇自然就要集中,至少是部分集中到中央银行储存。需要黄金外汇的人,一般要向中央银行申请购买,中央银行就把买卖黄金、外汇当作自己的一项业务。中央银行开展这种业务是为了代表国家集中国际储备、调节资金,稳定金融和促进一国国际贸易及对外交往的顺利进行。

美国财政部是美国国家拥有的黄金的唯一监理人,并且为了货币的目的而买卖黄金。这些业务都是通过联邦储备银行作为其代理机构来进行的。联邦储备银行也为财政买卖外汇,以进行国际收款和付款,并也为本身利益而买卖外汇用于影响美元汇率状况。英国英格兰银行代理经营政府的"外汇平衡账户"以稳定英镑币值。法国法兰西银行负责保管国家的黄金外汇储备,黄金不得自由输出入,还为财政部设立"外汇平准基金账户",在外汇市场上买卖外汇,干预汇率变动,维持法郎汇率稳定。日本的日本银行作为大藏省的代理机构,与外汇银行一起进行外汇买卖交易。我国的中国人民银行也被赋予持有、管理、经营国家外汇储备、黄金储备的职责。

除上述几项主要资产业务外,各国中央银行大都根据具体情况,经营其他若干资产业务,如对一些非金融机构部门发放特定贷款等。

6.3.4 中央银行的中间业务

中央银行的中间业务是中央银行为商业银行及其他金融机构和政府办理资金支付清算和其他委托的业务。这里主要介绍它的资金清算业务。作为起点,我们先来看看票据交换所及其清算程序。

1. 票据交换所及其工作程序

随着支票等银行票据的流通,必然引起银行为客户收进的票据办理向出票人开户行索款的业务。由于支票的签发是以客户在银行有存款为前提的,因此,支票授受客户双方的债权债务关系就反映为双方开户银行间的债权债务关系。由此,也就产生了银行间结清这种债权债务关系的问题。

世界上第一家票据交换所于1773年在伦敦成立。此后,纽约(1853年),巴黎(1872年),大阪(1878年),柏林(1887年)先后成立了其所在国的第一家票据交换所。中国银行业间最早的票据交换所是1933年在上海成立的。

新中国成立之初,上海票据交换所曾继续营业,1952年由中国人民银行接办。1986年以后,全国开始试行扩大同城票据交换,大中城市普遍建立起票据交换所。目前,全国各城市和经济较为发达的县城也都建立了票据交换所,大大提高了票据清算效率,加速了资金周转。

最初,票据交换所只是把参与票据清算的各家银行集中起来,由它们自行分别办理票据交换和结清应收应付。这时,每家银行都须与其他银行逐一办理票据交换,例如 A 银行要与前来参加清算的 B、C、D 等几家银行分别交换票据,其他银行也如此。但人们很快认识到,任何一家银行的应收款项,一定是其他银行的应付款;任何一家银行的应付款项,又一定是其他银行的应收款;各银行应收差额的总和,一定等于各银行应付差额的总和。因此,两家银行彼此结抵差额的办法就可用这样的办法代替:所有参加交换的银行分别轧出自己对所有其他银行的应收或应付差额并按每个银行最后轧出的应收应付额结清债权债务。票据交换所的工作原理如表 6-2 所示。

表 6-2 票据交换所的工作原理   单位:亿元

项目	A 银行	B 银行	C 银行	D 银行	应收总额	应付差额
A 银行	—	20	10	40	70	—
B 银行	30	—	50	20	100	20
C 银行	20	80	—	10	110	—
D 银行	10	20	40	—	70	—
应付总额	60	120	100	70	350	x
应收差额	10	—	10	—	x	20

入场前,各银行先将应收票据按付款行分别归类整理,并计算出向各付款行分别应收的款项金额及汇总金额,填写交换票据计算表。

入场后,各银行一方面将应收票据分别送交有关付款行,另一方面接收它们交来的本行应付款票据,核对、计算应付各行款项金额及应付总金额,填写交换票据计算表。各银行根据交换票据计算表,比较本行应收、应付款项总金额,计算出应收或应付差额后,填具交换差额报告单,并凭报告单与交换所的总结算员办理最后款项收付。

过去,曾直接以现金当场结清应收应付差额。如某银行有应收差额,则从票据交换所出纳处领取现金;反之,则将应付现金交与出纳处。随着各商业银行以及票据交换所均在中央银行开有活期存款账户,所以收付差额通过在中央银行的存款账户间的转账即可完成。

2. 中央银行组织全国清算及其分类

中央银行作为银行的银行,负有组织全国银行间清算的职责。尤其是在中央银行制度步入成熟发展阶段以来,商业银行等金融机构都在中央银行依法开立有存款准备金账户。这样,各银行之间发生的资金往来或应收、应付款项,通过中央银行划拨转账就是自然而然的事情了。

常见的清算分类有以下几种。

(1) 从清算地区的不同,中央银行组织全国银行清算包括同城或同地区和异地两大类。

(2) 从不同交易行为的结账要求划分,清算方式有两种:①全额实时清算:是指对每一笔支付业务的发生额立即全部单独进行交割。②净额批量清算:是指累计多笔支付业务的发生额之后,在一个清算周期结束前,参与者要将从系统中其他所有参与者那里应收的全部转账金额与对其他参与者的应付转账金额轧出差额,形成据以清算的净借记余额或者净贷记余额。

(3) 具体从银行技术的角度划分,清算方式有两种:①大额资金转账系统清算:是指单笔交易金额巨大,但交易笔数较少,对安全性要求高,付款时间紧迫的支付方式。②小额定时结算系统清算:即零售支付系统,主要处理大量的每笔金额相对较小的支付指令,如私人支票、ATM业务以及商场收款柜台上的电子资金转账销售点业务等。它们属于对时间要求不急迫的支付,常采用批量、定时方式处理。通常全额实时清算采用的是大额支付系统,而净额批量采用小额定时支付系统。

【阅读案例】

【阅读案例】

本章小结

1. 中央银行是商品经济发展的产物,是银行信用扩展的结果,更是政府对社会宏观经济调控和货币财富控制的客观需要。政府对货币财富和银行的控制、统一货币发行、集中银行信用、进行票据清算、统一金融管理,是中央银行产生的客观要求。

2. 中央银行的性质是中央银行是经国家授权指定和执行货币政策,对国民经济进行宏观调控和管理监督的特殊金融机构。表现为地位、业务和管理的特殊性。

3. 中央银行的性质具体体现在中央银行的职能上。主要有发行的银行、银行的银行、政府的银行、调节和控制宏观经济的银行四大职能。

4. 中央银行的业务主要有负债业务、资产业务和中间业务。中央银行的负债业务包括中央银行的存款业务、货币发行业务和代理国库业务等。中央银行的资产业务主要包括再贴现和贷款、证券买卖业务、黄金和外汇储备等。中央银行的中间业务主要指它的清算业务。

重要概念

中央银行　发行的银行　政府的银行　银行的银行　最后贷款人　中央银行独立性　中央银行资产业务　中央银行负债业务

复习思考题

1. 试述我国中央银行的演变过程。
2. 试述中央银行的性质和职能。
3. 试述中央银行独立性的含义。
4. 试述中央银行负债业务。
5. 试述中央银行资产业务。

第7章 货币供求理论

学习目标

通过本章的学习理解货币需求的含义与类型；了解货币需求理论的发展；掌握凯恩斯的货币需求理论和货币主义的货币需求理论；正确理解货币供给的含义及货币供给层次的划分；掌握存款货币扩张和紧缩的过程；掌握基础货币、货币乘数的概念，以及货币供给的决定因素；掌握货币均衡的含义、意义，货币失衡的成因及调整措施。

7.1 货币需求

7.1.1 货币需求概述

1. 货币需求的含义

货币需求是指在一定时期内,社会各阶层(个人、企业单位、政府)愿意以货币形式持有财产的需要,或社会各阶层对执行流通手段、支付手段和价值贮藏手段的货币的需求。

从货币需求的定义可以看出,人们产生货币需求的根本原因在于货币所具有的职能,在现代市场经济社会中,人们需要以货币方式取得收入,用货币作为交换和支付的手段,用货币进行财富的贮藏,由此对货币产生了一定客观数量的需求。此外,经济学意义上的货币需求虽然也是一种占有的欲望,但它与个人的经济利益及其社会经济状况有着必然的联系。

2. 货币需求的类型

1) 名义货币需求与实际货币需求

由于通货膨胀与通货紧缩的存在,则必然有名义货币需求与实际货币需求的区分。

名义货币需求是指一个社会或一个经济部门在不考虑价格变动的情况下的货币需要量,一般用 M_d 表示。实际货币需求是指在扣除价格变动以后的货币需要量,也就是以某一不变价格为基础计算的商品和劳务量对货币的需求。将名义货币需求用某一具有代表性的物价指数进行平减,就可以得到实际的货币需求,所以实际货币需求通常用 M_d/P 表示。

2) 主观货币需求与客观货币需求

依据货币需求动机,货币需求可以分为主观货币需求和客观货币需求,前者指个人、家庭或单位在主观上希望拥有货币的欲望,后者指个人、单位或国家在一定时期内能满足其客观需要的货币需求。主观货币需求量在量上是无限制的,是一种无约束性的货币需求,并非我们所研究的对象。显然,客观货币需求是我们研究的重要目标。

3) 微观货币需求与宏观货币需求

微观货币需求指个人、家庭或企业单位在既定的收入水平、利率水平和其他经济条件下所保持的最为适合的货币需求。宏观货币需求是指一个国家在一定时期内满足经济发展和商品流通所必需的货币量。二者在研究动机和研究内容上表现出差异性:从研究动机上看,宏观货币需求是从国民经济总体出发,去探讨一国经济发展客观上所需的货币量,而微观货币需求则是从一个经济单位着眼,研究每一个经济单位持有多少货币量最为合算;从研究内容上看,宏观货币需求一般指货币执行流通手段职能和支付手段职能所需的货币量,而微观货币需求是指个人手持现金或企业单位库存现金,以及各自在银行保留存款的必要量。

7.1.2 货币需求理论

货币需求理论是一种关于货币需求动机影响因素和数量决定的理论,是货币政策选择的理论出发点。其研究内容是一国经济发展在客观上需要多少货币量,货币需要量由哪些因素组成,这些因素之间的相互关系如何。货币需求理论主要是一个宏观经济学问题,但也不能忽视微观的货币需求，即一个经济单位(企业、家庭或个人)在现实的收入水平、利率和商品供求等经济背景下，手中保持多少货币的机会成本最小、收益最大等问题。

1. 中国古代的货币需求思想

中国在古代就有货币需求思想的萌芽。例如，约在 2000 年前的《管子》一书中，就有"币若干而中用"的提法，意思是铸造多少钱可以够用。在论述兼并时，有"人君铸钱立币，民庶之通施也。人有若干百千之数矣，然而人事不及、用不足者何也？利有所并藏也"。这种按照人均铸币多少即可满足流通的思路，一直是中国控制货币数量的主要思路。

2. 马克思的货币需求理论

马克思的货币需求理论主要是关于货币需要量的论述，其基本观点是流通中必需的货币量为实现流通中待售商品价格总额所需的货币量。在商品流通的过程中，货币是交换的媒介，因此，待售商品的价格总额决定了所需要的货币数量。但考虑到单位货币可以多次媒介商品的交易，因此，由商品价格总额决定的货币量应当是货币流量而非存量。用公式表示则是：

【推荐视频】

$$执行流通手段的货币必要量 M = \frac{商品价格总额}{货币流通速度}$$

$$= \frac{商品平均价格 P \times 代售商品数量 T}{货币流通速度 V}$$

公式表明，流通中所需的货币数量(M)取决于以下三个因素：①进入流通的商品数量(T)；②商品价格水平(P)；③货币流通速度(V)。商品价格与货币需要量成正比例变化，货币流通速度与货币需要量成反比例变化，即：$M=PT/V$。

马克思的这个公式具有重要的理论意义：

第一，该公式反映的是一种实际交易过程，因此反映的是货币的交易需求，即人们进行商品和劳务交换时所需要的货币量。

第二，该公式含有相对稳定的因果关系，即商品流通决定货币流通。根据马克思劳动价值论的理论，商品价格由其价值决定，而价值源于社会必要劳动，因此，商品价格是在流通领域之外决定的，商品是带着价格进入流通的。由于价格是先于流通过程确定的，所以，商品价格总额是一个既定的值，必要的货币量是根据这个既定值确定的。

第三，因为商品价值决定其价格，所以该公式表明的是金属货币流通条件下货币数量不影响价格水平的情况。因为金本位制度下，铸币可以自由地进入或退出流通，流通中的铸币量可以在价值规律下自发地调节商品流通对货币的需要量。当流通中货币量大于需要量时，有相应数量的货币退出流通；当流通中货币量小于需要量时，又有相应数量的货币进入流通。因此，商品价格不会由于货币里的大量短缺或严重过剩而出现大幅度波动。

然而，当金属货币的流通为纸币及不兑现的信用货币流通取代时，货币供应就会对货币需求产生反作用，这是因为，不兑现信用货币流通使货币供应量失去自动适应货币需要量的性能。流通中货币量与货币需要量之间经常存在的差异，这必然引起商品价格的变动。当流通中货币量超过货币需要量时，多余的货币不会自动退出流通而滞留在流通领域，这必然就会引起商品价格上涨。即通过商品价格变动，使原来过多的货币为流通所吸收，变成价格上升后货币需要量的组成部分。这样，货币供给就会影响价格，影响货币需求。这种现象在现代经济中是显著存在的，不容忽视的。

为此，马克思进而分析了纸币流通条件下货币量与价格之间的关系，他指出，纸币是由金属货币衍生出来的。纸币之所以能够流通，是由于国家信用的支持，同时纸币本身没有价值，只有流通，才能作为金币的代表。如果说流通中可以吸收的金量是客观决定的，那么流通中的纸币也只能代表客观所要求的金量。假设流通中需要 10 000 克黄金，如投入面额为 1 克的 10 000 张纸币，那么 1 张纸币可以代表 1 克黄金；如投入 20 000 张纸币，则每张只能代表 0.5 克黄金。从而价格为 1 克黄金的商品，用纸币表示，就要两张面额 1 克的纸币，即物价上涨 1 倍。由此，马克思总结了纸币流通规律与金币流通规律的不同：在金币流通条件下，流通中所需要的货币数量是由商品价格总额决定的；而在纸币为唯一流通手段条件下，商品价格会随纸币数量的增减而涨跌。

3. 古典经济学派的货币数量理论

在传统的货币需求理论中，古典货币数量论占据极其重要的地位，古典货币需求理论认为，货币本身不具有内在价值，其价值来源于其交换价值，是对商品和劳务的实际购买力，货币只是遮掩"实际力量行动的面纱"，这种思想在经济学说史上被称为"货币数量说"。

早在 17 世纪，英国哲学家和古典经济学家约翰·洛克就以数量论的观点分析了影响贸易所需要的货币量和商品价格与货币数量间的关系，最初提出价格决定于流通手段的学说。18 世纪，货币数量论的重要代表人物大卫·休谟认为货币没有价值，一国的商品价格决定于其国内存在的货币量。19 世纪，英国资产阶级古典政治经济学的杰出代表和完成者大卫·李嘉图依据他的劳动决定价值论，也提出了关于流通中所需货币量的正确主张。他认为在使用金属货币的任何一个国家中，流通手段的数量首先取决于货币本身的价值；其次，取决于流通中的商品价值总额；最后，取决于流通手段的节约程度，即同一货币的流通速度。在古典货币数量论中，最具代表性的是欧文·费雪的现金交易说和剑桥学派的现金余额说。

1) 现金交易说——费雪方程式

20 世纪初，美国经济学家欧文·费雪在其 1911 年出版的《货币购买力》一书中，对古典货币数量论的观点做了最清晰的表述，提出了现金交易方程式，也被称为费雪方程式。这一方程式在货币需求理论研究的发展进程中是一个重要的阶梯。费雪十分注重货币的交易媒介功能，认为人们需要货币不是需要货币本身，而是因为货币可以用来交换商品和劳务，以满足人们的欲望。人们手中的货币，最终都将用于购买，因此，在一定时期内，社会的货币支出量与商品、劳务的交易量的货币总值一定相等。以 M 为一定时期内流通货币的平均数量；V 为货币流通速度；P 为各类商品价格的加权平均数；T 为各类商品的交易数量，则有：

$$MV = PT$$

这个方程式是一个恒等式，方程式的基本含义是，在商品经济条件下，在一定时期内，流通中的货币总量必然与流通中的商品交易总额相等。因为人们手上不论有多少货币，都用于购买商品和劳务。因此，货币支出量与商品交易量的货币总值一定相等。

方程表明，P 的值取决于 M、V、T 这三个变量的相互作用，即影响价格 P 的因素有这三个。费雪进一步分析道：在这三个经济变量中，M 是一个由模型之外的因素所决定的外生变量；V 即货币流通速度，是单位货币在一定时期内充当流通手段和支付手段的次数，取决于社会支付制度、技术发展、交通条件、社会习惯、工业结构、金融制度等长期性因素，在短期内不变，即使在长期也变动非常缓慢，也不受 M 的影响，因此可将 V 视为常数；交易量 T 取决于自然条件和技术因素，尤其在充分就业条件下，不论是短期，还是长期，其变动都极其微小，也不受 M 的增减影响，因此 T 也可视为常数。这样，就只剩下 M 与 P 的关系最重要，P 主要取决于 M 数量的变化。

交易方程式虽然主要说明 M 决定 P，但当把 P 视为给定的价格水平时，这个交易方程式就成为货币需求的函数：

$$M = 1/V \cdot PT$$

这一公式表明，在给定的价格水平下，总交易量与所需的名义货币量具有一定的比例关系，这个比例就是 $1/V$。

费雪虽更多地注意 M 对 P 的影响，但从这一方程式也可导出一定价格水平和其他因素不变条件下的货币需求量。也就是说，费雪的这个理论，可以说是一种货币购买力的决定论，也可以说是一种货币供给理论或货币需求理论。因为在那个时代的经济学家看来，市场机制能保证供给等于需求，即均衡是市场经济的常态，包括充分就业的均衡和货币的均衡，所以，货币的供给量就是货币的需求量。

2) 现金余额说——剑桥方程式

在费雪发展他的货币数量论观点的同时，英国剑桥大学的一些经济学家，如马歇尔和庇古等人也在研究同样的课题。剑桥学派的货币需求分析放弃了制度性因素影响社会货币需求量的观点，他们在研究货币需求问题时，重视微观主体的行为，着重探讨经济主体对货币持有的需求。

剑桥学派认为，由于货币具有立即购买物品、为持有者提供便利服务如便利交易和预防意外等作用，所以人们才需要保有货币。这样说来，人们想要的便利和服务越多，决定了他所持有的货币就越多。但事实上并非如此。个别经济主体持有多少货币，受到一系列因素的影响和制约：第一，受个人的收入和财富所限。这决定了他持币的上限。第二，个别经济主体对持有货币产生的便利与安全，对将来收入、支出和物价等的预期，也会影响其货币持有额。其中，尤其是物价的影响会更大。第三，保有货币的机会成本。所有资产中，除货币外，其他资产都具有收益率，因此，持有货币会遭受一定程度的风险和损失。个别经济主体将比较两者的利益和损失，进行利弊得失的权衡，从而决定以货币的形式持有现金的比例，即现金余额。

以上可见，剑桥学派是从个人资产选择的角度分析货币需求的决定因素，他们认为，处于经济体系中的个人对货币的需求，实质是选择以怎样的方式保持自己资产的问题，决定人们持有货币量多少的，有个人的财富水平、利率变动以及持有者可能拥有的便利等诸多因素。但他们对此未作深究，而只是简单地假设货币需求同人们的财富或名义收入之间总是保持一个稳定的比例关系。他们还假设整个经济的货币供给和货币需求会自动趋于均衡。于是得到了著名的余额方程式，也称为剑桥方程式：

$$M_d = kPY$$

式中，M_d 为人们的名义货币需求，Y 为人们的财富或总收入；P 为价格水平；k 为以货币形态保有的财富占名义总收入的比例。

根据上面的假设，货币供给无论大于或小于货币需求，都会自动得到调整。为了恢复均衡，就要求 K 或 P 发生变动。由于剑桥学派的分析仍然是在充分就业的假设下进行的，即 Y 在短期内不变。如果 K 也不变，则 P 将与 M 做同方向同比例的变动。可见，剑桥学派得出的结论与现金交易说的结论有相似之处，它仍属传统货币数量说。

4. 现代货币需求理论

1) 凯恩斯学派的货币需求理论

凯恩斯认为，人们之所以需要货币，是因为货币是一种流动性最强，可以随时进行购买的资产，不仅具有交换媒介的职能，而且还可作为价值贮藏的工具。出于对这种流动性的偏好，人们愿意持有现金而不愿意持有其他诸如股票和债券等虽能生利但较难变现的资产。这一流动偏好构成了对货币的需求，因此，凯恩斯的货币需求理论又称为流动性偏好理论。

【阅读资料】

凯恩斯对货币需求理论的贡献是他关于货币需求动机的剖析。他认为，货币需求就是指一定时期公众能够而且愿意持有的货币量，人们之所以偏好流动性强的货币，是出于三种动机：交易动机、预防动机和投机动机。交易动机是指个人或企业为了应付日常交易需要而产生的持有货币需要。预防动机又称谨慎动机，是指个人或企业为应付可能遇到的意外支出等而持有货币的动机。投机动机是指人们为避免资产损失，增加资本利息，及时调整资本结构而形成的对货币的需求。在这三种动机中，交易动机与预防动机在传统货币数量论中已提出来了，但投机动机却是凯恩斯的独创，且特别被强调，它在决定整个货币需求中起特别重要的作用。因此，有些经济学者认为这是凯恩斯在货币金融理论中的一个具有创造性的尝试。

(1) 交易动机的货币需求及其决定。

交易动机是指个人或企业为进行日常交易而产生的持有货币的愿望。这种货币需求源于个人或企业的收入与支出在时间上的不一致的矛盾，为了应付在收支时差中的业务开支个人或企业需要持有一定的货币。这种需要量主要取决于货币收入的多少，并且与货币收入成同向变动。

(2) 预防动机的货币需求及其决定。

预防动机也称为谨慎动机，是指个人对企业为应付紧急情况而产生的持有货币的愿望。预防动机产生的货币需要量，主要是为应付意外的支出作准备，如疾病、失业、死亡等。这种货币需求的多少依存于收入的大小，收入越高的人为谨慎而持有的货币也越多，收入越低的人一般无多大财力可以应付意外。它也是收入的一个函数，因而就同交易动机相联系。这样，把交易动机和预防动机两种货币需求函数合二为一，用 M_1 表示为满足交易动机和预防动机而持有的货币量，以 Y 表示收入，L_1 表示收入 Y 与 M 的关系，则：

$$M_1 = L_1(Y)$$

(3) 投机动机的货币需求及其决定。

投机动机是指人们为了在未来的某一适当时机进行投机活动而产生的持有货币的愿望，出于投机动机而产生的货币需求是货币的投机需求。投机性货币需求是人们在决定其财富持有形式时，为了避免其他资产的可能贬值而宁愿持有货币，或者持有货币以等待有利时机而去购买生利的其他资产，以获取更大收益的愿望。凯恩斯认为人们以持有债券和货币两种形式保有财富，在两种形式之间进行选择。货币没有利息收益，但流动性极强，可以作为交易媒介,还具备贮藏价值的作用,人们持有货币能平息其对未来的不安和忧患。债券是能够生息的资产,债券的价格与市场利率成反比变化。当市场利率较低时,人们预期利率将会上升、债券将会跌价,因而选择将债券抛出,改持货币,货币需求量增加;反之,当市场利率较高时,人们会预期利率将下跌、债券将涨价,于是选择减持货币,改持债券,货币需求量就减少。

因此,投机性货币需求同利率存在着负相关关系,即货币投机需求是利率的减函数。以 M_2 表示为满足投机动机而持有的货币量,以 r 表示利率,L_2 表示利率 r 与 M_2 的关系,则:

$$M_2 = L_2(r)$$

(4) 货币的总需求函数及货币需求曲线。

综上所述,人们对货币的需求包括三个部分:交易性货币需求;预防性货币需求;投机性货币需求。把三者合并起来就构成人们对货币的总需求(用 M 表示),货币总需求函数可用下式表示:

$$M = M_1 + M_2 = L_1(Y) + L_2(r)$$

该式表明,货币总需求取决于利率和收入水平。货币需求与收入水平呈同方向变化,与利率的变化呈反方向变化。凯恩斯认为,收入水平在短期内稳定不变,因而利率就成为决定人们对货币需求的主要因素。货币需求与利率的关系可以用货币需求曲线表示出来。

图 7-1(a)所示,交易性和预防性动机产生的货币需求 L_1 与利率无关,所以 L_1 曲线是一条与货币需求横轴垂直或与利率纵轴平行的直线。但投机性货币需求 L_2 与利率有关,利率越高,货币需求越少;反之,利率越低,货币需求越多,所以 L_2 曲线是一条向右向下倾斜的曲线。图 7-1 (b)为 L_1 与 L_2 相加,表现为货币总需求曲线 L。

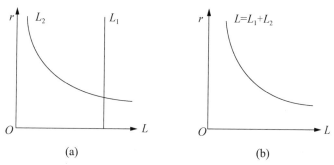

图 7-1 货币需求曲线

货币需求与收入呈正相关关系,这种关系在图形上表现为收入变动引起货币需求曲线的移动,当收入增加时,货币需求曲线向右移动,当收入减少时,货币需求曲线向左移动,如图 7-2 所示。

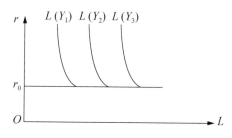

图 7-2 收入变动对货币需求曲线的影响

此外，凯恩斯提出了著名的"流动性陷阱"概念，指当利率降低到某一低点后，人们预期利率只会升不会降，债券价格只会跌不会涨，此时，没有人愿意持有债券，无论有多少货币都愿意持在手中，也即货币需求就会变得无限大，这就是著名的"流动性陷阱"。在"流动性陷阱"区域央行扩张性货币政策完全无效，因为任何新增的货币供给都会被人们无限的货币需求所吸收。图7-2中，当利率降至r_0时，出现"流动性陷阱"，此时，货币需求曲线变成与横轴平行的直线，货币需求的利率弹性变得无限大。

2) 凯恩斯货币需求理论的发展

凯恩斯从人们持有货币的三种动机出发分析货币需求，创造性地提出投机性货币需求，认为货币需求取决于收入和利率，将利率引入货币需求函数，这与货币数量论将货币需求视为由制度和技术因素所决定的常数有很大的进步。而且凯恩斯还提出了著名的"流动性陷阱"的概念，具有重要的政策意义。尽管如此，凯恩斯之后的经济学家认为，凯恩斯关于利率对交易性货币需求没有什么影响是一大缺陷，于是凯恩斯的后继者着手做了许多补充和发展。最早是艾文·哈维·汉森在1949年的《货币理论与财政政策》一书中提出交易性货币需求也具有一定的利率弹性，并且把收入和利率作为共同的影响因素对交易性货币需求进行分析。20世纪50年代以后，凯恩斯的货币需求理论更是得到了其后继者的丰富和发展，其中比较著名的有鲍莫尔等人对凯恩斯关于交易性货币需求理论的发展，托宾等人对凯恩斯关于投机性货币需求理论的发展以及新剑桥学派对货币需求动机的发展，这些新思想都构成当代货币需求理论的重要组成部分。

(1) 鲍莫尔模型——平方根公式。

1952年，美国普林斯顿大学的威廉·鲍莫尔发表了《现金交易滞求：存货理论之分析法》一文。义中指出人们在确定交易所需货币量时，如同商人在确定存货量时一样，绝不是只考虑持有货币或存货对便利交易的好处，还要考虑持有货币或存货的成本，而后者便受利率变动的影响。为了说明这种影响，他们指出，一般企业或个人如果要持有货币以备交易之用，可以采取两种方式：第一，在取得收入之后，在期初就留足两次收入间隔期内所要进行的交易金额，然后逐日均匀地支用，至第二次取得收入时全部用完，这样每日平均持有的货币量便是交易金额的一半。第二，由于持有货币会牺牲投资于有价证券或其他资产时可能赚得的利息收入(机会成本)。假定未来的交易量事先可知，而且以稳定的速率即逐日支付，这样人们就会产生减少作为交易用途的货币的理性动机，于是就可将收入间隔划分为几段，最初只持有某一交易所需的货币，其余则投资于有价证券以获取利息，待下一时段到来之前，再将债券卖出套现，以应付交易支出的需要。

显然，第二种方式比第一种方式更为有利，每个收入间隔期划分的时段越多，债券收益越大，但是第二种方式要负担更多的成本。持有交易余额的总成本包括机会成本和交易成本。持有货币的机会成本就是放弃以其他生息资产保有交易金额所产生的收益，人们总会尽量将其所持有的货币金额减少到最低程度，以使其承受的机会成本最小。交易成本是发生在上述第二种方式中债券交易的费用，包括佣金、交易税、印花税，每次由证券交易到银行存取现金的交通邮电等费用及所花的时间成本，交易次数越多，其交易成本越大。

通过分析，鲍莫尔提出了著名的"平方根公式"：

$$M = kY^{\frac{1}{2}}r^{\frac{1}{2}}$$

第7章 货币供求理论

上式说明,交易性货币需求不仅是收入 Y 的函数,也是利率 r 的函数,而且与收入正相关,与利率反相关。随着用于交易的收入增加,货币需求随之增加,但收入 Y 的指数 $1/2$ 又说明货币需求增加的幅度小于收入的增长幅度。随着利率的上升,货币需求减少,而利率 r 的指数为 $-1/2$ 说明货币需求变动的幅度小于利率的变动。

(2) 托宾的资产选择理论。

凯恩斯在货币投机需求理论中认为,人们对未来利率变化的预期是确定的,可在此基础上决定自己持有货币还是债券。然而,现实中人们并不能完全确定自己对未来的预期,从而导致一般人都是既持有货币,同时又持有债券。显然,凯恩斯的理论难以不能解释投资者在实践中所进行的资产分散行为;于是凯恩斯的追随者对凯恩斯的理论发表了新的见解,其中最有代表性的是托宾模型,也就是资产选择理论。

托宾在1958年发表的《作为对付风险之行为的流动性偏好》一文中,从投机者基于"风险"考虑的角度,研究人们在对未来预期不确定性的情况下,如何选择最优的金融资产组合,得出与凯恩斯相同的结论,即个人或企业的投机性货币需求与利率的高低呈反向变化。托宾认为,在充满不确定性的市场经济中,并不是每个人对市场每个变量都有个规范值或安全值,为了解决收益性和安全性的矛盾,人们应使资产持有多样化。尽管市场上可互相替代的金融资产种类很多,但人们保存资产的形式主要还是两种:货币与债券。持有债券可以得到利息,但也要承担由于债券价格下跌而受损失的风险,所以债券是风险性资产;持有货币虽无收益,但也不必承担风险(不考虑物价变动情况),所以货币是安全性资产。一般而言,若人们将其资产全部投入债券这类风险性资产,则他的预期收益达到最大,但同时,他面临的风险也最大;若人们的所有资产均以货币形式持有,则他的预期收益和所要承担的风险都等于零;若他将资产分为货币与债券各持一半,则他的预期收益和风险就处于中点。

风险和收益是同方向变化的,但面对同样的选择对象,不同的投资者对于风险的态度不同,就会做出不同的选择决定。据此,托宾将投资者分为三种类型:风险喜爱者、风险趋避者和风险中立者。托宾认为,现实生活中绝大多数人属于风险趋避者,注重安全,尽可能趋避风险。资产选择理论就是以这类人为分析对象。

托宾认为,风险趋避者按照效用最大化原则选择其资产组合,而不仅是考虑收益的最大化。他认为收益能给人们带来正效用,风险带来负效用。正效用随着收益的增加而以递减的速度增加,随风险的增加而降低。如果投资者的资产构成中只有货币而没有债券时,为了获取收益,他会把一部分货币换成债券,因为减少货币在资产中的占比能带来收益的正效用。但随着债券比例的增加,收益的边际正效用递减而风险的负效用递增,当新增加债券带来的收益正效用与风险负效用之和等于零时,他就会停止将货币换成债券的行为。同理,如果投资者的全部资产都是债券,为了求得安全,他就会抛出债券而增加货币持有额,直到债券风险带来的边际负效用与收益带来的边际正效用之和等于零时为止。只有这样,投资者得到的总效用才能达到最大。这亦即投资者所做的资产分散化行为。托宾的这一理论说明了在不确定状态下投资者同时持有货币与债券的原因,以及对两者在量上进行选择的依据,同时也解释了投资者在实践中所遵守的资产分散原则。

此外,托宾模型还论证了投机性货币需求的变动是通过投资者调整资产组合实现的,这是由于利率变动引起预期收益率发生变动,破坏了原有资产组合中风险负效用与收益正效用的均衡,投资者须重新调整自己的资产组合,从而导致投机性货币需求的变动。因此,市场利率和未来的不确定性对于投机性货币需求具有同等重要性。

(3) 新剑桥学派的货币需求理论。

新剑桥学派对凯恩斯货币需求理论的发展主要体现在:将凯恩斯的货币需求动机的分类加以扩展,提出了货币需求七动机说;根据其提出的货币需求的不同动机重新对货币需求进行了分类,对各类货币需求的特征和影响作了分析。

对于凯恩斯的货币需求的三动机说,新剑桥学派认为,随着经济的发展,仅达三种动机不能说明全部现实状况,应该予以扩展。他们将货币需求动机重新分为七种。

① 产出流量动机。当企业决定增加产量或扩大经营规模时,无疑需要有更多的货币,它相当于凯恩斯提出的交易需求,这部分需求由企业的行为所决定。

② 货币-工资动机。这种货币需求是由货币-工资增长的连带效应造成的。在现代经济中,通货膨胀是一种经常性的、普遍的现象,当货币量增加以后,往往连带着工资的增长。

③ 金融流量动机。这是指人们为购买高档消费品需要储存货币的动机。高档商品在实际购买之前一般要有一个积蓄货币的时间。

以上三类属于商业性动机,是与生产流通活动相联系的,它主要取决于人们收入中的支出部分,包括实际的消费支出和实际的投资支出,这部分货币需求与收入有着十分紧密的关系。

④ 预防和投机动机。人们一般在手中要保留超过交易需要的货币,一方面以备不测之需,另一方面等待时机以进行投机。

⑤ 还款和资本化融资动机。这是由于随着信用的发展,债权债务关系十分普遍,大部分个人或企业都负有一定的债务。个人或企业为了按时偿还债务、支付利息须持有一定的货币。

⑥ 弥补通货膨胀损失的动机。在通货膨胀物价上涨、货币贬值发生时,人们为了维持原有的生活或生产水平而持有货币的动机。

以上三类属于投机性动机,它主要取决于人们对未来的预期。当人们对未来的预期悲观时,这部分货币需求就会增加。

⑦ 政府需求扩张的动机。指政府的赤字财政政策和扩张性货币政策所产生的扩张性货币需求动机。这类动机属于政府公共权力动机。

实际上,新剑桥学派的货币需求七动机说中包括了凯恩斯的三大货币需求动机。预防和投机动机就是凯恩斯提出的。前六种动机是对凯恩斯提出的三大动机的细分,基本上没有超出凯恩斯提出的范围。只有政府的货币需求动机才是新剑桥学派的独创,这一动机的提出对于解释当代西方国家在普遍实行政府不同程度干预经济的情况下货币需求变动的原因具有一定的现实意义。

3) 货币主义的货币需求理论

货币主义也叫货币学派,其代表人物是 1976 年诺贝尔经济学奖获得者、美国芝加哥大学教授米尔顿·弗里德曼。弗里德曼认为货币需求取决于三类因素。

(1) 总财富 y(永久性收入)和非人力财富占总财富的比重 w。

一般来说，个人所持有的货币量，不会超过其总财富。总财富包括人力财富和非人力财富，因而总财富是很难计算的。因此，弗里德曼提出用永久性收入来代替总财富。所谓永久性收入是指消费者可预料的长期性的且带有规律性的收入，它区别于带有偶然性的暂时性收入。永久性收入不仅易于计算，而且比较稳定，可据以说明货币需求函数的稳定。

【阅读资料】

人力财富是指个人在将来获得收入的能力，又叫人力资本；非人力财富即物质资本，指生产资料及其他物质财富。人力财富要转化为现实的非人力财富，会受到劳动力市场的供求状况等因素的制约，所以在转化过程中人们必须持有一定量的货币，以应付突然之需。这一货币量的多少，取决于人力财富与非人力财富的比例。非人力财富所占比例 w 与货币需求量反相关，人力财富所占比例越大，非人力财富的比例就越小，所需货币量越大。

(2) 持有货币的收益和机会成本。

弗里德曼货币需求理论中所分析的货币包括现金和存款，而债券、股票和实物资产是货币的主要替代品。持有货币既会产生机会成本，也能带来收益，债券、股票和实物资产的收益是持有货币的机会成本，而存款利息是持有货币的收益。

(3) 财富持有者的偏好等其他因素 u。

通过对三类因素的分析得出了货币需求函数：

$$\frac{M_d}{p} = f\left(y, w;\ r_m, r_b, r_e, \frac{1}{p} \cdot \frac{dP}{dt};\ u\right)$$

式中：$\dfrac{M_d}{p}$ 表示实际的货币需要量；

y 表示按不变价格计算的实际收入，是相对稳定的恒久性收入；

w 表示非人力财富占总财富的比率，它与货币需求负相关；

r_m 表示预期的货币名义收益率，它与货币需求负相关；

r_b 表示固定收益的债券收益率，与货币需求负相关；

r_e 表示非固定收益的股权收益率，与货币需求负相关；

$\dfrac{1}{p} \cdot \dfrac{dP}{dt}$ 表示预期物价变动率，与货币需求负相关；

u 表示反映主观偏好、风尚、客观技术与制度等因素的综合变数。

弗里德曼认为，货币需求解释变量中的四种资产——货币、债券、股票和非人力财富的总和就是人们持有的财富总额。其数值大致可以用恒久性收入 y 作为代表性指标。因此，强调恒久性收入对货币需求的重要影响作用是弗里德曼货币需求理论中的一个重要特点。对于货币需求，他最具有概括性的论断是：由于恒久性收入的波动幅度比现期收入小得多，且货币流通速度(恒久性收入除以货币存量)也相对稳定，货币需求因而也是比较稳定的。

既然货币需求函数高度稳定，且不受政府的金融政策等影响货币供给的因素的影响，那么，名义收入和价格的变动就主要是由货币供给量的变动引起的。于是，货币供给及其决定因素也就与名义收入和价格水平之间发生直接而密切的联系。由此，得出的政策结论：

由于货币需求相对稳定,中央银行应专门致力于研究货币供给管理和货币供给的变化对国民经济运行的影响,而不必采取货币需求管理政策,弗里德曼主张实行一种与货币收入增长相一致的货币供给稳定增长的政策,即"单一规则"的货币政策。由此可见,稳定的货币需求函数成为货币主义理论及政策的立论基础和分析依据。

7.1.3 货币需求量的测算

货币需求量常见的测算方法主要有以下几种。

1. "1∶8" 经验数据法

经验数据法是以商品零售额代表经济发展水平,用正常年份的社会商品零售额与市场现金流通量的比例关系即货币流通次数测算货币流通量,即所谓1∶8的经验。其公式为

$$货币流通次数 = \frac{某年社会商品零售额}{某年流通中的平均现金流}$$

公式含义是:每8元的商品供应需要1元人民币实现其流通。

这一公式是由马克思的货币需要量公式推导而来的。随着中国的改革开放,各种相关因素发生了很大变化,这一方法失去了实用价值和应有意义。

2. 多项挂钩法

这种方法是将货币需要量与经济增长率、物价变动率、货币流通速度三个因素挂钩,来确定货币需求量增长率。其公式为

$$货币需要量增长率 = \frac{(1+经济增长率) \times (1+物价上涨率)}{1 \pm 货币流通速度变化率} - 1$$

式中,经济增长率必须是实际增长率而不是名义增长率。否则,物价上涨因素就会作一次重复计算。如果经济增长率用的是名义增长率,那就不应该再单独考虑物价上涨因素。

根据微积分原理,当各种因素变化比例很小时,这个公式可以进一步简化为

$$货币需要量增长率 = 经济增长率 + 物价上涨率 \pm 货币流通速度变化率$$

多项挂钩法的特点是:①扩大了货币需求的范围,即包括现金和存款货币需求;②从静态观察货币转向动态观察货币;③不以某一年的数据为依据,而是直接计算货币总量,又可以分层次进行测算。但这种方法也存在一些问题:①经济增长率用什么指标表示?无论用哪种总产值增长速度表示经济增长率,都有重复计算的问题。②计划期合理的经济增长率究竟是多少?由于受各种条件的限制,人们对合理的经济增长率的预期很难说是完全正确的。③计划期采用什么样的物价上涨率?计划物价调整幅度、可承受的物价上涨率或是基期的实际物价上涨率?三者都不够严谨科学。④如何认识货币流通速度的变化?影响货币流通速度的因素异常复杂,有促进其加快的因素,也有促使其减慢的因素,从理论上说,取决于加快和减慢因素的抵消结果,但这在实际上又很难把握。

3. 单项挂钩法

单项挂钩法指对货币需要量增长率进行单项指标跟踪,即只与经济增长率一个指标挂钩。其特点是,让货币供应增长率盯住经济增长率,但又不是采取对应的挂钩方式,即不

是经济每年增长1%,货币供应量就只能增长1%,而是让二者保持一定的幅度差,通常称之为货币供应系数。用公式表示为

$$货币供应增长率=货币供应系数×经济增长率$$

货币供应系数(a)一般大于1,即经济每增长1%,货币供应增长1%以上才能满足经济发展对货币的客观需要,才能保持货币供需均衡,货币供应"超前增长"。a大于1的主要理由如下:

(1) 经济的增长需要货币供应超前增长。

(2) 货币流通速度的延缓需要货币供应量的更快增长,才能使之与经济发展的需要相平衡。

(3) 货币供应较之经济发展的超前增长不仅表现在数量上,还表现在时间上。

(4) 经济的增长固然是货币供应增加的决定性因素,但并不是唯一的因素。社会其他方面的进步也需要占用一定量的货币。

7.2 货 币 供 给

7.2.1 货币供给的含义

货币供给是指一国在某一时点上为社会经济运行服务的货币量,它由包括中央银行在内的金融机构供给的存款货币和现金货币两部分构成。

关于货币供给的定义,需要说明以下几点。

(1) 货币供给是一个存量的概念,它是一国在某一时点上的货币量,是由银行体系所供给的,被企业、家庭、个人及财政部门所持有的存款量和现金发行量。

(2) 货币供给是反映在银行资产负债表上的银行负债总额,存款货币是商业银行的负债,现金是中央银行的负债。

(3) 研究货币供给的目的是为了使社会实际提供的货币量能够与商品流通和经济发展对货币的需求相吻合。

(4) 货币供给量的大小既受到央行货币政策的控制,又受到经济社会中其他经济主体货币收付行为的影响,因此,中央银行对货币供给量的调控变得十分困难。

7.2.2 货币供给的层次划分

货币供给有着多重口径,各国在实际操作中对货币进行了不同的层次划分。尽管各国中央银行都有自己的货币统计口径,但是其基本依据和意义却是一致的,都以金融资产的流动性大小为标准。所谓流动性,就是指金融资产能够以较低的成本迅速转化为现实购买力的性质,也就是变为现实的流通手段和支付手段的能力。

由于货币的流动性不同,因而对各种经济活动的影响不同,特别是对货币供求,进而对市场的总供给与总需求会产生不同的影响,所以各国金融当局对货币供给结构的划分和调控十分重视。由于各国所充当货币的金融资产的种类不同,即使是一个国家的金融资产在不同时期也可能发生变化,因而,在不同国家,货币层次的划分是不尽相同的。

1. 国际货币基金组织对货币层次的划分

国际货币基金组织将货币划分为三个层次，即 M0、M1、M2。

M0 是指流通于银行体系以外的现钞和铸币，不包括商业银行业务库存现钞和铸币。

M1=M0+商业银行活期存款+邮政汇划或国库接受的私人活期存款。

$$M2=M1+准货币$$

M1 一般被称为狭义货币，它是现实的购买力，对社会生活具有广泛而明显的影响，特别是使用现金量多的国家。商业银行的活期存款是 M1 的主要构成部分，许多国家都把活期存款视同现钞，因为活期存款可以随时提取现金。所谓准货币，又叫亚货币或近似货币，是指定期存款和政府债券。准货币本身一般视为不是真正的货币或现实的货币，但由于这些存款或债券可以兑换成现实的货币，而加大流通中的货币量。M2 与 M1 相比是具有更广泛意义的货币层次，它的确立对研究货币流通整体，以及预测未来货币流通的趋势具有重要作用。

2. 美国货币层次的划分

美国中央银行货币供应量统计由 M1、M2、M3 三个层次组成，同时公布大口径货币范围的流动性资产 L 的数字。

$$M1=流通中现金+旅行支票+活期存款+其他支票存款$$
$$M2=M1+小面额定期存款+储蓄存款和货币市场存款账户$$
$$+货币市场互助基金居民份额(MMDAs)$$
$$+隔日回购协定+隔日欧洲美元$$
$$M3=M2+大面额定期存款+货币市场互助基金机构份额(MMMFs)$$
$$+定期回购协定+定期欧洲美元$$
$$L=M3+短期财政部证券+商业票据+储蓄债券+银行承兑票据$$

3. 我国货币层次的划分

从 1994 年 10 月开始，中国人民银行正式把货币供应量作为我国货币政策的中介目标，并按季度公布货币供应量指标。经 2001 年 6 月第 1 次修订后，其具体划分层次为

$$M0 =流通中现金$$
$$狭义货币 M1=M0+单位活期存款$$
$$广义货币 M2=M1+储蓄存款+企业定期存款+证券公司客户保证金$$

总之，各国和地区情况不同，货币层次划分也不完全一致，但不同货币层次反映不同的经济金融运行变化情况，是各国和地区调节和控制货币量，实现社会总供给与总需求相适应的重要经济参数。

7.2.3 货币供给的形成机制

在现代信用货币制度下，银行体系供给货币是通过两个层次实现的：第一个层次是中央银行。它通过各种方式创造或收缩基础货币，用于增加或减少商业银行的准备金存款。第二个层次是商业银行。它在基础货币量的范围内，以发放贷款或投资证券等资产业务运用超额准备金，通过派生机制完成存款货币的创造过程，从而最终改变货币数量。

1. 商业银行与货币供给

1) 相关概念

要分析商业银行具体是如何创造货币的，首先必须弄清楚几个概念。

存款货币，是指存在商业银行，使用支票可以随时提取的活期存款，也称支票存款。支票经过背书可以作为货币使用，每转手一次就执行一次货币的职能。

原始存款，是指商业银行吸收的现金存款或中央银行对商业银行贷款所形成的存款。包括商业银行吸收到的、增加其准备金的存款。

派生存款，是相对于原始存款而言的，是指由商业银行以原始存款为基础发放贷款而引申出的超过原始存款的存款。

存款准备金，商业银行的准备金通常以两种具体形式存在：一是商业银行持有的应付日常业务需要的库存现金；二是商业银行在中央银行的存款。两者都是商业银行持有的中央银行的负债，也是中央银行对社会公众总负债中的一部分。准备金又可分为两部分：一是商业银行按照法定准备率的要求提留的，不能用以放款盈利的部分，即法定准备金；二是由于经营上的原因尚未用去的部分，即超额准备金。用等式分别表示为

$$存款准备金 = 库存现金 + 商业银行在中央银行的存款$$
$$法定准备金 = 法定准备金率 \times 存款总额$$
$$超额准备金 = 存款准备金总额 - 法定准备金$$

法定准备金所占存款总额的比例为法定准备金率，法定准备金率越高的商业银行，可用于放款投资的份额就越少；反之，则越多。由于法定准备金率的高低对银行贷款政策有重大影响，因此，中央银行通常会根据经济形势需要来确定和变动法定准备金率，通过影响商业银行的准备金数量以达到调控信贷量和货币供给量的目的，进而影响一国经济活动。

2) 商业银行的存款派生与收缩

商业银行是货币供给形成体系中的一个重要层次，是整个货币运行的最主要的载体；商业银行通过办理支票活期存款，发放贷款从而具有创造货币的功能。商业银行创造派生存款必须具备以下条件：①具有创造信用流通供给的能力。即商业银行能够以支票、汇票等代替现金流通，发挥货币的职能。②银行机构众多，转账制度发达，一笔存款能在不同银行的账户多次流转。③商业银行存款的准备是部分准备制，而非实行完全准备。④客户银行账户的活期存款不会一次全部用现金提取，银行也不会在同一时间全部收回放款。现代商业银行具备了以上各项条件，因而具备创造派生存款的全部条件。

(1) 存款的多倍扩张过程。

为分析简便起见，假设：整个银行体系由一个中央银行和至少两个商业银行构成；中央银行规定的法定存款准备金率为10%；商业银行只有活期存款，没有定期存款；商业银行并不持有超额准备金；银行的客户都使用支票，不提取现金、从而没有现金流出银行体系，即不存在现金漏损。

若某日甲银行接受客户存入的10 000元现金，那么甲银行的原始存款增加了10 000元，法定准备金率10%，则甲银行需计提1 000元准备金，超额储备为9 000元，由于甲银行不愿持有超额储备，因而全额贷出，甲银行贷款和支票存款增加9 000元。甲银行的T形账户最终如表7-1所示。

表 7-1　甲银行的资产负债表　　　　　　　　　　　　　　　　　　　单位：元

资产		负债	
准备金	+1 000	存款	+10 000
贷款	+9 000		
总额	+10 000	总额	+10 000

如果借款人动用该笔支票存款，并将其存入乙银行，则乙银行存款增加 9 000 元，乙银行进一步调整期资产负债表，按照 10% 的比例计提 900 元法定准备，剩余 8 100 元全部贷放出去。调整后乙银行的 T 形账户如表 7-2 所示。

表 7-2　乙银行的资产负债表　　　　　　　　　　　　　　　　　　　单位：元

资产		负债	
准备金	+900	存款	+9 000
贷款	+8 100		
总额	+9 000	总额	+9 000

从乙银行借款的客户再将 8 100 元存入丙银行，丙银行存款增加 8 100 元，丙银行除保留 10% 的准备金以外，同样将剩余的存款贷放出去……如此辗转存贷，直到超额准备金在整个银行体系中消失。最终，客户存入甲银行的 10 000 元现金，经过整个银行体系的反复使用，将扩张至 100 000 元，用几何级数来表示，这一扩张过程为

$$10\ 000+9\ 000+8\ 100+7\ 290+\cdots$$
$$=10\ 000\times[1+0.9+0.9^2+0.9^3+\cdots]$$
$$=10\ 000/(1-0.9)$$
$$=100\ 000(元)$$

商业银行体系的存款扩张过程，也可用表 7-3 表示。

表 7-3　银行体系存款扩张创造过程
(假定法定准备金率为 10%)　　　　　　　　　　　　　　　　　　　单位：元

银行	存款增加	贷款增加	准备金增加
甲	10 000	9 000	1 000
乙	9 000	9 100	900
丙	8 100	7 290	810
丁	7 290	6 561	729
……	…	…	…
所有银行合计	100 000	90 000	10 000

以上分析表明，在部分准备金制度下，一笔原始存款经过整个银行体系的信用创造，可以产生数倍于原始存款的存款货币。此扩张额主要决定于两大因素：一是原始存款量的大小，二是法定存款准备金率的高低。原始存款量越多，创造的存款货币量越多，法定存款准备金率越高，扩张的数额越小。用 D 表示存款货币最大扩张额，A 代表原始存款量，r 代表法定存款准备金率，则有：

$$D = A \times \frac{1}{r}$$

式中，1/r 即是一笔原始存款的最大扩张倍数，称为存款乘数，存款乘数是法定存款准备金率的倒数。

(2) 存款的多倍收缩过程。

上述银行存款扩张过程是由于客户将 10 000 元现金存入甲银行，使甲银行原始存款增加引起的。与之相反，若客户从银行提取 10 000 元现金，则会引起原始存款减少，在银行体系无超额准备金的前提下，必然会出现削减存款货币的过程，如表 7-4 所示。

表 7-4　存款的多倍收缩过程　　　　　　　　　　　　　　　　　　　　　单位：元

银行	存款减少	贷款减少	准备金减少
甲	10 000	9 000	1 000
乙	9 000	9 100	900
丙	8 100	7 290	810
丁	7 290	6 561	729
……	…	…	…
所有银行合计	100 000	90 000	10 000

存款收缩的过程与前面的扩张过程相对应，所不同者仅在于，在扩张过程中，存款的变动为正数；在紧缩过程中，存款变动为负数。

3) 制约存款货币创造的因素

在上述分析存款创造过程中，我们假设银行只保留法定存款准备金，不保留超额存款准备金，而且客户将全部收入存入银行不提取现金，在这些假设条件下，商业银行创造存款的能力与法定存款准备金率成反比。但是，除了法定存款准备金率这个最主要的基础因素之外，影响商业银行创造存款能力的还有超额存款准备金率、现金漏损率等因素。下面继续考察各种因素对存款扩张倍数的限制作用。

(1) 法定存款准备金率(r_d)。

如前所述，不考虑其他因素，设 K 为银行体系存款创造的乘数，则有：

$$K = 1/r_d$$

可见，整个银行体系创造存款货币的数量受法定存款准备金率的限制，存款乘数同法定存款准备金率呈倒数关系。

(2) 超额存款准备金率(e)。

银行在实际经营中，为了安全和应付客户提现，以及机动放款的需要，银行实际保留的准备金总是大于法定准备金，超出的部分称为超额准备金，银行的超额准备金与存款总额的比值称为超额存款准备率(e)。在银行体系中超额存款准备金率的变化对存款扩张的影响，同法定存款准备金率的影响一样。如果超额准备金率提高，则银行的存款扩张能力缩小，如果超额准备金率下降，则银行的存款扩张能力提高。因此，把超额准备金的因素考虑进来，银行体系存款创造的乘数修正为

$$K = 1/(r_d + e)$$

(3) 现金漏损率(c)。

现金漏损是指银行在信用扩张及创造存款的过程中，不可避免会有部分现金流出银行体系，保留在人们手中不再流回。社会经济中现金数量同活期存款的数量大致存在某种比率关系，这种比率即是现金漏损率。现金漏损使得银行可用于放款的资金减少，因而会削弱银行创造存款的能力。现金漏损率对于银行扩张信用的限制与法定存款准备金率具有同等影响，把现金漏损率考虑进来后，银行体系存款创造的乘数应修正为

$$K = 1/(r_d + e + c)$$

(4) 定期存款准备金。

企业等经济主体既会持有活期存款，也会持有定期存款，当企业活期存款转为定期存款时，银行对定期存款(D_t)也要按照一定的法定准备金率(r_t)计提准备金，定期存款同活期存款总额之间也会保持一定的比例关系，记做 $t=D_t/D_d$ 时，则 $(r_t \cdot D_t)/D_d = r_t \cdot t$。

定期存款准备金是用于支持定期存款所需的，尽管它仍然保留于银行，但它却不能支持活期存款的进一步创造，因此，这部分 $r_t \cdot t$ 对活期存款乘数 K 的影响，可视同为法定存款准备金率的进一步提高，应在 K 的分母中加入此项数值，这样，银行体系存款创造乘数进一步修正为

$$K = 1/(r_d + e + c + r_t \cdot t)$$

上述四种情况，是用抽象的方法说明 r_d、e、c、$r_t \cdot t$ 等因素对存款乘数的影响。就实际情况来看，存款货币的扩张究竟能达到多少倍，受到许多因素的共同作用，还得依整个国民经济情况及所处的经济发展阶段而定。

2. 中央银行与货币供给

中央银行作为货币供给的主体，主要通过调整、控制商业银行创造存款货币能力及行为实现其在货币供给过程中的作用。

从前面分析商业银行创造存款货币的过程可知，尽管商业银行创造存款货币的能力受制于法定准备金率、超额准备金率、现金漏损率等因素，但商业银行存款创造的前提是首先要获得一定的原始存款，即准备金。商业银行原始存款的来源主要有两个：一是吸收客户的存款，二是从中央银行取得贷款。如果整个社会的现金均已存入商业银行，并且商业银行最大限度地将其运用出去，或者流通中非银行部门及居民的现金持有量不变，那么，商业银行增加贷款从而创造存款货币的决定性因素便是中央银行提供给商业银行的贷款。这也就是说，只要中央银行不增加向商业银行贷款，商业银行的准备金便难以增加，从而也无从反复去扩大贷款和创造存款。如果中央银行缩减或收回对商业银行等机构的信用支持，则必然引起商业银行准备金持有量的减少，并必将导致商业银行体系对贷款乃至存款的多倍收缩。所以，中央银行的信用规模直接决定着商业银行准备金的增减，从而决定着商业银行创造存款货币的能力。

另外，中央银行还掌握着现金发行的控制权力，在现代银行制度下，中央银行被授权为唯一的货币发行机构。流通中的现金货币均是中央银行的负债。当然，中央银行掌握现金的发行权并非意味着中央银行能够完全控制现金的发行数量，中央银行对现金发行的控制处于被动的位置，现金发行数量的多少最终取决于各经济部门对现金的需求量。

实际上，中央银行通过上述各种方式提供的货币供给源并不简单，而是一种基础货币。

这种基础货币又称为货币基数、高能货币或强力货币，它是指货币当局的负债，即是由货币当局投放并为货币当局能直接控制的那部分货币，基础货币包括两部分：一是能创造存款货币的商业银行在中央银行的存款准备金(R)，二是流通于银行体系之外而为社会公众所持有的通货(C)。前者包括商业银行持有的库存现金、在中央银行的法定准备金以及超额准备金。基础货币(B 或 H)常以下式表示：

$$B = R + C$$

3. 货币供给模型及货币乘数

1) 货币供给模型

根据以上对货币供给形成机制的分析，基础货币中的准备金进入商业银行系统后，经过辗转存贷，可以使货币供给量成倍扩张，我们将这一倍数称为货币乘数。这样就可以用一个数学公式将货币供给量与基础货币和货币乘数之间的关系表示出来：

$$M_s = B \cdot m$$

其中，$M_s = C+D$ 表示狭义的货币供应量，$B=C+R$ 表示基础货币，m 代表的是基础货币扩张的倍数，即货币乘数。公式的基本含义是，基础货币按照一定的货币乘数扩张，形成货币供应总量。

这里要注意的是，前面在讨论存款创造过程时，对各种情况下的乘数都是以活期存款为范围考查的，因而它也可以成为"活期存款乘数"，它仅仅是活期存款可能产生的倍数。引入基础货币后，基础货币中的两个组成部分对货币供给量的作用是不同的。基础货币中商业银行的准备金能够成为创造存款、供给货币的基础，而流通中的现金则不存在这样的扩张，只能是等量的增加。因此，货币乘数不同于前面所讲的存款乘数。

基础货币与货币供给量的关系可用图 7-3 表示。

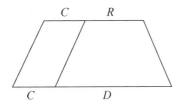

图 7-3 货币供给量与基础货币的关系

2) 货币乘数的推导

将货币供给的基本公式 $M_s = m \cdot B$，稍做变形可得：

$$m = M_s / B$$

这里用 M_1 代替 M_s，由于：

$$M_s = M_1 = C + D$$
$$B = C + R$$

其中的 R 指商业银行的准备金，既包括商业银行的法定准备金，又包括超额准备金，即

$$R = r_d \cdot D + r_t \cdot D_t + E$$

整理后得到：
$$m = M_1 / B = (C+D)/(C+R) = (C+D)/(C + r_d \cdot D + r_t \cdot D_t + E)$$

将分子分母都除以 D，得到：
$$m = (c+1)/(c + r_d + r_t \cdot t + e)$$

上式表明，货币乘数是由活期存款法定准备金率(r_d)、定期存款法定准备金率(r_t)、定期存款比率(t)、商业银行超额存款准备金率(e)以及通货比率也即现金漏损率(c)等变量决定的。在这些因素中，活期存款法定准备金率、定期存款法定准备金率是由中央银行货币政策决定的，货币乘数与之负相关。其他因素则是由商业银行或者公众所决定的。

超额准备金率是指商业银行保有的超额准备金对活期存款的比率，货币乘数与之负相关。超额准备金率的大小主要由下列因素决定：商业银行保有超额准备金的机会成本，即市场利率的高低；借入超额准备金成本的大小，主要是指中央银行再贴现率的高低；商业银行经营风险和资产流动性的考虑；以及整个经济的变化趋势、银行存款结构的变动等因素。

定期存款比率是商业银行定期存款对活期存款的比率，直接取决于公众的资产选择行为，间接受收入或财富、利率水平和结构、市场风险等因素的影响。现金漏损率是公众持有的通货比商业银行活期存款的比率，货币乘数与之反相关。

现金漏损率直接取决于社会公众的意愿，间接地受到多种因素的影响，例如：公众可支配收入水平的高低，市场利率水平，银行业的前景与安危，公众对未来通货膨胀的预期，非法经济活动，社会的支付习惯、银行业的发达程度、信用工具的多寡、社会和政治的稳定性等。

7.2.4 货币供给的外生性与内生性

20 世纪 60 年代以前，西方的货币理论学家大都将货币供给量视为可由中央银行绝对控制的外生变量。60 年代以后，随着人们对货币供给理论的研究日益深入，发现按这一理论进行的货币政策操作是失败的，因而一些经济学家对此进行了修正，从而形成了货币供给的内生论和外生论。

货币供给的外生性，是指货币供给量不受任何经济因素的制约和中央银行以外的经济部门左右，完全受中央银行控制和操纵，由中央银行根据政府的金融政策和经济形势变化的需要而供应货币。货币供给的内生性，是指货币供给难以由货币当局直接控制，而主要决定于整个金融体系，包括银行与非银行金融机构在内的社会经济各部门的共同活动。

关于货币供给是内生变量还是外生变量，在西方经济学家中有两种截然不同的观点。凯恩斯是货币供给外生性或外生变量的主张者。他认为货币供给是由中央银行控制的变量，其变化影响着经济运行，但自身却不受经济因素的影响和制约。弗里德曼也是货币供给外生化者，他认为，决定货币供给是方程式中的三个主要因素——高能货币、存款准备金率和存款通货比率，虽然分别决定于货币当局的希望、商业银行和公众的行为，但中央银行能够直接决定高能货币，因此，只要控制和变动高能货币，那么，另外两个变量必然受到影响，从而决定货币量的变动，因此，货币供给属于外生变量。

进入 20 世纪 80 年代以后，后凯恩斯主义者提出货币供应内生性的观点，其主要代表人物是托宾。他们认为，货币当局虽然对货币供应有影响，但货币当局无法对货币的供给实行完全的控制。这是因为：①在金融体系高度发达的当代，只要有贷款需求，银行就会提供贷款，相应创造出存款货币，导致货币供应量的增加。②由于金融工具的创新层出不穷，即使中央银行只是部分地提供所需货币，通过金融创新也可以相对地扩大货币供应量。③货币供给的三个变量即高能货币、存款通货比率和存款准备金比率之间会发生交叉影响，特别是存款通货比率和存款准备金比率的变动并不完全决定于金融当局，而往往随经济活动的涨落而变动，所以，货币供给具有内生性，是内生变量。

我们认为，货币供给具有综合性。所谓综合性，是指货币供给既具有内生性，又具有外生性，即决定货币供给量的因素既有经济因素，也有政策因素；决定货币供给量的部门既有中央银行、商业银行等金融部门，也有政府、企业个人等非金融部门。全面认识货币供给的综合性有着重要的现实意义，货币供给既是内生变量，又是外生变量，因此，金融当局既要积极发挥调控功能，发挥货币政策的积极效应，又要看到金融调控、货币政策效应有一定的局限性，而不是万能的。

7.3 货币均衡与货币失衡

7.3.1 货币均衡的含义

货币均衡是货币供求作用的一种状态，是货币供给量与货币需求量的大致相等。若以 M_d 表示货币需求量，M_s 表示货币供给量，则货币均衡可以表示为

$$M_d = M_s$$

货币均衡的含义包括以下几点。

(1) 货币均衡不是货币供求数量上的完全相等，货币供求完全相等只是一种偶然的现象，货币均衡的实际意义是货币供应量和货币需求量大体相适应，即只要货币供应量和货币需求量在客观存在的一定弹性区间内变动，都属于均衡之列。而且货币均衡是一种动态过程，它并不要求某一具体时间上货币供求相等，它允许短期内货币供求间可接受的不一致状态，但是长期内是大体一致的。

(2) 在现代经济运行中，货币均衡不是简单的货币供给和货币需求的均衡，而是货币供给和经济对货币的需要的均衡，这种均衡在一定程度上反映了国民经济的总体均衡状况。因为货币不仅仅是现代经济中商品交易的媒介，而且其本身还是国民经济发展的内在要求；货币供求的相互作用制约并反映了国民经济运行的全过程，并且将国民经济运行与货币供需的相互作用机制有机地联系在一起。

(3) 货币均衡不仅是货币供求总量的均衡，还是货币供求结构的均衡。所谓货币供求结构的均衡，是指一个国家的各个生产部门、企业所生产的产品基本上能够销售出去，实现其价值，转化为货币，并且这些生产部门、企业和个人所持有的货币能够按照一定的价格条件转化为自己所需要的商品。在社会上，基本上不存在一方面商品大量积压，另一方面手里有钱买不到商品的现象。

7.3.2 货币均衡与社会总供求平衡

在现代市场经济中,货币均衡和社会总供求平衡之间有着极为密切的联系。因此,考察货币供求是否真正均衡,还必须联系社会总供给和总需求的平衡,即经济均衡来分析。

1. 社会总供求的含义

社会总供求是社会总供给与社会总需求的合称。所谓社会总需求,通常是指在一定时期内,一国的社会各方面实际占用或使用的全部产品之和。由于在市场经济条件下,一切需求都表现为有货币支付能力的购买需求,所以,社会总需求也就是一定时期社会的全部购买支出。

社会总供给,通常是指在一定时期内,一国生产部门按一定价格提供给市场的全部产品和劳务的价值之和,以及在市场上出售的其他金融资产总量。由于这些商品都是在市场上实现其价值的,因此,社会总供给也就是一定时期内的全部收入或总收入。

2. 货币供求与社会总供求之间的关系

在现代市场经济条件下,任何需求都表现为有货币支付能力的需求,任何需求的实现都必须支付货币,如果没有货币的支付,没有实际的购买,社会基本的消费需求和投资需求就不能实现,一定时期内,社会的货币收支流量就构成了当期的社会总需求。如果把总供求平衡放在市场的角度研究,它包括了商品市场的平衡和货币市场的平衡,社会总供求平衡是商品市场和货币市场的统一平衡。商品供求和商品供求之间的关系,可用图简要描述。

图 7-4 包含了四层含义:①商品供给决定了一定时期的货币需求。因为在市场经济条件下,任何商品都需要用货币来表现或衡量其价值量的多少,并通过与货币的交换实现其价值。因此有多少商品供给,必然就需要相应的货币量与之对应。②货币需求决定货币供给。就货币的供求关系而言,客观经济过程的货币需求是基本的前提条件,货币供给必须以货币的需求为基础,中央银行控制货币供应量的目的,就是要使货币供应与货币需求相适应,以维持货币的均衡。③货币的供给形成对商品的需求。因为任何需求都是有货币支付能力的需求,只要通过货币的支付,需求才能得以实现。④商品的需求必须与商品的供应保持平衡,这是宏观经济平衡的出发点和归宿点。

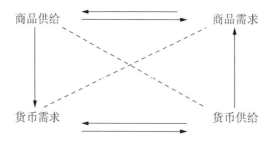

图 7-4 商品供求和货币供求的关系

通过以上分析可知,货币均衡是整个宏观经济平衡的关键,也就是说,如果货币供求不均衡,整个宏观经济的均衡就不可能实现。而要使货币保持均衡,就需要中央银行调控货币的供求,促使货币的供给与客观的货币需求经常保持一种相互适应的关系,以保证经济的发展有一个良好的货币金融环境,从而促进宏观经济均衡协调的发展。

7.3.3 货币均衡的理论模型

1. 简单的货币均衡模型

在该模型中,利率是货币市场的价格,货币供求的对比对于利率水平的高低具有决定作用:相对于货币需求,如果供给偏多,利率下降;供给偏少,则利率上升。同时,利率对于货币供求也具有调节作用:利率下降会抑制货币供给,刺激货币需求;利率上升会刺激货币供给,抑制货币需求。而当供给与需求处于均衡点时的利率即为均衡利率(图7-4)。但事实上均衡利率很难求出,故只能用经验进行判断。

在图7-5中,设货币供给 M_s 为内生变量,即货币供应的变动,总是被动地取决于客观经济过程,起决定作用的是经济体系中的实际变量和微观主体的经济行为,而不是货币管理当局。图中 i_0 为货币供给等于货币需求时的均衡利率,此时货币需求由一定的收入水平所决定。如果货币供给的增加超过货币需求,利率会降低,从而抑制货币供给并刺激货币需求,使货币供求保持均衡;如果货币需求的扩大使收入能够维持在新的水平上,则新的均衡利率 i_1 成立,如果不能维持较高收入水平和货币需求,则货币供给将减少,直至退回到初始的供求均衡点。反之,如果货币供给减少使之低于货币需求,则利率会上升,从而刺激货币供应、抑制货币需求,使货币供求保持均衡。可见,利率的调节机制起着保持货币供求均衡的作用。

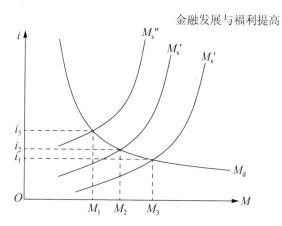

图 7-5 均衡利率下的货币供求

2. IS-LM 模型

为了说明货币供求均衡与商品供求均衡(即社会总供求平衡)的复杂关系,新古典经济学家希克斯和汉森提出了著名的一般经济均衡理论模型,即 IS-LM 模型。该理论认为,在市场经济条件下,如果不考虑国际收支平衡,一国经济总供求均衡条件下的货币均衡实质上反映了商品市场与货币市场的共同均衡状态。这种均衡是在利率与收入水平的不同组合下实现的(图7-6)。

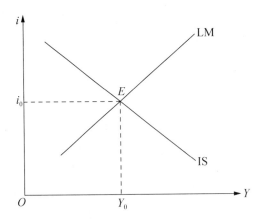

图 7-6　IS-LM 模型

图 7-6 中，IS 曲线是商品市场均衡曲线，代表了在不同的收入和利率组合条件下商品市场所有均衡点的轨迹。不在 IS 曲线上的点表示商品市场的非均衡状态，IS 曲线右侧的点表示总需求不足或总供给过剩，IS 曲线左侧的点表示总需求过剩或总供给不足。LM 曲线是货币市场均衡曲线，该曲线上的每一个点都是货币市场的均衡点，不在该曲线上的点则表示货币市场的非均衡状态。该曲线左侧的点表示货币供给过剩或需求不足，右侧的点表示货币供给不足或需求过剩。将两条曲线综合起来，就可以得出使商品市场和货币市场同时均衡的 E 点。在该点上的收入 Y_0 和利率 i_0，是使商品市场和货币市场同时实现均衡的收入和利率水平。

7.3.4　货币失衡的表现及形成原因

在现实经济生活中，绝对的货币均衡是不常见的，货币失衡反而是一种常见的经济现象，当货币供给量与客观经济过程对货币的需求不一致时，就出现了货币失衡现象。货币失衡有三种表现：货币供给过多、货币供给不足、结构性货币失衡。

1. 货币供给过多

货币供给过多即货币供给量大于货币需求量的经济状态，一般表现为物价上涨和强制储蓄。造成货币供给过多的原因主要是，在经济发展过程中，由于政府的高速经济增长政策迫切需要货币来支撑，在中央银行没有足够货币资本实力的情形下，银行信贷规模的不适当扩张，造成信贷收支逆差和货币资本扩张，从而导致货币供大于求的货币失衡现象。

2. 货币供给不足

货币供给不足即是货币供给不足以满足客观经济运行对货币的需求，其表现是在生产过程中出现过多的存货或其他资源的闲置，通货紧缩。

导致货币不足的原因有：在原有经济运行的货币供需处于均衡状态时，中央银行出于预防通货膨胀的目的，实施紧缩性的货币政策，减少货币供给，从而使流通中的货币出现短缺，经济发展由此受到抑制，使货币运行由原来的均衡转变为非均衡。另一种情况是在经济体制转轨时期，随着货币化进程的加深，货币流通速度放慢，致使经济吸收货币的能力变强，货币需求增加，而中央银行的货币供给没有跟上，从而产生货币供给不足，货币供求失衡。

3. 货币供求的结构性失衡

货币供求的结构性失衡是指在货币供给与需求总量大体一致的条件下，货币供给结构和与之相对应的货币需求结构不相适应。这种结构性货币失衡往往表现为短缺与滞涨同时存在，经济运行中的部分商品和生产要素供过于求，另一部分商品和生产要素有供不应求。造成这种货币失衡的原因在于社会经济结构的不合理及以此为基础的结构刚性。

7.3.5 货币失衡的调整

货币当局对货币失衡的调整主要有以下四种方式。

1. 供给型调整

供给型调整是指中央银行在对失衡的货币供求进行调整时，以货币需求量作为参照系，通过对货币供给量的相应调整，使之适应货币需求量，并在此基础上实现货币供求由失衡状态到均衡状态的调整。在货币供给量大于货币需求量时，中央银行紧缩货币供给量，在货币供给量小于货币需求量时，中央银行扩张货币供给量，以使货币供给量迎合货币需求量。

2. 需求型调整

需求型调整是指在货币供给量大于货币需求量的货币失衡状态时，从增加货币需求量入手使之适应货币供给量；反之，当出现货币供给量小于货币需求量的失衡时，则从减少货币需求量入手。

3. 混合型调整

混合型调整是供给型调整和需求型调整的有机结合。在货币供给量大于货币需求量时，中央银行同时从供给与需求两个方面入手，既进行供给型调整，又开展需求型调整，以尽快达到货币供需均衡而又不给经济运行带来过大的经济波动。

4. 逆向型调整

逆向型调整是当出现货币供给量大于货币需求量时，中央银行不是通过压缩货币供给量，而是增加货币供给量的途径来促进货币供需全面均衡。具体来看，当货币供给量大于货币需求量，同时现实经济运行中又存在尚未充分利用的生产要素，而且也存在着某些供不应求的短缺产品，社会经济运行对此需求量很大，而可供能力又相对有限，那么可以通过对这类产业追加投资和发放贷款，以促进供给增加，并依此来消化过多的货币供给，实现货币供需由失衡到均衡的调整。

【阅读案例】

本章小结

1. 货币需求是指在一定时期内，社会各阶层(个人、企业单位、政府)愿意以货币形式持有财产的需要。它是一种能力与愿望的统一，经济学研究的货币需求主要是指客观的货币需求。货币需求理论是一种关于货币需求动机影响因素和数量决定的理论，是货币政策选择的理论出发点。其研究内容是一国经济发展在客观上需要多少货币量，货币需要量由哪些因素组成，这些因素之间的相互关系如何。

2. 在货币理论的发展过程中，形成了各种有关货币需求的理论学说。费雪提出了现金交易方程式；马歇尔和庇古等剑桥学派的经济学家提出了现金余额方程式；凯恩斯在对人们货币需求动机的剖析基础上把利率因素引入了货币需求函数；弗里德曼将货币需求看作是一种资产选择行为，并认为货币需求取决于恒久性收入，是较为稳定的。

3. 货币需求理论源远流长，它们之间各有异同，在考察对象、范围、影响货币需求变量的分析方面，有一个不断深化的过程。

4. 货币供给是指一国在某一时点上为社会经济运行服务的货币量，它由包括中央银行在内的金融机构供给的存款货币和现金货币两部分构成。研究货币供给的目的，是为了使社会实际提供的货币量与经济发展客观需求的货币相吻合。

5. 现代经济条件下的货币供给机制是由两个层次构成的，第一个层次是商业银行创造存款货币；另一个层次是中央银行提供基础货币和对货币供给的宏观调控。现代银行的信用创造过程，是一个以一定货币量为基础和起点，不断放大其倍数的过程，而影响基础货币和货币乘数的诸因素，来自经济主体的多个方面，这就增加了中央银行调控货币量的复杂性和困难性。

6. 货币均衡是指货币供应量与货币需求量大体相适应的一种动态状况，是货币供求的一种理想状态，是在运动变化中达成的一个动态过程。货币均衡与商品、服务的总供求紧密联系在一起，货币供求在一定程度上反映了国民经济的均衡状态。因此，对货币均衡的深层次理解是社会总供求均衡下的货币均衡，即由货币的收支运动与它们所反映的国民收入及社会产品运动之间的相互协调一致。

7. 在现实经济生活中，绝对的货币均衡是不常见的，货币失衡反而是一种常见的经济现象，当货币供给量与客观经济过程对货币的需求不一致时，就出现了货币失衡现象。货币失衡有三种表现：货币供给过多、货币供给不足、结构性货币失衡。货币当局对货币失衡的调整主要有四种方式：供给型调整、需求型调整、混合型调整、逆向型调整。

重要概念

货币需求　货币需求理论　费雪方程式　剑桥方程式　流动性偏好　货币需求动机　流动性陷阱　恒久性收入　货币供给　原始存款　派生存款　基础货币　货币乘数　货币均衡　货币失衡

复习思考题

1. 试述马克思的货币需求理论。
2. 试比较费雪的现金交易方程式和剑桥学派的现金余额方程式。

3. 试述凯恩斯的货币需求理论。
4. 试述弗里德曼的货币需求理论。
5. 试述商业银行存款货币的创造过程。
6. 你认为货币供给量是内生变量还是外生变量？并说明理由。
7. 假定原始存款为 1000 万元，存款准备金率为 20%，现金漏损率为 30%，不考虑其他因素，试运用乘数原理计算存款乘数和扩张后的存款总额。
8. 试述货币均衡与社会总供求均衡的关系。
9. 试述货币失衡的表现及其调整方法。

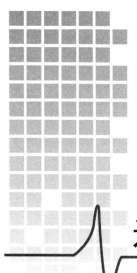

第 8 章

通货膨胀与通货紧缩

学习目标

通过本章的学习，正确地理解通货膨胀的含义和度量方法；掌握通货膨胀的类型及通货膨胀产生的原因；深入分析通货膨胀对社会、经济产生的影响，并提出治理通货膨胀的政策措施。理解通货紧缩的含义、度量方法；掌握通货紧缩的危害，分析通货紧缩的成因，并提出相应的治理政策。

8.1 通货膨胀的定义与度量

自 20 世纪 70 年代以来，通货膨胀逐步演变为国际性的普遍经济现象，尤其是非温和的通货膨胀具有严重的经济与社会危害，正如弗里德曼所言："通货膨胀是一种顽疾，是一种危险的、有时是致命的疾病。如果不及时医治，它可以毁掉一个社会。"治理与消除通货膨胀，实现经济稳定持续增长已经成为当今经济理论界及各国政府亟待解决的重要课题。

8.1.1 通货膨胀的定义

西方经济学家的通货膨胀定义主要有以下几种。

哈耶克认为：通货膨胀一词的原意和真意是指货币数量的过度增长，这种增长会合乎规律地导致物价的上涨。

萨缪尔森指出：通货膨胀的意思是，物品和生产要素的价格普遍上升的时期——面包、汽车、理发的价格上升；工资、租金等也都上升。

【推荐视频】

弗里德曼指出：通货膨胀是一种货币现象，起因于货币量的急剧增加超过了生产的需要……如果货币数量增加的速度超过能够买到的商品和劳务增加的速度，就会发生通货膨胀。

西方经济学家认定，物价上涨越快和持续期间越长，确定物价变动情况是膨胀性的就越合适。他们给通货膨胀下的一般定义为：在信用货币制度下，流通中的货币数量超过经济实际需要而引起的货币贬值和一般物价水平持续的显著上涨过程。

要准确理解通货膨胀的定义，应该把握以下四点。

(1) 通货膨胀是指一般物价水平的上涨，不是指一种或几种商品的物价上涨。不能根据任何部门性的、行业性的某一类商品或某一种商品的价格水平上涨，而断言通货膨胀的发生。

(2) 通货膨胀是一般物价水平持续、显著的上涨。一次性、季节性、偶然性或临时性的物价上涨过程并非通货膨胀，而且只有一般物价水平的上涨幅度达到一定程度，才可以说是出现了通货膨胀。

(3) 一般物价水平的上涨形式可以是公开的，也可以是隐蔽的。在政府对物价实行管制的国家，通货膨胀并不表现为一般物价水平公开的上涨，而是表现为商品短缺、计划供给、凭票排队购买、黑市猖獗等形式。

(4) 通货膨胀是由于流通中的货币数量超过经济实际需要而引起的，但不能将通货膨胀与货币发行过多画等号。

8.1.2 通货膨胀的度量

无论人们对通货膨胀的概念如何理解，一般来说，通货膨胀最终要通过物价水平的上涨表现出来，因而物价总水平的上涨幅度就成为度量通货膨胀程度的主要指标。目前，世界各国普遍采用"一般物价水平"这个概念来说明物价变动情况，并根据"一般物价水平"的上升情况来确定通货膨胀的程度。所谓"一般物价水平"，是指全社会所有的商品和劳务的平均价格水平,而该平均价格是通过编制物价指数来计算的,因而物价指数就成了衡量通货膨胀的尺度。目前,用来反映通货膨胀的物价指数主要有:消费物价指数、批发物价指数或生产者价格指数和国民生产总值平减指数等。

1. 消费物价指数

消费物价指数(Consume Price Index,CPI)是根据具有代表性的家庭消费的商品和劳务的价格变动状况编制而成的物价指数。该指数在很大程度上反映了商品和劳务价格变动对一般民众生活状况的影响,是居民最关心的物价指数,许多国家通常用它来代表通货膨胀率。消费物价指数的优点在于消费品的价格变动能及时反映消费品市场的供给与需求的状况,直接与公众的日常生活相联系,资料容易搜集,公布次数较为频繁,在检验通胀效应方面具有其他指标难以比拟的优越性。而其局限性在于消费品只是社会最终产品的一部分,消费物价指数范围比较窄,不包括公营部门的消费、生产资料及进出口商品、劳务的价格变化,不能全面反映消费物价水平以及一般物价水平。

过去我国只有零售物价指数,它是根据具有代表性的零售商品的价格变动状况编制而成的物价指数,它反映的只是城乡商品零售价格的变动,不包括住房、服务费用水平的变化,而且其中还包括一部分农村零售的生产资料。CPI 指数是从 20 世纪 80 年代开始编制的,到 90 年代,已成为度量通货膨胀的最主要指标。

2. 批发物价指数

批发物价指数(Wholesale Price Index,WPI),是以大宗批发交易为对象,根据制成品和原材料的批发价格编制而成的物价指数。以批发物价指数度量通货膨胀,其优点是能在最终产品价格以前获得工业投入品及非零售消费品的价格变动信号,从而能较灵敏地反映企业生产成本的变化状况,并能进一步判断其对最终进入流通的零售商业价格变动可能带来的影响,因此其对商业周期的反映较为敏感。其缺点是没有将各种劳务价格包含在内,不能反映劳务费用的变动情况。

3. 生产者价格指数

生产者价格指数(Producer Price Index,PPI)是根据企业所购买的商品的价格变化状况编制而成的指数。它反映包括原材料、中间产品及最终产品在内的各种商品批发价格的变化。企业生产经营过程中所面临的物价波动将反映至最终产品的价格上,因此观察 PPI 的变动情形将有助于预测 CPI 的变化状况。

4. 国民生产总值平减指数

国民生产总值平减指数(GNP deflator)是指按照当年价格计算的国民生产总值对按照不变价格或固定价格计算的国民生产总值的比率。

$$\text{GNP平减指数} = \frac{\text{按现行价格计算的GNP}}{\text{按基期价格计算的GNP}} \times 100\%$$

该指数最为显著的优点是包括的范围广,除消费和劳务外,还包括资本品、进口商品与劳务以及公共部门的消费价格在内,能够全面反映一般物价水平的变动趋势,因此,许多西方经济学者把它视为衡量通货膨胀的最佳尺度。但是编制这一指数需要收集大量的资料，公布的次数就不如消费物价指数频繁，多数国家通常一年公布一次，即使在国民所得统计制度最完善的国家，如美国，目前也只能做到每季一次，所以它难以及时反映通货膨胀的程度和动向，不适合作为制定政策的依据。

因此，有些国家将此项指数与消费物价指数结合起来，以消费物价指数来弥补 GNP 平减指数公布次数少的不足，但它易受价格结构因素的影响。例如，当消费物价指数上涨幅度比较大，但其他价格变动幅度不大，就会出现国民生产总值平减指数不大而消费物价指数较高的情况，所以实际工作中要注意。

8.2 通货膨胀的类型与成因

8.2.1 通货膨胀的类型

由于对通货膨胀的认识角度不同，人们从不同的角度，对通货膨胀进行不同的分类(见表 8-1)。

表 8-1 通货膨胀的类型

分类标准	类型
市场机制作用	公开型通货膨胀 隐蔽型通货膨胀
物价上涨幅度	爬行的或温和的通货膨胀 奔腾的通货膨胀 恶性的通货膨胀
通货膨胀预期	预期的通货膨胀 非预期的通货膨胀
通货膨胀成因	需求拉动型通货膨胀 成本推进型通货膨胀 供求混合推进型通货膨胀 结构型通货膨胀

1. 按照市场机制的作用分类

1) 公开型通货膨胀

也称开放型通货膨胀，是指在市场机制充分运行、政府对物价不加控制的情况下表现出来的通货膨胀。在市场经济条件下，特别是在较为发达的市场经济中，由于市场机制较为完善，且没有政府的直接干预，货币的多少直接影响着物价水平的升降。因此，通货膨胀便以物价水平公开上升的形式表现出来，物价水平的上升幅度可以准确地反映通货膨胀的程度。

2) 隐蔽型通货膨胀

也称为抑制型通货膨胀，是指政府通过计划控制和行政管制手段(也包括票证限额、价格控制等)来抑制物价的上涨，使通货膨胀的压力不通过一般物价水平的上涨表现出来。这类通货膨胀通常表现为商品普遍严重短缺、计划供给、国家牌价、凭票排队购买、黑市猖獗等诸多并发现象。

2. 按照物价上涨幅度分类

这种分类实际上是按物价上涨的具体数量界限来进行的。但这个数量界限却是变化的。在 20 世纪 60 年代，发达国家一般认为：年通货膨胀率达 6%就可视为严重的通货膨胀；如果年通货膨胀率达到两位数则是恶性的通货膨胀。而 70 年代以后的世界范围的通货膨胀，使人们改变了恶性通货膨胀的标准。从 80 年代末期开始，拉美的债务危机、苏联和东欧的渐进式改革、亚洲金融风暴等，使相当多国家出现了三位数以上的通货膨胀。这样，如何衡量通货膨胀的程度(尤其是发展中国家)变得更困难。一般来说，经济学家将发达国家的通货膨胀按其程度划分为爬行的或温和的通货膨胀、奔腾的通货膨胀、恶性的通货膨胀。

1) 爬行的或温和的通货膨胀

通常将年通货膨胀率在 10%以下的通货膨胀称为爬行的或温和的通货膨胀，将年通货膨胀率在两位数或三位数的通货膨胀称为奔腾的通货膨胀，将年通货膨胀率在四位数或四位数以上的通货膨胀称为恶性的通货膨胀。爬行的通货膨胀发生时，由于价格上涨速度比较慢、幅度不太高，因此人们对通货膨胀的预期比较稳定，而且货币幻觉的存在将会促进经济的增长。

2) 奔腾的通货膨胀

这是一般物价水平按照相当大的幅度持续上升的通货膨胀，一般通货膨胀率在 10%以上，两位数的水平。在奔腾的通货膨胀下，由于物价上涨幅度高、速度快，价格信号被严重扭曲，货币贬值，这时人们纷纷抢购商品，货币流通速度加快。且人们往往预期物价水平还将进一步上涨，因而采取各种措施大量囤积商品，信贷市场及金融市场严重萎缩，从而使通货膨胀更为加剧。如果不采取有力的反通货膨胀措施，就有可能发展为失控的恶性通货膨胀。

3) 恶性的通货膨胀

是指失控的超级通货膨胀，通货膨胀率在 100%以上，最严重时甚至达到天文数字。当恶性通货膨胀发生后，价格持续狂涨，人们为了尽快将货币脱手，大量地抢购商品、黄金和各种金融资产，从而大大地加快了货币的流通速度。而且奇高的通货膨胀率造成严重的经济不公平和经济行为扭曲，但这种通货膨胀不会持续太久，随着而来的将是经济崩溃或新的货币改革。因为恶性通货膨胀使得人们对本国货币完全失去了信任，货币极度贬值，货币购买力猛跌，各种正常的经济联系遭到破坏，货币体系和价格体系以至整个国民经济完全崩溃。

在恶性的通货膨胀下，货币流通速度急剧加快，相对价格极不稳定。

3. 根据通货膨胀能否被预期分类

1) 预期的通货膨胀

如果通货膨胀能够被人们预期，则称之为预期的通货膨胀。预期的通货膨胀反映了市场上劳资双方对将来的物价、工资及成本的预期，反映了产品成本增长的长期趋势，因此，一旦这类预期的通货膨胀被启动，则会导致物价与工资呈现出螺旋式的持续上升，故有"惯性通货膨胀"之称。由于人们对未来的物价和工资已经做出准确的预期，预期的通货膨胀不能引起收入与财富的再分配。

第 8 章　通货膨胀与通货紧缩

2) 非预期的通货膨胀

它是指没有被人们预期到的通货膨胀，或者价格上涨速度超出了人们的预期，例如一国政府采取隐蔽的方式增加货币供给量而引发通货膨胀，人们对此却一无所知，也难预测今后的通货膨胀情况。非预期的通货膨胀则可以导致收入与财富的再分配。

4. 按照通货膨胀的成因分类

1) 需求拉动型通货膨胀

它是指由于社会总需求的过度增加，超过了现行价格水平下商品和劳务总供给的增长，致使"过多的货币追逐过少的商品和劳务"，从而引起货币贬值、物价上涨的经济现象。根据引起总需求增加的原因，西方经济学家将需求拉动的通货膨胀又分为三种类型。

(1) 自发性需求拉动型，其总需求的增加是自发性的，与原先的或预期的成本增加无关。

(2) 诱发性需求拉动型，主要是由于成本增加而诱发了总需求的增加。

(3) 被动性需求拉动型，由于政府为了阻止失业上升而增加支出或采用扩张性货币政策增加了总需求，从而导致通货膨胀。

2) 成本推进型通货膨胀

这种通货膨胀指的是生产成本上升而引起物价上涨的经济现象。在西方经济学中，成本推进型通货膨胀往往指由于工会、大垄断公司等对市场具有操纵能力的大集团，人为提高成本，导致的物价上涨。成本推进型通货膨胀又可以分为工资推进型和利润推进型两种。

3) 供求混合型通货膨胀

在现实的经济生活中，纯粹的需求拉上或成本推进的通货膨胀非常少见，更多的是在需求因素和供给因素的共同作用下产生的，这种通货膨胀被称为供求混合推进型的通货膨胀。

4) 结构型通货膨胀

指在总需求和总供给处于均衡状态时，由于经济结构方面的因素变化引起物价上涨，从而导致通货膨胀。

8.2.2　通货膨胀的成因

通货膨胀的成因和机理比较复杂，对此各国经济学家从不同的角度出发做出了各种分析，提出了需求拉动说、成本推进说、供求混合说、结构说和预期说等不同的理论解释。

1. 需求拉动说

在西方经济学中，需求拉动说是产生最早、流传最广、影响最大的通货膨胀理论。在 20 世纪 50 年代中期以后，尽管出现了许多新的理论，需求拉动说仍不失其原有的统治地位，只是其理论结构和分析方法有了很大变化。

需求拉动说是解释通货膨胀成因的早期学说，主要从总需求的角度寻找通货膨胀的原因。该学说认为经济生活中之所以产生一般性物价上涨，其直接原因来自于货币因素即货币的过量发行，如政府采用了扩张性财政与货币政策，增加了货币供给量，导致了总需求膨胀。当货币需求大于商品供给时，就形成膨胀性缺口，拉动物价上涨，导致通货膨胀。

所谓膨胀性缺口也就是一国总需求超过商品和劳务总供给的部分。需求拉动学说是凯恩斯学派特别是现代凯恩斯主义的一个重要学说。凯恩斯从分析货币量变动影响物价的传导机制出发，认为货币量变动对物价的影响是间接的，而且影响物价变动的还有其他因素，如成本和就业量。凯恩斯认为，不是任何货币数量的增加都具有通货膨胀性质，也不能把通货膨胀仅仅理解为物价上涨。货币数量增加是否会产生通货膨胀要视经济是否达到充分就业，在经济达到充分就业后，货币增加就会引发通货膨胀。需求拉动型通货膨胀可用图 8-1 来说明。

图 8-1 显示，在总供给 AS 一定的情况下，当总需求曲线为 AD_0 时，均衡价格为 P_0，均衡产量为 Y_0，当总需求增加到 AD_1 时，均衡价格上涨到 P_1 水平，均衡产量增加到 Y_1。当总需求从 AD_2 增加到 AD_3 时，价格水平从 P_2 上升到 P_3，总产出从 Y_2 增加到 Y_f，实现了充分就业，这时，若总需求继续膨胀，因经济中已无生产能力使供给增加，总产出就会趋于零增长，总供给曲线 AS 成为一条垂直线，总需求 AD 的增加只会使物价上涨，总产出不变。这说明了需求是如何将物价拉上去的。在需求拉上的过程中，随着总需求的增加，总产出增加的幅度越来越小直至为零，而物价上涨的幅度越来越大，在图 8-1 中可看出通货膨胀的程度取决于总供给曲线的斜率。

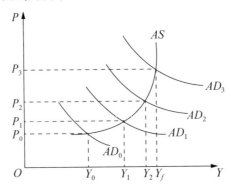

图 8-1　需求拉动型通货膨胀

2. 成本推进说

20 世纪 50 年代以前，需求拉动说在一定程度上反映了当时的实际经济情况，说明了当时的通货膨胀的原因。但到了 50 年代后期，经济情况发生了变化，一些国家出现了物价持续上升而失业率却居高不下，甚至失业率与物价同时上升的情况。于是一些经济学家开始探讨其缘由，认为通货膨胀和物价上涨根源于总供给或成本方面。

成本推进说就是侧重于从总供给和成本方面来解释物价水平持续上涨。该理论认为，通货膨胀的根源并非由于总需求过度，而是由于总供给方面的生产成本上升所引起的。成本推进说还进一步分析了促使产品成本上升的原因：第一，势力强大的工会力量要求企业提高工人工资，迫使工资增长率超过劳动生产率的增长率，企业因人力成本的加大而提高产品价格以转嫁工资成本的上升，而在物价上涨后工人又会要求提高工资，再度引起物价上涨，形成工资——物价的螺旋式上升。第二，垄断行业中企业为追求利润制定较高的垄断价格，由此引起利润推进型通货膨胀。此外，汇率变动引起进出口产品和原材料成本上升，以及石油危机、资源枯竭、环境保护政策不当等造成原材料、能源生产成本的提高，都是引起成本推进型通货膨胀的原因。

成本推进型通货膨胀可用图 8-2 来说明。在总需求 AD 一定的情况下，当工人工资提高或垄断厂商要求更高利润时，必然会引起生产成本的增加，总供给减少，导致物价上涨，图中，总供给曲线从 AS_0 移动到 AS_1，价格水平从 P_0 上升到 P_1。而物价上涨后，工人又要求增加工资，供给再度减少，(从 AS_1 到 AS_2)，物价新一轮上涨(从 P_1 到 P_2)。如此反复，造成工资——物价螺旋上升。

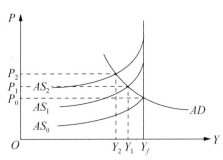

图 8-2　成本推进型通货膨胀

3．供求混合说

供求混合说同时从供给和需求两个方面阐述通货膨胀产生的成因，认为通货膨胀是由于需求拉动和成本推进两者共同作用而导致一般物价水平的普遍上涨的现象。

持有这一理论的经济学家认为，通货膨胀既有来自需求方面的原因，也有来自供给方面的原因，如果通货膨胀最先由需求过度引起物价上升，而物价上升则会引发工资的提高，工资的提高又会进一步推进物价的上升，而物价的进一步上升又会进一步导致工资的提高，形成"物价—工资螺旋式上升"的持续性的通货膨胀。如果通货膨胀先由成本因素引起，同样也会形成"工资—物价螺旋式上升"的持续性的通货膨胀。因此，长期而持续的通货膨胀是由需求和供给两方面因素共同作用的结果。

供求混合型通货膨胀可用图 8-3 加以说明。最初的均衡由 AD_0 和 AS_0 决定，价格水平为 P_0，产出水平为 Y_0，此时经济未达到充分就业水平。为了实现充分就业，政府采取刺激总需求的政策，导致总需求增加，总需求曲线向右移动到 AD_1 的水平，在新的均衡状态下，经济实现了充分就业，但一般价格水平上升到了 P_1，而且价格上升之后工人要求更高的工资。工资的上涨使得成本增加，总供给减少到 AS_1，价格新一轮的上涨到 P_2，同时产出减少到 Y_0，存在，出现了萧条。为使经济实现充分就业，再次刺激增加总需求，引发物价再次上涨……如此，无论最初是需求拉动还是成本推进，在供求两方面的共同作用下，必然形成"物价—工资螺旋式上升"的持续性的通货膨胀。

4．结构说

结构说认为，通货膨胀是指在总需求量和总供给

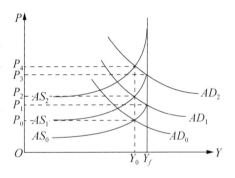

图 8-3　供求混合型通货膨胀

量没有发生变化的情形下，由于主要经济结构、部门结构和比例失衡引起的。如各大经济部门之间的比例，特别是工农业、轻重工业比例失调会引起一般物价水平持续上涨。根据结构型通货膨胀的具体成因差异，又可以划分为四种情况。

(1) 需求转移型。由于各经济部门之间发展的不均衡，在总需求不变的情况下，一部分需求会转向其他部门，但劳动力和生产要素却不能及时转移，因此，需求增加的部门因供给不能满足需求而使工资和产品的价格上涨，如果需求减少的部门的产品价格和劳动力成本具有刚性特点未能相应下跌的话，则物价总水平就会上升。

(2) 部门差异型。一国不同经济部门如产业部门与服务部门、工业部门之间劳动生产率的提高率存在差异，而各部门之间货币工资的增长却存在互相看齐的倾向。当发展较快的部门因劳动生产率提高而增加货币工作时，其他部门由于向其看齐也会提高货币工资，从而引起工资成本推进的通货膨胀。

(3) 外部输入型。一国经济部门可分为开放性部门和非开放性部门，对于小国经济而言，外部通货膨胀会通过进出口商品价格和汇率等一系列机制传递到其开放性部门，使其通货膨胀率向世界通货膨胀率看齐。而小国开放性部门的价格和工资上涨后，又会使其非开放性部门的价格和工资向开放性部门的价格和工资看齐，从而导致全面性通货膨胀。

(4) 二元经济结构型。在广大的发展中国家，传统的农业部门和现代工业部门并存。在农业结构僵化、资本短缺、需求结构变化迅速、劳动力自由流动程度和货币化程度低等结构因素的制约下，经济的发展更多是通过赤字预算、增发货币来积累资金，从而带动物价全面上涨。

5. 预期说

通货膨胀的预期说主要通过对通货膨胀预期心理作用的分析来解释通货膨胀的发生。该理论认为，一旦人们对通货膨胀产生了预期，那么他们在出售和购买商品时就会将预期价格上涨的因素考虑进去，从而引起现行价格水平提高，直至其达到预期价格以上。预期心理引致或加快通货膨胀的作用主要表现在三个方面：一是当人们产生通货膨胀预期后，会尽快地购买实物资产而不愿持有货币，因此货币流通速度加快，相当于增加了货币数量，从而引发通货膨胀。二是当储蓄者有了通货膨胀预期时，为了保证实际利息收入不变，会要求提高名义利率，而企业经营者则会提高商品价格，以转嫁由于名义利率提高而增大的生产成本或维持利润水平，从而导致通货膨胀。三是在通货膨胀预期心理作用下，工人或企业经营者会要求提高货币工资和其他福利待遇，从而提高生产成本和产品价格。

8.2.3 我国通货膨胀的成因

结合我国通货膨胀的具体实践，原因一般表现在如下几个方面。

1. 财政赤字

解决财政赤字的方法有两种：一是向中央银行贷款，二是发行公债。

如果向中央银行贷款，就会造成中央银行增加货币供给，引起市场货币供给量增加，会导致通货膨胀；发行公债，如果向中央银行推销，或以公债为抵押向中央银行贷款，中央银行向政府发放贷款，通过财政支出，转变为商业银行存款，再通过商业银行贷款，数倍扩大货币供应量。而财政支出多为非生产性的，不会增加产品和商品流通数量。因而为解决财政赤字增发的货币，必然导致货币供给量过多，导致通货膨胀。

2. 信用膨胀

商业信用是以商业票据为工具的，商业票据经过背书可以流通转让，代替货币起交换媒介作用，相当于增加了货币供给量，减少了货币需求量。

商业信用和一部分消费信用是由企业提供的，但企业之所以能提供商业信用和消费信用，是因为得到了银行提供的信用。

银行信用向工商业提供的贷款必然要转为存款，而且转换的存款数量数倍扩张，这就直接扩大了货币供应量。

商业信用、消费信用、银行信用的膨胀，一方面减少了流通中对货币的需要量，另一方面增加了流通中的货币供给量，因此，信用膨胀即信贷规模的扩大，如果超过了流通、生产的需要，必然出现通货膨胀。

3. 经济发展速度过快与经济结构不合理

经济发展速度过快，积累基金规模过大，建设规模超过了工农业生产所能承担的能力，或消费基金规模过大，超过了消费资料的供应能力，商品供不应求。这就是由建设投资而投放到市场上的货币与生产资料的供应不相适应，由工资、奖金等渠道投放到市场上的货币与消费资料的供应不相适应，使货币供应量超过货币需求量，出现通货膨胀。

一国重工业发展速度过快，超过了轻工业和农业所能承担的能力，使重工业、农业、轻工业比例失调，引起市场商品供不应求，物价上涨，出现通货膨胀。

例如，韩国在工业化过程中，在20世纪70年代发生的通货膨胀；我国从20世纪50年代起，数度出现的通货膨胀，都源于经济过热和产业结构不合理。

4. 外债规模过大

大量举借外债的国家，背负着沉重的还本付息包袱，有可能导致财政赤字，有可能因此导致通货膨胀。如墨西哥在20世纪80年代，由于大量借外债，导致了通货膨胀。

此外，还有诸如国际收支长期处于顺差、固定投资过度、工资增长率超过劳动生产率的增长幅度、经济效益低下等原因。

8.3 通货膨胀的效应

在有通货膨胀的情况下，必将对社会经济生活产生影响。如果社会的通货膨胀率是稳定的，人们可以完全预期，那么通货膨胀率对社会经济生活的影响很小。因为在这种可预期的通货膨胀之下，各种名义变量(如名义工资、名义利息率等)都可以根据通货膨胀率进行调整，从而使实际变量(如实际工资、实际利息率等)不变。这时通货膨胀对社会经济生活的唯一影响，是人们将减少他们所持有的现金量。但是，在通货膨胀率不能完全预期的情况下，通货膨胀将会影响社会收入分配及经济活动。因为这时人们无法准确地根据通货膨胀率来调整各种名义变量，以及他们应采取的经济行为。

8.3.1 通货膨胀的收入再分配效应

收入和财富的再分配效应是指通货膨胀发生时，人们的实际收入和实际占有财富的价值会发生不同变化，有些人的收入与财富会提高和增加，有些人的收入和财富则会降低和减少。

1. 通货膨胀会引起收入再分配

对于有固定名义收入阶层以及名义收入涨幅低于通货膨胀率涨幅的人来说，通货膨胀将会使这些人的实际收入水平较之前降低，他们是通货膨胀的受害者。例如通货膨胀发生时，工薪阶层和依赖退休金生活的退休人员由于收入调整滞后于通货膨胀，因而其实际收入会减少；而一些负债经营的企业能够及时调整其收入，因而可以在通货膨胀中获利。

2. 通货膨胀引致财富的再分配

对于持有固定名义收益率以及名义收益率的涨幅低于通货膨胀率涨幅的财富所有者来说，通货膨胀将使其蒙受不同程度的损失。

3. 在债务人与债权人之间，通货膨胀将有利于债务人而不利于债权人

在通常情况下，借贷的债务契约都是根据签约时的通货膨胀率来确定名义利息率，所以当发生了未预期的通货膨胀之后，债务契约无法更改，从而就使实际利息率下降，债务人受益，而债权人受损。其结果是对贷款，特别是长期贷款带来不利的影响，使债权人不愿意发放贷款。贷款的减少会影响投资，最后使投资减少。

4. 通货膨胀将会引起收入与财富在政府与居民之间再分配

在政府与公众之间，通货膨胀将有利于政府而不利于公众，由于在不可预期的通货膨胀之下，名义工资总会有所增加(尽管并不一定能保持原有的实际工资水平)，随着名义工资的提高，达到纳税起征点的人增加了，有许多人进入了更高的纳税等级，这样就使得政府的税收增加。但公众纳税数额增加，实际收入却减少了。政府由这种通货膨胀中所得到的税收称为通货膨胀税。一些经济学家认为，这实际上是政府对公众的掠夺。这种通货膨胀税的存在，既不利于储蓄的增加，也影响了私人与企业投资的积极性。伴随着通货膨胀的发生，政府的财政收入中的通货膨胀税增加，居民收入转移到政府手中。

8.3.2 通货膨胀的经济效应

通货膨胀对经济增长究竟起什么作用，在理论界，经济学家们意见并不统一，有综合各种意见，大致可分为促进论、促退论、中性论。

1. 促进论

促进论认为通货膨胀有利于经济增长。他们认为，在经济长期处在有效需求不足，生产要素尚未充分有效利用，劳动者没有充分就业的情况下，政府实施通货膨胀政策有利于刺激有效需求，特别是通过赤字财政政策，扩大投资需求，从而促进经济增长；另外，通货膨胀可以产生一种有利于富裕阶层的再分配，而富裕阶层的边际储蓄倾向比较高，因此通货膨胀会提高整个社会的储蓄水平，从而促使经济增长。通货膨胀促进论主要是凯恩斯学派的主张。

1) 凯恩斯学派的促进论

凯恩斯认为货币数量增加后，在充分就业这一关键点的前后，其膨胀效果的程度不同。在经济达到充分就业分界点之前，货币量增加可以带动有效需求增加，能够增加产量，原因在于：第一，由于存在闲置的劳动力，工人被迫接受低于一般物价上涨速度的货币工资，因此企业单位成本的增加小于有效需求的增长幅度。第二，由于有剩余的生产资源，增加有效需求会带动产量的增加。此时货币数量增加不具有十足的通货膨胀性，而是一方面增加就业和产量，另一方面也使物价上涨。这种情况被凯恩斯称为"半通货膨胀"。而当经济实现了充分就业后，货币量增加就产生了显著的膨胀效应。由于各种生产资源均无剩余，货币量增加引起有效需求增加，但就业量和产量将不再增加，增加的只是边际成本中各生产要素的报酬，即单位成本。此时的通货膨胀就是真正的通货膨胀。

在凯恩斯的理论中，充分就业是一种例外，非充分就业才是常态。因此，增加货币数量的通货膨胀政策能够带来经济的增长，利多弊少。

2) 新古典综合派的促进论

新古典综合派认为，通货膨胀能够通过强制储蓄、扩大投资来实现增加就业和促进经济增长。强制储蓄是指政府通过向中央银行借款(透支或发行国债)的方式来筹集其生产性的财政资金，从而提高社会能够转化为投资的储蓄率水平。当政府财政入不敷出时，常常借助于财政透支来解决收入来源。如果政府将膨胀性的收入用于实际投资，就会增加资本形成，只要私人投资不降低或者降低数额不小于政府投资新增数额，就能提高社会总投资并促进经济增长。

另外，当人们对通货膨胀的预期调整比较缓慢，从而名义工资的变动滞后于价格变动时，收入就会发生转移，转移的方向是从工人转向雇主阶层，而后者的储蓄率高，这样能够增加一国的总储蓄。由于通货膨胀提高了盈利率，私人投资也会增大，这样，政府与私人的投资都增加，无疑能够带动经济增长。

2. 促退论

促退论认为通货膨胀不仅不会促进经济增长，而且还会损害经济发展。

1) 通货膨胀导致货币贬值，储蓄减少

通货膨胀意味着货币贬值、购买力下降，这就意味着人们的实际可支配收入减少，从而削弱了人们的储蓄能力。另外，通货膨胀造成本金贬值和储蓄的实际收益下降，使人们对储蓄和未来收益产生悲观的预期，为避免将来物价上涨所造成的经济损失，人们的储蓄意愿降低，即消费增加，致使储蓄率下降，投资率和经济增长率都降低。

2) 通货膨胀助长投机之风，不利于投资

在通货膨胀环境下，从事生产和投资的风险较大，而相比之下，进行投机有利可图；因此，通货膨胀环境小，长期生产资本会向短期生产资本转化，短期生产资本会向投机资本转化。生产资本，特别是长期生产资本的减少对一个国家的长期发展是非常不利的。同时，短期资本，特别是投机资本增加会使各种财产价格上升，土地、房屋等所有者可以坐享其成，这类财产的过度投机的社会利益性小于其害处。此外，投资者是根据投资收益预期而从事投资的,在持续的通货膨胀过程中,各行业价格上涨的速度有差异,市场价格机制遭到严重的破坏。由于市场价格信号紊乱,导致整个市场机制功能失调,投资者难以判断价格上涨的结构,从而做出盲目的投资或者错误的投资决策,不利于产业结构的优化和资源的合理配置,使经济效率大大下降。

3) 其他危害

通货膨胀会使纸币贬值,妨碍货币职能的政策发挥。由于货币购买力下降,人们不愿意储蓄或持有货币,影响了货币储藏手段职能的发挥,而币值不稳定会影响货币价值尺度职能的发挥,加大经济核算的困难,引起市场机制失灵。

通货膨胀会造成对资金的过度需求,导致经济虚假繁荣、泡沫胀大,迫使金融机构加强信贷配额,降低金融体系的效率。

在社会公众对通货膨胀产生预期后,政府可能会加强全国的价格管制,从而使经济运行更加缺乏竞争力和活力。

本国通货膨胀率长期高于它国,使本国产品相对于外国产品的价格上升,本国的出口减少,进口增加,国际收支出现逆差,并使黄金和外汇外流,给本国经济增长带来压力。

3. 中性论

中性论认为,通货膨胀对实际产出和经济增长不产生任何影响。这是因为由于公众存在合理预期,在一定时间内他们会对物价上涨做出合理的调整,从而可以抵消通货膨胀产生的各种影响。中性论是合理预期学派的观点,但是由于公众对通货膨胀的预期与通货膨胀实际发展往往并不相符,而且每个人每个企业的预期也不相同,其调整行为很难合理或相互抵消,所以,中性论的理论依据显得模糊和牵强,观点难以自圆其说,得到的赞同也不多。

实证分析世界各国的经济发展史,比较多的典型例子是低通货膨胀率伴随着经济的高速增长,或高的通货膨胀率伴随着经济的低速增长,如表8-2所示。

表8-2 西方主要国家通货膨胀和经济增长关系 (单位:%)

国家	1951—1960		1961—1970		1971—1980		1981—1987	
	工业生产平均年增长率	消费物价平均年增长率	工业生产平均年增长率	消费物价平均年增长率	工业生产平均年增长率	消费物价平均年增长率	工业生产平均年增长率	消费物价平均年增长率
美国	4.0	2.1	5.0	2.7	3.3	7.8	2.7	3.4
日本	16.2	4.0	13.7	5.7	4.7	9.0	3.4	0.9
德国	9.8	1.9	5.2	2.6	2.0	5.1	0.6	2.9
法国	6.4	5.5	4.9	4.0	2.8	9.6	0.6	7.3
英国	2.9	4.2	2.8	3.9	1.0	10.2	1.9	5.9
意大利	8.8	2.7	7.2	3.9	1.1	14.1	0.5	10.1

资料来源:[1] 国际货币基金组织《国际金融统计》1988年年刊.
[2] 中国国家统计局编《中国统计年鉴2007》.

由表 8-1 可以看出：第一，相同的通货膨胀率有完全不同的经济增长。例如，20 世纪 50 年代美国与意大利的通货膨胀率相近，但意大利的工业生产平均增长率比美国高一倍以上；日本与英国的通货膨胀率相近，但日本的工业生产平均增长率比英国高 4.6 倍。20 世纪 60 年代英国与意大利的通货膨胀率均为 3.9%，但意大利生产增长率比英国高约 1.6 倍。第二，通货膨胀率和经济增长率呈反向变动趋势。20 世纪 50 年代主要资本主义国家通货膨胀率较低，这时经济发展速度比较快；20 世纪 60 年代通货膨胀率有所提高，经济发展速度有所下降；20 世纪 70 年代，通货膨胀率下降，并出现了"滞涨"局面；到了 20 世纪 80 年代，通货膨胀总体趋于平衡，经济又有增长的趋势。

8.4 通货膨胀的治理

由于通货膨胀对一国国民经济乃至社会、政治生活各个方面都产生严重的影响，因此各国政府和经济学家都将控制和治理通货膨胀作为宏观经济政策研究的重大课题加以探讨，并提出了治理通货膨胀的种种对策措施。

1. 紧缩的需求政策

通货膨胀的一个基本原因在于总需求超过了总供给，因此，政府可以采取紧缩总需求的政策来治理通货膨胀。紧缩总需求的政策包括紧缩性货币政策和紧缩性财政政策。

1) 紧缩性货币政策

通货膨胀是一种货币现象，货币供给量的无限制扩张是引起通货膨胀的重要原因。因此，可以采用紧缩性的货币政策来减少社会总需求，促使总需求与总供给趋向一致。紧缩性货币政策主要有以下措施。

(1) 提高法定存款准备金率。中央银行提高法定存款准备金率，可以降低商业银行创造货币的能力，从而达到紧缩信贷规模、削减投资支出、减少货币供给量的目的。

(2) 提高再贴现率。提高再贴现率不仅可以抑制商业银行对中央银行的贷款需求，还可以增加商业银行借款成本，迫使商业银行提高贷款利率和贴现率，结果企业因贷款成本增加而减少投资，货币供给量随之减少。提高再贴现率还可以影响公众的预期，达到鼓励增加储蓄、减缓通货膨胀压力的作用。

(3) 公开市场卖出业务。公开市场卖出业务是中央银行最经常使用的一种货币政策，指中央银行在公开市场上买卖有价证券以调节货币供应量和利率的一种常规性政策工具。在通货膨胀时期，中央银行一般会在公开市场上向商业银行等金融机构出售证券，回笼货币，从而达到紧缩信用，减少货币供应量的目的。

(4) 直接提供利率。利率的提高会直接增加信贷资金的使用成本降低借贷规模，减少货币供应量，同时，利率提高还可以吸收增加储蓄存款，减轻通货膨胀压力。

2) 紧缩性财政政策

紧缩性财政政策直接从限制支出、减少需求等方面出发来减轻通货膨胀压力，概括地说就是增收减支、减少财政赤字。一般包括以下措施。

(1) 减少政府支出。减少政府支出主要包括两个方面：一是削减购买性支出，包括政府投资、行政事业费等；二是削减转移性支出，包括各种福利支出、财政补贴等。减少政府支出可以尽量消除财政赤字，控制总需求的膨胀，消除通货膨胀隐患。

(2) 增加税收。增加税收可以直接减少企业和个人的收入，降低投资支出和消费支出，以抑制总需求膨胀。同时增加税收还可以增加政府收入，减少因财政赤字引起的货币发行。

(3) 发行公债。政府发行公债后，可以利用"挤出效应"减少民间部门的投资和消费，抑制社会总需求。

2. 收入紧缩政策

收入紧缩政策主要是针对成本推进型通货膨胀制定的，其理由是依靠财政信用紧缩的政策虽然能够抑制通货膨胀，但是由此带来的经济衰退和大量失业的代价往往过高，尤其是当成本推进引起菲利普斯曲线向右上方移动，工会或企业垄断力量导致市场出现无效状况时，传统的需求管理政策对通货膨胀将无能为力，必须采取强制性的收入紧缩政策。收入紧缩政策的主要内容是采取强制或非强制性的手段，限制工资的提高和垄断利润的获取，抑制成本推进的冲击，进而控制一般物价的上升。其具体措施有以下几种：

1) 工资管制

工资管制是指政府以法令或政策形势对社会各部门和企业工资的上涨采取强制或非强制的限制措施。工资管制办法包括以下几方面。

(1) 工资——物价指导线。指政府根据预计的全社会平均劳动生产率的增长趋势，估算出货币工资增长的最大限度，即工资——物价指导线，以此作为一定年份内允许货币工资总额增长的标准来控制各部门货币工资的增长率。20世纪60年代美国的肯尼迪政府和约翰逊政府都相继实行这种政策，但是工资——物价指导线政策以自愿为原则，政府只能规劝、建议和指导，不能以法律强制实行，因此其实际效果并不理想。

(2) 工资——价格管制及冻结。指政府颁布法令强行规定工资、物价的上涨幅度，甚至在某些时候暂时将工资和物价加以冻结。这种严厉的管制措施对经济影响较大，通常只用在通货膨胀非常严重、难以对付的时期。

(3) 开征工资税。对增加工资过多的企业按工资增长超额比率征收特别税款。这一办法可使企业有所依靠，拒绝工会过高的工资要求，从而有可能与工会达成工资协议，降低工资增长率。

2) 利润管制

利润管制是指政府以强制手段对可获得暴利的企业利润率或利润额实行限制措施。通过对企业利润进行管制可限制大企业或垄断性企业任意抬高产品价格，从而抑制通货膨胀。利润管制办法包括以下几方面。

(1) 管制利润率。即政府对以成本加成方法定价的产品规定一个适当的利润率，或对商业企业规定其经营商品的进销差价。

(2) 对超额利润征收较高的所得税。这种措施可以将企业不合理的利润纳入国库，对企业追求超额利润起到限制作用。

一些经济学家认为如果一国的通货膨胀是由成本推进形成的，或由成本推进和需求拉动相互作用造成的，则非紧缩性的货币政策与财政政策所能克服。那么政府采取工资管制和物价管制不失为可行的办法。然而，也有一些经济学家反对实行收入政策。其主要理由为：物价工资管制使价格体系扭曲，降低资源配量效率；物价工资管制可能将公开的通货膨胀转为隐蔽的或抑制的通货膨胀；物价工资管制还可能影响劳动者的积极性。不过即便是持赞同意见的大多数经济学家也认为若是工资、物价非管制不可时，其时间应短、范围应窄。

3. 积极的供给政策

通货膨胀通常表现为物价上涨，也就是与货币购买力相比商品的供给不足。因此，在抑制总需求的同时，可以积极运用刺激生产的方法增加供给来治理通货膨胀。西方国家过去治理通货膨胀主要强调需求因素而忽略了供给因素。自美国前总统里根执政以后，主要吸收了供给学派的理论研究成果，对供给因素给予了足够的重视。实施供给政策的主要目的是刺激生产和促进竞争，从而增加就业和社会的有效供给，平抑物价，抑制通货膨胀。具体措施有以下几方面。

1) 减税

减税即降低边际税率，一方面，减税可以提高人们工作的积极性，增加商品供给；另一方面，减税可以提高人们储蓄和投资的积极性，增加资本存量。可见，减税可以同时降低失业率和增加产量，从而彻底降低和消除由供给不足所造成的通货膨胀。

2) 削减社会福利开支

削减社会福利开支是为了激发人们的竞争性和个人独创性，以促进生产和发展，增加有效供给。

3) 适当增加货币供给，发展生产

适当增加货币供给会产生积极的供给效应。因为适当增加货币供给会降低利率，从而增加投资，增加产量，导致总供给曲线向右移动，使价格水平下降，从而抑制通货膨胀。

4) 放宽产业管制

政府放宽或取消对一些重要产业的各种约束和管制，可以刺激竞争，增加供给，降低物价，从而抑制通货膨胀。

4. 其他治理措施

1) 收入指数化政策

鉴于通货膨胀现象的普遍性，而遏制通货膨胀又比较困难，20世纪70年代以后，弗里德曼等经济学家提出一种旨在与通货膨胀"和平共处"的适应性政策——收入指数化政策。收入指数化政策是指将工资、储蓄、债券利息、养老金等各种名义收入部分或全部地与物价指数相联系，使各种名义收入按物价指数滑动或根据物价指数对各种收入进行调整。这一政策措施在巴西、以色列、芬兰以及其他一些工业化国家被广为采用。这一政策的作用表现在以下三个方面。

(1) 指数化政策可以缓解通货膨胀造成的收入再分配不公平的现象，从而消除许多不必要的扭曲。

(2) 指数化条款加重了作为净债务人的政府的还本付息的负担，从而减少了政府从通货膨胀中获得的好处，使政府实行通货膨胀性政策的动机弱化。

(3) 当政府紧缩性政策使得通货膨胀率低于签订劳动合同时的预期通货膨胀率时，指数化条款会使名义工资相应地下降，从而避免因实际工资上升而造成的失业增加。

但收入指数化政策也有其缺点,它不能完全消除通货膨胀。持否定意见的人认为,收入指数化政策在实施过程中存在指数选择的困难,即应该选择哪一种指数作为制定政策的依据,很难形成统一意见。而且收入指数化政策会加剧通货膨胀,引起薪资和物价交替上升。

2) 结构调整政策

由于通货膨胀会因为结构性因素而发生,因而,一些经济学家认为应努力使各产业部门之间保持一定的比例,以避免某些产品特别是一些关键性产品因市场供求结构不合理而导致物价上涨。为此,他们主张实行微观的财政政策和货币政策去影响供求结构。

微观财政政策包括税收结构政策和公共支出结构政策。前者是指在保证税收总量一定的情况下,对各种税率和实施范围进行调节;后者是指在保证财政支出一定的情况下,对政府支出的项目及其数额进行调整。

微观货币政策包括利息率结构政策和信贷结构政策,旨在通过调整各种利率、各种信贷限额与条件来影响存贷款的结构与总额,鼓励资金流向生产部门,增加市场供给。

3) 币制改革

如果一国的通货膨胀已相当严重,整个货币制度已经处于或接近于崩溃的边缘,上述种种措施已是杯水车薪,无济于事。此时,唯一的选择便是实行币制改革,即政府下令废除旧货币,发行新货币,变更钞票面值,并对货币流通秩序采取一系列强硬的保障性措施,以保持新货币稳定等,如紧缩财政支出、控制工资和物价、打击投机等,以消除旧货币流通的混乱局面,重振国民经济。

进行币制改革的目的在于增强公众对本位币的信心,从而使银行信用得以恢复,存款增加,货币能够重新发挥正常的作用。这种政策一般针对恶性通货膨胀而采取,当物价上涨以及显示出不可抑制的状态,货币制度和银行体系濒临崩溃时,政府会被迫进行币制改革。历史上,许多国家都曾实行过这种改革,但这种措施对社会震动较大,须谨慎从事。

总之,治理通货膨胀是一个十分复杂的问题,其治理过程必然牵涉社会生活的方方面面,影响到各个产业部门、各个企业、社会各阶层和个人的既得利益,因此不可能有十全十美的治理对策。治理通货膨胀既要从宏观经济整体出发,保持国民经济较快增长和总供给的不断增长,又要适度控制流通中的货币总量和总需求,防止经济过热导致通货膨胀升温,要根据通货膨胀的具体原因,采取一些针对性较强的强有力的措施。

8.5 通 货 紧 缩

尽管在 20 世纪 30 年代以前,世界很多国家多次发生通货紧缩。但是西方经济学家对它的研究并不多,直到 20 世纪 30 年代的经济大萧条出现后,通货紧缩才成为经济学研究的重要课题。然而,第二次世界大战后因各国持续发生通货膨胀,很少出现通货紧缩,所以经济学家对通货紧缩的研究远少于对通货膨胀的研究。本书对通货紧缩也仅作基本的介绍。

8.5.1 通货紧缩的含义与标志

1. 通货紧缩的含义

通货紧缩是与通货膨胀相对立的一种宏观经济现象。通常意义上是指一般物价水平的持续下跌。商品和劳务价格的普遍持续下跌，表明单位货币所代表的商品价值在增加，货币在不断升值。

通货紧缩从本质上说是一种货币现象，它在实体经济中的根源是总需求对总供给的偏离，或现实经济增长率对潜在经济率的偏离。当总需求持续小于总供给，或现实经济增长率持续地低于潜在经济增长率时，则会出现通货紧缩。

通货紧缩的特征表现为物价水平的持续与普遍下跌。这个物价水平，严格说来应用包括资产(如股票、债券和房地产)及商品、服务在内的广义价格指数来表示，但碍于统计上的局限，一般在国内用全国零售物价上涨率，在国外用CPI指数来描述。如果全国零售物价上涨率在零值以下，且持续时间超过6个月，就可以界定为典型的通货紧缩。

通货紧缩同时也是一种实体经济现象。它通常与经济衰退相伴相随，表现为投资机会相对减少和投资的边际收益下降，由此造成银行信用紧缩，货币供应量增长速度持续下降，信贷增长乏力，消费和投资需求减少，企业普遍开工不足，非自愿失业增加，收入增长速度持续放慢，市场普遍低迷。

2. 通货紧缩的标志

从通货紧缩的含义可以看出，通货紧缩的基本标志应当是一般物价水平的持续下降，但由于物价水平的持续下降有一定时限，且通货紧缩还有轻度、中度和严重的程度之分，因此，通货紧缩的标志可以从三个方面加以把握。

第一，价格总水平的持续下降。这是通货紧缩的基本标志。1929—1933年美国经济危机期间，严重的通货紧缩与经济大萧条相伴随。经济危机期间，美国股市暴跌了85%，消费价格指数下降了近25%，农副产品批发价格指数下降了45%，企业投资下降85%，工业生产下降47%，国民生产总值下降30%，货币供应量年均递减10%。大批工厂、银行倒闭，失业人数激增，居民收入锐减。严重的通货紧缩使美国经济遭受沉重打击。

第二，货币供应量持续下降。在20世纪90年代，日本经济长期不景气。物价在低位徘徊，经济增长乏力，失业率逐年上升，货币供应量增长缓慢，许多专家认为日本已经发生了一定程度的通货紧缩。

第三，经济增长率持续下降。通货紧缩不是经济衰退的唯一原因，但是，通货紧缩对经济增长的威胁是显而易见的。通货紧缩使商品和劳务的价格变得越来越便宜，但由于这种价格下降并非源于生产效率的提高和生产成本的降低，因此，势必减少企业和经营单位的收入；企业单位被迫压缩生产规模，又会导致失业；社会成员收入下降必然影响社会消费，消费减少又会加剧通货紧缩；由于通货紧缩，人们对经济前景持悲观预期，反过来又影响投资，投资缩减最终会使经济陷入衰退。

8.5.2 通货紧缩的成因

引发通货紧缩的原因较多，既有货币因素，又有非货币因素；既有生产方面原因，又有管理方面的原因。根据近代世界各国发生通货紧缩的情况分析，大体有以下几个方面的原因。

1. 货币紧缩

通货紧缩和通货膨胀从本质上说都是货币现象，货币供应量不能满足货币需求量，必然会导致物价水平下降。这与货币供应量过多时的情况正好相反：在货币供应量超过货币需求量时，过多的货币追逐有限数量的商品，其结果是物价上涨；当货币供应量不能满足货币需求量时，过多的商品会追逐数量有限的货币，其结果只能是物价水平下降。

现实经济是信用货币经济，货币供给偏紧或不足的原因主要是货币政策方面的。在实行反通货膨胀政策时，货币当局一般会采取压缩社会总需求的紧缩政策，包括实施限制性财政政策以抑制财政总支出、紧缩性的货币政策以控制信用规模，以及限制货币工资与价格的政策，这些政策的实施一方面有利于控制总需求的过度膨胀，另一方面由于从紧的货币政策、财政政策有一定的惯性，投资和消费的缩减有可能形成社会需求的过分萎缩，使市场出现疲软。若在经济高速增长时期为防止经济过热实行偏紧的货币、财政政策，而在经济增长已经趋缓时未能及时调整原有政策，那么，通货紧缩的消极影响就很难避免。例如，弗里德曼和舒瓦茨认为，美国1920—1921年出现的严重的通货紧缩完全是货币紧缩的结果。在1919年4月至1920年6月期间，纽约联邦储备银行曾多次提高贴现率，先后从4%提高到7%。当然货币紧缩是货币政策紧缩的结果，货币当局为追求价格稳定，中央银行往往把政策目标定位零通货膨胀，从而采取高利率等手段减少货币供应量。这种政策效果可能从一个极端走向另一个极端——治理了通货膨胀，引起了通货紧缩。

2. 有效需求不足

通货紧缩在实体经济中的根源是总需求对总供给的偏离，当总需求持续小于总供给，或现实经济增长率持续低于潜在经济增长率时，则会出现通货紧缩。社会总需求各构成部分的大幅度减少都有可能形成通货紧缩。

1) 消费需求的不足

生产结构与消费结构不吻合，预期收入增长率的下降，预期支出的增加和未来经济形势的预期看淡，都会导致边际消费倾向下降和边际储蓄倾向上升从而造成消费需求不足。

2) 投资需求不足

实际利率上升和预期边际资本收益下降都可能造成投资不足。在当期边际资本收益率较低时，企业对未来的边际资本收益率的预期也会较低，因而投资的动力不足，造成投资需求不足。在这种情况下，各种投资品的价格会下降，进而影响到消费品，当物价水平整体下降后，即使名义利率不变，实际利率也会因为物价水平的下降而上升，从而进一步抑制投资需求。

3) 政府支出减少

根据凯恩斯的需求管理分析，在居民消费需求和私人投资需求不足时，通过扩张性货币政策来刺激居民消费需求和私人投资需求的效果是有限的。因此通过扩张性财政政策，直接增加政府支出来带动有效需求的增加是重要的政策措施。但是在很多时候，由于社会经济的变化，政府支出也可能从原来较高的水平降下来。如果政府支出减少的这一部分能够被居民消费需求、私人投资需求或出口增加弥补，则不会出现有效需求的下降；反之，在其他需求不变的情况下，就有可能出现因政府支出减少而造成有效需求下降的现象，严重时甚至引起通货紧缩。

4) 出口减少

出口需求是总需求的构成部分之一，对于出口导向性经济的国家，出口减少将直接造成对本国产品需求的减少，使本国的生产出现供大于求的矛盾，进而造成某些出口产品价格下降，其影响进一步扩散，就有可能导致一般物价水平大下降。

3. 生产能力过剩

无论是绝对过剩还是相对过剩，其必然结果就是产品面临市场需求不足。只要这个市场是竞争性的市场，产品的价格就会下降。有些企业就会被迫减产或裁减职工，这又必然会导致企业投资和居民消费减退，反过来又加剧了市场需求不足，加大了物价下跌的压力；当经济中的大多数产业部门都出现了生产能力过剩时，在竞争条件下，一般物价水平的下降是不可避免的。

4. 其他原因

导致通货紧缩的其他原因有资产泡沫破裂。例如 1986—1989 年，日本的经济泡沫泛滥成灾，股票和房地产价格扶摇直上。但当 1990 年 5 月经济泡沫破灭之后，引起股市狂泻，汇率大跌，银行和企业大量倒闭，从此，日本经济陷入长期的通货紧缩困境。

8.5.3 通货紧缩的危害

长期以来，通货紧缩的危害往往被人们轻视，并认为它远远小于通货膨胀对经济的威胁。然而，通货紧缩的历史教训和全球性通货紧缩的严峻现实迫使人们认识到，通货紧缩与通货膨胀一样，会对经济发展造成严重危害。

1. 加速经济衰退

通货紧缩导致的经济衰退表现在三个方面：一是物价持续、普遍下跌使得企业产品价格下降，企业利润减少甚至亏损，这将严重打击生产者的积极性，使生产者减少生产甚至停产，结果社会的经济增长受到抑制。二是物价的持续、普遍下跌使实际利率升高，这将有利于债权人而损害债务人的利益。而社会上的债务人大多是生产者和投资者，债务负担的加重无疑会影响他们的生产与投资活动，从而对经济增长带来负面影响。三是物价下跌引起的企业利润减少和生产积极性降低，将使失业率上升，实际就业率低于充分就业率，实际经济增长低于自然增长。

2. 导致社会财富缩水

通货紧缩发生时，全社会总物价水平下降，企业的产品价格自然也跟着下降，企业的利润随之减少。企业的盈利能力的下降使得企业资产的市场价格也相应降低。而且，产品和价格水平下降使得单个企业的产品难以卖出，企业为了生产周转不得不增加负债，负债率的提高进一步使得企业资产价格下降。企业资产价格的下降意味着企业净值的下降，财富的减少。通货紧缩条件下，供给的相对过剩必然会使众多劳动者失业，此时劳动力市场供过于求的状况也使得工人工资降低，个人财富减少。

货币银行学

3. 分配出现负面效应

通货紧缩产生的分配效应表现为两个方面：一是社会财富在债务人和债权人之间分配，通货紧缩有利于债权人，而不利于债务人；二是社会财富在政府与企业、居民之间的分配。企业在通货紧缩情况下，由于产品价格的降低，使得企业利润减少，而实际利率的升高，使得作为债务人的企业收入又进一步向债权人转移，这又加重了企业的负担。为维持生计，企业只有选择筹集更多的债务来进行周转，其债务负担更加沉重，由此，企业在财富再分配过程中将处于更加恶劣的位置。

4. 可能引发银行危机

通货紧缩使货币变得越来越昂贵，加重了借款人的负担，使得借款人无力偿还贷款，从而导致银行形成大量不良资产，甚至使银行倒闭，金融体系崩溃。

8.5.4 通货紧缩的治理

由于通货紧缩形成的原因比较复杂，并非由单一的某个方面的原因引起，而是由多种因素共同作用形成的混合性通货紧缩，因此治理的难度甚至比通货膨胀还要大，必须根据不同国家不同时期的具体情况进行认真研究，才能找到有针对性的治理措施。

1. 扩张性的财政政策与扩张性的货币政策

要治理通货紧缩，必须实行积极的财政政策，扩张性的财政政策主要包括减税和增加财政支出两种方法。

增加政府公共支出，调整政府收支结构。对具有极大增长潜力的高新技术产业，实行税收优惠，尽可能地减少对企业的亏损补贴以及各种形式的价格补贴，利用财政贴息的方式启动民间投资，大力发展民营经济，引导其资金投向社会急需发展的基础设施领域，在继续增加国家机关和企事业单位以及退休人员工资的基础上，更要把增加农民和中低收入者的收入水平当作一件大事。总之，实行积极的财政政策，就是要在加大支出力度的基础上，优化财政收支结构，既要刺激消费和投资需求，又要增加有效供给。

通货紧缩既然是一种货币现象，那么治理通货紧缩，也就必须采取扩张性的货币政策，增加货币供给，以满足社会对货币的需求。增加货币供给的方式不外乎从基础货币和货币乘数两个方面着手。作为中央银行可以充分利用自己掌握的货币政策工具，影响和引导商业银行及社会公众的预期和行为。在通货紧缩时期，中央银行扩张性的货币政策措施包括：降低法定存款准备金率、降低再贴现率，增加公开市场买入，直接下调利率等。同时采用一切可能的方法，鼓励商业银行扩张信用，扩张性的货币政策扩大中央银行对基础货币的投放，进而增加流通中的货币供给量，使货币供给量和经济增长对货币的客观需求基本平衡。

财政政策与货币政策的配合运用，是治理通货紧缩和通货膨胀的主要政策措施，但由于货币政策具有滞后性的特点，而且在通货紧缩时期，利率弹性较小，因此财政政策的效果一般比货币政策更直接有效。

2. 加快产业结构调整

扩张性的财政政策和扩张性的货币政策都属于需求管理的宏观经济增产,其着眼点都是短期的,因此其作用都是有限的。对于因生产能力过剩等长期因素造成的通货紧缩,短期性的需求管理政策难以从根本上解决问题,当供需矛盾突出时,供需矛盾背后往往存在结构性矛盾。因此,要治理通货紧缩,必须对产业结构进行调整,主要是推进产业结构的升级,培育新的经济增长点,同时形成新的消费热点。对于生产过剩部门或行业要控制其生产,减少产量,而对于新兴行业或有发展前景的行业应鼓励其发展,以增加就业机会,增强社会购买力。产业组织结构的调整是中长期内治理通货紧缩的有效手段。

3. 金融制度建设

通货紧缩的根本原因是实力经济方面的原因,现代经济社会的货币化程度不断加深,如果金融制度运行出了问题,导致全社会的信用危机甚至信用崩溃,则通货紧缩就会伴随着全国的经济衰退。为了防患于未然,金融部门要建立健全金融风险的防范制度,以避免大规模的系统性风险的出现。大致说来,旨在治理和防范通货紧缩的金融制度建设包括:建立银行内部风险防范机制,建立存款保险制度,使信贷供给结构和信贷需求结构相吻合。

4. 其他措施

除上述措施外,对工资和物价的管制政策也是治理通货紧缩的手段之一,例如在通货紧缩时期制订工资增长计划,或者限制价格下降政策。此外,通过对股票市场的干预也可以起到一定的作用,如果股票市场呈现出牛市走势,则有利于形成乐观的未来预期,同时股票价格的上升使居民金融资产的账面价值上升、产生财富增加效应,也有利于提高居民的边际消费倾向。

【阅读案例】　　　　【阅读案例】　　　　【阅读资料】

 本章小结

1. 通货膨胀是在信用货币制度下,由于流通中的货币数量超过经济实际需要,造成货币贬值、物价总水平采取不同形式持续上涨的经济现象。判断通货膨胀的发生与程度可以根据需要选择不同的物价指数进行,通货膨胀程度的度量指标有:消费物价指数、批发物价指数、零售物价指数、国民生产总值平减指数。

2. 按照不同的标准,通货膨胀可以分为许多类型,通货膨胀的成因和机理比较复杂,对此各国经济学家从不同的角度出发做出了各种分析,提出了需求拉动说、成本推进说、供求混合说、结构说和预期说等不同的理论解释。

3. 通货膨胀发生时,人们的实际收入和实际占有财富的价值会发生不同变化,通货膨胀对经济增长究竟起什么作用,在理论界,经济学家们意见并不统一,有促进论、促退论、中性论三种不同的观点。

4. 由于通货膨胀对一国国民经济乃至社会、政治生活各个方面都产生严重的影响，因此各国政府和经济学家都将控制和治理通货膨胀作为宏观经济政策研究的重大课题加以探讨，并提出了治理通货膨胀的种种对策措施。紧缩的需求政策：紧缩性货币政策、紧缩性财政政策、收入紧缩政策。积极的供给政策：减税；削减社会福利开支；适当增加货币供给，发展生产；放宽产业管制。

5. 通货紧缩是与通货膨胀相对立的一种宏观经济现象。虽然在定义上仍有争论，但对于一般物价的全面持续下降这一点却是共同的。判断通货紧缩的程度也同样要利用各种不同的物价指数。

6. 引发通货紧缩的原因较多，既有货币因素，又有非货币因素；既有生产方面的原因，又有管理方面的原因。通货紧缩与通货膨胀一样，会对经济发展造成严重危害，加速经济衰退、导致社会财富缩水、分配出现负面效应、可能引发银行危机。

7. 通货紧缩治理的难度较大，其措施不外乎实行扩张性的财政政策、扩张性的货币政策和深化改革，加快产业结构调整等。

重要概念

通货膨胀　公开型通货膨胀　隐蔽型通货膨胀　温和的通货膨胀　奔腾的通货膨胀　恶性的通货膨胀　消费物价指数　批发物价指数　国民生产平减指数　成本推进　需求拉动　通货膨胀税　通货紧缩

复习思考题

1. 如何正确地理解通货膨胀的含义？
2. 通货膨胀如何测度？
3. 通货膨胀有哪些类型？
4. 试述通货膨胀的产生原因。
5. 通货膨胀对社会收入和财富产生怎样的影响？
6. 如何理解通货膨胀与经济增长之间的关系？
7. 什么是通货紧缩？
8. 通货紧缩有哪些危害？如何治理？
9. 谈谈你对我国可能面临的通货膨胀或通货紧缩形势的看法。

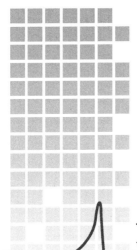

第 9 章

货币政策调控

学习目标

通过本章的学习,掌握货币政策的含义、类型及构成要素;了解货币政策在宏观经济政策中的地位。掌握货币政策的最终目标及各目标之间的矛盾性,掌握中介目标的含义,中介目标的条件,掌握中央银行可采用的货币政策工具种类,理解货币政策的传导机制、政策时滞。

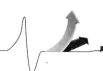

9.1 货币政策及其目标体系

9.1.1 货币政策的含义、类型及构成要素

1. 货币政策含义

货币政策是指中央银行在一定时期内,为实现其特定经济目标而采用的各种调节和控制货币供应量的方针和措施的总称。货币政策和财政政策是宏观经济调控的重要政策。

2. 货币政策类型

货币政策的类型大致分为以下几种。

1) 扩张性货币政策

扩张性货币政策是指中央银行通过增加货币供应量,改变原有的货币供求关系,形成供给略大于需求的对应关系,使利率下降,从而增加投资,刺激社会需求的增长。这是一种在社会有效需求严重不足,或社会总需求严重落后于总供给的经济情况下所采取的政策。

2) 紧缩性货币政策

紧缩性货币政策是一种社会需求严重膨胀的经济状态下采取的政策,指中央银行通过紧缩货币供应量,使利率升高,从而抑制投资和社会需求膨胀,限制经济增长。

3) 均衡性货币政策

这是一种在社会总需求与总供给基本平衡状态下采取的货币政策,其目的在于保持原有的货币供应量与需求之间的大体平衡关系,但绝对平衡或持久性平衡状态是难以实现的。

3. 货币政策构成要素

货币政策一般由三要素构成,即货币政策工具(政策手段)、货币政策最终目标和货币政策中介目标。三者之间的关系是:货币政策工具作用于货币政策中介目标,通过中介目标去实现货币政策最终目标。

9.1.2 货币政策最终目标

1. 货币政策最终目标

货币政策的最终目标是指货币政策制定者所期望达到的货币政策最终实施的效果。制定和实施货币政策的目的是通过调控货币供给来影响社会经济生活,货币政策的作用范围是宏观经济领域,因此货币政策的目标应该是解决宏观经济目标。

货币政策目标并不是同时确立的,而是随着经济与社会的发展变化先后出现的,它们有一个逐渐形成的过程。在 20 世纪 30 年代以前的国际本位制时期,各国中央银行货币政策的目标主要是稳定币值,包括稳定货币的对内价值(货币购买力)和对外价值(汇率)。20 世纪 30 年代初世界经济大危机之后,西方各国经济一片萧条,工厂倒闭、工人失业。伴随着凯恩斯主义的国家干预主张盛行,英美等国相继以法律形式宣称,谋求充分就业是其货币政策的目标之一,试图用增加货币供给、扩大就业的方法来繁荣经济。这样,货币政策目标就由原来的稳定币值一项转化为稳定币值和实现充分就业两项。20 世纪 40 年代末和

50 年代初，西方国家又普遍出现了通货膨胀，物价大幅度上涨，于是重新强调稳定币值这一目标。但对稳定币值的解释各国不尽不同：一种是稳定币值是指物价上涨控制在可以接受的水平之内，另一种是稳定币值指保卫本国货币，以使本国货币购买力不降低。20 世纪 50 年代后期，西方理论界经济发展理论广泛流行，同时鉴于苏联经济的快速发展和日本经济的复兴，欧美国家又提出了发展经济的迫切性，以保持自身的经济实力和国际地位，中央银行便把经济增长确定为货币政策的目标之一。现代西方国家的货币政策目标一般来说有四个：物价稳定、充分就业、经济增长和国际收支平衡。

1) 物价稳定或币值稳定

物价稳定是指在经济运行中物价总水平在短期内不发生显著的波动，物价稳定意味着货币的购买力稳定，也即币值稳定。物价稳定只是相对稳定，并非是通货膨胀率越低越好，因为通货紧缩同样会对经济发展产生不良影响。

物价总水平能否保持基本稳定，直接关系到国内社会经济生活是否能保持安定的宏观经济问题，因为没有稳定的物价就意味着没有一个稳定的市场环境，价格信号失真，经济的不确定性增加，难以做出正确的投资和消费决策，从而最终影响经济的增长和就业的扩大，此外，物价波动会产生收入财富的再分配效应，造成分配不公平，破坏社会的安定。例如，在第二次世界大战期间，资本主义各国不同程度地发生了通货膨胀。第二次世界大战以后，包括美国在内的西方发达国家推行通货膨胀政策，使经济发展长期处于"滞胀"状态。截至目前，通货膨胀和物价上涨仍然是各国货币经济生活中最严重的问题之一。因此，稳定通货或稳定物价，尽可能把物价波动限制在最小的范围内，成为各国货币政策的首要目标。

2) 充分就业

充分就业是指失业率降到可以接受的水平，即指凡是有能力且愿意参加工作者，都能在较合理的条件下，随时能找到合适工作。经济学中的充分就业并不等于社会劳动力的 100% 就业，通常是将两种失业排除在外：一是摩擦性失业，即由于短期内劳动力供求失调或季节性原因而造成的失业；二是自愿失业，即工人不愿意接受现行的工资水平而造成的失业。

将充分就业作为货币政策的最终目标，是因为严重的失业意味着生产资源的闲置和浪费，意味着产出的损失，而且严重的失业是一种社会灾难，必将导致严重的社会不公正，进而危及社会的稳定。例如 1929—1933 年，发生了资本主义世界有史以来的第一次世界性经济危机。这次危机使资本主义世界工业产量缩减了 36%，资本主义世界失业工人达到 3000 多万人，美国失业人口 1 700 多万人。第二次世界大战后，战争的破坏使得大量失业成为许多国家经济生活中的突出问题。目前，失业问题仍然困扰着西方国家。因此，消除大量失业现象，实现充分就业，成为各国中央银行货币政策的最终目标之一。

判断中央银行充分就业目标是否实现，一般是以劳动力的失业率来衡量的，失业率是社会失业人数与愿意就业的劳动力人数之比。失业率的高低反映了充分就业目标的实现与否与实现程度，失业率越高，距离充分就业目标就越远，反之失业率越低，距离充分就业目标越近。充分就业并非失业率为零，而是将失业率控制在较低的水平，通常将与充分就业相对应的失业率称为自然失业率。

3) 经济增长

经济增长是针对国民经济发展状况这一宏观问题而设置的宏观经济目标，货币政策目标所追求的经济增长是指发展速度加快、结构优化与效率提高三者的统一。经济增长速度通常用国民生产总值或国内生产总值增长率来衡量。一国经济增长既是提高人民生活水平的物质保障，也是提高一国经济实力和国际市场竞争力的重要因素，又是保护国家安全的必要条件。因此，保持国民经济长期持续稳定的增长是一国货币政策的最终目标。

4) 国际收支平衡

国际收支平衡是一国国际收支中的收入和支出处于基本持平的状态。国际收支平衡可以分为静态平衡和动态平衡。静态平衡是指以一个年度周期内的国际收支平衡为目标的平衡，只要年度末的国际收支数额基本持平，就称为平衡。动态平衡是指以一定时期(如3年或5年)的国际收支平衡为目标的平衡。

在开放型经济中，国际收支是否平衡将对一国国内货币供应量与物价产生较大影响。如果出现过大顺差，则会增加国内货币供应量并相对减少该国市场商品供应量，从而使该国市场出现货币供给偏多、商品供应不足的情况，加剧该国商品市场的供求矛盾，导致物价上涨。如果出现过大逆差，则会增加国内商品供应量，在该国国内货币量偏少的情况下，就会加剧该国国内商品过剩，可能导致经济增长停滞。因此，在对外贸易额占国民生产总值比重较高的国家里，国际收支能否保持平衡也是一个重要的宏观经济问题，需要借助财政政策和货币政策来加以解决。尤其是逆差对经济的不利影响更大，因而各国在调节国际收支失衡时，重点通常放在减少或清除逆差上。中央银行主要通过利率和汇率的调整，掌握必要外汇储备等措施加以实现国际收支平衡。

2. 货币政策最终目标之间的矛盾性

上述四大目标是在总结资本主义国家发展的不同阶段所遇到的主要问题、主要矛盾的基础上形成的，已为西方国家普遍接受，如果在同时既能够保持物价的稳定、又能保持较高的经济增长、较低的失业率，国际收支也能维持基本平衡，这当然是宏观经济的最佳状态。但这毕竟只是一种理性境界，四大目标之间矛盾重重，在现实中同时实现四大目标几乎是不可能的。在具体实施中，这四个目标有重有轻，各个时期的侧重点也不同。

货币政策目标之间的矛盾性主要表现在以下四个方面。

1) 稳定物价与充分就业之间的矛盾

如果一国失业率过多，货币政策要实现充分就业的目标，就需要扩张信用和增加货币供给量，以刺激投资需求和消费需求，扩大生产规模，增加就业人数。然而伴随而来的是一般物价水平的上涨，若超过一定限度就会造成通货膨胀，以牺牲稳定物价的货币政策目标为代价。同理，如果物价过高，货币政策要追求物价稳定的目标，就需要紧缩信用和减少货币供给量，抑制投资和消费需求，平抑通货膨胀，于是生产规模就会趋于缩小，就业人数就会趋于减少。这种减少一旦达到一定程度，又会使失业率偏高，以牺牲充分就业的货币政策目标为代价。因此，物价稳定与充分就业之间是相互矛盾的，很难做到同时兼得。

澳大利亚著名经济学家菲利普斯通过研究 1861—1957 年英国的失业率和物价变动的关系，得出结论：失业率与通货膨胀率之间存在一种此消彼长的关系。这一关系，可用图 9-1 来表示。

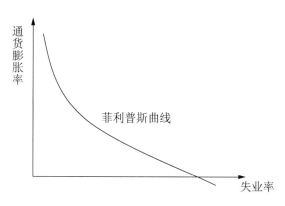

图 9-1 菲利普斯曲线

根据菲利普斯曲线，采取减少失业或实现充分就业的政策措施，可能导致较高的通货膨胀率；反之，为了降低物价上涨率或稳定物价，就往往得以较高的失业率为代价。中央银行在决定货币政策最终目标时，只能在物价上涨率和失业率的两级间寻求可以接受的组合点。

2) 物价稳定与经济增长之间的矛盾

物价稳定是经济增长的前提，经济增长能为物价稳定提供物质基础，二者具有统一性，但在现实经济生活中，经济增长与物价稳定之间却存在一定的矛盾：经济的增长往往会伴随着物价的上涨。而且物价稳定要求收紧银根、压缩投资需求、控制货币量与信用量；而要使经济有较高的增长，则要求增加投资，增加货币量。

3) 物价稳定与国际收支平衡之间的矛盾

在开放经济条件下，一个国家的币值和国际收支都会受到其他国家宏观经济状况的影响。处于通货膨胀的国家，国内利率往往比较高，容易引起外国资本流入，这样可以弥补可能发生的贸易逆差，有利于维持国际收支的基本平衡，因此，尽管通货膨胀不利于稳定物价目标，却有利于平衡国际收支的目标。此外，本国物价稳定也不一定能够保持国际收支平衡，因为一国的国际收支状况取决于本国和外国两个方面的经济环境，即是本国物价水平维持较为稳定的状态，但由于外国会发生通货膨胀，使得本国出口商品的竞争能力减弱，导致本国国际收支逆差。

因此，只有在各国保持程度大致相同的物价稳定标准时，物价稳定才有可能与国际收支同时并存，但这样的机会并不常有。

4) 经济增长与国际收支平衡之间的矛盾

经济增长与国际收支平衡间之所以会出现矛盾，是因为随着经济增长，就业人数增加和收入水平提高，对进口商品的需求通常也会相应增加，从而使进口贸易比出口贸易增长得更快，其结果导致国际收支情况恶化，出现贸易逆差。为了平衡国际收支，消除贸易逆差，需要紧缩信用，减少货币供给，以抑制国内的有效需求。但是生产规模也会相应缩减，从而导致经济增长速度放慢。因此，经济增长与国际收支平衡二者之间也相互矛盾，存在一定程度的替代性，难以同时兼得。

3. 西方货币政策目标理论

由于货币政策最终目标之间相互冲突，在一个给定的时间范围内难以同时实现，因而就引申出一个如何在四大最终目标之间进行权衡取舍的问题。围绕这个问题，西方不同派别的经济学家提出各自的目标理论，较有代表性的有，新古典综合派的代表人物萨缪尔森认为货币政策应当以追求经济增长和充分就业目标为主；货币主义的代表弗里德曼认为货币政策的目标应该是稳定货币，从而保证经济的稳定，主张实施"单一规则"来实现政策目标；遵循社会市场经济模式的弗莱堡学派认为货币政策自身的目标只有一个，那就是稳定货币。

表 9-1 第二次世界大战后西方各国货币政策最终目标比较

国别	20 世纪五六十年代	20 世纪七八十年代	20 世纪 80 年代后
美国	以充分就业为主	以稳定货币为主	以反通胀为唯一目标
英国	以充分就业兼顾国际收支平衡为主	以稳定货币为主	以反通胀为唯一目标
加拿大	充分就业，经济增长	以物价稳定为主	以反通胀为唯一目标
德国	以稳定通货，兼顾对外收支平衡为主		
日本	对外收支平衡，物价稳定	物价稳定，对外收支平衡	
意大利	经济增长，充分就业	货币稳定兼顾国际收支平衡	

9.1.3 货币政策的中介目标

1. 货币政策中介目标的含义及其功能

1) 货币政策中介目标的含义

货币政策的中介目标也称为货币政策的中间变量、中介指标，是指中央银行能直接控制的作为货币政策的控制变量的金融指标。它是介于货币政策工具变量与货币政策最终目标之间的变量指标。

由于货币政策的终极目标或最终目标是一个长期起作用的稳定目标，非金融当局可直接控制，是一个计划期或预测期终了之后才能实现的目标，而且终极目标比较抽象，因此，需要准确地选择中介目标，借以充当实现最终货币政策目标的具体措施和条件。

2) 货币政策中介目标的功能

货币政策中介目标具有以下三种功能：第一，测度功能。货币政策最终目标是一个长期目标，从货币政策工具的运用到最终目标的实现，有一个较长的作用过程，在这个过程中间必须设置一些短期的、可以量化的金融变量来测定货币政策工具的作用效果和预计最终目标的实现程度。第二，传导功能。货币当局本身不能直接控制和实现货币政策最终目标，只能直接操作货币政策工具来影响最终目标，在这个过程中间，需要一个承前启后的中介或桥梁来传导。第三，缓冲功能。中介目标的设置是实现货币政策间接调控的基本条件之一。它能使货币政策工具对宏观经济的影响有一个缓冲过程，货币当局可根据反映出来的信息，及时调整货币政策工具及其操作力度，避免经济的急剧波动。

2. 货币政策中介目标选择的标准

理性的货币政策中介目标应符合以下几个要求：必须具有内生性，即必须是反映货币均衡状况或均衡水平的内生变量；必须具有传递的直接性，即它的形成或变动，直接对宏观经济的主要变量，如经济增长率、物价总水平等发生作用；必须具有可控性，即货币当局通过调控工具，能够对其进行控制或调整；必须是可计量的因素，并能反映在金融部门有关统计资料中。以上除内生性是货币政策中介变量的内涵要求外，其他标准可概括为可测性、可控性、相关性。

1) 可测性

可测性是指中央银行所选择的作为中介目标的金融变量的变动情况能够被迅速、准确地观测到。或者说，中央银行能够迅速收集到反映这些金融变量变动情况的准确数据资料，并据以进行有关定量分析。

2) 可控性

可控性是指中央银行所确定的中介目标，必须是其能够控制的，中央银行能够运用货币政策工具，作用于这些经济变量，并控制其变动，以影响或实现最终目标。有些经济变量的变动是中央银行无法控制的，就不宜确定为中介目标。

3) 相关性

相关性是指作为中介目标的经济变量必须与货币政策最终目标存在密切的相关关系，即中央银行通过该变量的变动能够直接或间接地达到最终目标的变量，才可以作为中介目标。

3. 货币政策可供选择的中介目标

目前，中央银行实际操作的和理论界所推崇的货币政策中介目标主要有：存款准备金、基础货币、利率、货币供应量等，这些中介目标对货币政策工具反应的先后和作用于最终目标的过程各不相同，中央银行对他们的控制力度也不一样。

1) 存款准备金

存款准备金由商业银行的库存现金和在中央银行的准备金存款(包括法定准备金和超额准备金)两部分构成。存款准备金指标可以满足变量和可控性要求。有关存款准备金总量的数据资料，易于收集和掌握，并与货币政策目标密切相关。在一般情况下，银行体系的存款准备金增加，意味着信贷规模缩减和货币供应量减少；反之，存款准备金减少，意味着银根放松，货币供应量增长。因此，中央银行把存款准备金作为可选择的中介目标。

2) 基础货币

基础货币是能够派生出信用货币的货币，它包括商业银行在中央银行的法定准备金和流通中的现金。基础货币作为中介目标的理由有：一是具有可测性，基础货币是中央银行资产负债表中的负债，其数量大小随时在中央银行资产负债表上反映出来，中央银行很容易获得相关数据。二是基础货币中的现金是中央银行所发行的，法定准备金是商业银行必须按存款一定比例将其存入中央银行，因此，基础货币的增加或收缩，取决于中央银行，是中央银行能直接控制的。三是控制基础货币与控制流通中的货币供应量及货币总量有着直接的关联，从而可以影响到利率、价格以及国民收入，实现货币政策最终目标。

3) 利率

利率作为货币政策的中介目标已经有相当长的历史，因为中央银行能够直接影响利率的变动，而利率变动又能直接、迅速地对经济产生影响，利率资料也容易获取。利率作为中介目标是凯恩斯学派所极力推崇的，20世纪70年代以前被大多数国家的中央银行采纳。利率作为中介目标的理由有：一是中央银行可以通过直接控制再贴现率，或者通过公开市场业务调节市场利率，也即利率具有可控性。二是中央银行能够准确观测到市场利率水平及结构，并可以随时进行分析和调整。三是利率与最终目标的相关性最强。凯恩斯主义者认为，中长期利率对投资有显著的影响，对不动产及机器设备的投资尤其如此，因此利率与收入水平直接相关。

然而，在现实经济生活中，由于利率具有复杂性、易变性、调整的时滞性，真实利率不易测性，这些都使得利率难以成为理想的中介目标。此外利率兼具内生性和外生性，也即兼具经济变量和政策变量的特性。作为经济的内生变量，当经济繁荣时，由于信贷需求量增加，利率就会提高；相反，经济不景气，对信贷需求量就会减少，利率自然就会下降。因此，中央银行就可以根据利率的升降来确定社会的货币供应量，使其与经济形势变化相适应。但是，利率又是金融政策的外生变量，当中央银行认为需要紧缩银根时，就可以设法提高利率；当认为需要扩张总需求、刺激经济发展时，就可以设法降低利率。因此，利率既可以是经济的自然反映，又可以是货币政策的反映。因此，对中央银行来说，判断利率变动的性质就有了问题，中央银行难以知道当前的利率变动是利率作为经济变量的变动，还是作为政策变量的变动。而这就决定了中央银行难以知道货币政策的执行效果。

4）货币供应量

货币供应量是以弗里德曼为代表的现代货币主义者所推崇的中介目标。货币供应量能够成为货币政策中介目标，是因为其符合中介目标的标准：首先，各层次的货币供给量分别反映在中央银行、商业银行和非银行金融机构的资产负债表内，可以随时进行量的测算和分析，具有可测性。其次，中央银行通过对基础货币的控制、调整准备金率及其他措施间接控制货币供应量。最后，货币供应量的变动能直接影响经济活动，影响物价水平、经济增长等货币政策最终目标，具有相关性。

货币供应量作为中介目标也存在一些不足：一是中央银行对货币供应量的控制能力不是绝对的，在影响货币供应量的诸多因素中，还有商业银行和公众的行为。二是随着金融产品的不断创新，货币的范围在逐渐扩大并有超出中央银行控制的趋势。三是货币供应量与经济活动之间的稳定关系也在逐渐破裂，例如金融资产的财富效应会刺激人们的需求欲望，导致总需求的扩大，而这是中央银行无法控制的。

4. 西方学者关于中介目标选择的争论

西方学者关于中介目标选择的争论集中在利率与货币供应量这两个金融变量上。目前西方经济学家们提出的可供选择的货币政策中介目标都只是有部分说服力，每一目标都存在相应的有待解决的问题。由于这个原因，在货币政策目标学说上，各家理论分歧很大，远未取得一致意见。大致来看，凯恩斯学派经济学家力主货币政策应当盯住利率水平，以利率作为主要目标；货币学派等大多数自由主义经济学家则坚决反对以利率为中介目标，力主以货币供应量作为货币政策中介目标。

第 9 章 货币政策调控

表 9-2 第二次世界大战后西方各国货币政策中介目标比较

国别	20 世纪五六十年代	20 世纪七八十年代	20 世纪 90 年代后
美国	以利率为主	先以 M_1 为主，后改为以 M_2 为主	放弃以货币供应量为中介目标，在政策实施上监测更多的变量，但主要以利率、汇率等价格型变量为主
英国	以利率为主	英镑 M_3 并参考 DCE，后改为以 M_0 为主	
加拿大	先以信用总量额为主，后改为以信用条件为主	先以 M_1 为主，后以一系列"信息变量"为主(主要是 $M_2 M_{2+}$)	
德国	商业银行的自由流动准备	先以中央银行货币 CBM 为主，后改为以 M_3 为主	
日本	民间的贷款增加额	M_2+CD	
意大利	以利率为主	国内信用总量	

从上表看出以下特点：
(1) 中介目标的变化有明确的阶段性。
(2) 20 世纪七八十年代各国中介目标的转移、变化呈相同趋势，但控制指标各有侧重。
(3) 20 世纪 90 年代是各国货币政策重新调整的年代。

9.2 货币政策工具

货币政策工具是中央银行为实现货币政策的终极目标而采取的措施或手段。货币政策工具可分为一般性货币政策工具、选择性货币政策工具和其他补充性的货币政策工具。

9.2.1 一般性货币政策工具

一般性货币政策工具是指对货币供给总量或信用总量进行调节，且经常使用，具有传统性质的货币政策工具。一般性货币政策工具是一种总量调节工具，主要包括存款准备金政策、再贴现政策和公开市场操作，这三者通常亦被称作中央银行的"三大法宝"。

1. 存款准备金政策

存款准备金政策是指中央银行在法律赋予的权力范围内，规定或调整商业银行缴存中央银行的存款准备金率，以控制商业银行信用创造的能力，改变货币乘数，间接控制货币供应量的政策。

创立存款准备金制度的初始目的是保证商业银行的清偿能力，防止商业银行支付能力削弱而对经济产生破坏性影响；而现在的存款准备金政策则成了央行货币政策的重要工具。中央银行通过法定准备金率的变动来调节和抑制商业银行扩张信用货币的能力。

存款准备金政策的作用途径有：第一，对货币乘数的影响。按照存款创造原理，货币乘数随法定存款准备金率反向变化，即法定存款准备金率提高，货币乘数变小，银行的存款创造能力变弱；反之则相反。第二，对超额准备金的影响。当降低存款准备金率时，商业银行超额准备金增加，进而使得商业银行信用扩张能力增强；反之则相反。第三，宣示效果。存款准备金率上升，说明信用即将收缩，利率随之上升，公众会自动紧缩对信用的需求；反之则相反。

存款准备金政策作为货币政策的优点有：对所有存款银行的影响是平等的，法定准备金率的变动是一种强烈的手段，准备金率轻微变动对流通中的货币量变动会产生较大的影响，从而强烈影响经济运行，通常称它是一帖力度大、反应快的"烈性药"。所以准备金率是不常变动的。

存款准备金政策也存在明显的局限性：一是作用猛烈、缺乏弹性，对经济的震动太大，不宜轻易采用作为中央银行日常调控的工具。二是存款准备金对各类银行和不同种类存款的影响大小不一致，如提高法定存款准备金率，可能使超额准备金率低的银行陷入流动性困境。

2. 再贴现政策

再贴现政策是中央银行最早拥有的货币政策工具。现代许多国家中央银行都把再贴现作为控制信用的一项主要的货币政策工具，再贴现是指商业银行或其他金融机构将贴现所获得的未到期票据，向中央银行转让。对中央银行来说，再贴现是买进商业银行持有的票据，流出现实货币，扩大货币供应量。对商业银行来说，再贴现是出让已贴现的票据，解决一时资金短缺。整个再贴现过程，实际上就是商业银行和中央银行之间的票据买卖和资金让渡的过程。

再贴现政策是指中央银行通过正确制定和调整再贴现率用来影响市场利率和投资成本，从而调节货币供给量的一种货币政策工具。再贴现政策的内容有：一是再贴现率的确定与调整。调整再贴现率能够影响商业银行借贷中央银行资金的成本，如上调再贴现率，会增加商业银行资金成本，减少其盈利，减少商业银行贴现和贷款的需求，从而可以收缩流通中的货币。中央银行降低贴现率和对商业银行的贷款利率，就会刺激商业银行扩大向中央银行贷款贴现的要求，流通中货币就扩张。二是规定向中央银行申请再贴现的资格，即对再贴现票据的种类和申请机构区别对待，或抑制或扶持，以影响金融机构借入资金的流向。

再贴现政策是国外央行最早使用的货币政策工具，它之所以广泛得以应用，主要是因为它具有以下三个方面的作用：①能影响商业银行的资金成本和超额准备，从而影响商业银行的融资决策，使其改变放款和投资活动。②能产生告示效果，通常能表明中央银行的政策意向，从而影响到商业银行及社会公众的预期。③能产生结构调节效果。中央银行不仅可以影响货币总量，还能决定何种票据具有再贴现资格，从而影响商业银行的资金投向，贯彻国家产业政策。例如，中央银行可以通过规定再贴现票据的种类，以支持或限制不同用途的信贷，也可以按照国家产业政策对不同类的再贴现票据制定差别再贴现率，以影响各类再贴现的数额，使货币供给机构符合中央银行政策意图。

尽管再贴现政策有上述的一些作用，但也存在着某些局限性：①再贴现业务的主动权在商业银行，而不在中央银行，中央银行处于被动地位。商业银行是否愿意到中央银行申请贴现，或者贴现多少，决定于商业银行，如果商业银行可以通过其他途径筹措资金，而不依赖于再贴现，则中央银行就不能有效地控制货币供应量。而且再贴现率高低有一定限度，而在经济繁荣或经济萧条时期，再贴现率无论高低，都无法限制或阻止商业银行向中央银行再贴现或借款,这也使中央银行难以有效地控制货币供应量。②从对利率的影响看,调整再贴现利率,通常不能改变利率的结构,只能影响利率水平。即使影响利率水平,也必须具备两个假定条件:一是中央银行能随时准备按其规定的再贴现率自由地提供贷款,以此来调整对商业银行的放款量;二是商业银行为了尽可能地增加利润,愿意从中央银行借款。当市场利率高于再贴现利率,而利差足以弥补承担的风险和放款管理费用时,商业银行就向中央银行借款然后再放出去;当市场利率高于再贴现率的利差,不足以弥补上述费用时,商业银行就从市场上收回放款,并偿还其向中央银行的借款,也只有在这样的条件下,中央银行的再贴现率才能支配市场利率。然而,实际情况往往并非完全如此。③就其弹性而言,再贴现政策是缺乏弹性的,一方面,再贴现率的随时调整,通常会引起市场利率的经常性波动,这会使企业或商业银行无所适从;另一方面,再贴现率不随时调整,又不宜于中央银行灵活地调节市场货币供应量,因此,再贴现政策的弹性是很小的。上述缺点决定了再贴现政策并不是十分理想的货币政策工具。

3. 公开市场操作

公开市场操作是指中央银行通过在公开市场上买卖有价证券来调节利率、信贷规模从而调节和控制货币量的一种活动。根据经济发展形势的需要,中央银行若认为有放松银根的需要时,就从金融市场上购进有价证券,扩大货币供应,从而增加流通中的货币量;如果中央银行认为需要紧缩银根时,就向市场出售有价证券,从而减少流通中的货币量。

公开市场操作是目前发达国家运用最多的货币政策工具,具有以下特点:①公开性。中央银行在公开市场上买卖各种有价证券,是根据市场原则,通过众多交易对手的竞价交易进行的。这既为商业银行公平竞争创造了条件,也有利于消除幕后交易。②灵活性。中央银行在公开市场上可以灵活选择买卖的时间和数量,这有利于中央银行根据经济发展形势、货币市场利率走向、资金稀缺程度的观测以及货币政策的需要随时操作。③主动性。中央银行在公开市场上始终处于主动地位,它可以根据一定时期货币政策的需要主动出击,确保货币政策具有超前性。④直接性。中央银行在公开市场上买卖有价证券可直接调控银行系统的准备金总量,从而直接影响市场货币供给量,使其符合政策目标的要求。

同前面两种货币政策工具相比,公开市场操作有明显的优越性:①主动权在中央银行,中央银行可以"主动出击",经常性、连续性地操作,并具有较强的弹性。②公开市场业务的操作可灵活安排,可用较小规模进行微调,不至于对经济产生过于猛烈的冲击。③通过公开市场操作,可促使货币政策和财政政策有效结合和配合使用。

当然,公开市场业务操作也有其局限性:①需要以发达的金融市场作背景,如果市场发育程度不够,交易工具太少,则会制约公开市场业务操作的效果。②必须有其他政策工具的配合。如果没有存款准备金制度,这一工具是无法发挥作用的。③收效较慢。从政策实施到最终目标的实现,时滞较长。

9.2.2 选择性货币政策工具

选择性货币政策工具是指中央银行针对某些特殊的经济领域或特殊用途的信贷而采用的信用调节工具。选择性货币政策工具可以作为一般性货币政策工具的补充,根据需要选择运用,这类工具主要有以下几种。

1. 优惠利率

优惠利率指中央银行对按国家产业政策要求重点发展的经济部门或产业,规定较低贴现利率或放款利率的一种管理措施。中央银行对国家重点发展项目或重点部门、重点产品,如出口工业、基础工业、农业或农产品等,从贴现和放款利率上给予照顾,即收取较低的利率,以资鼓励。这种优惠利率大多在发展中国家运用;发达国家不同时期对某些部门、某些产品也实行优惠利率。

2. 证券市场信用控制

证券市场信用控制指中央银行对有关有价证券交易的各种贷款进行限制,目的在于限制用借款购买有价证券的比重。中央银行为了控制对有价证券的放款,加强对有价证券贷款的管理,规定商业银行、证券公司在发放此项贷款时,借款人要交纳保证金。交纳的保证金与购买有价证券金额百分比即保证金比率。当中央银行认为可以扩大信贷时,就降低保证金比例,反之就增加。

3. 消费者信用控制

消费者信用控制指中央银行对不动产以外的各种耐用消费品的销售融资予以控制。对商业银行发放消费信用的控制分情况而定。在消费需求过热和通货膨胀时,为了抑制消费需求,避免消费基金过度膨胀,中央银行就会加强对消费信用的控制,如加大定金,缩短分期付款的期限。反之,在消费需求不足及经济衰退时,中央银行会采取相反措施,借此刺激消费需求增长。

4. 不动产信用控制

不动产信用控制指中央银行对商业银行等金融机构在房地产方面放款的限制。主要目的是为了抑制房地产投机。

9.2.3 直接信用控制工具

直接信用控制工具是指中央银行以行政命令或其他方式,直接对金融机构,主要是商业银行的信用活动进行控制。

尽管西方国家实行所谓自由市场经济,但并不排除国家对经济的直接干预,特别是在爆发经济危机和战争的年代,常使用直接信用管理工具,包括利率最高限额、信用配额、流动性比率等直接干预手段。

1. 信用配额

信用配额是指中央银行根据金融市场状况及客观经济需要,对各商业银行的信用规模进行直接分配,规定贷款的最高限额,以控制信贷规模和货币供应量。这种方法多用于发展中国家。

2. 利率限制

利率限制是指中央银行规定商业银行存款利率的上限,规定贷款利率的下限,以抑制商业银行的恶性竞争，避免商业银行因经营不善而倒闭，防止造成金融混乱。

3. 流动性比率

流动性比率是指规定商业银行流动资产在总资产中的比重，这是一种限制信用扩张的管制办法。以商业银行为例，达到流动性比率，必须缩减长期放款，扩大短期放款和增加应付提现的资产。这样虽然会降低收益率，但却提高了安全性，也起到了限制信用扩张，保护存款人利益的作用。

4. 直接干预

直接干预是指中央银行直接对商业银行的信贷业务、放款范围加以干预，如对业务经营不善的银行拒绝再贴现或采取高于一般利率的惩罚性利率，以直接干预商业银行的存贷款业务活动。

9.2.4 间接信用指导

间接信用指导是指中央银行通过道义劝告、窗口指导和金融检查等办法对商业银行和其他金融机构的信用变动方向和重点实施间接指导。

1. 道义劝告

道义劝告是指中央银行利用其声望和地位，对存款货币银行及其他金融机构经常发出通告或指示，或与各金融机构负责人面谈，劝告其遵守政府政策并自动采取贯彻政策的相应措施。

2. 窗口指导

窗口指导是指中央银行根据产业行情、物价趋势和金融市场动向等经济运行中出现的新情况和新问题，对存款货币银行提出信贷的增减建议。若存款货币银行不接受，中央银行将采取必要的措施，如可以减少其贷款的额度，甚至采取停止提供信用等制裁措施。窗口指导虽然没有法律约束力，但影响力往往比较大。

间接信用指导的优点是较为灵活，但是要起作用，必须是中央银行在金融体系中有较高的地位，并拥有控制信用的足够的法律权利和手段。

9.3 货币政策传导机制和效应

9.3.1 货币政策传导机制及其主要环节

货币政策传导机制是指运用货币政策手段或工具影响中介指标，进而实现最终目标的途径和过程的机能。对货币政策传导机制的分析，主要有凯恩斯学派和货币学派的传导机制理论。

在市场经济发达的国家，货币政策传导途径一般有三个基本环节，其顺序是：①从中央银行到商业银行等金融机构和金融市场。中央银行的货币政策工具操作，首先影响的是商业银行等金融机构的准备金、融资成本、信用能力和行为，以及金融市场上货币供给与需求的状况。②从商业银行等金融机构和金融市场到企业、居民等非金融部门的各类经济行为为主体。商业银行等金融机构根据中央银行的政策操作而调整自己的行为，从而对企业和居民的消费、储蓄、投资等经济活动产生影响。③从非金融部门经济行为主体到社会各经济变量，包括总支出量、总产出量、物价、就业等。中央银行就是通过这三个环节或途径使用货币政策工具来实现其货币政策目标的。

在整个货币政策的传导过程中，金融市场发挥着重要的作用。首先，中央银行主要通过市场实施货币政策工具，商业银行等金融机构通过市场感应中央银行货币政策的调控旨意。其次，企业、居民等金融部门经济行为主体通过市场利率的变化，接受金融机构对资本供应的调节进而影响投资与消费行为。此外，社会各经济变量的变化也通过市场反馈信息，影响中央银行、各金融机构行为，进而引起货币供给的变化。

9.3.2 西方学者关于传导机制的理论及效应

1. 资产结构调整理论

1) 资产结构调整效应的内容

资产结构泛指具有不同的收益率、风险和流动性的一系列资产。一般而言，资产大致分为两类：一类是金融资产，包括货币、债券和股票；另一类是实物资产，包括机器设备以及房地产等。一定的社会总财富就是由这两类资产组成的。

各经济主体或财富持有人一般都根据各种资产的不同特性，如收益率、风险、流动性、预期因素以及各经济主体自身的偏好来选择各种资产持有的比例，这就组成了资产结构。但是，各种资产之间的比例是多种多样的，因此具有理性的各经济主体就必须选择最佳比例，即最佳的资产结构。由于各经济主体持有资产的目的是为了获得最大的利润或效用，所以他们就会根据"边际收益率恒等"的经济原则来合理安排各种资产的持有比例，即不论各种资产的收益率如何，各经济主体都必须随时将其资产结构依据市场状况加以调整，直至所有资产的边际收益率(各类资产最后增加的一单位资产的收益率)相等时，资产结构就达到最佳，并处于均衡状态。

若中央银行调整货币政策增加货币供应量，从而导致企业或个人手持货币量过多，货币供应大于货币需求，经由供求规律的作用，结果使货币的边际收益率下降，这就破坏了资产结构的均衡状态。为恢复等量的边际收益率，企业或个人就会重新调整其资产结构。首先将多余的货币用于购买价格尚未上涨，收益率尚未下降的债券资产，结果使债券的价格提高，收益率下降。这样，人们又转向购买相对收益率较高的股票所有权资产，结果又引起股票的边际收益率下降，资产结构的调整继续扩展。最后，企业或个人逐渐转向厂房、设备、耐用或非耐用消费品等实物资产，并促使实物资产的价格普遍上涨，这时，进行实际投资，扩大实物资产的生产就有利可图。生产的扩大一直持续到价格与成本之间的缺口消除为止。由于投资增加，就业量也增加，经由乘数作用使国民收入增加。而国民收入增加，又使货币需求增加，结果就会消除货币的超额供应，并使整个社会的资产结构逐步趋向新的平衡。只有当所有资产的边际收益率相等时，资产结构的调整才告终止。由于这种过程涉及资产的相互替代和相对价格的变动，所以又称为"替代效应"或"相对价格效应"。

2) 凯恩斯学派的资产结构调整效应思想

凯恩斯学派和货币主义学派都一致认为货币不仅是交易工具，而且也是一种资产，货币量的变动对实际经济的影响和作用，都可在资产结构调整的理论框架中进行探讨。各学派的分歧，只是在资产调整的范围和资产调整过程中的环节有所差异而已。

凯恩斯学派的货币政策传导机制理论，是由货币和债券(以长期政府公债为代表)两项资产组成的模型。由货币供应量增减所触发的传导过程依次通过两个途径：一是流动性偏好的途径，即货币需求的利率弹性所反应的货币与利率之间的关系的途径；二是投资利率弹性的途径，即利率与投资之间的关系。货币供应量增加以后，首先发生的是货币与债券之间的替代效应，使债券价格上升，利率下降，刺激投资增加，通过乘数作用，导致国民收入增加。在资源未被充分利用的情况下，货币供应量增加会使实际产量同比例增加，而物价不变；在接近充分就业的情况下，实际产量的增加较为困难，物价将随货币供应量的增加逐渐上涨，但涨幅仍小于货币供应量增加的幅度；在充分就业的条件下，货币量的增加，只能引起物价的同比例上涨，实际产量不再有任何增加。因此，这一传导机制可描述为：

准备金R增加(或减少) $\xrightarrow{\text{货币倍数}}$ 货币供应量M_s增加(减少) $\xrightarrow{\text{货币与证券的替代效应}}$ 利率r下降(上升) $\xrightarrow{\text{项目评估与选择}}$ 投资I增加(减少) $\xrightarrow{\text{乘数效应}}$ 总支出E增加(减少) $\to$ 总收入Y增加(减少)

用字母代号表示为：

$$R \to M_s \to r \to I \to E \to Y$$

凯恩斯认为这一传导机制可能有两个障碍：一是货币市场上"流动性陷阱"的出现。即当利率下降到某一限度以后，任何货币量的增加，都会被无限增大的货币投机需求所吸收，从而不可能发生资产结构的调整；二是商品市场上可能出现的投资对利率缺乏弹性的现象。即利率的降低对投资支出没有效应。因此，在上述情况下，利率下降也不可能有效地刺激投资。

3) 货币主义学派的资产结构调整效应思想

货币主义学者认为货币是一种具有独特性质的资产，它是包括实物资产和金融资产在内的所有资产的替代物，由此强调货币在资产结构调整中的重要地位，替代效应并不仅限于金融资产，而是在所有的资产中同时发生。因此，货币政策传递机制同时在货币市场和商品市场进行。中央银行调整其货币政策影响商业银行准备金发生增减变化，商业银行为了增加(或减少)其放款与投资，必须改变其资金融通条件——降低(或提高)利率，这种融资条件的改变从购买(或出售)证券和投资增加(或减少)两个方面对经济产生影响，其传导机制为银行降低利率，增加贷款，会引致金融资产(债券、股票等)和实物资本(各种消费品和各种用于生产的资本品及存货，甚至劳务等)的价格上升，从而导致消费支出和投资支出的增加，引起产量提高，直到物价上涨将多余的货币量完全吸收掉为止。若以A表示各种金融资产，以B表示银行的放款及投资，以C表示消费，则现代货币主义的传导模型为

$$R \to M_s \to B \to A \to C(I) \to Y$$

所以，货币主义的货币传递过程中的资产结构调整所触发的不是单纯的投资活动，而是笼统的商品和劳务支出的变动。所以，现代货币主义认为货币政策传导过程更为直接和

迅速，资产调整范围也较为广泛。

2. 财富传导机制理论

资产结构调整效应是以财富价值不变为前提的，但西方部分经济学家在研究货币政策传递机制时发现货币政策改变不仅影响人们持有资产的结构，也影响人们拥有的财富价值，并进而影响人们的消费支出。这种由货币政策改变导致货币供应量增减而对人们拥有的财富发生影响，并进而影响人们消费支出变化的现象是货币政策传递机制的财富效应。

西方货币金融理论认为，整个经济的总财富是由金融资产和实物资产构成的。至于整个社会中的资产负债抵消以后的净资产，就是人们财富的总和。因此，社会净财富包括实物资产、政府债券、货币存量三大部分。货币政策也是通过这三个方面诱发财富效应的。

1) 价格诱发的财富效应

假定中央银行调整货币政策，增加货币供应量，这就会导致实物资产(厂房、机器设备、耐用或半耐用消费品等)的价格提高，从而直接增加人们拥有的以货币表示的净财富，这就会刺激人们消费需求的扩大。

2) 利率诱发的财富效应

货币供应增加将使市场利率下降，这意味着政府债券市场价格的提高，结果导致以这种形式持有资产的人们的净财富价值的上升，从而也引致财富效应。

3) 真实现金余额效应

某一时点的货币存量又称现金余额。货币量用价格折实以后得出的货币实际价值也即货币的实际购买力，这就是真实现金余额。如果货币供应量增加，而一般物价水平最初不变，则真实现金余额增加，这等于货币持有者拥有的净财富的实际价值增加。这样，人们就会扩大消费支出并最终影响实际经济活动。总之，货币供求失衡会通过引起社会净财富价值的变动，从而导致消费支出发生变化，也即通过财富效应影响总需求并最终影响到实际经济活动。

3. 信用供应可能性理论

20 世纪 40 年代初，受凯恩斯货币理论的影响，一般学者认为投资的利率弹性甚低，利率变动对投资者的投资行为影响力有限。因此，货币政策的效应要弱于财政政策的效应。但第二次世界大战以后，美国在金融结构上发生了较大变化，这就是政府债券的巨额增加和绝大部分政府债券为金融机构所持有。其原因在于经过 20 世纪 30 年代经济大危机后，西方国家普遍严格限制银行的资产业务范围和银行自身的谨慎态度。政府证券尽管风险小，但其价格的变化对利率比较敏感，而政府证券价格的波动又会给银行营运带来直接的影响。这说明利率的变动对金融机构的影响正明显加强。在这种情况下，信用供给可能性理论的出现，为强调货币政策提供了理论基础。

信用供给可能性理论是由美国纽约联邦储备银行的罗伯特·罗沙博士提出的，后由卡莱肯与林德伯等人加以发展，最终成为一种有重要影响的理论。

信用供给可能性理论一反过去从资金需求者即借款人的角度进行分析，强调利率变动对投资支出的直接影响的思路，而从资金供给者即贷款人的角度，对贷款人的利率弹性和贷款行为进行分析。该理论强调利率变化对信用供应可能量的影响并特别强调制度因素和预期心理因素的重要性，认为即使投资的利率弹性甚小，货币政策仍能通过影响贷款人即银行金融机构的信用供应可能量而作用于经济活动。因此，货币政策仍然是有效的。

信用供应可能性理论认为当中央银行调整货币政策时，在影响银行准备金之外，因利率变动会引起银行资产价格变动，进而改变银行的流动性。此种流动性变化将迫使银行调整其信贷政策，并经由信用供给可能量大小的变化，影响实际经济活动。因此该理论实际上将货币政策传递机制的重点置于利率—流动性—信用量这一连锁反应过程上。若以 L 表示流动性，K 表示信用量，则信用供应可能性学说的模型为

$$R \rightarrow r \rightarrow L \rightarrow K \rightarrow Y$$

一般来说，信用供给可能性效应在中央银行紧缩货币的场合下效果最为显著。因为在信用紧缩时期，银行及资金贷出者常采用信用分配措施，对即使愿意付更高利率的若干顾客也不愿给予贷款。

9.4 货币政策有效性

20 世纪 60 年代末 70 年代初，随着西方各国金融环境的变化和货币理论的发展，传统的利用货币政策对国民经济进行刺激，并实施逆经济周期调节的观点受到了越来越激烈的挑战。货币主义学者认为，传统的货币政策的有效性是很成问题的，它在稳定国民经济过程中，即在谋求实现四个宏观经济目标的过程中，却使国民经济更加不稳定和通货膨胀更加频繁。

9.4.1 货币政策的时滞问题

中央银行从制定货币政策到货币政策取得预期效果的时差叫作货币政策的时滞(Time Lag)。中央银行货币政策实施之后，需要经过多长时间才能产生效果，货币政策的实施到其产生效果的时间长短是否稳定并且可测，是货币政策时滞问题的研究对象。

货币政策的时滞可分为两部分进行测算：

1. 内在时滞(Inside Lag)

它是自经济现象发生变化，需要采取政策加以矫正，到中央银行实际上采取对策的时间过程。它又可分为：①识别时滞(Recognition Lag)。这是指从确有实行政策行动的需要到认识到有这样一种需要两者之间所花费的时间。这种时滞的存在是由于信息的搜集和情形的判断需要时间，对某个时期的经济状况的精确测算只有在其后一些时候才能得到。另外，即使有了明确的资料，中央银行作出判断也需要一段时间。②行动时滞(Action Lag)。它指从认识到需要改变政策，再到提出一种新的政策并加以实施所需要的时间。中央银行认识经济情势变化之后，将立即研究对此项经济情况可行的对策，研究与行动都需要时间。

整个内在时滞所需时间长度取决于中央银行收集资料、研究情势及采取行动的效率，也取决于当时的政治与经济目标，尤其是所希望实现的目标较多，必须对其优先顺序有所选择时，更将花费较多时间去决定取舍何种政策。因此，内在时滞完全取决于中央银行本身。

2. 外在时滞(Outside Lag)

它是自中央银行改变货币政策到货币政策对经济发生影响所耗费的时间。外在时滞可分为三个阶段：①中期时滞(Intermediate Lag)。这是自中央银行采取行动到该行动对金融机构产生影响，使金融机构改变其准备金水平或利率或者其他信用状况，以致对整个经济社会产生影响力的时间过程。这段时间的长短取决于商业银行及其他金融机构对货币政策的反应以及金融市场的敏感程度。②决策时滞(Decision Lag)。这是指自利率或信用条件改变后，个人与厂商面对新情况，做出改变其支出习惯或支出行为决定之前的时间过程。③作用时滞(Production Lag)。即支出单位决定支出意向后，对整个社会的生产和就业都会产生影响，这段影响过程称为作用时滞。

外在时滞主要由客观的金融和经济情形决定，受经济结构以及各经济主体行为因素影响较大，较少受中央银行控制。由于经济结构及各经济主体的行为因素都是不稳定和不易预测的，所以外在时滞的时间长度就难以掌握。正因为如此，外在时滞便成为货币政策有效性的主要问题。

20世纪60年代以来，西方经济学家利用各种计量经济模型(如美国联邦储备系统的MPS模型、圣路易斯联邦储备银行的圣路易斯模型等)对货币政策的时滞(图9-2)进行了实证研究。尽管各模型的结论相差较远，但大多数经济学家都认为：①内在时滞的时间长度较短。一般来说，随着统计系统的健全和效能的提高，随着信息处理技术的改进，认识时滞的时间日益缩短，多数情况下处于3～6个月之间；而行动时滞的时间也较短，为1～2个月。②外在时滞的时间较长。凯恩斯学派中有些人认为货币政策至少要有一年时间才开始显示效果，全部效果都发挥出来，要4年的时间。货币主义学派的代表人物弗里德曼在分析了各种数据后认为外在时滞平均需12～18个月。③按货币主义的观点货币政策从需要制定到得到执行并对经济发挥全部影响需要16～26个月的时间。

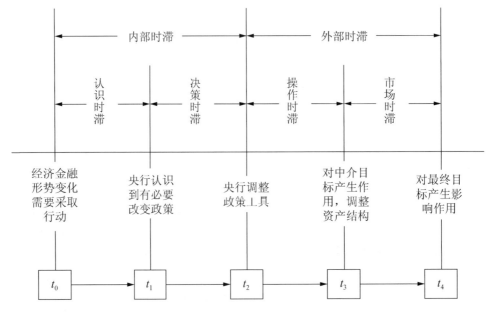

图9-2 货币政策时滞分解图

因此，如果货币政策的时滞有限，而且非常均匀，货币政策便能发挥应有的作用，其有效性不会受到影响。因为不论时间长度如何，只要有确定的范围，中央银行便能根据预期落后的时间差距，预先采取影响将来某一时期经济情况的货币政策。但若货币政策的时滞分布不匀，有很大的变异性，则会因为时滞不能预测，货币政策将在错误的时间发生作用，而使经济和金融情况更加复杂。例如，若中央银行无法预测货币政策的时滞，则很可能在经济衰退时制定的扩张政策，到名义收入已经超过预定指标时才产生提高收入的效果；或者，原来高涨时采取的紧缩政策，到下一次衰退时才会产生降低收入的效果。当中央银行改弦易辙，采取新政策时，其效果可能再次在不适当的时候集中表现出来。这样，中央银行反经济周期的货币政策，就会失去其有效性。不仅如此，而且还会扩大经济周期的波动幅度，使国民经济更加不稳定和通货膨胀更加频繁。

这样，货币政策便成为经济不稳定的制造者而不是稳定的因素。正因为如此，货币主义学者弗里德曼(第一个指出货币政策发挥作用时存在时滞现象的经济学家)提出放弃干预性的货币政策，以"简单规则"代替"相关抉择"，由国会限定中央银行只能遵从固定不变的长期规则：月复一月，年复一年地以稳定不变的速度增加货币供应，不考虑当时经济情况，把货币供应量交由机器人控制，然后，听其自然。

9.4.2 合理预期对货币政策有效性的影响

货币政策的时滞问题，并非是导致反经济周期货币政策可能失效的唯一因素，合理预期的影响是另一个因素。

1. 合理预期的内容

合理预期理论(Reasonable Expectation Theory)是20世纪70年代中期以来以美国芝加哥大学教授罗伯特·卢卡斯为代表的合理预期学派提出的一种以合理预期为假说的基础理论、方法和政策的思想体系。

合理预期学派认为，只要人们获得一切必要的信息，他们就必然以完全合理的方法去预测前景。合理预期是指人们充分掌握了一切可以利用的信息做出的预期。这种预期之所以称为合理，因为它是人们参照历史上提供的所有的知识，经过周密考虑之后才做出的。这一学派假设人们的推理比较符合经济学的原理，而且这些重要的预测和决策多数是由有经验的决策者做出的，因为他们的预测一直比较准确，才登上了相当的职位。

合理预期理论认为，假设预期是合理的，也并不等于说人们具有完全的预见性，即使是经济学家的模型也可能同样没有十分精确的预见性，预测当然会有误差，但误差是正态分布，其平均差为零。

2. 合理预期对货币政策的影响

合理预期学派学者认为，合理预期会削弱以致抵消反经济周期货币政策的效果。其理由主要有以下两点。

(1) 由于人们对未来经济行情的变化已有周密的考虑和充分的思想准备，在货币政策公布的前后，他们就会采取相应措施，从而使政策的预期效果被合理预期的作用所抵消。

就信用扩张政策而言，合理预期理论认为，反经济周期的扩张政策不仅无效，反而有害，因为它会带来通货膨胀。在一个有合理预期的国民经济中，政府采取长期的扩张政策，企业家会从各种渠道获悉社会总需求将要增加。由于相信扩张政策的推行会使需求总量持久地增加下去，因此，人们只是及时提高价格而不增加产量。同时，由于各阶层都有自己的预期看法，并采取预防性措施，所以利率、租金、价格、名义工资等都会增长，以便把预期的损失包括进去。在这种情况下，当扩张政策导致通货膨胀的产生时，人们的合理预期便起到加速通货膨胀的作用。

就信用紧缩政策而言，按照西方经济学的观点，当紧缩的货币政策削减需求总量时，最初的效果将是产量下降，而通货膨胀不会及时受到抑制。只有经过一段时间之后，生产显著减缩，失业不断增加，通货膨胀才开始下降。合理预期理论对于这一政策效果同传统看法是一致的，但在政策主张上认为，以这样的高失业率为代价去压制通货膨胀是不必要的。

(2) 合理预期学派认为，只有在中央银行的信息比公众更全面的前提下，稳定政策才能生效。但这种状况不可能存在，因为公众对经济生活的接触是直接的、多层次的，政府掌握的信息不可能比社会大众更为充分，因此，政府的预期不可能比社会大众的预期更合理。这样，政府企图推行的反经济周期政策，早已为人们预测到了，并采取了预防性措施，于是中央银行的行动总是落后于社会大众的行动，其政策效果会大打折扣。

9.4.3　金融改革与金融创新对货币政策有效性的影响

20 世纪 70 年代以来，随着西方各国各种经济矛盾的深化，金融体制面临着非改不可的形势。面对这种情况，以美国为代表的西方各主要国家展开了以"自由化"为主要特征的金融改革。即将金融体制从政府管制和法律限制中解放出来，以更加自由地开展业务活动。

金融改革与金融创新的出现对各国中央银行货币政策的制定和实施以及实施的效果带来了重大的影响。一方面，以"自由化"为特征的金融改革和金融创新在一定程度上提高了政府干预货币信用的能力，但另一方面，利率自由化、金融工具和金融交易的多样化以及金融市场的国际化和放松对金融机构的控制又在一定程度上影响了中央银行货币政策的制定、执行和有效性。这表现在：

(1) 利率"自由化"之后，利率水平的变动不易控制，资本流动将更加频繁，利率波动更加剧烈，各种不确定因素更多。这势必对中央银行货币政策的制定带来一定的影响。

(2) 各种新型金融工具的出现使得货币的周转率发生变化。在中央银行实行紧缩性货币政策时，这些金融工具的存在会抵消货币政策的紧缩作用效果，在中央银行实施信用扩张时，这些新工具的作用会加重放宽信用的膨胀效果。

(3) 新型金融工具使得货币的界定发生了重大变化。货币与其他金融资产之间的区别日益模糊，新型金融工具既有交易性特点又有投资性特点。对于公众来说，作为交易媒介的货币和作为储蓄手段的货币，这两者之间的差别已几乎消失，这就给货币理论提出了一系列新问题：货币的确切定义是什么？中央银行在何种程度上控制货币供应量？货币总额的变化意味着什么？等等。由于货币同时兼有交易媒介和储蓄手段两种职能，这就使货币政策的"微调"效果发生困难。

(4) 金融市场的国际化使各国金融市场的联系日益紧密，资本转移更加方便，国际资本与国内资本混合生成，互相作用，也会抵消金融政策的效果。

面对改革之后的金融制度和金融市场,如何制定有效而可行的金融政策,是各国中央银行面临的新难题。

9.4.4 政治性因素对货币政策有效性的影响

货币主义学派的经济学家认为,除时滞和合理预期之外,各种政治性因素也对货币政策的有效性产生影响。这包括所谓的政治性经济周期因素和其他一些政治性因素的影响。

1. 政治性经济周期的影响

西方经济学家根据观察和验证资料认为,高经济增长和低失业会使执政党带来不少选票。他们的实证资料表明:

(1) 选民们赞成不断下降的失业率而不赞赏稳定不动的低失业率。

(2) 在社会未达到充分就业时,执行信用扩张政策,通货膨胀率的增加一般落在国民经济增长率的后面。因此,货币当局可以刺激经济增加产量,降低失业率,而又不会立即导致通货膨胀的上升。

(3) 选民们对失业和经济停滞比对通货膨胀更关心。

因为以上三个原因,所以,执政党在大选之前力图刺激经济,而新政府一般在大选后便及时采取收缩政策,使国民经济平稳下来,这叫作"政治性经济周期"。但由于大多数西方国家中央银行理事会成员任期与政府首脑不一致,因此,在大选之前,往往出现货币政策与财政政策大相径庭的局面。现任领导人力图刺激国民经济,降低失业率,中央银行力图稳定国民经济,抑制通货膨胀率。所以,政治性经济周期的存在会在一定程度上影响货币政策的效果。

2. 其他政治因素对货币政策效果的影响

(1) 某特殊利益集团以自身愿望代替多数人的愿望,货币政策可能掩盖政府某项公共开支计划的实际代价,而这个计划只符合某特殊利益集团的愿望,不符合多数人的愿望。

(2) 货币当局的官僚主义态度。某些特殊利益集团可能趁社会大众缺乏对货币政策的关注之机,迫使中央银行采取不反映社会大众利益的货币政策,这些特殊利益集团可能是企业也可能是金融机构。

政治因素影响货币政策效果的严重性如何,西方经济学界并无定论,但它肯定会导致社会利益的一定损失是无疑问的,然而,多数经济学家认为这些因素不至于从根本上妨碍货币政策对国民经济产生的净效果。

9.5 货币政策与其他宏观经济政策的协调与配合

9.5.1 货币政策与财政政策的协调配合

货币政策和财政政策成为现代国家共同运用的宏观经济政策,即大多数国家都在运用货币政策和财政政策对宏观经济运行、货币供给与需求进行控制和调节。

货币政策与财政政策之间存在共同点和统一性,但也有区别。统一性在于:①两大政策的调控目标是统一的，即都属于实现宏观经济目标可采取的政策。②两者都是需求管理政策；货币政策管理货币供应量，而在商品货币经济条件下，货币供应量的变动是社会总需求变动的象征；财政政策管理财政收支，其执行结果无论是赤字还是大体平衡，最终对社会总需求都有重大影响。③从经济运行的统一性来看，财政、信贷和货币发行同处于社会再生产资金循环或运行过程之中，社会资金的统一性、货币流通的统一性和货币资金各部分之间的相互流动性，使财政、信贷和货币发行三者有着不可分割的内在联系，任何一方的变化都会引起其他方面的变化，最终引起社会总需求与总供给的变化。因此，两个政策目标如果不统一和协调，必然造成政策效应的相悖，造成宏观经济运行的失控。

货币政策与财政政策的不同点是：①政策工具不同。货币政策工具主要是存款准备金率、再贴现率、公开市场业务、贷款限额、中央银行存贷款利率等；财政政策工具主要是税种、税率、预算收支、公债、补贴、贴息等。②调节范围不同。货币政策的调节基本上限于经济领域，其他领域处于次要地位；而财政政策调节的范围不仅限于经济领域，还包括非经济领域。③政策时滞不同，即财政货币政策影响重要经济变量所需时间不同。货币政策工具使用较为简便，而财政政策工具从确定到实施，过程比较复杂，因而货币政策内部时滞较短，而财政政策则长些。相反，货币政策外部时滞较长，因为货币政策手段发挥作用要经过三个环节，间接对经济起作用；财政政策的外部时滞较短，因为财政政策作用较直接，如决定调节税率，企业的收支就会立即发生变化。

正因为货币政策与财政政策存在着差别与矛盾，所以需要两者之间协调配合，其配合有四种选择：

(1) 松的货币政策与松的财政政策相配合。这种形式适宜于在货币总需求严重不足、生产能力严重闲置时采用，但配合不好或放松幅度不恰当，则容易引起通货膨胀。

(2) 紧的货币政策和紧的财政政策，即双紧政策，这种形式适用于严重通货膨胀时期，但如果控制的力度过猛，容易导致经济衰退，失业增加。

(3) 松的货币政策与紧的财政政策相配合。在总需求与总供给大体平衡，但消费偏低而投资不足时，这是一种较为适宜的配合形式。

(4) 紧的货币政策与松的财政政策相配合。这是在总供需大体相适应时，为解决投资过旺、消费不足的搭配形式。

我国的实践证明，在经济运行中出现需求过剩、通货膨胀时，货币政策与财政政策以适度从紧的方式搭配，即实行适度从紧的财政政策和货币政策。而当经济运行中出现需求不足、通货紧缩现象时，财政和货币政策的搭配方式以从松为原则，即实行积极的财政政策和稳健的货币政策，从而实现总供给与总需求基本相适应，促进国民经济快速和协调发展。

9.5.2 货币政策与产业政策的协调配合

产业政策是政府为了促进国民经济稳定协调地发展，对产业结构和产业组织构成进行某种形式干预的政策。产业政策是国家以政策形式促进或限制某些产业发展的手段，即通过政策倾斜来改变产业组织形式和产业结构来影响生产，进而对供给总量及结构发挥调节作用，使经济实现均衡发展。

一国的产业政策在宏观经济政策中往往起重要作用。货币政策受产业政策的制约，又反作用于产业政策。具体表现为产业结构决定信贷资金分配结构，已经形成的产业结构需要相应的货币信贷资金供应结构。而信贷资金分配又有相对独立性，特别是在市场经济条件下，银行的资金配置以盈利性、安全性、流动性为原则；而产业政策偏重于社会效益，它是一国经济发展战略意图的体现，这中间有可能产生矛盾。这就需要处理好两种政策的配置问题。

(1) 产业政策对货币政策具有导向作用。这是因为产业政策作为经济发展战略意图的体现，具有长期性和相对稳定性。其政策实施效果，需要各短期宏观经济政策来完成，所以它对短期经济政策包括货币政策加以引导，借以实现政策目标。

(2) 产业政策作为供给管理政策，以增加供给来引导有效需求。货币政策主要是需求管理政策，产业政策直接调节供给结构，通过资源优化配置，在现有资源条件下增加供给。而供给的实现，又依赖于货币政策手段通过从紧或从松的货币供给，抑制或增加货币需求来启动。

(3) 产业政策作为一种结构性调整政策，为货币政策的实现提供保证，即为经济、金融、物价的长期稳定打下坚实基础。

(4) 货币政策对产业政策的失误具有矫正作用。产业政策也存在正负效应问题，如超高速发展或结构扭曲的产业政策，有可能引起通货膨胀。货币政策作为需求管理政策，通过紧缩政策来抑制经济超高速发展，通过货币供给结构倾斜，对失衡的经济结构加以矫正。

9.5.3 货币政策与收入政策的协调配合

收入政策在西方被定义为影响或控制价格、货币工资和其他收入增长率而采取的货币和财政措施以外的政府行动。它是政府为了降低一般价格水平上升的速度而采取的强制性或非强制性限制货币工资和价格的政策。

西方学者认为，收入政策的理论基础主要是成本推进型通货膨胀论。成本推进通货膨胀理论是从商品和劳务供应方面解释物价总水平持续上涨现象的一种经济理论。该理论把通货膨胀的原因归结为商品成本增加，而成本增加的主要原因是工资的增长超过劳动生产率提高的速度。因此，他们主张采用冻结或管制工资和物价即所谓"收入政策"来抑制工资和物价上涨，从而抑制通货膨胀。对此政策能否收到预期效果，西方学者又有不同看法。有人认为，收入政策达不到预期目标，因而是无用的；有人认为，收入政策比不用更坏，因为它不仅没有降低通货膨胀，而且扭曲了市场机制，干扰了自由市场；也有人认为，收入政策是有缺陷，但比造成高失业的紧缩性财政政策和货币政策付出的代价要小一些。

收入政策对货币稳定的重要性、与货币政策相配合的必要性在于：

(1) 货币稳定问题是一个社会总供给与总需求平衡的问题，收入分配和社会总供给与总需求之间有着极为密切的内在联系。社会产品实现以后，必须通过分配和再分配环节，最后形成消费基金和积累基金。积累基金要与生产要素相对应，消费基金要与消费品相对应。两者相适应，意味着总供给与总需求相适应，物价才能保持稳定。

(2) 在不兑现信用货币流通条件下，价值形态的国民收入可能出现超分配。超分配可能是价值形态的国民收入总量大于实物形态的国民收入总量，一般由政府、企业、个人收入总量过多引起，这会由于需求膨胀导致通货膨胀；也可能是分配比例不合理，引起供给与需求结构失衡，而结构失衡容易引起结构性通货膨胀。

9.6 我国货币政策的实践

9.6.1 计划经济体制下货币政策的实践

从 1953 年起,我国开始进行有计划的经济建设,确立了计划经济体制并坚持实施到改革开放初期。这一时期我国的货币政策实践的特征可归纳为以下几点。

(1) 在高度集中的计划经济体制下,只有信贷计划的指标管理,不存在市场经济中的货币政策工具。年度信贷计划由国家批准,同时规定在批准的计划范围内,由中国人民银行将指标层层分解到基层行,基层行不得突破。这纯粹是一种直接的行政控制办法。

(2) 货币的概念只局限于现金,因此当时所谓的货币政策,实际上仅限于现金投入和回龙政策。因为现金的使用有极其严格的规定,所以由此推理,控制住现金。也就控制住信贷。其实,当时现金也只是一个观测指标而已,因为当时先进的发行计划从来不有计划硬性规定的,所以真正操作的还是具有指令性的信贷计划。

(3) 一切货币资金的需求都是为了保证国家计划的执行。在财政经济工作总方针"发展经济、保障供给"的指引下,具体到货币的目标,就是保证和监督国民经济计划的完成。

(4) 货币政策要服从于国家财政计划的需要。这一时期的资金管理体制是以财政为主,银行为辅。无偿拨款为主,有偿贷款为辅。所谓"大财政、小银行",使银行只局限于国民经济调节的狭小范围,很难发挥其包罗万象的功能。

9.6.2 改革开放以来货币政策的实践

从 1979 年开始,我国进入了改革开放的历史新时期。在此期间,中央银行根据各个时期国民经济发展的需要,不断调整货币政策的方针和力度。

1. 我国货币政策目标

1) 最终目标的界定

在一个时期里,理论界对货币政策目标如何界定存在着分歧。一种是单一目标论,即我国货币政策目标是稳定币值;另一种是所谓双重目标论,即我国的货币政策目标是稳定币值和促进经济增长;还有一种是多重目标论,即稳定币值、经济增长、充分就业和国际收支平衡。

1995 年 3 月 18 日,第八届全国人民代表大会通过的《中华人民共和国中国人民银行法》规定,我国货币政策目标是保持币值基本稳定,并以此促进经济增长。这一目标的界定,既强调了币值稳定,又和经济发展相联系、相结合。因为币值稳定不是目的,但对货币政策而言,稳定是第一位的,既要防止通货膨胀,又要防止可能出现的通货紧缩。货币不稳定,以较快的速度实现经济发展是困难的,甚至是不可能的。在币值稳定的前提下,尽可能促进经济增长。

2) 我国货币政策中介目标的选择

前面讲到,选择货币政策中介目标所应遵循的几个标准,各国大同小异,我国与之也相类似,即将可测性、可控性、相关性、准确性等作为选择标准。

第9章 货币政策调控

我国过去实行高度集中的计划经济，货币政策中介目标主要是两大计划，即现金计划和信贷计划，并通过两大计划指标来控制信贷和现金供应量。它的优点是调控力度强；但往往出现一控就死、一松就乱的弊端。

通过多年的实践积累和实际操作，我们将货币政策的中介目标和操作手段确定为货币供应量、信用总量、同业拆借利率和银行备付金及其比率。

(1) 货币供应量。货币供应量与经济发展情况密切相关，与货币政策的最终目标有直接的联系，并且可能作为单独的指标来控制，而较少受其他经济变量的影响。

需要指出的是，控制货币供给量主要是控制货币增量，其重点是控制基础货币。

(2) 信用总量。中央银行贯彻执行货币政策和宏观调控政策，信用总量是关键性指标。信用总量包括银行信用量、商业信用量、国家信用量、证券信用量、民间信用量等，是上述信用量的总和。中央银行除了正确引导商业信用外，应特别注意控制银行信用规模，积极慎重地发展证券信用并控制其规模。

(3) 同业拆借利率。同业拆借是指各银行或金融机构间的临时资金融通，主要用以解决临时头寸不足的困难。过去的同业拆借由各专业银行等金融机构间自己组织拆借市场，实际利率也由拆借双方自由商定。目前，同业拆借利率基本放开，由拆借双方自主决定。

(4) 银行超额准备金及其比率。商业银行除按一定存款比例向中央银行上交法定存款准备金外，为了应付业务支付的需要，还要向中央银行储存一定数额的应付日常业务需要的超额准备金，西方称之为超额储备。这对保证银行业务的顺利运转，保持银行的稳定和减少中央银行基础货币的投放，稳定币值均有重要意义。

2. 我国货币政策类型

1) 1979年实行"总量控制，结构调整"的政策

1976年10月后。处于严重困境中的国民经济开始恢复生机。但在1978年年底以前的两年中，由于只强调加快建设速度，追加基本建设、扩大外资引进规模，造成国民经济比例的严重失调。1978年12月召开的党的十一届三中全会，做出了把全党工作重点转移到社会主义现代化建设上来的重大战略决策。1979年4月，提出了"调整、改革、整顿、提高"的八字方针。面对改革开放后出现的第一次经济过热，中国人民银行不是简单地压缩需求，而是从实际出发，实行"总量控制、结构调整"的方针，在总量控制的前提下，通过增加农业投入和发放中短期设备贷款等措施，对农业和轻工业给予较多的信贷支持，从而通过增加有效供给来抑制通货膨胀。事实证明，这种做法收到了显著成效，实现了货币基本稳定的目标。

2) 1985年实行紧缩银根的政策

1984年我国经济出现了过热的势头，主要表现在：一是固定资产投资大量增加，二是消费基金迅速膨胀，三是贷款总量增加过猛。这给刚刚好转的经济形势蒙上了阴影。1985年，国家采取了果断措施，努力扭转经济过热。基建投资失控和信贷失控的局面。在金融方面采取的对策主要有：第一，从1985年起，实行以实贷实存为主要内容的新的信贷资金管理办法。第二，为解决专业银行在资金上吃中央银行"大锅饭"的问题，从1985年4月1日起实行新的"自成体系"的联行制度。第三，紧缩信贷，实行严格的贷款规模限额管理。第四，在1985年内两次提高银行存贷款利率。第五，恢复工资基金管理制度，加强现金管

理等。由于坚决执行了上述措施，尽管 1984 年经济过热的惯性作用导致紧缩政策未能发挥应有的作用，但它对扭转信贷规模和货币发行的失控状况是有明显成效的。

3) 1986 年和 1987 年分别实行"稳中求松"和"紧中有活"的货币政策

1985 年的紧缩政策只控制经济超常发展所需的货币供给，经济增长速度总的来说仍比较快，到 1986 年，资金供需矛盾就显得突出，需要增加贷款来解决已出现的问题。为解决经济滑坡，财政状况恶化的问题，国务院要求银行实行有区别的松动政策，以保持一定的经济增长速度。由于当时中国人民银行缺乏专门执行中央银行职能的经验，因而未能掌握好基础货币的吞吐量，在执行过程中使贷款投入失去控制。1987 年年初，鉴于当时仍在升温的经济形势，基于"软着陆"的考虑，中国人民银行将"稳重求松"的货币政策适当修正为"紧中有活"为贯彻落实这一政策，中国人民银行先后采取了一些具体措施，诸如从严掌握对专业银行的再贷款、收回中央银行 200 亿元短期贷款、提高法定存款准备金率。加强贷款规模控制等，并收到了一定的成效。

但是从整个经济形势看，依然没有从根本上改变经济偏热的状况，从 1987 年年底起，国务院要求中央银行进一步强化紧缩银根政策，明确提出了货币发行的控制目标和贷款总量，采取了调高存款准备金率和中央银行贷款利率，对专业银行实行贷款限额管理等一系列措施，对压缩 1987 年的经济膨胀起到了积极作用，国民经济出现了平衡发展的良好势头。

4) 1988 年实行严格紧缩的货币政策

1988 年年初，党中央提出的沿海发展战略对加快沿海地区的经济发展具有积极的促进作用，但也忽略了当时的客观条件，许多地区出现相互攀比，争上项目，投资需求再次膨胀的情况，加上物价改革闯关，造成人们心理失衡。从而出现的挤兑和抢购风潮，使我国储备负增长，通货膨胀十分明显。面对这种情况，中共十三届三中全会做出了治理整顿的决策，从 1988 年第四季度开始，实行紧缩的货币政策，采取的主要措施有：严格控制本位币信贷增长，及时回收对非银行金融机构发放的短期贷款以收缩基础货币，再次调高法定存款准备金率，继续提高中央银行贷款利率，采取强制管理措施调整贷款结构，切实加强拆借资金的管理，稳定和增加储备存款等。为保证治理整顿各项措施的贯彻落实，抑制通货膨胀，中国人民银行在 1989 年采取了更为严厉的措施：建立全社会信用总量监控制度，严格控制信贷总量的增长，强化信贷结构调节，主要农副产品收购资金实行专项管理，加强中央银行贷款管理，提高存贷款利率等。上述政策措施的实施取得了明显的效果，货币信贷投放得到了控制，过高的工业增长速度开始回落，储蓄存款大幅度增加。

5) 1994—1996 年实行适度从紧的货币政策

1994 年，中央银行根据年初确定的方针和政策进行宏观调控运作，金融形势总体上是平衡和健康的。但物价过高、通货膨胀严重的状况仍然存在。1994 年年底中央经济工作会议正式提出"适度从紧"的货币政策。根据这一政策方针，中国人民银行采取收缩专业银行信贷能力、调高对金融结构贷款利率等措施，同时着力减轻外汇储备增长对货币供给的影响，加强金融监管，正对金融秩序，从而抑制了通货膨胀的上升势头。在此基础上，1995 年和 1996 年，中央银行继续实行适度从紧的货币政策，使国民经济实现了"软着陆"，经济增长率逐步恢复到适度区间，有效地避免了在国民经济发展过程中曾出现过的大起大落。

6) 1997 年开始实行稳健的货币政策

稳健的货币政策是在 1997 年 7 月亚洲金融危机爆发、1998 年年初我国出现有效需求不足和通货紧缩趋势的特殊背景下提出并付诸实施的,这一政策一直持续到2006年。实际上,"稳健"体现的是对货币政策所做的原则性规定和对总体趋势的把握,是一种指导思想、方针和理念,而不是具体针对货币政策操作层面的提法。它所注重和强调的是货币信贷增长要与国民经济增长大体保持协调关系,而不是排斥在不同的时期和不同的条件下可以有不同的操作特点和操作方式,即根据经济形势的变化在操作层面灵活地实行适度放松或收紧银根货币政策措施。

在这段时期的实际运作来看,2003年以前货币政策的走向是积极而审慎的扩张。从1996年5月至2002年2月,中央银行先后8次降息,1年期存款利率水平由10.98%降至1.98%,至少下降了80%,法定存款准备金由8%降至6%。并直接用资金支持商业银行扩大信贷,以刺激内需和经济发展。2003年以后,我国经济增长开始加快,尽管稳健的货币政策提法没变,但实际操作上已开始转向。从2004年10月至2006年8月,中央银行先后3次上调利率,1年期存款利率由1.98%逐次调整到2.52%,法定存款准备金率也逐次上调为8.5%。

7) 2007—2008年9月从紧的货币政策时期

2006—2007年,我国经济出现了加快增长的趋势,与此同时,经济领域的结构性矛盾也开始凸显,出现了物价上涨过快、货币信贷投放过多、资产价格上升幅度过大等一系列现象。"流动性过剩"成为人们指责货币供应过多的代名词。为此,中央银行在2007年10次上调法定存款准备金率,6次上调存款贷款基准利率,并于2007年12月中央经济工作会议上明确提出,要实施从紧的货币政策,防止经济增长由偏快转为过热,防止价格由结构性上涨演变为明显通货膨胀,把保持经济平稳较快发展、控制物价过快上涨作为宏观调控的首要任务,把抑制通货膨胀放在突出位置。这一政策的实施一直持续到2008年9月。在此期间,我国金融机构的1年存款基准利率最高曾上调至7.47%(2007年12月21日)。

8) 2008年9月以后实施适度宽松的货币政策时期

2008年前三个季度,中国经济在特大自然灾害和国际金融危机的双重冲击下,宏观经济形势开始发生重大转折,出口大幅回落,经济增速下降,通货膨胀压力逐渐减缓,尤其是第四季度经济增长只有6.8%,失业率大幅上升。在此形势下,中央银行按照党中央、国务院的部署和科学发展观的要求,根据形势变化及时、适度调整货币政策操作,实行适度宽松的货币政策,确保货币信贷稳定增长及金融体系流动性充足,支持扩大内需,维护币值稳定和金融稳定,加大金融对经济增长的支持力度。具体措施一是根据形势变化及时启动保障经济金融稳健运行的各项应对预案,加强国际协作,应对金融危机的不确定冲击;二是确保金融体系流动性充足,及时向金融机构提供流动性支持;三是促进货币信贷总量稳定增长,加大银行信贷对经济增长的支持力度;四是加强窗口指导和政策引导,着力优化信贷结构;五是进一步发挥债券债券市场融资功能,拓展企业融资渠道;六是密切监测国际资本流动,深化外汇管理体制改革。自此,中央银行开始了新一轮的降低利率和存款准备金率,放松银根的过程。

3. 我国货币政策传导机制的特点

我国货币政策传导过程与西方国家大体类似,一般经过三个阶段:第一个阶段是从中

货币银行学

央银行至金融机构和金融市场。第二个阶段是从各金融机构和金融市场至企业和个人的投资与消费。第三个阶段是影响企业、个人的投资消费乃至产量、物价和就业的变动。也存在着时滞问题。但是，由于我国实行的是社会主义市场经济体制，又处于由原计划体制向市场经济体制转轨的时期。因此，货币政策工具的实施、政策机制作用的发挥在过程和时滞上又有其特点。

第一，我国货币政策调控的力度强、时滞短、见效快。

第二，重视政策实施的总体配套效益，货币政策手段的操作影响经济运行的主过程或再生产的各个环节，最终作用于终极目标；而终极目标的实现不能单靠货币政策操作，而必须与其他经济政策，特别是投资政策、财政政策的实施同步进行。

第三，货币政策传导过程直接，缺乏弹性。

借鉴各国的经验和教训，并结合我国的国情，适合我国的货币政策，并非是单纯的扩张性、紧缩性或均衡性货币政策，而是紧中有松、松中有紧、紧松结合的适度从紧与适度宽松的有弹性的货币政策。

4. 我国货币政策的实施效应

1) 我国货币政策的实施没有出现"滞涨"问题

就货币政策效应而言，一般情况是经济增长与稳定币值相矛盾，为刺激经济增长而要扩大货币供给，扩大贷款量，从而扩大社会有效需求。但往往由此带来的是通货膨胀，物价上涨，为抑制通货膨胀，物价上涨，控制货币供应量，而又可能影响经济增长，也可能出现货币紧缩现象。如西方曾出现过经济萎缩和通货膨胀并存即"滞胀"局面。实践证明，我国金融当局与其他宏观经济政策协调配合，能够实现"高增长、低通胀"的政策调控目标。

2) 适度从紧的货币政策实施效应

适度从紧的货币政策，是紧缩性与均衡性的有机统一体，是实现保持货币币值稳定，并以此促进经济增长目标的选择。在我国实践中曾经有过适度从紧的成功经验。1996年的货币政策操作使我国宏观经济实现了"软着陆"，既没有出现经济大的震动，也没有像有些国家曾出现过的抑制通货膨胀的同时引发经济增长速度下滑，形成所谓"滞胀"局面。

3) 实行稳健的货币政策效应

稳健的货币政策是由控制需求增长和有效供给向扩大需求和调整有效供给倾斜，即适度放松银根，扩大贷款和货币供应量，拉动出口需求、投资需求和消费需求的增长。2002—2007年我国稳健的货币政策实施的结果是实现了高经济增长与低通货膨胀的"高低搭配"的高质量增长。

9.6.3 进一步增进货币政策有效性的路径

一国货币政策的有效性受该国货币政策传导效率的直接影响。这种效率是特定的金融制度、金融结构与实体经济部门共同作用的结果。提高货币政策有效性的最终出路应是全面的经济体制改革，而不应仅仅是中央银行作出努力。

第 9 章 货币政策调控

由于我国经济的转型过程不是一蹴而就，货币政策的运作将始终在制度约束的条件下进行。因此，具体来说，提高货币政策效应的思路，应该从以下角度入手：一是改善国民分配结构，提高人均收入水平，降低收入差距，通过深化改革降低居民对未来收入和支出的不确定性预期；二是推进进一步国有企业制度改革和社会保障制度改革，建立现代企业制度，增强国有企业的预算约束，鼓励发展非国有企业；三是适度发展金融市场，提高直接融资的比重，增加投资、消费对利率的敏感性，增强货币政策通过利率传导的效应；四是开拓中小企业的融资渠道，解决民间产出比重与融资比重不对称的问题；五是积极稳妥地推进利率市场化进程；六是疏通信贷渠道，提高对非国有企业的信贷比重，加快国有银行商业化、股份制改造的步伐，放宽国有银行对非国有企业的贷款限制，逐步降低商业银行的坏账，提高商业银行的资本金比率；七是中国人民银行在货币政策的目标、工具的选择、操作方面，既要参考西方发达国家的先进经验，又要结合我国转轨过程的制度约束条件进行探索，不断提高其运作的自主性、微调性和前瞻性。

【阅读案例】

本章小结

1. 货币政策是指中央银行在一定时期内，为实现其特定经济目标而采用的各种调节和控制货币供应量的方针和措施的总称，是中央银行宏观调控的核心所在，在国家宏观经济政策中占据重要的地位。

2. 货币政策三要素之间存在逆向制约的关系：货币政策工具作用于货币政策中介指标，通过中介指标去实现货币政策最终目标。

3. 货币政策的最终目标是中央银行通过货币政策操作而达到的最终经济目标，包括：物价稳定、充分就业、经济增长和国际收支平衡，诸目标之间是对立统一的关系，不可能同时兼顾。在具体实施中，这四个目标有重有轻，各个时期的侧重点也不同。

4. 货币政策的最终目标是一个长期起作用的稳定目标，非金融当局可直接控制，是一个计划期或预测期终了之后才能实现的目标，而且比较抽象，因此，需要选择中介目标，借以充当实现最终货币政策目标的具体措施和条件。理性的货币政策中介目标应符合以下几个要求：可测性、可控性、相关性。

5. 货币政策工具可分为一般性货币政策工具、选择性货币政策工具和其他补充性的货币政策工具。一般性货币政策工具包括：存款准备金政策、再贴现政策和公开市场操作，三者各有特点，也都存在缺陷，需要不断完善。

6. 货币政策的作用有一个时滞过程，包括内部时滞和外部时滞，内部时滞的长短取决于中央银行的认识、决策能力，外部时滞的长短非中央银行能直接加以控制。

重要概念

货币政策　中介目标　法定存款准备金政策　再贴现政策　公开市场业务　货币政策传导机制
货币政策时滞　内部时滞　外部时滞

复习思考题

1. 什么是货币政策？它有哪些构成要素？
2. 货币政策最终目标有哪些？这些目标之间存在怎样的矛盾？
3. 货币政策中介目标的选择需要满足哪些条件？有哪些变量可作为中央银行货币政策中介目标？
4. 试述中央银行货币政策工具包括的内容。
5. 什么是法定存款准备金率政策？其优缺点如何？
6. 什么是再贴现政策？政策效果如何？有哪些缺陷？
7. 什么是公开市场操作？有哪些优缺点？
8. 什么是货币政策时滞？它由哪些部分组成？其长短受哪些因素影响？
9. 我国当前货币政策是什么类型的？

第10章

金融发展、金融危机与金融监管

学习目标

通过本章的学习，系统掌握金融发展与金融增长的关系，金融危机的定义、类型，分析金融危机形成的原因及预防治理措施。了解金融监管理论和金融监管的必要性，掌握金融监管的目标、原则、内容和方法。

10.1 金融发展与经济增长

10.1.1 "金融发展-经济增长"关系

金融是现代经济的核心,是经济增长的重要推动力量已经是毫无争议的事实,然而金融发展和经济增长之间的关系却显得复杂得多。学术界中对"金融发展-经济增长"关系(Finance-growth Nexus)问题进行论述的文献浩如烟海,而至今未达成共识。King 和 Levine(2003)指出:"既有理论文献表明,金融不是简单地追随产业的发展,但是也没有足够的理由认为产业追随金融的发展,我们需要对经济与金融的共同发展进行深层次的思考。"

其实,讨论这一关系的实质就在于回答两个问题:一是金融发展和经济增长之间的因果性关系问题,即哪个是因、哪个是果、还是互为因果。二是如果在上述关系确定之后相关传导机制的确定。

Goldsmith(1969)在其著作《金融结构与金融发展》一书中对长达百余年的金融发展史及当代几十个国家的金融结构现状进行了初步的比较研究,并进而对金融发展进行了深入的研究,创建了衡量一国金融发展水平的数量指标——金融相关比率(FIR),给出了计算公式,并描述了各国金融发展的规律性趋势。Goldsmith 得出了一系列重要的结论,比如在一个国家经济发展过程中,金融上层建筑的增长速度要大大快于国民生产与国民财富这些物质部门的增长速度。但是聚焦到上述问题 Goldsmith 则认为:从长期看,各国金融发展与经济增长是齐头并进的。但是目前还拿不出令人信服的证据说明金融发展与经济增长间的因果关系,即到底是金融因素加速了经济增长,还是金融因素仅仅反映了由其他因素推动的经济增长。

Mckinnon(1973)和 Shaw(1973)分别在其著作《经济发展中的货币与资本》《经济发展中的金融深化》分析了发展中国家的货币金融特征,然后提出了适用于发展中国家的货币金融理论和应采取的货币金融政策。他们认为,金融体制与经济发展之间存在着相互推动和相互制约的关系。一方面,健全的金融体制能将储蓄资金有效地动员起来并引导到生产性投资上去,从而促进经济发展。另一方面,蓬勃发展的经济也通过国民收入的提高和经济活动者对金融服务需求的增长反过来刺激金融业的发展,形成一种互相促进的良性循环。但在大多数发展中国家中,金融体制和经济发展之间却是一种恶性循环关系。一方面,由于金融体制落后和缺乏效率,束缚了经济的发展;另一方面,呆滞的经济反过来又限制了资金的积累和对金融服务的需求,制约金融业的发展,形成金融与经济发展互相掣肘,双双落后的恶性循坏。

Patrick(1966)将金融发展和经济增长的关系归纳为两种模式:供给引导和需求跟进型。在经济发展的早期阶段,供给引导型的金融体系的发展能促进创新型投资的发展;随着经济水平的提高,供给型金融驱动的作用开始居于次要地位,并随着金融的发展和经济的增长而逐步消失,并最终让位于需求跟进型的金融发展实现两种模式的转换。两种作用模式的形成同经济环境、制度规则设定以及经济主体的反应都密切相关。Allen 和 Gale(2000)在《比较金融系统》一书中也表达了类似的观点"……这些国家的经济需要不同的资源和技术,而这些不同的资源和技术要求匹配不同的金融系统……或者不同的金融系统构成了履行同样功能的不同方式。"

新古典增长理论认为,金融发展和高储蓄的形成与投资有效性存在很强的正相关性,通过资金在盈余与赤字不同部门的流转,促进资本的形成、刺激了工业的发展,特别是金融市场利用其特殊的"资金集聚功能"能够为成功开发创新性产品的企业提供资金支持,从而刺激技术变革,拉动经济增长。即便对于金融市场功能不够完全的发展中国家而言,金融自由化对增加储蓄和提高投资能力方面仍具有重要作用。

然而,另一些学者则对金融发展与经济增长之间的正向关系持怀疑态度,如Robinson,Lucas,Chandavarkar,认为金融对经济而言,不仅没有任何重要性,而且只是消极地伴随着经济增长而发展。即便二者可能存在统计意义上的因果关系,也可能是两者的变化同时取决于第三个变量的变化。

越来越多的文献则是通过实证的方式、运用现代宏观计量方法来讨论特定国家、地区在选定时间阶段内金融发展与经济增长的关系,这里不再作详细介绍。下面着重介绍Mckinnon和Shaw的适用于发展中国家的金融发展理论。

10.1.2 金融抑制和金融深化

Shaw和Mckinnon等人指出大多数发展中国家存在一个影响经济发展的重要因素——金融抑制。所谓金融抑制是指一国的金融体系不健全,金融市场机制不能充分发挥作用,经济生活中存在过多的金融管制措施,而受到压制的金融反过来又阻滞着经济的成长和发展。

金融抑制主要根源于:①经济的分割性。主要是生产要素分散、市场割裂、生产效率和投资收益率差别巨大,这种分割的经济决定了金融体制的割裂与脆弱。市场机制不健全带来资金很难通过统一的金融市场流通,有限的金融机构不能充分发挥"导管"作用,从而投资多局限于本行业。同时用于投资的资本也只能依靠企业的内部积累,这种"内源融资"的盛行会降低微观经济主体的储蓄倾向,导致储蓄不足,从而影响社会的再投资能力,造成全社会范围内效益的损失,延缓经济发展。②政府的过多干预。大多发展中国家摆脱殖民统治取得独立后,对于国家主权有强烈的控制欲望。由于对原宗主国实施的所谓"自由经济"政策所带来的恶果记忆犹新,市场的作用受到怀疑。因此,它们倾向于通过政府干预控制国家的经济命脉。③信贷管制。多数发展中国家认为高利贷意味着剥削、社会财富分配不公,并且高额利息又会通过成本推进带来通胀。因而在政府眼中,高利率的借贷活动必须禁止,并代之以政府的财政计划和信贷配给。硬性规定存贷款利率上限的结果是实际利率低于名义利率,甚至为负,金融体系对储蓄的吸引力大大减弱,而配给则带来较多特权和寻租现象。

存在金融抑制现象国家的政府往往通过设定存贷款利率上限,高估本币、控制汇率和金融管理方面的不利措施等手段抑制金融体系的发展,从而也抑制经济的发展,主要表现在:①金融市场不健全、各个金融市场分散、金融机构间缺少有机的货币市场来连接,利率的管制引起部门金融机构的"脱媒",证券市场缺乏深度和广度,外汇市场上官定汇率和黑市汇率同时存在。②金融工具单调,银行业务单一,利率僵化,无法满足储蓄和借贷双方对金融资产流动性、盈利性和安全性方面的需要；商业信用不良，票据无法广泛流通；证券交易品种有限，投资者缺乏选择金融资产的机会。

金融抑制会对经济发展产生影响，主要表现为：①负储蓄效应。许多发展中国家试图用规定名义利率上限的做法来控制货币数量。而在通胀率很高的情况下，较低的名义利率只能造成更低的实际利率，人们储蓄倾向降低，并以购买物质财富、增加消费支出和向国外转移资金的办法来规避风险。即使人们有储蓄意愿，也因金融资产单调，流通变现困难等原因而受挫。②负收入效应。这些国家大都存在较为严重的通胀，同时名义利率却受到严格限制。为逃避通胀，公众自然会减少以货币形式保有的储蓄，从而导致投资来源枯竭，收入水平长期停滞不前。③负投资效应。这些国家通常将有限的资金投向高技术的新型产业，无形中限制了向其传统部门(尤其是农业)的投资，使得本国不得不增加对粮食和原材料的进口。而对农业和小规模生产行业的资金歧视，又严重影响了出口的增长。在那些"新型产业"中，不熟练的生产技术和过剩的生产能力又降低了投资的实际产出，带来资金的浪费。④负就业效应。金融抑制战略对传统经济部门的限制迫使大量劳动力涌向城市，而城市工业的规划者通常热衷于建立资本密集型的工厂和企业。这些企业只能吸纳很小部分的闲散劳动力，那么未被吸纳的劳动力形成了一个声势浩大的"城市贫民阶层"，并伴随着生产的发展和技术的改进，失业现象会更加普遍，贫富差距进一步加大。

既然金融抑制是发展中国家经济发展的一大障碍，要想实现其经济发展的"蛙跳"，就必须实现一系列的金融自由化政策，这就是金融深化。

金融深化理论的核心就是要促进实际货币需求的增长。Mckinnon 将发展中国家的货币需求函数表述为

$$\frac{M_d}{P} = L\left(Y, \frac{I}{Y}, D - P^*\right)$$

其中，M_d/P 表示实际货币需求；Y 表示收入，I 表示投资，则 I/Y 为投资占收入的比重；D 是各类存款名义利率的加权平均；P^* 为预期的通货膨胀率。Mckinnon 认为：发展中国家经济发展需要大量货币资金的投入，在内源融资盛行的背景下，积累实际货币是投资的前提。而只有在持有实际货币的收益率较高时，人们才会增加对实际货币的需求，进而增加储蓄和投资，促进经济增长。所以 $D-P^*$ 代表的实际收益率在决定 M_d/P 方面起着非常重要的作用。因此，金融深化政策的首要任务就是要保持一个较高的"货币存款的实际收益"，以此来刺激人们对实际货币余额 M_d/P 的需求。

要促进实际货币需求的增长，就要确定一个合适的实际利率水平。

(1) 取消不恰当的利率限制，控制名义货币的增长率。考虑到发展中国家存在较为严重的通货膨胀，必须取消不恰当的利率上限，保证货币资产的实际收益率为正，以此来吸引储蓄，优化投资结构。较高的利率会促使资金流向高效益的企业，这就在全社会范围内实现了资本的优化配置；此外，较高的利率也会促进借款企业努力改进技术，提高资本使用效率。同时，放松利率管制并不意味着政府对宏观金融调控的放松，相反，政府应对名义货币量进行有效调节，因为名义货币量 M 及其增长率对稳定市场价格起着十分重要的作用。这两种政策的搭配既保证了市场价格的稳定，又不会阻碍经济的增长。

(2) 放松汇率管制。高估本币汇率只会使进口许可证和外汇配额的持有者获得垄断利益，而出口行业则受到歧视。将高估的货币贬值，可以有效地减少对外汇的过度需求，并

刺激出口,改善国际收支状况。在"汇率制度"的选择问题上,Shaw 赞成弹性汇率制。因为国外投资者都希望保持投资收益的稳定性和资本的流动性,当一国国内通胀上升,而固定汇率制又不能做出相应的调整时,国外投资者的收益率就会受到影响。而只有采用弹性汇率,投资收益才会随着该国通胀水平的变动而同向变动。当然,金融深化的政策还包括外汇的自由兑换,允许国外投资者将其赚取的利润换成外汇汇往国外,对于缺乏资金的发展中国家来说,这是吸引大量外资的前提之一。

(3) 财政改革。在金融抑制的背景下,繁杂的税收降低了人们实际收入水平,削弱了公共储蓄的基础;而名目繁多的财政补贴和信贷配给又加剧了社会财富的分配不公。因此 Shaw 认为财政改革的第一步就是合理规划财政税收,采取一系列税收减让政策,特别是降低"存款利率税",使储蓄者的利益得到切实保障。改革的第二步是减让不必要的财政补贴和信贷配给,代之以按市场利率发放的贷款。所有这些财政改革无疑会强化金融体系的资金集散功能,而金融的深化又将导致收入和财富的增加,财政税收基础也因此扩大。

(4) 其他。除了以上所述的利率、汇率和财政改革之外,金融深化战略还包括:放松对金融业过多的限制,允许金融机构之间开展竞争;大力发展各类金融市场、增加金融工具;改善对外贸易和吸引外资的环境等。

10.2 金融风险

10.2.1 金融风险的含义

人们在从事经济活动时,事先对这些经济活动的后果以及每种后果出现的可能性都有所判断,人们对经济活动结果的判断与最终实际结果的差异就是一般意义上的风险。所以,概括地讲,风险就是不确定性(Uncertainty)。金融风险作为风险这个大概念中的一个小概念,是指金融机构的经营活动所产生收益的不确定性,以及金融机构作为风险承受者所受损失的可能性。

10.2.2 金融风险的特性

金融风险的类型很多,不同的金融风险除了自身的产生、影响和表现形式外,还有一些共同特性:第一,金融风险的客观性和普遍性。金融的基础是信用关系,它以资金所有权和使用权的暂时分离为基础,在所有者让渡资金使用权的过程中,影响资金正常回流的因素和环节很多,任何一个因素和环节出现问题和变化,都会造成与金融行为预期的差异。因此,金融机构的各种经营活动都不同程度地包含着金融风险。第二,金融风险的可传递性。金融业务是由各种债权债务关系所构成,任何一项金融业务都会在不同的金融机构之间或金融机构与企业和公众之间形成信用联系。金融机构是高负债经营企业,其资金来源具有广泛社会性。金融业务的特性使得金融风险极易在金融体系内形成相互影响和迅速传递的效果,形成系统风险。第三,金融风险的可控制性。尽管金融风险不可能完全避免,但金融风险对金融机构和社会的巨大破坏是可以控制和防范的。金融风险的影响力和破坏力取决于金融风险的性质和累积程度,只要金融机构加强自律性管理,金融管理当局注重日常监管,就可以把金融风险带来的损失和破坏力控制在较低的限度内。

10.2.3 金融风险的测量

从金融学的角度来看,金融风险有时是一种可以测算的状态,有时是一种不能数量化,但却可以进行某种逻辑推理的状态。我们前面已指出,金融业务或金融投资预期收益与实际收益的差距是度量金融风险的尺度。现代统计学为分析金融风险提供了方法。

在讨论金融风险时,平均预期收益率、收益率概率分布的标准差这些概念是经常被运用的,以下对这些概念的经济含义以及在金融风险度量中的运用进行讨论。

(1) 金融资产预期收益率是某项金融资产各种可能的收益率乘以相应发生概率之和,也称平均收益率。

$$\bar{P} = \sum_{i=1}^{n} P_i W_i$$

式中：$\bar{P}$——金融资产预期收益率(平均收益率);

P_i——第 i 种结果发生时的收益率;

W_i——第 i 种结果发生的概率;

n——各种可能结果的数量。

例如,某投资项目,在某一种经济情形下收益率为 12%,在另一种经济情形下收益率为 4%,两种经济情形出现的可能性各为 50%,那么,这个投资项目的预期收益率为 8%(12%×1/2+496×1/2)。

(2) 金融资产概率分布的标准差是用预期收益率与平均收益率偏差的加权之和的值来衡量风险程度。

$$\sigma = \sqrt{\sum_{i=1}^{n} (P_i - \bar{P}) W_i}$$

式中：σ——代表金融资产风险度的标准差;

P_i——第 i 种结果发生时的收益率;

$\bar{P}$——金融资产平均收益率(预期收益率);

W_i——第 i 种结果发生的概率。

在上述例子中,每一个可能的结果都有其发生的概率,全部概率之和为 1。概率分布是非常重要的,它反映各种结果发生的可能性。利用各种可能结果的收益率与平均预期收益率的偏差可以度量风险。在上述例子中,收益率有时会高于平均值,为 4%(12%～8%),有时会低于平均值,为-4%(4%～8%),它们相加的结果会正负抵消。为了避免抵消问题,金融学上常用标准差来解决,即将围绕平均值的偏差进行平方运算,然后将平方后的偏差按其发生的概率加权,这使得标准差成为衡量风险更为直观的尺度。在上述例子中,金融业务或金融资产收益率概率分布的标准差为 $4(\sqrt{(12-8)^2 \times 1/2 + (4-8)^2 \times 1/2})$。从单项金融业务或金融资产来看,其收益率概率分布的标准差越大,其潜在风险就越高。在现实生活中,金融业务和金融资产潜在收益率的状态有可能十分复杂,相应的概率分布也十分复杂,那么其计算也就会复杂得多。

然而在更多情况下金融风险是不能精确计量的,特别在涉及金融业务的内部管理和外

第 10 章　金融发展、金融危机与金融监管

部环境时，由此产生的金融风险，其破坏力有时会很大，但这些风险发生的状态只能从逻辑上进行推理，很难从计量上给予精确的估算。

10.2.4　金融风险的分类

金融风险广泛存在，其表现形式也多种多样。本节对金融风险的主要形态和产生的原因进行讨论。

1. 违约风险

违约风险也称信用风险，指债务人在合约期满后不能偿还本金和利息，从而给债权人造成损失的可能性。违约风险是金融风险最基本的形式，其产生的原因可分成意愿和能力两大类。从意愿方面而言，涉及债务人的品格、债务人有意隐瞒自己资信真实状况骗取债权人的授信，或债务人在财务状态正常时缺乏履约的诚意均会导致意愿性违约；从能力方面看，债务人由于经营失误或经营环境的突变，会导致债务人预期现金流入的不足或中断，从而无力偿还到期债务，形成违约。

2. 流动性风险

流动性风险指金融机构无力满足债权人提存和清算支付的要求，从而给金融机构的信誉带来严重影响，甚至造成挤提的可能性。金融机构主要靠负债来经营，负债的期限、数额在大多数情况下取决于存款人的意愿，因此，金融机构必须随时满足存款人提存的合理要求，满足客户清算支付的要求，甚至要满足正常的借款要求。这就要求金融机构以一定量的无收益现金资产的形式保持波动性。另外，金融机构持有现金资产的机会成本较高，逐利的本能会驱使金融机构尽可能降低流动性资产比重，扩大收益资产份额。当现金资产降到低限时，极易使金融机构形成流动性压力，无法满足客户要求，从而造成头寸资金的巨大压力。在银行业存在破产机制的环境中，社会对银行流动性状况极为敏感，所以流动性风险往往不是一个独立的风险来源，金融机构的巨额经营损失，甚至谣言都会使某些金融机构陷入流动性危机之中。

3. 利率风险

利率风险指由于对利率敏感资金配置不当，而给金融机构带来净利息收入降低，甚至造成损失的可能性。利率是资金的价格，金融机构的利润一般来自于资产收益率与负债成本率之间的差额。在利率管制环境中，一般不存在利率风险，但在 20 世纪 70 年代西方各国利率管制放开后，金融机构纷纷推出了浮动利率资产和浮动利率负债，利率风险的问题顿时变得突出。浮动利率资产与浮动利率负债之间的缺口被称为利率敏感资金缺口或利率风险敞口。当利率处于上升或下降过程中时，不恰当的资金配置状态会给金融机构带来巨大的利息损失。例如，当金融机构可变利率负债数额大于可变利率资产数额时，在市场利率上升过程中，更多的负债是按不断上升的市场利率重新定价，造成利差缩小，甚至出现亏损。

4. 汇率风险

在固定汇率制的国际货币体系中，金融机构的汇率风险问题并不突出，在现在的浮动

汇率制下,汇率波动的频度和幅度均大为增加,国际交易方面的外汇风险大为提高。汇率风险指外汇资产因汇率变动而蒙受损失,或降低预期收益率的可能性。从一般意义而言,当一笔特定的外币资产在将来某个时候或某段时期内要兑换成另一种货币的资产时,如果两种货币的汇率没有确定下来,这笔外币资产就存在汇率风险。对于金融机构而言,汇率风险主要表现在两个方面:第一,交易风险。这种风险以金融机构一度买进或卖出某种外汇,将来又必须反过来卖出或买进该种外汇时才成立。金融机构在买卖外汇时,交易风险主要集中在将承受外汇风险的外币资产差额部分,也称汇率风险敞口。汇率风险敞口分为超买头寸(over-bought position)和超卖头寸(over-sold position)两种状态,它们就是银行买卖时的汇率风险受险部分。第二,会计评价风险。金融机构的经营绩效一般是用本国货币来表示的,国际业务量比较大的金融机构,其资产、负债和权益在折算成本国货币时,由于汇率波动的缘故,往往会使其资产负债表和损益表反映的绩效受到很大影响。当然,会计评价风险也涉及汇率风险敞口问题,其道理与外汇交易风险一样。

5. 通货膨胀风险

通货膨胀风险指在物价普遍、持续上涨情况下,金融机构的资产实际收益率和负债成本的变化而给金融机构带来损失的可能性。在通货膨胀环境中,金融机构的资产利息收入会下降,尽管负债的实际成本率也会相应下降,但由于金融机构资产期限普遍长于负债结构,故负债的成本会先于资产收益随货币市场利率上升而调整,从而对金融机构的利润带来压力。此外,在通货膨胀下,市场利率和证券价格均会上升,这会导致银行存款来源减少,给经营带来压力。

6. 经营和管理风险

20世纪90年代以来,金融业务综合化经营形成大趋势,各类金融机构不断开拓非传统性业务,金融创新加速。衍生金融产品和交易不断涌现;这些衍生金融工具和交易不仅构造复杂,而且将各个分割的金融领域贯通了起来,金融机构即使完全在内部运作,也可以进入到金融市场各个领域,使某个金融领域的业务经营失误迅速传递并影响整个机构的安全。1995年3月,英国投资银行——巴林银行由于无法承担新加坡分行交易员尼克·里森违规炒作日本日经股票指数期货交易中的巨大损失而破产。金融机构的多元化经营和衍生金融工具以及交易的涌现,使得20世纪90年代的金融风险分类中,特别强调经营风险和管理风险。金融机构的经营风险指交易过程中执行指令错误、因金融产品复杂而出现的判断错误、记账错误、结算错误、交割错误以及合约错误造成损失的可能性。金融机构的管理风险则包括决策错误,如贷款投向过度集中、业务管理程序设计不科学、经理人员超越行使权限、主要从业人员品格问题以及对社会欺诈行为防范不力所带来损失的可能性。

7. 政府介入风险

在新兴的市场经济国家,国有商业银行,甚至一些股份制商业银行被用来为政府支出提供低息贷款,或被迫对特定地区、特定行业、项目甚至企业发放贷款,从而使这些银行具有了半财政的性质。但是,政府介入商业银行经营,往往给其资产增加了风险,降低了信贷资产的质量。

8. 国家风险

随着金融国际化，一些大的金融机构跨国经营，实行全球战略，但国家风险随之产生。国家风险指金融机构由于拥有对一个国家的债权而产生损失的可能性，这些债权包括对该国政府、企业等所拥有的债权。产生国家风险的原因一般是由于债务国政治动乱或经济衰退而导致债务人无法清偿债务，使债权人蒙受损失。

对金融机构概括而言，金融风险可分为两大类：第一类是外部风险，如利率风险、汇率风险、通货膨胀风险、信用违约风险、国家风险等。这类风险金融机构自身难以改变，但可以利用金融技术进行风险规避，也可以通过加强内部管理来减轻其影响。第二类为内部风险，如流动性风险、经营和管理风险等。这类风险主要通过金融机构加强内部管理来不断改善。然而，任何一个社会里，通过金融机构的自律性管理来控制金融风险，其作用是有限的，金融管理当局的外部监管的意义越来越显得重要。

10.2.5 金融风险对经济的影响

风险是一种不确定性，金融风险的存在具有客观性和普遍性的特征。因此，金融风险不可能完全消除，它会随经济环境的变迁，金融产品的创新和金融技术的发展以不同的形态出现。既然金融风险的存在是一个客观、长期的现实，就有必要分析其对经济和社会的影响，这是微观金融机构和宏观管理当局正确看待金融风险，适度利用其正面效应，严格防范其负面效应的前提。

1. 金融风险对经济的正效应

我们已反复强调了这样一个事实，具有完全确定性的世界是永远不存在的，任何事情的存在总有其积极和消极的一面。从对经济的正效应来看，金融风险的积极作用至少表现在以下几方面。

第一，金融风险是推动金融产品多样化和高技术化的主要动力源。自20世纪60年代以来，高技术含量的金融产品不断涌现，我们认真分析一下，会发现这些多样化和高技术含量的金融产品与金融风险形态的变化有着密切的关联。传统的金融风险是违约风险和流动性风险，可是当通货膨胀风险出现后，金融机构创新了许多提高利率以减轻资金来源流失压力的产品。当整个社会提高利率势不可当，以至于西方各国管理当局逐步放开利率、汇率管制，让利率、汇率自由浮动时，金融风险中的利率风险和汇率风险又成为突出的问题。金融机构为规避这类风险，推出多种衍生金融工具，改变资金配置策略，在经营中引进全方位创新的金融工程。随着新一代金融衍生工具的出现，实行业务分离的金融机构可以将自身的业务和经营在各种金融市场贯通，传统的金融机构内部管理和金融管理当局外部监管方法的效力大减，这又迫使它们去提高自身管理水平和外部监管的质量。因此，金融风险的存在和形态的变化是推动金融业不断发展的重要动力源。

第二，金融风险是市场机制的重要组成部分。金融风险对于金融机构和任何投资者来讲都是一把"双刃剑"，潜在的收益和潜在的风险成正比关系。当一个投资机会出现时，对于金融风险带来潜在损失的评估和考虑成为制约高风险经营和投资的最重要因素。很显然，超越承受力的金融风险损失，将会使该金融机构和投资者破产而退出市场。因此，金融风险机制的正确运用能够有效地制约盲目竞争，抑制高风险，维持正常市场秩序。

货币银行学

2. 金融风险对经济的负效应

金融风险对经济的负面效应是显而易见的,其中最为严重的是一家金融机构的风险极易演变成整个金融业的系统性风险,从而对一国国民经济带来巨大打击。银行业在国民经济正常运转中的主要功能是融资中介。作为提供和调节经济运转所需"润滑剂"的载体,它将社会盈余部门的资金引导流向赤字部门。现代经济社会又是信用经济社会,金融业内部以及金融业与社会各经济主体之间在融资过程中形成了纵横交错、环环相扣的债权债务关系链。一家金融机构的倒闭有可能从以下途径形成金融系统风险:

1) 金融机构之间的风险

一家金融机构的倒闭会使其他金融机构的同业存放资金损失,从而使其他金融机构出现清偿力危机。特别是大金融机构往往是中小金融机构的代理人,一旦大金融机构倒闭,众多往来金融机构会顿时陷入损失和丧失支付能力的困境。

2) 对客户的风险

一家金融机构的倒闭对客户和整个社会的影响是广泛的。银行的债权人,特别是大存户即刻遭受巨额资金的损失,陷入财务困境之中。当大金融机构倒闭时,出于谨慎反应,整个金融体系还会大大缩减信用供给量,使整个社会资金紧张。

3) 支付和清算系统的风险

在现代经济中,大银行和中心城市银行往往是支付和清算系统的核心,中小银行通过建立代理关系使大银行作为支票清算、托收、资金转划和国际支付的总代理。

当大银行倒闭时,参加清算机制的其他金融机构会发生连锁反应,甚至导致整个国家支付清算功能瘫痪,急剧降低该国社会经济运行效率。

金融风险对经济负面效应的最典型例子就是20世纪20年代末美国金融业大崩溃和90年代东南亚金融危机。在整个20年代,美国金融机构每年破产600家,从1930—1933年,每年倒闭的银行超过2 000家,千百万公众毕生的积蓄化为乌有,国民经济数年一蹶不振,并导致整个资本主义世界陷入严重经济危机。无独有偶,1997年3月,有着亚洲经济"五小虎"之一之称的泰国,几家银行由于房地产投资失误出现挤兑,引致金融业挤提风潮。泰国货币的联系汇率制受到极大压力,被迫于1997年7月实行浮动汇率制,泰铢顿时大幅贬值,使该国金融机构、外国投资者以及整个金融体系都受到沉重打击。更为严重的是,泰国的金融风险很快向与其经济联系较紧的菲律宾、马来西亚、印度尼西亚、新加坡蔓延,使东南亚各国经济受到不同程度的影响,经济发展势头受到遏制。

尽管系统性金融风险产生的根源往往在经济结构失衡和金融制度缺陷本身,但金融系统性风险一旦引发,其对国民经济的破坏力是难以估量的。因此,如何防范金融风险,加强对金融业的监管自然成为现代金融学研究内容之一。

10.3 金 融 危 机

10.3.1 金融危机的定义

金融危机是指起源于一国或一地区及至整个国际金融市场或金融系统的动荡超出金融

监管部门的控制能力,造成金融制度混乱的现象。金融危机主要表现为所有或绝大部分金融指标在短期内急剧的超周期变化,其结果是金融市场不能有效地提供资金向最佳投资机会转移的渠道,从而对整个经济造成严重破坏。其特征是人们基于经济未来将更加悲观的预期,整个区域内货币值出现幅度较大的贬值,经济总量与经济规模出现较大的损失,经济增长受到打击。往往伴随着企业大量倒闭,失业率提高,社会普遍的经济萧条,甚至有些时候伴随着社会动荡或国家政治层面的动荡。

10.3.2 金融危机的类型

1. 根据金融危机爆发的领域分类

金融危机分为货币危机、银行危机、外债危机和系统性金融危机四种类型。

(1) 货币危机,指有关国家或地区的货币在外汇市场上与外币的兑换中,因过度投机等因素导致货币币值的急剧下降,而当局为维护本币币值迅速耗尽外汇储备或提高利率的情形。如1994年年底墨西哥比索危机、1992—1993年欧洲货币体系危机就是典型的货币危机。

(2) 银行危机,指实际或潜在的银行运行障碍或违约导致银行中止其负债的内部转换,储户对银行丧失信心从而发生挤提,银行最终破产倒闭或需要政府提供大量援助。20世纪90年代中期的日本和东南亚危机中的各个国家就曾发生大批金融机构的经营困境和破产倒闭。

(3) 外债危机,指有关国家或地区因外债管理不当、外汇收入减少、外汇储备枯竭等直接或间接的原因,而不能按期偿还其官方或私人的对外债务的情形。在出现外债危机时,有关国家或地区的表现是:停止对外偿付债务;要求外国债权人进行债务重议、债务重新安排或减免债务。如20世纪80年代和90年代拉丁美洲部分国家的金融危机就是起源于债务引起的货币危机。

(4) 系统性金融危机,指由于市场有效运行功能的削弱导致的金融系统的严重破坏,进而对实体经济部门产生重大影响,见表10-1。

表10-1 历次各国金融危机总结

金融危机		起止时间	危机源头	危机类型
拉丁美洲债务危机	智利	1981—1985	外债	货币危机
	阿根廷	1980—1982	外债	货币危机
	乌拉圭	1981—1984	房地产	货币危机
美国储贷危机		1986—1992	房地产	银行业危机
日本金融危机		1990	汇率	银行业危机
英国英镑危机		1992—1993	汇率	货币危机
墨西哥比索危机		1994—1995	汇率	货币危机
亚洲金融危机	泰国	1997—1998	汇率	货币危机
	印度尼西亚	1997—1998	汇率	货币危机
	韩国	1997—1998	汇率	货币危机

续表

金融危机	起止时间	危机源头	危机类型
巴西金融危机	1998—1999	外债	货币危机
俄罗斯金融危机	1998—1999	汇率	货币危机
美国次贷危机	2007—2010	房地产	银行业危机
欧洲债务危机	2009—2010	外债	外债危机

一般来讲，货币危机与银行业危机是金融危机的两种主要形态，它们可能单独发生，也可能同时出现在一次金融危机中，并且相互联系、互为因果。后者构成现代金融危机的一个重要特征。实际中的金融危机越来越表现为多种危机的混合形式，难以严格区分为哪一类，并且在不同类型之间不断演变。典型的如 20 世纪 90 年代日本的经济衰退和东南亚金融危机，都是货币危机和银行危机互相交织在一起的。

2. 根据金融危机爆发的地理范围分类

金融危机分为本土性金融危机、区域性金融危机和全球性金融危机三种类型。

(1) 本土性金融危机，是指在一国或地区本土的地理范围内爆发的金融危机。例如，1994 年爆发的墨西哥金融危机，2001 年爆发的阿根廷金融危机，1998 年爆发的俄罗斯金融危机等，都属于本土性金融危机。

(2) 区域性金融危机，是指在同一大洲地理范围内的几个国家或地区爆发的金融危机。例如，1997 年的亚洲金融危机，就是区域性的金融危机。

(3) 全球性金融危机，是指在跨不同大洲的多个国家或地区爆发的金融危机。例如，2008 年以来源自美国次贷危机的金融危机，最终波及世界各洲的国家和地区，演变成全球性的金融危机。

10.3.3 金融危机的危害

金融危机对经济的冲击会涉及方方面面，社会总会为之付出高昂的代价。不论是发展中国家，还是发达国家，都屡受其害。拉美债务危机使拉美国家"失去了发展的十年"；亚洲金融危机则使一向欣欣向荣的亚洲经济倒退五六年，"东亚奇迹"黯然失色；美国的储贷危机让纳税人直接付出了 1 800 多亿美元的拯救代价，加深了美国在 20 世纪 80 年代末 90 年代初的衰退；欧洲货币体系危机曾迫使西欧若干主要国家退出欧洲货币体系；2007 年美联储连续十几次加息，房地产市场降温，评级机构调低次贷衍生品评级，投行抛售次贷，次贷危机开始集中爆发，尤其是 2008 年 9 月份，美国三大投行的倒闭以及保险等金融机构资本结构迅速恶化，引发全面金融危机。从不同视角看，金融危机的危害主要有以下几个方面：①发生金融危机，首先受到损害的自然是金融机构本身，金融机构陷入经营困境。危机之后无一例外地伴随着大量金融机构的破产或重组。2007 年 7 月中下旬，美国次贷危机爆发后，迅速从金融市场扩散到主流商业银行领域，随即从美国本土向全球各地蔓延，短短几个月内，美国有 20 多家贷款机构和抵押贷款经纪公司破产，雷曼兄弟、贝尔斯登等美国五大投行相继"覆没"。②金融危机必然会冲击到实体经济，金融危机爆发时企业大量倒闭，失业率攀升，经济增长低迷，陷入衰退与萧条。③金融危机也直接冲击到个人的生

第10章 金融发展、金融危机与金融监管

活。企业倒闭、失业率上升、经济困境降低了人们的支付能力和消费水平，这不仅使得还不起房贷的人增多，也大大降低了许多人的生活质量。

10.3.4 金融危机的成因

不同国家或地区、不同阶段和不同类型的金融危机爆发的原因有诸多差异。这些共性与个性的原因可归纳为以下几个方面。

1. 内部因素

1) 金融因素

金融危机爆发于金融领域，导致金融危机的首要原因在于金融因素。这些金融因素包括：金融结构失衡、金融机构经营管理不善、金融市场过度投机、金融监管缺失或不到位等。

(1) 金融结构失衡表现在直接融资和间接融资结构的失衡，以间接融资为主的国家或地区，企业负债的主要来源是从银行借款，若其负债率过高，财务结构就十分脆弱，一旦破产倒闭，就会导致银行不良资产大增，爆发银行危机的可能性就大。而在以直接融资为主的金融结构下，有关国家或地区金融体系稳定性就好。

(2) 金融机构经营管理不善表现为银行不能正确处理安全性、流动性与盈利性之间的关系，片面追求盈利性下的规模增长和短期效益，而忽略安全性所要求的风险管理，导致以信用风险为首的各种风险不断积累。当出现大量不良资产、不能实现资金正常流转时，就出现了潜在的支付危机，一旦存款人前来挤兑，银行就会破产倒闭，并往往会在整个金融机构体系产生横向传染效应，导致一系列金融机构破产倒闭。

(3) 金融市场过度投机表现为外汇市场、股票市场和金融衍生品市场的过度投机。外汇市场的过度投机，会导致货币急剧贬值，出现货币危机；股票市场的过度投机，会促成或推高股票资产泡沫，一旦泡沫破裂，就会出现股灾；在货币危机和股灾中，与股票和货币等基础产品对应的金融衍生产品的价格也会大幅度波动，形成相应的市场风暴。

(4) 金融监管缺失或不到位表现为金融监管与金融自由化和金融创新的进程不匹配。在经济转型国家推进金融自由化进程中，金融机构私有化、利率自由化、外汇管制放松等，与官僚腐败相交织，面对私人资本的短期趋利与投机、过度依靠吸收国外资本甚至纵容国际游资流入来扩大对国内企业融资等，金融监管当局没有正确把握金融自由化与金融监管之间的辩证关系，有关金融监管机制和措施没有及时跟进，甚至不作为。

2) 经济因素

金融危机虽然爆发于金融领域，但也往往是由一般经济因素积累或触发的，包括：经济发展战略或模式失当、经济结构失衡、经济增长过热、经济危机等。

(1) 经济发展战略或模式失当主要表现为有关国家在选择和实施外向型经济发展战略或模式中，没有把握好内需与外需、内资与外资的关系和度，实体经济过分依赖国际市场，发展资金过分依赖外资特别是外债，因此，当国际经济或政治发生显著变化或国内经济不能产生预期增长和效益时，由于内需或内资不可能短期内调整到位，就会爆发金融危机。

(2) 经济结构失衡主要表现为在三大产业发展失衡或对内经济部门与对外经济部门失

衡。三大产业失衡的主要表现是第二和第三产业不发达，经济增长过度依赖第一产业，而且第一产业又过度依赖国际市场，当国际市场上初级产品价格下跌时，外汇收入、财政收入就会受到严重影响，从而触发相应的外债危机或货币危机。对内经济部门与对外经济部门失衡的主要表现是经济增长过度依赖对外经济部门，当国际经济环境逆转时，首先对外经济部门会出现危机，并引致货币危机、债务危机等金融危机；更进一步，对外经济部门的衰退会向对内经济部门传染和蔓延，引发整个经济衰退或危机，从而带来银行危机和整个系统性金融危机。

(3) 经济增长过热主要表现在出现大幅度通货膨胀时，在一些国家不能有效地实施货币政策和财政政策进行调控，通货膨胀所导致的货币对内急剧贬值会引发货币对外急剧贬值，从而引发货币危机；通货膨胀还导致出口产品价格上涨，出口减少，导致外汇收入下降，进一步加重对外债的依赖，这是导致货币危机或外债危机的重要原因。房地产价格的畸形、快速上涨会导致资源错配、银行贷款不当投放、衍生产品及其市场的虚假繁荣，出现泡沫经济，这是引发银行危机和系统性危机的重要原因。

(4) 经济危机。经济危机与金融危机往往互为因果，经济危机爆发时，企业因产品滞销而财务状况恶化，破产倒闭增多，银行不良资产上升；经济危机使收入下降，银行资金来源减少，流动性不足；经济危机使企业利润下降，股票价格下跌，利率上升，等等。这些都会引发银行危机或系统性金融危机。

3) 预期因素

当人们或市场投机者预期经济、政治、社会、国际环境等因素恶化时，往往会出现恐慌，甚至反应过度；在"囚徒心态"下，少数人的行为会以极快的速度引起他人的"跟风"，产生"羊群效应"，这样就导致了大规模的到银行挤兑、资金外逃、恐慌性抛售证券等资产，从而导致银行倒闭、货币急剧贬值、股市剧烈下降、政府或金融当局被迫采取临时性干预措施等。

2. 外部因素

1) 国际游资的冲击

国家炒家借助现代化的信息技术所带来的资金划转便捷、金融自由化和全球化所带来的制度便利、金融市场一体化所带来的联动机遇，一旦发现哪个国家或地区有利可图，马上就会流入该国或地区，通过炒作该国或地区的货币及其他金融市场工具牟取暴利，形成巨额资本在该国或地区不同金融市场之间的骤然流入和流出，导致该国汇市或股市下泻或崩溃，并引发金融危机。

国际游资往往是发展中国家金融危机的导火索与祸首。数万亿美元国际游资可以将任何发展中国家的股市冲垮。无论是债务危机还是货币危机，都与利用外国资本的方式不当有关，特别是证券投资、短期外债等间接投资或游资往往是祸首。如拉美在债务危机前对外借款超过 3 000 亿美元、俄罗斯在 1998 年 10 月前后有 2 000 亿美元流入，泰国、印度尼西亚、土耳其危机前的外债分别达到近 1 000 亿美元、1 500 亿美元、1 100 亿美元，债务率很高。资本市场的开放也为国际热钱进出提供了通道，正如斯蒂格利茨对东南亚金融危机总结的那样："资本账户自由化是导致危机的唯一最重要因素"，一旦出现资本加速外流，就会引发支付危机。

2) 国际市场的变化

国际社会、经济和政治环境的变化是 20 世纪 90 年代日本经济危机爆发的直接原因，也是促使日本进行经济体制改革的直接动力。

冷战时期，为了共同对抗苏联和其他社会主义国家，日本成为西方国家的军事同盟，美国对日本采取了特殊的扶植政策，日本充分利用美国在资金、技术、资源、市场乃至安全保障等方面对其的援助潜心发展经济。冷战结束后，这些有利条件不仅逐渐消失，而且在多极格局的趋势下，美日两国在科技领域，特别是高新技术和双边贸易领域已成为竞争的对手，甚至在地区经济的主导权上也存在着相互争夺的状况，使日本的贸易体制、生产体制、金融体制及流通体制等方面都面临着改革的压力。

3) 其他国家危机的传染

在经济全球化的条件下，一个国家或地区爆发金融危机，往往会传染到与之经济金融联系密切的国家或地区，这种传染主要通过四种途径。

(1) 资本流动。发生危机的国家或地区为应对自己的危机及相应的资金短缺，会将在他国或地区的资本撤回，引发他国或地区出现货币剧烈贬值、资本外逃、外汇储备耗竭等情况，从而爆发金融危机。

(2) 金融市场价格联动。率先爆发金融危机的国家或地区会普遍出现货币贬值、股市暴跌、金融资产缩水等情形，这会通过市场预期和资金供求等机制传染到其他国家或地区，使其他国家或地区的金融市场价格与危机国家或地区的金融市场价格产生联动。

(3) 实体经济传导。当一个国家或地区爆发金融危机后，往往会导致该国或地区实体经济衰退，进而从其他国家或地区的进口减少，致使其他国家外汇收入下降、外汇储备减少、实体经济衰退，并进一步引发金融危机。

(4) 市场预期。一国或地区爆发金融危机，会导致与之经济金融联系紧密的国家或地区的人们产生过度悲观的预期和相应的恐慌，在寻求避风港和"现金为王"的心理驱使下，会蜂拥抛售证券等资产，从而加剧或导致本国或地区货币急剧贬值、证券价格下降。

10.3.5 金融危机的防范及治理

金融全球化时代的危机与实体经济之间的联系日益曲折迂回，危机成因与表现形式日趋复杂，治理危机的对策也趋于多样化。各国在危机尚未爆发之前，应当未雨绸缪，提早采取对策。主要可以从以下几个方面进行。

1. 完善金融监管体系

不受约束的金融市场的危害是巨大的，市场需要规则，并且需要进行有效的监管。现行金融监管体系属于微观审慎监管体系，即以单一金融机构稳健成长为目标的金融监管，并没有解决由金融危机爆发而体现出的金融体系的系统性风险和对全局性金融稳定的威胁问题。2008 年美国金融危机爆发后，国际社会深刻检讨金融危机的成因，宏观审慎监管的重要性受到各国的瞩目。宏观审慎监管的特殊之处在于，更关注整个金融系统的系统风险，将众多金融机构看作是一个整体，避免金融机构之间的连锁反应对金融系统的冲击。

2. 稳定金融市场

中央银行通过动用外汇储备干预外汇市场、提高利率,增加借用本币资金成本、动用财政资金,稳定股市等手段稳定金融市场。

3. 加强国际协调与合作

金融的防范与治理不仅需要一个国家或地区的自身努力,也需要国际之间的协调与合作。首先,要发挥国际货币基金组织的作用,加强对国际货币基金组织成员国经济运行情况和国际资本流动情况的监督,货币基金组织要建立一套程序,允许受冲击的国家对其债务进行有序清偿,并向发生危机的成员国提供暂时性的金融援助。其次,要加强不同国家或地区政府、中央银行或金融监管当局之间的协调与合作,开展制定国际金融监管规则的合作,开展多边对话协商,寻求建立更为公正合理的国际货币体系。

4. 重组和改革金融部门

金融机构是金融市场的中介主体,也是连接不同金融市场的机构纽带和资金纽带,发生金融危机,金融机构难辞其咎。在金融危机之后,大规模的金融部门重组和改革势在必行。银行业的重组和改革被置于核心地位,主要有以下几个方面措施:确立金融部门重组和改革的规划及其执行机构;多渠道分离和处置不良资产;多途径充实银行资本金;允许或吸引外资参与重振国内金融业;加强金融机构的公司治理;合并、重组有问题的金融机构。

10.4 金融监管

10.4.1 金融监管理论

现代市场经济并非完全放任自流的自由经济,而是在国家监督与管理下的市场经济,任何经营部门的经营活动必须符合国家法律、制度、规章条例的规定,合乎社会道德规范,有序运营。

影响较大的金融监管理论大致有以下几种。

1. 社会利益论

社会利益论认为自由竞争和市场机制不能实现资源最优配置,甚至形成资源的浪费和损失,因此,市场经济是有缺陷的,这就要求代表全社会利益的政府在一定程度上介入经济生活,通过管制来消除或纠正市场的缺陷。

该理论是在 20 世纪 30 年代美国发生经济危机,人们对存款机构和货币失去了信心,要求政府通过金融监管,恢复金融稳定,提高对金融的信心和效率,因此,社会利益论或公共利益论应运而生。该理论认为,社会并不存在纯粹的市场,社会利益或公共利益要求政府对经济活动进行必要干预,主要内容有以下三点。

1) 自然垄断

该理论认为,竞争是发挥机制的前提,但竞争又会形成垄断,出现垄断价格,损害公共利益。因此，政府的职责之一就是反对垄断，消除价格歧视，保护公众利益，使其价格维持在社会平均成本的水平。

2) 外部效应

外部效应是指非经济主体原因而对生产、消费带来的效应。外部效应有正效应和负效应。如上游环境治理使下游得益，上游环境恶化而使下游受损等。这就要求国家监管、平衡损益关系或趋利避险。

3) 信息不完全

信息不完全即信息不对称。在自由竞争和市场机制条件下，信息不对称是普遍存在的。有些人掌握信息较多、较早、较全面，而有的则较小、较慢、较片面。因此，必须加强政府监督及各种管理。

2. 社会选择论

由于市场经济的缺陷，社会公众(如企业等)要求在一些方面需要政府管制，以保护自身的利益，管理的内容和方式根据公共需求来定，但管理者对管理什么、如何管理有自己的认识和利益选择。社会选择论实际包含着社会公众要求和政府政策的矛盾斗争和统一。

3. 特殊利益论

特殊利益论认为政府监督是为一个或几个利益集体服务的，有的认为根本不关心消费者利益。政府在实施监管的过程中被特殊利益集团所"俘虏"了。

上述理论都是指资本主义政府的监管，理论符合资本主义状况，但有一定片面性。社会主义社会，对市场经济的缺陷认识较深刻，纠正措施比较强而有力，代表大多数公众利益，通过管理起到消除重复建设、重复投资、降低成本等多方面的作用。

10.4.2 金融监管的必要性

根据经济理论，无论具体论述有何差别，但都承认市场经济有一定缺陷，需要一定的监督与管理。具体金融监管的必要性表现在如下几个方面。

1. 为了强化公共利益必须进行金融监管

现代经济表现为货币信用经济，即金融经济。金融活动遍及整个社会经济各行各业、各个部门、各企业和各种经营活动，个人收支、个人生活与投资等。如果金融运行出了问题，就可以危及整个经济、整个社会和社会公众利益。

2. 防止金融脆弱性，减少金融风险

经济学普遍认为，金融对经济有强大的杠杆作用，强大的推动作用。但同时也存在金融风险或脆弱性，促进经济不良运行、加重经济危机的可能性。金融的脆弱性来源于其高负债经营，容易形成运行失败和破产，造成金融危机。同时也来源于金融机构和金融市场融资中的风险积累。金融脆弱性的严重发展首先造成金融危机，进一步发挥就可能引起整个经济危机。金融监管就要克服金融脆弱性，防范和化解金融风险，使金融机构和金融市场活动稳定进行。

3. 金融创新需要金融监管

从 20 世纪 50 年代开始，经济自由主义逐渐占据上风，经济管理和金融管理逐渐放松，随着新技术、新生产力、新经济日新月异的发展，新金融创造提上了日程，历时 50 年而不衰。新的金融创新主要表现在：金融理论的变化、金融制度创新、金融业务创新、金融工具创新等。

1) 金融理论的变迁

国家干预主义和经济自由主义是经济界长期争论的焦点。20 世纪 30 年代，随着资本主义经济大危机的爆发，国家干预经济、管理经济的国家干预主义在经济金融理论上占了上风。到了 20 世纪 50 年代，随着经济发展和相对稳定，国家的干预和严格管理束缚了经济金融的发展，为了回避国家管理而不断创造新的金融业务、新的金融机构和新的管理模式，金融自由主义占了上风，许多创新获得了国家和社会的承认，于是形成系统制度体制的变革与改革，形成新的金融体制和金融制度。

2) 金融制度和体制创新

首先，直接金融的发展为股份金融、债券金融等的发展开辟了道路，改变了银行一统天下的金融格局。其次，随着经济全球化、一体化，金融业在世界范围相互往来日益增加，金融业相互渗透，我中有你，你中有我。最后，金融结构的新格局形成。

如上所述，长期以来各国金融机构以商业银行为主体，目前银行业务与非银行金融机构业已平分秋色，金融机构本身也发生了巨大的变化，最突出的一点就是随着计算机在金融业中广泛应用，出现网络金融和网络金融机构。

3) 金融业务创新

随着微电子和计算机的广泛应用，金融业务也发生了革命性的转变。首先，传统业务包括银行的存放汇业、证券买卖、市场分析乃至金融机构的内部管理，都用计算机处理，还用电子网络进行结算和资金调拨，处理国际金融业务。电子业务终端可以到达各部门、各企业、各家庭，从国内伸向国外。其次，新业务与新市场通过电子网络可以把经济主体每一个铜板包括部门的、企业的、公共团体的、家庭的或个人的货币和资金都投入到金融之中。金融业务范围、规模、形式的发展已达到超出人们想象的程度。

4) 金融市场和金融工具创新

金融工具创新与金融市场创新紧密联系，相互促进。

(1) 借贷市场范围的扩展。随着金融越来越开放，银行借贷市场、企业拆借将高利贷排除在市场之外，个人资金融通逐渐展开，借贷市场范围扩大，价格也越来越向市场利率倾斜。

(2) 除了股市、债市、本币市场以外，还发展期货、期权、价格指数市场，衍生金融市场和衍生金融工具。

(3) 金融市场由国内发展到国外，股票、债券等可以跨国发行，跨国交易。许多国家已经形成国际金融中心，发展了国际货币市场和资本市场。

金融创新，对经济发展，人民生活水平的提高，广泛吸收资金用于经济建设等产生积极作用。金融创新也有一定的消极作用，如引起金融投机，使某些管理金融的人员产生腐败现象，但总的说来利大于弊。

金融创新原因基本有两点：一个是随着新生产力的发展，经济内容、经济关系、经济形式发生了革命性变化，客观上要求打破金融旧格局、旧形式、旧体制的束缚，以适应新经济形式的需求。另一个是回避国家监管，忽视更多的单位利益、个人利益或微观利益，与宏观利益相对立。对于既有利又有弊的创新则去其弊，取其利，进行适当的改革或改变。

我国经济体制改革还远未达标，金融体制极不完善，国家监管仍处在进一步发展过程中，管得过多或管得过少同时存在，监管法律、规章、制度仍很不健全，故金融监管和金融创新结合很差，要在金融体制进一步改革中解决。

10.4.3 金融监管的目标和原则

1. 金融监管的目标

金融监管目标是实现有效监管的目标与依据。监管的政策、任务、措施和手段都包含在实现监管目标的过程之中，是实现监管目标的保证。

监管目标有一般目标或总目标和具体目标之分。世界各国都认为一般目标是建立和维护金融稳定、建设和健全高效的金融体系，保证金融机构和金融市场的健康发展，推动金融和经济的发展。

具体监管目标由于各国金融管理体制及其发展过程各异，各国有所差异，但在基本点上大体是相同的，如公认三大目标体系：①维护金融业安全与稳定；②保护公众利益；③维护金融业的运作秩序和公平竞争。

2. 我国现阶段金融监管目标

(1) 一般目标是防范和化解金融风险，维护金融体系的稳定与安全，维护公平竞争和金融效率的提高，保证金融业的稳健运行和货币政策的有效实施。

(2) 具体目标包括：保持金融稳定，减少金融风险；在保持金融稳定，防止风险的前提下，开展金融业之间的竞争；保护公众利益，特别是广大存款者的利益和广大金融投资者的利益。

3. 金融监管的原则

为实现监管目标，必须建立监管原则。由于各国金融发展的历史不同、环境不同、条件不同，监管原则有若干差异，但基本原则大致相同。

1) 监管主体独立性原则

国家监管机构是国家机关，应服从最高行政当局的领导，但金融管理机关又有其特殊性，它们本身又从事直接的金融活动，有的多一些，有的少一些，而它们监管的或被监管的又大部分是金融企业，它们是在经济金融活动中监督和被监督，主要是以经济方法为主，故要求金融监督主体在监管中具有独立性，至少有相对独立性。

2) 依法监管原则

市场经济是法制经济，依法经营、违法必究，是市场经济运行的基本原则，也是金融监管的基本原则。

3) "内控"与"外控"相结合的原则

国家监管属于外部强制管理，即"外控"。而监控对象的自律管理属于"内控"。"内控"

"外控"如何结合起来,是一个很艰难的过程,关键在于能否找到国家利益、公众利益和监管利益最佳的结合点。

4) 稳健经营和风险预防原则

稳健经营和风险预防是金融目标之一,也是一个重要的原则。

5) 本国监管与国际监管相结合的原则

随着世界经济一体化发展,本国金融与外国金融逐渐相互渗透,其形式多种多样。

本国监管和国际监管根据情况,采取不同形式协调起来,才能维护国际金融秩序,创造双赢和多赢的金融局面。

10.4.4 金融监管体制和监管职能

1. 金融监管体制类型

金融监管是指有金融监管的制度安排,涉及监管机制和组织结构。由于各国政治体制、行政体制、历史和文化条件的不同,各国金融监管体制各有千秋,但由于监管内容大同小异。金融监管的类型基本上有两种,即统一或集中监管和分业监管或多头监管。

1) 统一或集中监管

统一或集中监管是指在一个国家只设立一家金融监管机关对金融实施监管,其他机关没有这个权力和职能。实行集中监管和统一监管体制的,目前有英国、意大利、瑞典、瑞士等。一般集中监管机关由中央银行承担,但也有些国家设有单独监管机构。如英国金融监管一直由中央银行即英格兰银行承担,1997年英国成立金融服务局,实施对银行业、证券业和投资基金等机构的管理,英格兰银行监管职责从此结束。日本传统金融监管由大藏省负责。日本银行负责执行货币政策,对从中央银行再贷款的银行进行监管。而日本银行(中央银行)又由大藏省领导。

2) 分业监管体制或多头监管体制

实行分业监管体制,对不同金融机构或金融业务分别成立专门监管机构进行监管。这些监管机关直属政府领导,直接对政府负责。分业的监管机构除中央银行外,还有专门的证券监管机构、保险监管机构、银行监管机构。我国金融监管体制属于分业监管体制。

2. 我国金融监管体制

我国监管机构历史上发生过多次变化。在中华人民共和国成立之初,中央银行作为金融当局,直接对各金融机构实行集中统一的领导与管理。

在对私人金融业改造以后,国营金融业成为唯一的金融机构,实行高度集中经营,中国人民银行既是金融经营者,又是监督者;主要是上级对下级进行管理监督,以及对社会金融活动进行监督,如反对高利贷者,进行外汇管理等,这种状况一直维持到改革开放前。

中国共产党十一届三中全会以后,我国开始进入改革开放时期,从中国人民银行中很快独立出中国银行、中国农业银行、中国建设银行,1983年,中国工商银行也从中国人民银行中独立出来,形成实力强大的四大专业银行。继四大专业银行以后中国交通银行、中信实业银行以及几家政策性银行和若干地方银行、股份制银行以及保险公司等非银行金融机构成立,这些银行和非银行金融机构也都由中国人民银行监管。1992年之后,我国金融机构不断增多,证券市场迅速扩张,信托机构在起伏中发展,银行业、保险业间竞争加剧,尤其是出现了局部宏观金融失控和金融秩序混乱的状况，金融监管的重要性逐渐凸显出来，金融监管体制逐渐进入了由混业监管向分业监管过渡的新阶段。

分业监管，相对各家机构来说任务比较单纯，监管比较深入、细致。有利于被监管机构改善经营管理，更好地发挥金融资本的效能，对加强微观金融监管有利。但有利必有弊，分业监管使各机构各自独立、各行其是，极易形成权力分散、资金分割，为金融宏观调控增加困难。

3. 我国各家金融监管机构的职能

1) 中国人民银行的监管职能

(1) 严格管理现金发行，对破坏现金发行和流通的金融机构和社会成员进行监督与管理。

(2) 掌握基础货币，对接受中国人民银行基础货币的金融机构进行监管，控制基础货币的派生能力，必要时调整金融机构存款准备金。

(3) 对信用流通工具和网络货币进行监督与管理。

2) 中国银行业监督管理委员会的监管职能

中国银行业监督管理委员会(以下简称银监会)执行原中国人民银行对存款货币银行即商业银行、信托投资机构的监管。监管任务主要有以下几个方面。

(1) 市场准入监管。

(2) 规定各商业银行的经营业务范围。

(3) 监督银行遵守业务原则、法规规范和道德规范。

(4) 通过稽核检查制度对银行进行监管。

3) 中国证券监督管理委员会的监管职能

中国证券监督管理委员会(以下简称证监会)是我国证券市场的管理机关。根据《中华人民共和国证券法》规定，负责对证券市场实行监督与管理，其具体职责如下所述。

【阅读资料】

(1) 制定证券市场监督管理规章、规则，并依法行使审批或核准权。

(2) 依法对证券的发行、交易、登记、托管、结算进行监督与管理。

(3) 依法对证券发行人、上市公司、证券交易所、证券公司、证券登记结算机构、证券投资基金管理机构、证券投资咨询机构、资信评估机构以及从事证券业务的律师事务所、会计师事务所、资产评估机构的证券业务活动进行监督管理。

(4) 依法制定从事证券业务人员的资格标准并监督实施。

(5) 依法监督检查证券发行和交易信息的公开情况。

(6) 依法对证券协会的活动进行指导和监督。

(7) 依法对违反证券市场监督管理法律、行政法律的行为进行查处。

(8) 法律和法规规定的其他职责。

4) 中国保险监督管理委员会的监管职能

中国保险监督管理委员会(以下简称保监会)是我国保险市场的监管机构。根据《中华人民共和国保险法》，保监会的监管职责如下所述。

(1) 保险准入监管。

(2) 依法对保险业务的监督。

(3) 对保险公司所应遵守的基本原则及行为准则的监管。

(4) 建立健全保险公司偿付能力监管指标体系等。

(5) 依法检查保险公司、保险代理人及保险经纪人的业务状况、财务状况及资金运用状况，有权要求他们在规定的时间期限内提供有关书面报告和资料。

(6) 审批关系公众利益的保险险种，依法实行强制保险的险种和新开发的人寿保险等的保险条款和保险费率，制定审批范围和具体办法。

10.4.5 金融监管手段和形式

为了保证金融监管顺利实现，促进金融、经济资源优化配置，维护良性经济秩序和经济发展，在确立监管原则和监管内容之后，还必须采取有效手段和形式。监管手段和形式概括起来有以下几个方面：法律手段、行政手段、经济手段、稽核征信手段、外部管理和内部管理相结合、全面管理和重点管理相结合。

【阅读案例】

【阅读案例】

本章小结

1. 金融危机是在宏观金融风险累积到一定程度后爆发的，主要是指发生在外汇市场、股票市场和银行体系等金融市场上的价格波动，以及金融机构的经营困难与破产等，具体表现为货币危机、银行危机、债务危机、资产价格泡沫化等宏观态势出现的可能性。

2. 金融危机发生时，往往伴随着银行、企业大量倒闭，失业率提高，社会普遍的经济萧条，甚至有些时候伴随着社会动荡或国家政治层面的动荡。

3. 不同国家或地区、不同阶段和不同类型的金融危机爆发的原因有诸多差异。有内部因素引起的，如金融因素、经济因素、人们的预期因素；也有外部因素引起的，如国际游资的冲击、国际市场的变化、其他国家危机的传染等。金融全球化时代的危机与实体经济之间的联系日益曲折迂回，危机成因与表现形式日趋复杂、综合。

4. 各国在危机尚未爆发之前，应当未雨绸缪，提早采取对策。主要可以从以下几个方面进行：完善金融监管体系、稳定金融市场、加强国际协调与合作、重组和改革金融部门。

5. 根据经济理论，无论具体论述有何差别，但都承认市场经济有一定缺陷，需要一定的监督与管理。加强金融监管是强化公共利益、防止金融脆弱性、减少金融风险、推进金融创新的客观要求。

6. 建立和维护金融稳定、建设和健全高效的金融体系，保证金融机构和金融市场的健康发展，推动金融和经济的发展，是金融监管的总目标。维护金融业安全与稳定、保护公众利益、维护金融业的运作秩序和公平竞争是金融监管的具体目标。

7. 为实现监管目标，必须建立监管原则。由于各国金融发展的历史不同、环境不同、条件不同，监管原则有若干差异，但基本原则大致相同。包括：监管主体独立性原则、依法监管原则、"内控"与"外控"相结合的原则、稳健经营和风险预防原则、本国监管与国际监管相结合的原则。

第10章 金融发展、金融危机与金融监管

8. 为了保证金融监管顺利实现，促进金融、经济资源优化配置，维护良性经济秩序和经济发展，在确立监管原则和监管内容之后，还必须采取有效手段和形式。

重要概念

金融危机　货币危机　银行危机　外债危机　系统性金融危机　本土性金融危机　区域性金融危机　全球性金融危机　金融监管　社会利益论　社会选择论　集中监管　分业监管

复习思考题

1. 什么是金融危机？金融危机有哪些类型？
2. 金融危机对社会经济会产生哪些危害？
3. 金融危机爆发的原因有哪些？
4. 防范应对金融危机的措施有哪些？
5. 什么是金融监管？金融监管的必要性体现在哪些方面？
6. 金融监管的目标是什么？
7. 什么是分业监管？什么是集中监管？

参 考 文 献

1. [英]凯恩斯. 就业、利息和货币通论[M]. 北京：商务印书馆，1963.
2. [美]弗里德曼. 货币分析的理论框架[M]. 台北：黎明文化事业公司，1974.
3. [德]马克思. 资本论(中文版)[M]. 北京：人民出版社，1982.
4. [美]米什金. 货币金融学[M]. 4版. 北京：中国人民大学出版社，1997.
5. [美]博迪，莫顿. 金融学(中文版)[M]. 北京：中国人民大学出版社，2000.
6. 黄达. 金融学(精编版)[M]. 2版. 北京：中国人民大学出版社，2008.
7. 黄达. 宏观调控与货币供给[M]. 北京：中国人民大学出版社，1997.
8. 曹龙骐. 金融学[M]. 北京：高等教育出版社，2003.
9. 曹龙骐. 商业银行业务经营与管理[M]. 2版. 广州：华南理工大学出版社，1999.
10. 曹龙骐. 中央银行概论[M]. 成都：西南财经大学出版社，1997.
11. 张亦春，郑振龙. 金融市场学[M]. 2版. 北京：高等教育出版社，2003.
12. 朱新蓉. 金融学[M]. 北京：中国金融出版社，2005.
13. 陈彪如. 国际金融概论[M]. 上海：华东师范大学出版社，1990.
14. 钱荣堃. 国际金融学[M]. 成都：四川人民出版社，1994.
15. 王曼怡. 国际金融学[M]. 北京：中国经济出版社，2001.
16. 刘鸿儒. 社会主义货币和银行问题[M]. 北京：中国财政经济出版社，1992.
17. 赵海宽. 货币银行概论[M]. 北京：经济科学出版社，1987.
18. 李崇准，黄宪. 西方货币银行学[M]. 北京：中国金融出版社，1992.
19. 周骏，王雪青. 货币银行学原理[M]. 北京：中国金融出版社，1996.
20. 周升业，曾康霖. 货币银行学[M]. 成都：西南财经大学出版社，1993.
21. 饶余庆. 现代货币银行学[M]. 北京：中国金融出版社，1983.
22. 王松奇，李扬，王国刚. 金融学[M]. 北京：中国金融出版社，1997.
23. 吴晓求. 资本市场解释[M]. 北京：中国金融出版社，2002.
24. 尚明. 当代中国的货币制度与货币政策[M]. 北京：中国金融出版社，1992.
25. 曾康霖，刘锡良. 银行经营管理学[M]. 成都：西南财经大学出版社，1994.
26. 赵海宽. 货币银行概论[M]. 北京：经济科学出版社，1987.
27. 王兆星，吴国祥. 金融市场学[M]. 北京：中国金融出版社，1999.
28. 郑先炳. 宏观金融管理有效性研究[M]. 北京：中国金融出版社，1995.
29. 郭茂佳. 金融市场学[M]. 北京：经济科学出版社，2005.
30. 魏革军. 中国货币政策传导机制研究[M]. 北京：中国金融出版社，2001.
31. 周延军. 西方金融理论[M]. 北京：中信出版社，1992.